김 남 준

설교자는
불꽃처럼
타올라야 한다

Be Kindled with Heavenly Fire

생명의말씀사

김남준 현 안양대학교의 전신인 대한신학교 신학과를 야학으로 마치고, 총신대학교에서 목회학 석사와 신학 석사 학위를 받았으며, 신학 박사 과정에서 공부했다. 안양대학교와 현 백석대학교에서 전임 강사와 조교수를 지냈다. 1993년 열린교회(www.yullin.org)를 개척하여 담임하고 있으며, 현재 총신대학교 신학과 조교수로도 재직하고 있다. 저자는 영국 퓨리턴들의 설교와 목회 사역의 모본을 따르고자 노력해 왔으며, 아우구스티누스를 비롯한 보편교회의 신학과 칼빈, 오웬, 조나단 에드워즈와 17세기 개신교 정통주의 신학에 천착하면서 조국 교회에 신학적 깊이가 있는 개혁교회 목회가 뿌리내리기를 갈망하며 섬기고 있다.

주요 저서로는 **1997년도 기독교 출판문화상**을 수상한 『예배의 감격에 빠져라』와 **2003년도 기독교 출판문화상**을 수상한 『거룩한 삶의 실천을 위한 마음지킴』, **2005년도 기독교 출판문화상**을 수상한 『죄와 은혜의 지배』를 비롯하여 『구원과 하나님의 계획』, 『게으름』, 『자기 깨어짐』, 『하나님의 도덕적 통치』, 『교사 리바이벌』, 『자네, 정말 그 길을 가려나』, 『목회자의 아내가 살아야 교회가 산다』, 『돌이킴』, 『싫증』, 『개념없음』, 『그리스도인이 빛으로 산다는 것』, 『가상칠언』, 『목자와 양』, 『아이야 엄마가 널 위해 기도할게』, 『깊이 읽는 주기도문』 등 다수가 있다.

설교자는 불꽃처럼 타올라야 한다

ⓒ 생명의말씀사 2009

2009년 5월 20일 1판 1쇄 발행
2009년 5월 25일   2쇄 발행
2009년 5월 30일 2판 1쇄 발행
2017년 9월 18일   4쇄 발행

펴낸이 | 김재권
펴낸곳 | 생명의말씀사

등록 | 1962. 1. 10. No.300-1962-1
주소 | 서울시 종로구 경희궁1길 5-9(03176)
전화 | 02)738-6555(본사)・02)3159-7979(영업)
팩스 | 02)739-3824(본사)・080-022-8585(영업)

지은이 | 김남준

기획편집 | 태현주, 조해림
편집디자인 | 박소정, 맹영미
표지디자인 | 디자인집
인쇄 | 영진문원
제본 | 정문바인텍

ISBN 978-89-04-07115-9 (03230)

저작권자의 허락없이 이 책의 일부 또는 전체를
무단 복제, 전재, 발췌하면 저작권법에 의해 처벌을 받습니다.

설교자는
불꽃 처럼
타올라야 한다

Be Kindled with Heavenly Fire

| 재출간에 부치며 |

　저자에게 자신이 쓴 책은 마치 자녀와도 같습니다. 어미에게 어느 자녀도 사랑이 가지 않는 이 없는 것처럼 제가 쓴 책도 제게 그렇습니다. 그렇지만 이 책 『설교자는 불꽃처럼 타올라야 한다』는 제게 다른 책보다도 특별한데 두 가지 점에서 그렇습니다.
　첫째로는 이 책이 진정한 의미에서 저의 첫 번째 저작이기 때문입니다. 물론 그 이전에도 몇 권의 책을 쓴 적이 있습니다만 대부분 신학생들에게 읽히기 위한 것이었고, 이 책을 통해 제가 본격적으로 조국 교회의 독자들과 만나게 되었기 때문입니다.
　둘째로는 이 책이 당시 제가 경험했던 설교와 설교자에 대한 영적 각성과 깨달음을 보여주는 책이기 때문입니다.
　이 책이 처음 나왔을 때 보름에 삼천 부씩 찍어야 할 정도로 강력한 힘으로 독자들의 관심을 끌었고 많은 설교자들과 평신도들을 깨우는 간증을 남겼습니다. 그 후로 벌써 약 십사 년의 세월이 흘렀습니다. 저의 삶의 상황에도 많은 변화가 있었습니다. 신학교 교수 생활을 접었고 개척 교회를 시작한 지 그만큼의 세월이 지났습니다. 신학적으로나 목회 실천적으로나 그때에 비하여 저는 많은 부분에서 변하였을 것입니다.

그 동안 잠시 절판되었던 이 책을 생명의말씀사에서 복간하기 위해 내용 전체를 다시 읽어야 했습니다. 이 책이 두란노 출판사에서 출판된 이래로 흐른 십사 년이라는 세월은 결코 짧다고 말할 수 없으리만치 사회적, 교회적 변화가 있었지만, 저는 제가 이미 쓴 글 중에서 기각하거나 입장을 바꿔야 할 부분을 발견하지 못했습니다.

그리하여 오자를 수정하고 문장을 다듬는 선에서 손을 보아 그대로 복간하기로 하였습니다. 다만 현실성에 맞지 않는 예화나 문맥상 불필요한 단락 한두 군데는 손을 보았습니다.

이 책이 조국 교회 설교자들에게는 깨우는 도구가 되고 성도들에게는 강단을 위해 헌신적으로 기도하게 하는 주님의 도구가 되기를 진심으로 빕니다.

2009년 4월 27일

그리스도의 노예 **김남준**

| 차 례 |

재출간에 부치며 • 4
책을 열며 • 10

| 서 론 | 소쩍새 우는 사연 • 15

독자로부터 온 편지 | 강해 설교가 대안인가? | 배울 수 없는 설교 | 소쩍새 우는 사연 | 사연 있는 선지자 | 더 중요한 준비 | 설교자를 만드시는 하나님 | 두 가지 준비 | 설교자를 깨운다

| 제 1 장 | 하나님이 하늘을 열어 주신 사람 • 35

들어가는 말 | 설교자를 부르시는 하나님 | 유행하는 오해 | 하늘이 열리며 | 변화된 설교자 | 하늘을 여시는 하나님 | 하늘에서 들린 소리 | 소명 체험 | 에스겔의 소명 | 설교자와 영적 체험 | 대언의 영, 하나님의 마음 | 뼈 속의 불길 | 빠지기 쉬운 함정 | 선지자는 누구인가? | 특별히 임한 말씀 | 설교, 하나님의 음성 | 내면에 들린 음성 | 대치할 수 없는 사명 | 특별한 시대 | 특별한 설교자 | 하나님이 대면한 사람 | 피로 물든 모자 | 영적 삶을 돌아보라 | 그발강 가에서 | 광야의 사람들 | 광야의 신학교 | 여호와의 권능이 | 성령의 검 | 위대한 부흥 | 기다리는 조국 교회 | 맺는 말

Be Kindled with Heavenly Fire

설교자는
불꽃 처럼 타올라야 한다

| 제 2 장 | 골수에 사무친 불을 가진 사람 • 99

들어가는 말 | 못다 부른 슬픈 노래 | 홀로 거룩하신 하나님 | 하나님의 손에 붙잡히라 | 어두운 전망 | 하나님의 예루살렘 | 하나님의 사람입니까? | 보이지 않는 성전을 위하여 | 누가 흐느껴 울 것인가? | 때를 알라 | 황폐한 땅에 부흥을 | 대언의 영이 있는가 돌아보라 | 왕이신 나의 하나님 | 골수에 사무친 불 | 설교자를 기다리며

| 제 3 장 | 진리로 가득 찬 사람 • 131

들어가는 말 | 병 고침 이상의 것 | 본질을 고치는 강단 | 진리로 오신 예수님 | 진리로 가득 찬 사람 | 감화력의 원천 | 심각한 영적 불감증 | 살아 있는 예배입니까? | 강단의 침묵 | 설교자의 갱신 | 본문을 체험하라 | 묵상과 본문 체험 | 진리는 폭포수처럼 | 성경에 젖어서 | 설교를 위한 묵상? | 말씀의 원시림으로 | 말씀에 목마른 설교자 | 말씀의 사람

Be Kindled with Heavenly Fire

| 제4장 | 하나님이 말씀을 주신 사람 • 165

들어가는 말 | 이스라엘의 번영 | 타락한 신앙 | 머리말의 중요성 | 이상한 계보 | 진정한 조국 | 설교자와 분단 | 선지자와 예루살렘 | 설교자와 교회 | 그리스도, 민족의 희망 | 많은 왕, 한 선지자 | 풀은 마르고 | 영원을 향해 설교하라 | 브에리의 아들 | 뒤집지 않은 전병 | 설교자의 소망 | 한 사람 호세아 | 해답은 설교에 | 설교자를 부르심 | 하나님의 면전에서 온 사람 | 타는 불을 가슴에 안고 | 하나님의 방법 | 말씀하시는 하나님 | 들으라! | 평범할 수 없는 사람 | 회중이여 회개하라! | 잠자는 교회 | 외치는 자 많건마는 | 숨이 멎도록 | 휘트필드의 첫 설교 | 불붙은 논리 | 지상에 내려 온 하늘나라 | 회중의 변화를 위하여 | 설교의 두 기둥 | 성경을 설교하라 | 설교사의 교훈 | 통곡하는 사도 | 진정한 권위 | 맺는 말

| 제5장 | 하나님이 만지시고 지나간 사람 • 243

시대적 배경 | 예레미야의 소명 | 하나님과의 만남 | 변호자가 아닌 증언자 | 시대의 아들이길 거부함 | 사로잡는 소명 | 절망해 보았습니까? | 하나님이 보내신 사람 | 여호와께서 손을 내밀어 | 크신 하나님을 체험함 | 성경이 열려야 | 만져 주신 하나님 | 숨길 수 없는 흔적 | 결핍을 느끼라 | 입에 대시며 | 설교를 믿으라 | 예배의 타락 | 설교자의 무기, 설교 | 말씀 주시는 손 | 불타는 설교자 | 거룩한 정서 | 느끼지 못하는 설교 | 신적 정서의 기원 | 맺는 말

| 제6장 | 뽑고 파멸하는 사람 • 303

만국 위에 세우고 | 구약의 역사 | 우주적 소명 | 세상을 위한 설교자 | 사도적 케리그마의 회복 | 예루살렘의 부흥 | 뽑고 파멸하며 | 회중은 강하다 | 그릇된 구조물 | 파괴는 싫다 | 재건축의 현장 | 위대한 부흥 | 아집의 신앙화? | 파괴하는 설교자 | 죄인을 알라 | 판잣집을 사수하라? | 더 강한 설교자 | 골짜기에 생기를 | 무너져 보았습니까? | 건설하며 심으며 | 맺는 말

| 제7장 | 하나님을 추구하라 • 351

들어가는 말 | 가슴에 피멍이 들도록 | 사슴이 시냇물을 찾기에 | 목마른 사슴 | 영적 삶을 점검하라 | 애곡하지 않는 세대 | 수가 문제가 아니라 | 탁월한 삶 | 하나님을 추구하라 | 심령이 가난한 자 | 가장 절박한 기도 제목 | 정직한 욕망 | 설교자가 아니면 누가? | 영적 무감각의 원인 | 설교 듣기를 갈망하는 설교자 | 생존하시는 하나님 | 살아계신 하나님 | 응답하시는 하나님

| 책을 열며 |

　설교자로 부름 받은 사람에게 가장 커다란 보람이 있다면 그것은 자신의 설교를 통하여 회중이 하나님을 만나는 일입니다. 모든 사람이 자신의 설교를 통하여 진리를 알게 되고, 그 진리로 말미암아 자유케 되며 하나님을 아는 지식에서 자라가는 것이 그의 꿈입니다.
　오늘날 우리는 그 어느 때보다 혼란스러운 시대를 살고 있습니다. 그 혼란 중 가장 교회를 어렵게 하는 것은 가치관에 대한 혼돈입니다. 무엇보다도 성경과 교회 역사 속에서 하나님께서 오래도록 사용해 오신, 설교라는 은혜의 방편이 자기 자리를 잃어버리고 있습니다. 하나님의 교회는 진리를 소유한 신적인 기관입니다. 그리고 그리스도인을 포함해서 모든 세상 사람은 교회가 가르치는 성경 진리를 깨닫지 않고는 소망이 없습니다. 그럼에도 불구하고 오늘날의 교회 속에는 이러한 '깨닫게 하는 요소' 보다는 '느끼게 하는 요소' 와 '즐기게 하는 요소' 가 지배하고 있습니다. 오늘날 조국 교회에 형식적인 신자들이 압도적으로 많은 것도 바로 이 같은 현실 때문입니다.
　그리고 이러한 뒤틀린 교회의 현실 뒤에는 마땅히 설 자리를 잃어버린 강단과 불타는 복음 진리를 잃어버린 냉담한 설교자가 있습니다. 성경과 교회의 역사는 언제나 같은 사실을 증거합니다. 타락한 세상 한복판에는 잠든 교회가 있었고 잠든 교회 한가운데에는 선포를 잃어버린 강단이 존재했다는 사실입니다.

　여기에 적힌 몇 편의 글은 제가 성경을 읽으며 설교자의 정체와 삶에 대한 생애적인 도전을 받았던 내용들입니다. 때로는 본문이 주는 도전과 용기로 말미암아 새 힘을 얻기도 하였고, 때로는 말씀에 비추어 볼 때 도무지 설교자라고 불릴 수 없는 나 자신의 초라한 삶과 복음에 대한 천박한 이해로 인하여 가슴 아파하기도 하였습니다. 그러나 하나님의 말씀은 역시 살아 있어서, 어떤 경우든지 설교자로서의 외길을 걷기 원하는 저에게 말할 수 없는 깨달음과 유익을 주었습니다. 한때는 가슴 시린 감격 속에서 또 어떤 때는 살을 에는 아픔 속에서…….

　여러 차례 깨닫게 하셨던 이 말씀들은 시간이 흐르면서, 때로는 광야같이 때로는 숲속같이 끝없이 펼쳐지는 은혜를 제 마음속에 주었습니다. 그리고 때가 이르자 글로 옮겨 적고 싶은 마음의 소원이 생겼습니다. 이 책의 본문들은 대부분 원고 없이 이미 설교하거나 강연한 것을 테이프에서 옮겨 풀었고, 어떤 것들은 예전의 기억을 더듬으며 써 내려가기도 하였습니다.

조국 교회의 한 모퉁이를 섬기는 이름 없는 설교자로서 제 영혼을 깨웠던 하나님의 진리를 가슴속에 홀로 묻어 둘 수 없어서, 추운 벌판에서 작은 도시락을 나누는 마음으로 책을 내놓습니다.

글을 쓰면서 혹은 교정을 보면서 여러 차례 되뇌었던 기도가 있습니다. "하나님, 당신의 백성들은 불꽃처럼 사는 것이 아니면 사는 것이 아니옵나이다." 그렇습니다. 하나님의 백성들은 이 세상 사람들과 섞여 평범하게 살다가 죽을 수 없는 사람들입니다. 그들은 이 어두운 세상을 불꽃과 같이 찬란하게 살아서 그리스도를 보여주어야 할 사람들입니다. 하나님의 자녀들에게는 불꽃과 같이 사는 것이 아니면 사는 게 아닙니다. 과연 그 무엇이 맛을 잃어버리고 향기를 상실한 이 시대의 그리스도인들을 깨워 하나님을 향한 뜨거운 사랑으로써, 들풀처럼 사라질 이 짧은 인생을 오직 하나님의 영광을 위하여 살게 하겠습니까? 누가 생기를 잃어버리고 차가운 종교의 형식 속에 안일하게 잠들어 있는 이 시대의 교회를 깨워 그리스도의 왕국을 위한 거룩한 갈망에 불타게 만들어 주겠습니까?

특별한 시대에는 언제나 특별한 사명감에 불타는 진리의 종들이 있었습니다. 하나님은 그들을 통하여 그 시대를 향한 자신의 계획을 알리셨습니다. 교회가 그들의 설교에 귀기울일 때 영적으로 각성하게 되고, 참되고 위대한 부흥을 위한 여명은 그렇게 각성한 그리스도인들의 흐느끼는 기도 소리로 밝아 왔습니다. 지금은 우리가 춤추고 노래할 때가 아니라, 진정으로 춤추고 노래할 때가 오게 해달라고 탄원하며 말씀 앞으로 나아가야 할 때입니다.

1995년 4월 18일

그리스도의 노예 **김남준**

Be Kindled with Heavenly Fire

저자가 독자로부터 받은 한 통의 편지를 통하여 알게 된, 설교에 대한 평범한 통찰을 소개한다. "한 송이 국화꽃을 피우기 위하여 봄부터 소쩍새는 그렇게 울었나 보다."라는 시구를 통하여 설교자가 교육이나 강습을 통해서가 아니라, 하나님 자신에 의하여 만들어진다는 사실을 보이며 그 한 예로 선지자 이사야를 살펴본다.

| 서론 |

소쩍새 우는 사연

독자로부터 온 편지

언젠가 제가 쓴 글을 읽은 독자 한 사람으로부터 편지를 받은 적이 있습니다.[1] 그는 어느 신학교 졸업반 학생이었습니다. 제게 보낸 편지 가운데 그는 이렇게 말했습니다. "저는 이 책을 읽고 나서 비로소 설교가 무엇인지를 알게 되었습니다. 만약 누군가가 제게 설교가 무엇이냐고 묻는다면 저는 이렇게 대답하겠습니다. '한 송이 국화꽃을 피우기 위하여 봄부터 소쩍새는 그렇게 울었나 보다.'"

설교에 있어서 이 같은 고백은 우리에게 신선한 통찰을 제공해 줍니다. 사람들은 모두 국화꽃 피우는 기술을 배우기 위해 마음을 쏟고 있습니다. '강해 설교 세미나', '목회자 세미나', '강해 설교 방법론 강좌' 등의 내용을 담고 있는 현수막이 그것을 말해 줍니다. 저도 목회자들이나 목사 후보생들을 위한 그런 유의 모임에 종종 나가서 강의하곤 합니다. 때로는 서울

---

[1] 그가 읽은 것은 필자가 쓴 책 가운데,『창세기의 신앙 부흥』(도서출판 솔로몬, 1993)과 『십자가』(1994) 두 권이었던 것으로 생각된다.

에서, 때로는 지방에서 많은 사람이 그런 강좌에 참석하는 것을 보고 하나님께 감사드렸습니다. 설교의 변화를 갈망하는 목회자들의 마음의 간절함을 읽게 되기 때문입니다.

그분들이 기차를 타고, 혹은 여러 시간씩 차를 몰고 와서 불편한 숙소에서 숙식을 함께하며 강좌에 참여하는 것은, 좋은 설교로써 성도들에게 은혜를 끼치고자 하는 열망 때문입니다. 그래서 그런 모임에 참석할 때마다 저는 아직도 우리나라에는 말씀을 바로 전하기 위해서 고민하는 선한 목자들이 많구나 하는 생각에 잠기며 하나님께 감사하게 됩니다.

그러나 저는 그런 집회에 갈 때마다, 그런 모임이 정말 그분들에게 도움이 되는지에 대하여 한두 번씩 스스로 자문하였습니다. 왜냐하면 현수막에 걸려 있는 그럴듯한 구호처럼 그 시간표는 온통 '어떻게 하면 설교를 잘 할 것인가?'에 대한 방법론 강의로 가득 차 있었기 때문입니다. 물론 강해 설교를 위한 여러 가지 이론들을 배우고, 성경 언어를 습득하고, 다른 설교자들의 설교를 통해서 적절한 설교의 모델들을 탐구해 가는 일은 꼭 필요합니다.

그 자체는 비난받을 일이 아닙니다. 그렇지만 그렇게 요란스럽게 현수막이 나붙고, 강해 설교에 대해서 할 말이 없으면 마치 그가 비성경적인 설교를 하는 설교자인 것처럼 이해되고 있는, 이런 식의 붐이 조국 교회 강단으로 하여금 설교의 능력을 회복하게 하는 데 얼마나 영향을 끼치고 있는지 의문입니다. 과연 강해 설교에 대한 관심이 높아져 가는 것만큼, 조국 교회의 강단이 진리의 말씀으로 풍성해졌는가를 반문하게 됩니다.

강해 설교가 대안인가?

설교에 대한 반복적인 학습이 그 사람의 설교를 얼마나 성경적인 설교로 만들어 줄 수 있을지에 대해서 단언할 수 없습니다. 그러나 그런 강해 설교 붐과는 상관없이, 침체되어 있는 교회의 일반적인 영적 상태는 괄목할 만한 변화를 보이고 있지 않습니다. 매년 만여 명의 신학생들이 신학교 문을 나선다고 하는데, 오히려 신자들은 줄고 있습니다. 그렇다고 해서 교회에 남아 있는 그리스도인들의 신앙의 수준이 전반적으로 탁월한 향상을 보이고 있는 것 같지도 않습니다.

그러므로 설교가 성경적인 내용으로 변화되어야 마땅합니다. 이전의 조국 교회 강단에서는 무슨 본문을 읽든지 본문의 해석이 결핍된, 언제나 비슷비슷하고 주관적인 내용의 설교들이 많았습니다. 도무지 설교를 통하여 성경 본문이 풀리고 있다는 느낌을 받지 못한 채 신앙생활을 계속하여, 결국 말씀 자체에 대한 영적 기대마저 잃어버리는 경우가 많았던 것입니다.

그런 점에서 볼 때 팔십 년대 이후 강해 설교의 붐은 조국 교회 목회자들에게 가히 충격적인 것이었습니다. 그것은 성경을 설교하자는 운동이었습니다. 본문을 해석하고 그것을 현실에 적용시키는 것이 설교의 내용이 되게 하자는 것이었습니다. 성경에 대한 올바른 해석과 현실에 대한 적용은 설교의 두 기둥과 같은 것입니다. 이것들이 없으면 설교가 아닙니다. 설교는 원래부터 그러했습니다. 새삼스럽게 강조할 필요가 없을 정도의 당연한 이야기들이 조국 교회에 신선한 충격으로 들렸다는 것은, 그 동안 설교단의 외도가 얼마나 심했는가 하는 반증이 됩니다.

그러므로 이런 유의 강해 설교 붐이 조국 교회에 일어나게 된 것은 하나님의 은혜라고 할 수 있습니다. 이러한 운동의 요청은 설교자들에게 성경 본문을 설교해 달라는 것입니다. 그래서 한 편의 설교가 끝나고 나면, 설교를 시작하기 전에 봉독했던 성경 본문에 대한 이해가 새로워지도록 해 달라는 것이었습니다. 설교가 듣는 이들로 하여금 현실을 살아가는 데 도움이 되게 해 달라는 것입니다.

이것은 당연한 요청이었습니다. 성경의 원어를 연구하고, 바람직한 설교 전달의 기술을 익히며, 모델이 될 수 있는 설교자들의 설교 내용을 관찰하여, 나름대로 자기 방법을 터득해 가는 그런 모든 교육 과정들이 필요합니다. 그러나 문제는 이것입니다. 바로 그런 모임에 참석하거나 또 강해 설교의 목회적 적용에 도전해 보려는 사람들의 주된 관심사입니다. 그들은 대부분 자신의 설교만을 바꾸기를 원하지, 설교하는 자신이 바뀌려고 하지는 않습니다.

그들의 모든 관심은 어떻게 하면 설교를 잘할까입니다. 그들은 오직 어떻게 하면 은혜를 끼치는 설교자, 성경대로 설교하는 목회자가 될 수 있을까 하는 데 온 마음을 쏟고 있습니다. 그래서 유명한 강사 밑에서 배우기도 하고 설교로 영향을 끼치는 목회자들을 불원천리하고 찾아다니며 학습을 받기도 합니다.

배울 수 없는 설교

하지만 저는 이 점에 대해 한 가지 이의를 제기하고자 합니다. 과연 그런 열심이 그 사람의 설교를 근본적으로 변화시키는 데 도움이 될 수 있을까 하는 문제입니다. 물론 어느 정도 도움이 될 수는 있을 것입니다. 이론과 방법들을 배우는 한에서는 말입니다.

이런 작업들을 통하여 설교자로서 자신을 준비하는 데 필요한 도움을 어느 정도 받을 수는 있습니다. 그러나 과연 그것만으로 잠들어 있는 교회를 깨우고, 각성이 필요한 그리스도인들의 마음에 현격한 영적 변화를 일으키는 설교 사역이 가능할까요? 중요한 것은 성경을 잘 가르치는 것만이 아닙니다.

설교 시간이 결코 성경 공부 시간으로 대치될 수는 없습니다. 성경 공부는 성경 공부이고, 설교는 설교입니다. 두 사역을 통해서 도달할 수 있는 목표는 현격히 다릅니다. 두 사역 모두 성경을 다루는 사역이지만, 불특정 다수로 하여금 하나님의 말씀 앞에 편만한 능력을 경험하게 하며 죄인들의 마음에 심각한 위기 의식을 불러일으키고, 하나님의 물 붓듯 부어 주시는 성령의 역사, 위대한 영적 부흥의 역사를 일으키는 것은 대체로 하나님의 말씀이 선포되는 설교 현장에서입니다.

다시 말씀드리자면, 하나님의 모든 사역이 개인에게 각성과 영적인 부흥을 가져다주는 도구가 될 수 있지만, 한 교회나 한 도시, 혹은 한 국가에 보편적인 영적 부흥을 불러일으키는 우선적인 도구는 설교라는 것입니다.

말씀드리려는 요지는 이것입니다. 설교자 자신이 변하지 않는 한, 설교를 변화시켜 보려는 노력에는 한계가 있습니다. 학습과 훈련을 통하여 설교가 세련되어지고 형식의 틀이 잡힐 수는 있지만, 설교의 영적 수준이 높아지는 것은 그런 식의 방법론의 추구만을 가지고는 가능하지 않습니다. 그리고 그 한계는 우리가 생각하는 것보다 빨리 나타납니다.

흔히 목회자들의 설교가 강해 설교로 돌아가면 교회가 저절로 부흥하고 교인들의 신앙이 성경의 토대 위에 굳게 설 것 같습니다. 이러한 큰 기대감에도 불구하고, 실상 설교가 강해 설교로 돌아섰다고 해서 당초에 기대했던 성취가 손에 잡힐 듯이 가까이 다가오는 것은 아닙니다. 그리고 그 사실을 깨닫게 되는 데 별로 오랜 시일이 걸리지도 않습니다.

설교자의 변화는 설교의 변화를 보장하지만, 설교를 고쳐 보려는 노력은 설교자 자신의 변화를 보장하지 않기 때문입니다. 중요한 것은 설교의 틀이나 내용을 새 것으로 바꾸고 새로운 방법을 사용해 보는 것이 아니라, 설교자 자신이 변하는 것입니다. 변화된 설교자는 변화된 시각으로 성경을 보게 되고, 그렇게 변화된 시각으로 성경을 보게 될 때 변화된 설교 내용이 나옵니다. 그 변화된 설교 내용이 변화된 설교자의 심령을 통하여 선포될 때, 변화된 설교가 가능해지는 것입니다.

제가 설교와 관련해서 미당(未堂) 서정주 선생의 시를 좋아하게 된 것도 이와 같은 이유 때문입니다. 그 중 한 연(聯)이 설교자와 설교의 관계에 대한 통찰을 제공해 줍니다.

> 한 송이 국화꽃을
> 피우기 위해
> 봄부터 소쩍새는
> 그렇게 울었나 보다

가을 하늘 아래 이슬을 함초롬히 머금고 탐스럽게 피어 있는 국화꽃을 생각해 보십시오. 저는 그 꽃을 참 좋아합니다. 장미처럼 자극적인 향기 대신에 은은한 국화향이 더 좋기 때문입니다. 방 안에 서너 송이만 꽂아 두어도 그 은은한 향기와 고아한 자태가 방안 분위기를 완전히 바꾸어 놓습니다. 사람들은 그렇게 아름답게 핀 늦가을의 국화꽃 송이를 바라보며 감탄합니다. "어쩌면 이렇게도 아름다울까?", "이 국화꽃을 기른 사람이 누구야?" 하며 찬사를 늘어놓습니다. 한 순간에 그 국화꽃은 수많은 사람들의 시선을 모으고 선망의 대상이 됩니다.

소쩍새 우는 사연

눈에 보이는 사건 뒤에는 보이지 않는 사연이 있게 마련입니다. 그 국화꽃이 향기를 발하며 사람들의 마음을 끌게 되기까지 그 뒤에는 보이지 않는 사연이 있었습니다. 국화 옆에서 봄부터 소쩍새가 한없이 울었던 것입니다.

낮에는 그늘에서 자고 밤이면 나와서 구슬프게 울었습니다. 한 송이 국화꽃이 피어나기 전에, 소쩍새는 국화 옆에서 그 꽃이 만개할 날을 기다리며 이른 봄부터 울었습니다. 꽃샘바람이 한창인 이른 봄부터 늦은 봄을 지나 초여름을 거쳤습니다. 무더운 한여름이 가고 굵은 고추 붉게 물들어 가는 늦여름을 거쳐 이슬 차가운 초가을을 지났습니다. 드디어 서리 까마귀 우짖고 지나가며 들판에 무서리 내리는 늦가을이 왔습니다.

그 때까지 소쩍새는 목 놓아 울었습니다. 이른 봄에 시작한 울음소리는 무더운 여름이 오자 울부짖음으로 변했고, 찬바람 부는 가을로 들어서자 그 울부짖음은 핏빛 통곡으로 변하였습니다. 울다가 울다가 통곡하다 통곡하다 소쩍새는 목에서 터쳐 오른 피를 토하고 쓰러졌습니다. 기인 긴 날 애처로웠던 소쩍새 울음소리 그친 이른 아침, 바로 그 자리에 한 송이 국화꽃이 활짝 피었습니다. 맑은 이슬 함초롬히 머금고 청징(淸澄)한 모습으로 한 송이 국화꽃이 피어나게 된 것입니다.

사람들은 모두 아름답게 핀 국화꽃 한 송이를 보고 자신들의 국화꽃도 그렇게 피어나기를 바랍니다. 그래서 오늘도 많은 목회자들이 그 바쁜 목회 일정 속에서 시간을 내고 물질을 바쳐서 여러 설교 방법론에 대한 강의를 들으러 다닙니다. 그렇지만 한 송이 국화꽃이 피기 전에 소쩍새가 우는 사연이 있었습니다.

국화꽃은 어느 날 아침 밝은 웃음으로 피어 우리에게 다가왔습니다. 그것은 순간이었습니다. 사람들은 감탄하여 그 아름다움에 찬사를 보냈습니다. 그러나 국화꽃이 어떻게 피어났는지 숨은 사연을 아는 사람들에게 국화꽃의 아름다움은 차라리 처염(悽艶)함, 그 자체입니다. 그들에게 국화꽃은 슬프도록 아름다운 하나의 결정체입니다. 그 꽃이 아름답게 만발하기까지,

소쩍새는 고통스러우리만치 기인 세월을 눈물로, 흐느낌으로, 울부짖음으로, 통곡으로 봄을 지나 여름을 거쳐 가을까지 왔습니다.

사람들은 국화꽃 피는 사연을 듣고 싶어합니다. 그러나 국화꽃이 피기 전에 소쩍새 우는 사연은 듣고 싶어하지 않습니다. 즐거운 이야기가 아니기 때문입니다. 하지만 저는 단언할 수 있습니다. 활짝 핀 국화꽃 같은 설교를 하고 있는 설교자가 단지 국화꽃 피는 사연으로써 자신의 설교에 대한 모든 이야기를 할 수 있다면 그 설교자의 국화꽃은 생화가 아닙니다. 활짝 핀 국화꽃에게는 감춰진 사연이 없을 수 없기 때문입니다.

아름다운 국화꽃이라면 모두 피나는 소쩍새의 사연을 간직하고 있습니다. 이슬을 머금고 아름다운 화분에 담겨 뽐낼 만한 자태를 드러내게 되자 모든 사람이 그 국화꽃을 주목하였습니다. 그 앞에 와서 종자를 받아 가고 싶어하였습니다. 그러나 기억하십시오. 소쩍새가 우는 동안에는 국화꽃도 피지 아니하였고, 그 통곡의 밤에는 관객도 없었습니다. 꽃봉오리조차 맺히지 않은 국화 한 줄기를 옆에 두고 소쩍새는 헤아릴 수 없는 긴 밤을 외롭게 울었습니다. 누구도 함께 있어 주는 이 없었고 아무도 그의 친구가 되어 줄 수 없었습니다. 그의 친구는 어두움이었고, 그의 벗은 외로움이었으며, 그의 유일한 이웃은 기다림이었습니다.

그는 그토록 긴 세월을 홀로 울었습니다. 황량한 벌판에 홀로 앉아 숙명처럼 흐느껴 울다가는 잠이 들고, 깨어나서는 통곡하고, 통곡하다가는 피를 토하는 토혈의 곡(哭)소리가 토혈곡(吐血曲)을 만들었습니다. 결국 그는 복받치는 통곡 끝에 피를 토하고 국화 줄기 곁에서 죽었습니다. 그리고 국화꽃이 피어난 것입니다. 사람들은 피어난 국화꽃을 바라보는 데 마음을 기울였지만 사실 그 꽃은 자신의 모든 아름다운 탄생을, 울다 울다 피 쏟고 죽어간 소쩍새에게 빚지고 있는 것입니다.

말씀드리려는 요지는 이것입니다. 설교자의 진정한 영적 변화 없이 설교의 근본적인 변화를 기대하는 것은 헛된 꿈입니다. 저는 이 책을 읽는 여러분들이 이 사실을 속히 인식하고, 자신의 변화에는 마음을 기울이지 않고 오직 설교만 잘하고 싶어하는 오류로부터 벗어나게 되기를 바랍니다.

사연 있는 선지자

설교자가 모두 같은 설교자가 아니듯이 구약의 선지자도 다 같은 선지자가 아닙니다. 그 중에는 삼류 선지자도 있었고 일류 선지자도 있었습니다. 예를 들자면 요나 같은 사람은 삼류 선지자에 해당합니다. 그러나 이사야 같은 사람은 일류 선지자라고 불려도 전혀 손색이 없을 것입니다.

그의 선지서를 읽어 보십시오. 하나님의 영광에 가슴 벅찬 선지자의 심장 박동 소리와 가쁜 호흡, 솟구치는 열정의 불길 앞에 우리의 마음도 뜨거워지지 않습니까? 저는 이 위대한 선지자를 '하나님의 영광의 신학의 선지자'(the prophet of theology of God's glory)라고 부르기를 좋아합니다. 왜냐하면 그의 선지서 구석구석 어디를 펼치든지 어김없이 배어 있는 하나님의 영광을 향한 그의 갈망을 읽을 수 있기 때문입니다.

오직 하나님만이 영광을 받으시게 하기 위해서는 자신의 동족들이 진노의 심판을 받아도 마땅하다고 그는 믿었습니다. 하나님 한 분의 영광만을 향해 타오르는 갈망은 그로 하여금 불후에 길이 남을 위대한 선지서를 기록하게 하였습니다. 그는 핏빛 갈망으로 하나님께 호소합니다.

"원컨대 주는 하늘을 가르고 강림하시고 주의 앞에서 산들로 진동하기를 불이 섶을 사르며 불이 물을 끓임 같게 하사 주의 대적으로 주의 이름을 알게 하시며 열방으로 주의 앞에서 떨게 하옵소서"(사 64:1-2). 무엇이 이 선지자로 하여금 이토록 위대한 하나님을 갈망하게 만들었을까요? 거룩한 하나님이 홀로 영광을 받으셔야 한다는 염원이, 단순한 희망을 넘어서 피어린 열망으로 이어진 이유는 무엇일까요?

무엇이 그로 하여금 하나님이 영광을 받지 않으시면, 마치 자신의 마음과 육신이 허공 중에 산산이 분해되어 버릴 것 같은, 그런 폭발적인 열망에 불타는 사람으로 만들었습니까? 무엇이 그로 하여금 이스라엘 백성들이 자기들 가운데 함께 계시다고 믿는 하나님의 은총의 표징을 만족스럽게 여기지 아니하고, 오히려 하늘에 계신 하나님께 하늘을 가르시고 이 땅에 내려오셔서 대적들을 풀의 섶과 같이 사르시기를 몸부림치며 간구하게끔 만들었습니까?

저는 이 부분을 묵상할 때마다 찬바람 부는 빈 들에 수척한 모습으로 홀로 엎드려, 기도라기보다는 차라리 통곡이라고 불러야 좋을 울부짖음으로, 사라진 하나님의 백성의 영광과 사라진 위대한 하나님의 통치의 회복을 애원하는 외로운 선지자의 모습을 떠올리게 됩니다. 무엇이 그를 그렇게 남다른 사람으로 만들어 주었습니까? 무엇이 그로 하여금 무엇을 예언하든지 그 속에 하나님의 영광을 향한 곰삭은 갈망을 그의 설교 속에 배게 만들었습니까?

이사야 6장에 나타난 선지자로서의 그의 소명을 이해하지 않고는, 이 모든 질문에 대하여 우리는 단 한 줄도 답할 수 없습니다. 그는 성전에서 스랍들이 둘러 선 가운데 계신 하나님의 임재의 영광을 뵈었습니다. 스랍들은 서로 노래하며 "거룩하다 거룩하다 거룩하다 만군의 여호와여 그 영광이 온 땅에 충만하도다"(사6:3)라고 외쳤습니다.

그 때 이사야가 어떤 반응을 보였습니까? 말하자면 그가 하나님께 은혜를 받은 것이 아닙니까? 그가 은혜를 받았을 때 무엇이라고 하나님께 대답하였습니까? 그가 이렇게 말했습니까? "할렐루야, 감사합니다. 역시 사람 한번 잘 알아보시는군요, 주님. 은혜 받을 만한 사람이 저 말고 누가 있습니까?"

그는 그렇지 않았습니다. 오히려 깊은 탄식과 절망 속에서 울부짖었습니다. "화로다 나여 망하게 되었도다 나는 입술이 부정한 사람이요 입술이 부정한 백성 중에 거하면서 만군의 여호와이신 왕을 뵈었음이로다"(사 6:5). 그것은 차라리 재앙이었고 그것은 차라리 몸서리쳐지는 절망이었습니다. 탁월하신 하나님의 영광과 그 빛 앞에 드러난 자신의 비참함 속에서, 그는 자신의 죄를 사하시고 새롭게 소명하시는 하나님을 뵈었던 것입니다. 그는 하나님이 얼마나 영광스러우시고 위대하신 분인지를 깨닫게 되었습니다.

아니, 깨닫게 되었다는 표현으로는 이사야 선지자의 영혼 속에 일어난 그 놀라운 변화를 모두 말할 수 없습니다. 자신을 소명하신 거룩한 하나님을 마주 대하며, 그는 하나님의 임재의 영광에 대한 뚜렷한 영적 체험이 영혼 속에 지워질 수 없는 흔적으로 새겨지는 체험을 하였습니다. 그 후로는 무엇을 예언하고 무엇을 선포하든지, 그의 타오르는 열망은 그 백성들이 하나님이 얼마나 영광스러우신지 모른다는 사실로부터 출발한 몸부림이었습니다.

그는 생각했을 것입니다. "그토록 영광스러우시고 엄위로우신 하나님, 지금도 쇠하지 아니하고 마르지 아니하는 존귀와 거룩함 가운데 당신의 모든 피조물과 구별되어 완전한 영화 가운데 하늘에 계신 하나님, 그분의 이름이 이 땅에서 그의 백성들 가운데서 이렇게 업신여김을 받다니 어떻게 이런 일이 이 땅에 있을 수 있다는 말인가……. 오, 하나님!"

그는 선지자로 소명을 받았을 때, 목회의 성공을 꿈꾸며 슬퍼했던 것이 아니었습니다. 그는 자신의 어눌한 설교를 생각하면서 절망했던 것이 아니라, 거룩한 하나님 앞에 드러난 비천한 자신의 죄악 된 모습을 인하여 절망하였던 것입니다. 그 절망은 금방 죽어 버릴 것 같은 고통스러운 절망이었습니다. 영광의 존전 앞에서 죄악 덩어리인 자신의 존재를 발견하였던 것입니다. 하나님의 장엄한 영광과 비루한 인생의 죄악이 한 자리에 공존하는 것이 얼마나 엄청난 영적 긴장을 불러일으키고 심판에 대한 두려운 각성을 가져다주는지를 우리는 여기에서 깨닫게 됩니다.

세례 요한을 기억해 보십시오. 그는 어느 날 요단 강변에 나타나 설교를 한 편 하였습니다. 수많은 사람들이 몰려들어서 흐느끼며 감격했습니다. 많은 바리새인들과 사두개인들이 감격했고, 포악한 군병들이 눈물을 흘리며 그 설교자 앞에 엎드러졌습니다. 간악한 세리들의 마음이 그 설교 앞에서 물같이 녹아 내렸습니다.

세례 요한의 인생은 그런 설교 몇 편 남기고 이슬처럼 사라져 간 생애였습니다. 그리고 그 몇 편의 설교를 위하여 삼십 년 가까운 세월을 광야에서 외롭게 지냈습니다.

세례 요한은 그 광야에서 무엇을 하며 지냈을까요? 그 긴 밤, 그 외로운 세월들을 대체 어떻게 보냈을까요? 이에 대하여 요한 자신은 침묵하고 있어도 우리는 알 수 있습니다. 그는 한 번도 외로운 밤과 흐느껴 울던 통곡의 세월들에 대해 간증한 적이 없지만 우리는 직감적으로 알 수 있습니다. 그는 빈 들에서 하나님의 말씀이 임하기까지 설교자가 되기 위한 영적 준비의 사연을 적어 가고 있었던 것입니다.

더 중요한 준비

바울을 기억해 보십시오. 그는 사도였습니다. 신령함으로 말하자면 삼층천을 보았고, 권위로 말하자면 부활하신 그리스도 예수를 직접 뵈온 사람입니다. 그럼에도 불구하고 그리스도를 만난 다음에 그는 아라비아 광야로 갔습니다. 거기서 삼 년의 세월을 보냈습니다. 그 동안 그가 거기서 무엇을 했는지 성경은 거의 침묵하고 있습니다. 그러나 우리는 직감적으로 알 수 있습니다. 하나님만을 바라보며 추구하였을 것입니다. 그러면서 심령이 강하여져 갔을 것입니다. 아무도 없는 외로운 광야에서 홀로 말입니다.

예수 그리스도에게도 이 같은 원리는 그대로 적용됩니다. 주님이 공생애에 들어서실 때, 먼저 요한에게 세례를 받으셨습니다. 하늘이 열리고 하나님의 성령이 비둘기같이 임하셨습니다(마 3:16). 그분은 하나님의 아들이셨음에도 불구하고 즉시 광야로 들어가셨습니다. 먹지도 않고 마시지도 않은 채, 밤낮 사십 일을 금식하며 지내셨습니다. 이것은 좀 더 짙은 빛깔의 사연을 간직하고 있지 않습니까?

그렇게 사십 일 동안, 복음 사역을 위한 영적 준비의 칼날을 벼리고 계셨던 것입니다. 그 후에 취임 설교를 하시기 위하여 나사렛으로 돌아가셨습니다. 성경은 말합니다. "예수께서 성령의 권능으로 갈릴리에 돌아가시니 그 소문이 사방에 퍼졌고 친히 그 여러 회당에서 가르치시매 뭇 사람에게 칭송을 받으시더라"(눅 4:14-15).

예수님은 나사렛으로 돌아오셔서 하나님의 말씀을 증거하셨습니다. 공교롭게도 설교 본문이 '하나님의 영광의 신학의 선지자', 이사야의 글이었습니다. "주의 성령이 내게 임하셨으니 이는 가난한 자에게 복음을 전하게 하시려고 내게 기름을 부으시고 나를 보내사 포로 된 자에게 자유를, 눈먼 자에게 다시 보게 함을 전파하며 눌린 자를 자유케 하고 주의 은혜의 해를 전파하게 하려 하심이라"(눅 4:18-19).

예수님은 본문을 읽고 하나님의 말씀을 풀어 나가기 시작하셨습니다. 예수 그리스도의 그 첫 설교를 들었던 모든 사람들이 놀랐습니다. 예수 그리스도의 입으로부터 흘러나오는 모든 말씀이 그들에게 기이한 충격을 주었던 것입니다. 자신들이 전에 알던 하나님과는 다른 차원의 하나님의 성품을 보여주는 충격적인 설교였습니다.

설교자를 만드시는 하나님

그렇습니다. 이것이 바로 하나님께서 설교자를 세우시는 원리입니다. 하나님이 만드시는 설교자와 오로지 훈련으로만 만들어지는 설교자는 차이가 있습니다. 훈련으로만 만들어지는 설교자는 언제나 훈련의 내용들에 주목하고, 자신의 설교만을 가지고 고민합니다. 그러나 하나님이 만드시는 설교자는 하나님과 자신의 관계를 가지고 고민합니다.

그들에게는 단지 설교만을 가지고 고민하는 사람들이 이해할 수 없는 거룩한 고뇌와 경건한 슬픔, 격렬한 영적 투쟁이 있습니다. 그들은 언제나 본질적인 문제를 가지고 씨름하며, 설교의 변화가 아닌 자신의 영적 변화에 생사를 겁니다. 기술의 문제가 아니라 신앙의 문제에 혼신의 힘을 쏟습니다. 그것이 하나님이 세우시는 설교자와 훈련으로 만들어진 설교자의 차이점입니다.

그들의 마음은 오직 자신을 울리는 하나님 때문에 흐느끼는 것이며, 그들의 눈물은 설교가 아니라 하나님의 영광이 세상 가득히 인정받지 아니하는 현실을 인하여 통곡하는 데서 비롯된 것입니다. 그러므로 그들의 가장 큰 즐거움은 사람들과 먹고 마시고 떠드는 데 있지 않습니다. 그들은 설교자가 되기까지 겪어야 하는 진통하는 영혼의 사연을 홀로 아시는 하나님의 존전에 나아가, 긍휼히 여김을 바라며 탄원하는 데서 소망을 얻습니다.

그 견디기 힘든 고통 속에서 그들의 최고의 위로는 기도 시간입니다. 그들은 전에 세상 속에서 울던 것과는 다른 이유로 외로운 벌판에 홀로 서서 거룩한 하나님 한 분 앞에서 목 놓아 우는 것입니다. 때로는 맹수의 울부짖는 소리가 들리고, 살을 에는 것 같은 모진 바람이 가슴을 헤치고 지나가도, 그들은 계속해서 웁니다. 때로는 그 밤이 매우 오래 계속되었는데도 끝도 보이지 않는 터널 가운데 홀로 통곡하는 것 같은 극한 고독으로 아픔을 더해야 하는 때도 있습니다. 그럼에도 불구하고 그들은 울 수밖에 없습니다. 하나님이 그들의 마음을 슬프게 하셨는데 누가 그들을 위로할 것입니까? 그들이 목 놓아 우는 이유가 하늘나라에 있는데, 이 땅에 있는 그 무엇이 그들의 눈물을 그치게 할 수 있다는 말입니까?

남이 알 수 없는 아픔과 고통 속에서 홀로 하나님 면전에 서서 하나님을 끝없이 추구하는 가운데 설교자 자신이 변화되는 역사를 체험케 하는 것이 바로 하나님께서 설교자를 만드시는 방법입니다. 이 사람들을 가리켜서 성경은 "하나님께로서 보내심을 받은 사람"(요 1:6)이라고 말합니다. 설교자에게 있어서 이러한 영적인 준비가 선행되지 않는다면, 그들이 배우는 모든 설교의 이론들과 학습들은 생명 없는 가화(假花) 조각들을 지어내는 도구로 전락하고 말 것입니다.

두 가지 준비

공부를 많이 하고 오랫동안 학습을 받았다는 이유만으로, 하나님이 자신을 설교자로 세워 주셔야 할 긴박한 필요를 느끼지 못한다면, 그는 하나님께로서 보냄을 받는 대신 제도로부터 세움을 입는 설교자가 되기로 한 것입니다.

바울은 뛰어난 학문과 지식을 소유한 사람이었습니다. 그리고 그 지식들은 하나님의 일을 하는 데 요긴하게 사용되었습니다. 로마서를 쓴 사람이 오직 바울뿐이었던 것을 기억해 보십시오. 그러나 그는 자신이 받은 훈련과 지식을 한 번도 의지하지 않았습니다. 다윗을 기억해 보십시오. 그는 물매를 던지는 일에 익숙한 자였습니다. 블레셋의 장수 골리앗 앞에 나아갔을 때 그에게는 숙달된 기술과 준비된 돌멩이가 있었습니다. 그리고 하나님은 그것을 사용하셨습니다. 그러나 다윗은 자신의 숙달된 기술을 의지한 것이 아니라 오직 하나님만을 의뢰하였습니다. 그리고 하나님께서 그에게 승리를 주신 것은 그의 재주 때문이 아니라 전심으로 여호와만을 의뢰하는 믿음 때문이었습니다.

바울에게 있어서도 마찬가지였습니다. 그는 자신의 뛰어난 학식 때문에 하나님의 손에 덜 붙잡혀도 된다고 생각해 본 적이 없었습니다. 제도로부터 전수받은 많은 교육이, 하나님이 친히 손때 묻히시며 다듬으시는 영적 준비의 부족을 보상해 줄 수 있을 것이라는 어리석은 생각을 하지 않았습니다. 하나님은 그의 지식과 학식을 적절히 사용하셨습니다. 틀림없이 그렇습니다. 그러나 바울 자신은 전혀 그것을 의지하지 않았습니다. 얼마나 놀랍습니까? 설교자의 영적 준비와 지적인 준비 관계가 바로 그러하다는 말씀을 드리고 싶습니다.

설교자를 깨운다

이제 우리는 복잡하게 돌아가는 제도와 쉴 새 없이 쏟아져 나오는 정보를 찾아서 분주하던 삶을 잠시 멈추고, 하나님께서 설교자를 세우시는 방법이 무엇인지 생각해야 합니다. 그리고 이 세상의 신학교에서 배울 수 없었던 새로운 커리큘럼의 이수가 필요함을 절감해야 합니다.

설교자로서 마땅히 갖춰야 할 영적인 준비가 제대로 안 되면, 그의 능변과 수사(修辭)도 단지 파도를 타고 떠올랐다 사라지는 물거품에 지나지 않습니다. 언어의 구사는 파도와 같아도 영적인 감화는 발목을 스치고 지나갈 뿐입니다.

지금 우리 조국 교회에 필요한 것은 강력한 감화력을 지니고 하나님의 음성을 대변해 줄 수 있는 영적인 설교자의 출현입니다. 인간의 공교한 제도나 사람의 조직에 교회의 생명을 걸어 보는 모험도 아니고, 입심 좋은 설교자들의 구변을 즐기는 회중들을 교회당에 운집시키는 것도 아닙니다. 생명을 잃어 가고 있는 교회, 진리에 대한 신념을 상실해 가고 있는 냉담한 그리스도인들의 영적 상태의 개벽이 필요합니다.

　그것은 오직 참된 영적 부흥에 의해서만 가능합니다. 오직 하나님의 진리로 말미암는 순수하고 위대한 부흥만이 고통하는 세상과 생기를 잃은 교회의 유일한 대안입니다. 그리고 설교자들이 깨어나지 않는 한, 교회의 수면 상태는 계속될 수밖에 없습니다.

　죄악 된 세상이 복음의 파도에 떠밀려 그리스도께 돌아오는 편만한 회심을 경험하기 전에 먼저 교회 안에 참된 영적 부흥이 있었습니다. 그리고 교회가 하나님의 부흥을 경험하기 전에 잠자는 교회 안에 깨어 있는 소수의 그리스도인들이 있었습니다. 그들은 일반적으로 통용되던 세상과 교계의 물결을 거슬러 살기 위하여 몸부림쳤습니다. 그들에게는 어두운 이 세상을 찬란하게 타오르는 불꽃과 같이 살지 않으면 정말 사는 것이 아니었습니다.

　온 땅에 여호와의 영광을 인정하는 지식이 물이 바다를 덮음같이 가득하게 되는 세상을 보기 전까지는 기도하기를 쉴 수 없었던 소수의 사람들이었습니다. 그들이 이처럼 잠에서 깨어 교회의 각성을 위하여 기도하기 전에 그들 앞에는 각성된 설교자가 있었습니다. 하나님을 만나고 온 선지자와 같은 설교자들에 의하여 장악된 강단이 있었습니다. 그리고 설교단을 장악하고 있는 그들은 하나님 그분의 손에 의하여 장악된 사람들이었습니다. 그리하여 그들은 비록 땅에 있는 언어로 설교했으나 장엄한 하늘의 비밀을 말해 주었고 그들의 선포 속에는 끊임없이 하늘의 능력이 역사하였습니다.

그들의 목숨을 건 선포에는 아들을 십자가에 못박으신 하나님의 공의와 잃어버린 세상을 향한 눈물겨운 사랑이 새겨져 있어서 죄인들의 가슴속에 섬광과 같은 각성을 안겨 주었습니다. 세상은 이들이 선포하는 진리 앞에 무릎을 꿇고 하나님의 자비를 구하게 되었습니다. 그런데 이것은 하나님께서 순전하게 당신만이 영광을 받으시도록, 비천한 목숨과 기력을 다하여 그토록 외치고 수고하는 당신의 종들을 진리와 성령으로 축복하셨기 때문이었습니다.

교회는 영광스럽게 그 모습을 회복했고 뒤틀린 기독교 신앙도 신약성경의 신앙으로 되돌아갔습니다. 그리고 하나님의 이름은 높아졌습니다. 교회는 세상 가운데 높이 들려진 하나님의 이름을 인하여 기뻐하였고, 하나님은 당신을 바라보며 감격해 하는 교회를 바라보시며 기뻐하셨습니다. 이것이 바로 진리로 말미암는 참된 부흥(revival)입니다. 잠들었던 교회와 그리스도인들이 깨어나는 이러한 위대한 영적 각성 한 가운데는 언제나 하나님이 깨우신 설교자가 있었습니다.

하나님이 흔들어 깨우시려는 한 사람의 설교자, 그가 바로 당신일 수도 있습니다.

Be Kindled with Heavenly Fire

선지자 에스겔의 소명 체험을 통하여 설교자의 소명 체험을 살펴본다. 설교자는 결코 단순한 훈련이나 교육으로 만들어지는 것이 아니라 하나님의 인격을 깊이 체험함으로써 태어난다는 사실을 보여주고, 오늘날 설교가 회중들에게 신령한 영향을 미치지 못하는 원인을 생각해 본다. 에스겔의 소명 체험에서 그로 하여금 선지 사역에 능하게 하였던 세 가지 영적 준비를 생각한 후 오늘날 설교자들에게 적용해 본다.

"제 삼십년 사월 오일에 내가 그발강 가 사로잡힌 자 중에 있더니 하늘이 열리며 하나님의 이상을 내게 보이시니 여호야긴 왕의 사로잡힌 지 오년 그 달 오일이라 갈대아 땅 그발강 가에서 여호와의 말씀이 부시의 아들 제사장 나 에스겔에게 특별히 임하고 여호와의 권능이 내 위에 있으니라"(겔 1:1-3).

| 제1장 |

하나님이
하늘을
열어 주신 사람

에스겔은 사독 집안의 제사장 부시의 아들이요, 그 또한 제사장이었습니다. 그는 주전 597년경에 바벨론 왕 느부갓네살에 의하여 포로로 잡혀 간 만여 명의 히브리인 무리 가운데 한 사람이었습니다(왕하 24:10-17). 에스겔을 비롯하여 메소포타미아까지 걸어서 끌려간 포로들은 바벨론의 그발강 근처에 정착하였고 에스겔은 거기에서 결혼하였습니다(겔 24:15-16 참조).

그가 선지자로 부름을 받기 전의 삶에 관하여는 알려진 바가 거의 없습니다. 부시의 아들인 선지자의 이름 "에스겔"(יחזקאל)은 '하나님이 강하게 하신다.'는 뜻입니다. 이것은 포로로 끌려간 히브리인들 가운데 거하며 신앙으로 살도록 그들을 격려하고 강하게 한 그의 선지 사역에 어울리는 이름이었습니다.[2] 선지자 에스겔의 사역은 유다의 종말에 비추어 볼 때 잘 이해될 수 있습니다. 만약 에스겔서 1장 1절에 나오는 연대를 선지자의 나

---

[2] 에스겔은 자신보다 앞선 선지자 예레미야와 같이 제사장 가문에 속하는 사람이었다. 그가 포로로 잡혀 오기 전에 예루살렘에서 실제로 제사장의 직무를 수행했는지는 알 수 없으나 성전에서 제사장이 되기 위한 훈련을 받았을 것이다. 따라서 성전과 성전 안에서 이루어지는 일에 대하여 익히 알고 있었으며 제사장의 직무에 익숙해져 있었을 것이다. 킴히(Kimchi)에 의하여 인용된 탈굼(Targum Yerushalmi)에 의하면 에스겔서 1장 3절에 나오는 에스겔 선지자의 아버지 부시(בוזי)를 예레미야와 같은 인물로 보고 있다. 아무튼 그는 자신의 사역 속에서

이를 가리키는 것이라고 본다면,[3] 그는 아마 주전 623년경 유다 요시야 왕(약 주전 640-609년)의 개혁 당시에 태어났을 것입니다. 그렇다면 에스겔은 젊은 시절에 앗수르의 쇠퇴와 멸망, 바벨론의 성장과 외국에 의한 예루살렘의 지배, 갈그미스 전쟁에서 애굽과 앗수르가 느부갓네살에게 패배한 역사적 사건 등을 지켜보았을 것입니다. 느부갓네살이 다니엘을 포함한 유다의 지도급 인물들을 바벨론으로 유배시켰고(단 1:1), 유다 왕 여호야김은 바벨론에만 충성한다는 조건하에 명목상의 왕으로 남아 있을 수 있었습니다.

그러나 삼 년 후 여호야김은 이 약속을 어기고 애굽의 군사적인 도움을 의지함으로써 느부갓네살의 진노를 샀습니다. 그리하여 여호야긴의 치세인 주전 597년 3월 16일에 도성과 성전이 유린당하였고(왕하 24:13), 이스라엘 백성들은 두 번째 대규모의 유배를 치러야만 했습니다. 왕의 아들인 여호야긴과 만여 명에 달하는 지도급 인사들이 포로로 끌려갔습니다.

들어가는 말

이 포로들 가운데 제사장 가문에 속한 스물다섯 살 난 에스겔도 들어 있었습니다. 그가 실제로 성전에서 봉사하였는지는 알 수 없지만, 포로기에 에스겔은 옛 성전의 종말과 변화된 세계를 상징하는 보다 영광스러운 새

이러한 두 직무에 따르는 심성을 잘 보여준다. 즉 선지자로서 예루살렘의 멸망과 회복에 대하여 말씀으로 예언하고, 제사장으로서 미래에 이루어질 하나님의 성전 구조와 그 안에서 이루어지는 예배를 상세히 묘사하고 있다. S. Fisch, *Ezekiel*, (London: The Soncino Press, 1970 reprinting), p.x; 조셉 블렌킨숍(Joseph Blenkinsopp)은 "부시"라는 이름을 렘 25:23, 욥 32:2, 6등에 나타난 지명과 연관이 있는 것으로 보아 에스겔의 조상이 아랍계의 선조에 뿌리를 두지 않았나 추측한다. 만약 이 같은 추측이 사실이라면, 이것은 열방의 이방인들을 향한 이스라엘 신앙 공동체의 개방적인 특성을 보여준다. Joseph Blenkinsopp, *Interpretation; A Bible Commentary for Teaching and Preaching, Ezekiel*, (Louisville: John Knox Press, 1990), pp.8-9.

3) "제 삼십년 사월 오일에 내가 그발강 가 사로잡힌 자 중에 있더니 하늘이 열리며 하나님의 이상을 내게 보이시니"(겔 1:1).

성전의 시작을 예언한 선지자였습니다. 따라서 선지자 에스겔은 옛 시대와 새 시대 사이의 구속사의 물줄기가 만나는 중요한 시점에서 선지 사역을 감당한 사람이라고 볼 수 있습니다.

그 시대에 가장 중요한 신학적 주제는 하나님의 거소로서의 예루살렘이었습니다. 특별히 앗수르 산헤립의 군대를 격퇴시킨 사건에 의하여 이러한 성소 개념은 더욱더 이스라엘 백성들의 신앙으로 자리잡았습니다. 그러므로 약속의 도성 예루살렘과 성전이 파괴되었을 때 거룩한 이스라엘 백성들의 신앙적인 충격은 실로 엄청난 것이었습니다.[4]

에스겔의 사역은 왕국의 신속한 회복을 소망하던 대중적인 이데올로기에 대해 예언적으로 비판하는 것이었습니다. 주전 593년경부터 571년경까지 에스겔은 하나님의 말씀을 전하였습니다. 수천 명의 포로들이 유다로 속히 돌아갈 날을 기다리면서 생계를 유지하고 있었습니다. 낙관적인 사고를 가진 선지자들의 활기 찬 설교는 소망을 부채질하였으나, 실상 그 선지자들은 하나님의 심판이 예루살렘에 보다 완전히 쏟아지려는 찰나에 평강의 메시지로 사람들을 기만한 자들이었습니다. 에스겔은 그들을 날카롭게 비판하였습니다. 선지자는 그들의 거짓말의 실상을 폭로하였는데, 이는 그들이 여호와의 보내심을 받지 않은 사람들이기 때문이었습니다.[5]

이런 상황에서 사람들은 에스겔 선지자의 메시지를 불신하였고 심지어 비웃기까지 했습니다. 그들은 자신들의 속담으로 선지자의 훈계를 무시하였습니다(겔 12:22). 나아가서 에스겔은 여인들이 지니고 있었던 부적의 효력

---

[4] George A. Buttrick ed., *The Interpreter's Dictionary of the Bible*, (Nashville: Abingdon Press, 1962), p.209.

[5] Andrew E. Hill & John H. Walton, *A Survey of the Old Testament*, (Grand Rapids: Zondervan Publishing House, 1991), pp.331-332.

을 그 거짓 선지자들도 믿고 있다는 사실을 지적함으로써, 그들의 신앙 체계의 비진리성을 폭로하였습니다. "사람의 영혼을 사냥하고자 하여 방석을 모든 팔뚝에 꿰어 매고 수건을 키가 큰 자나 작은 자의 머리를 위하여 만드는 부녀들에게 화 있을찐저 너희가 어찌하여 내 백성의 영혼을 사냥하면서 자기를 위하여 영혼을 살리려 하느냐"(겔 13:18).

선지자는 바벨론 남쪽이자 니푸르(Nippur) 북쪽 유브라데 강의 한 수로인 그발강 가 텔아빕(Tel-Abib)의 유대인 식민 지역에 자신의 집을 가지고 있었습니다(겔 3:24, 8:1). 그는 제사장 가문의 자손으로서 성전과 제사에 관한 율법을 배웠습니다. 이것은 그 후 성전의 미래, 하나님의 임재, 언약과 통치의 거룩한 상징 등에 관하여 그가 그토록 깊은 관심을 기울인 배경이 됩니다. 그는 주전 593년경에 여호와의 선지자로 부름을 받았는데, 그 해는 에스겔이 서른 살 되는 해로 보입니다(겔 1:1 참조). 그가 만약 바벨론에 포로로 끌려오지 않았더라면 아버지와 함께 성전에서 하나님을 섬기게 되었을 것입니다.

에스겔과 함께 포로로 끌려간 이스라엘 백성들은 아마도 고달픈 노역이 끝난 저녁이면 강가에 모여서 고향 잃은 시름을 달랬던 것 같습니다. 명백하게 바벨론 포로 시대의 작품으로 보이는 시편 137편이 이 같은 정황을 보여줍니다. "우리가 바벨론의 여러 강변 거기 앉아서 시온을 기억하며 울었도다 그 중의 버드나무에 우리가 우리의 수금을 걸었나니 이는 우리를 사로잡은 자가 거기서 우리에게 노래를 청하며 우리를 황폐케 한 자가 기쁨을 청하고 자기들을 위하여 시온 노래 중 하나를 노래하라 함이로다"(시 137:1-2).

에스겔이 선지자로 소명을 받은 것도 그발강 가였습니다. 이 얼마나 슬픈 역사의 한 장면입니까? 이스라엘의 제사장이요, 선지자로 부름을 받게 될 사람이 하나님의 소명을 받은 장소가 예루살렘도 아니고 유대 땅도 아닌 이방의 그발강 가였다는 사실이 우리에게 무엇을 말해 줍니까? 이스라엘도 망하고 유다도 패망하였습니다. 그들은 이방인들에게 사로잡혀 갔고 국권은 껍데기뿐이었습니다. 그럼에도 불구하고 이방의 땅, 그발강 가에서 하나님은 에스겔을 선지자로 부르셨습니다. 나라는 망하고 역사는 기울어져도, 하나님의 백성을 향한 여호와의 구원 섭리는 이렇게 선지자를 세우심으로 계속되고 있었습니다.

예루살렘의 회복을 바라는 이스라엘 백성들의 소망이 서서히 무너져 갈 때, 하나님은 이처럼 이방 땅 한가운데서 선지자를 부르고 세우심으로써 당신의 백성들과의 관계를 지속하셨습니다. 비록 하나님의 심판으로 말미암아 이스라엘 백성들은 멸망하였고, 계속되는 배교는 심판의 진노를 더욱더 쌓아 가고 있었지만, 그럼에도 불구하고 하나님은 여전히 그 백성들 가운데 남은 자들을 찾고 계셨습니다. 국가적 상황으로 볼 때에는 이미 희망적인 증거들은 사라져 가고 있었고 민족의 앞날 또한 암담하였지만, 하나님은 여전히 선지자를 세우심으로써 당신의 백성들에게 말씀하기를 기뻐하셨던 것입니다.

지금도 그러합니다. 이 땅에 있는 백성들을 향해 하나님이 말씀 주시기를 그치지 아니하시는 한, 시대가 아무리 악하고 교회의 타락이 아무리 심하다고 할지라도 하나님의 은혜는 여전히 계속되는 것입니다. 하나님의 커다란 진노 중 하나는 내버려두시는 것입니다. 하나님이 세상 사람들에게 내리실 수 있는 가장 끔찍한 심판은 그들로 하여금 마음대로 행하다가 심판을 향해 가게끔 방치하시는 것입니다.[6]

---

6) 롬 1:24, 26, 28을 참고할 것.

설교자를 부르시는 하나님

　에스겔을 선지자로 부르시는 하나님을 보십시오. 유다 백성들은 여호와를 버렸으나, 하나님은 여전히 선지자를 세우셔서 그를 통하여 당신의 뜻을 백성들에게 알리기를 기뻐하셨습니다. 하나님께서 당신의 뜻과 계획을 그 백성들에게 알리기를 원하시는 한, 그들을 향한 주님의 기대와 소망은 다하지 않은 것입니다. 그러므로 우리는 이 시대의 암담함과 교회의 영적 형편의 쇠퇴상을 보고 지나치게 낙심하거나 근심하며 시간을 허비할 필요가 없습니다. 어차피 세상 역사도, 교회 역사도 모두 하나님의 주권적인 손 아래 있습니다.

　우리는 여기에서 우리를 하나님의 말씀을 전하는 설교자들로 세우시고, 구약에서 하나님의 진리를 전하다가 죽어 간 위대한 선지자들과 땅 끝까지 피 묻은 복음을 전파하다가 순교한 사도들의 후예들로서 설교 사역의 뒤를 잇게 하시는 하나님의 부르심 앞에서, 이 시대와 교회를 향한 하나님 아버지의 강한 관심과 다함이 없는 사랑을 읽게 되는 것입니다. 그러므로 우리는 보이는 현실을 직시하되, 현실보다는 그 현실을 타개하기 위하여 부르시는 하나님의 부르심에 더 깊은 관심을 기울여야 합니다. 환경이나 여건이 가르쳐 주는 내용보다는 보이지 아니하는 하나님이 주시는 메시지에 사로잡히는 것이 훨씬 더 중요하다는 말입니다.

　하나님께서 여전히 설교자를 세우고 계시는 한, 그 시대의 교회는 소망이 있습니다. 지금 저는 신학교가 목회자들을 양산해 내는 한, 교회가 소망이 있다고 말하는 것이 아니라 "하나님께서 설교자를 세우고 계시는 한, 소망이 있다."고 말하는 것입니다.

　구약 시대에 하나님의 부르심을 입지 아니한 수많은 거짓 선지자들이 양산될 수 있었던 것처럼, 오늘날의 설교자들도 반드시 하나님이 세워 주셔야만 설교 사역에 종사하게 되는 것은 아닙니다. 한번 세운 인간의 제도는 하나님의 간섭 없이도 계속 작동할 수 있고, 그 제도 속에서 소명이 동기가 되지 않아도 얼마든지 설교할 수 있습니다. 그러나 이런 것은 결코 참된 소명일 수 없습니다. 우리는 그런 사람들의 숫자나 사역들을 보면서 거기에 조국 교회의 미래를 걸 수 없습니다.

이스라엘 백성들이 포로가 되어 바벨론으로 끌려간 상황에서 그들 중 에스겔을 선지자로 부르시는 모습을 통해 그 백성들을 향한 하나님의 역사하고 간섭하시는 은총이 계속되는 것을 확신하게 됩니다.

지금 우리에게도 그러한 설교자들이 필요합니다. 지금 우리 시대 교회사에 필요한 사람들은 자신의 비전(vision)을 가지고 단지 제도 속에서 양산된 많은 일꾼들이 아니라, 하나님의 진리를 능력 있게 전해 줄 수 있는 사람입니다. 이 세대를 향해 하나님의 말씀을 말씀답게 전해 줄 수 있는 사람말입니다.

그런 점에서 볼 때 오늘날 강해 설교에 대한 관심이 증대되고 있는 것은 대단히 고무적인 일이 아닐 수 없습니다. 왜냐하면 강해 설교의 최대 고민은 '어떻게 하면 하나님의 말씀을 바르게 전할 수 있을까?'이기 때문입니다. 그래서 많은 사람들이 모여서 이론들을 배우기도 하고 설교에 관한 실제적인 훈련을 받아 보기도 합니다. 모두 필요한 일입니다. 우리에게서 추방해야 할 가장 커다란 악 중 하나는 무지입니다. 설교자들은 끊임없이 하나님의 말씀을 연구하여, 설교하도록 부름 받은 자신의 소명에 충실한 삶을 살아야 합니다.

그리고 우리들은 그러한 노력의 일환으로 이렇게 설교를 위한 훈련을 받고, 또 실제로 자신의 설교에 그것들을 적용하는 이론적인 교육에 참여하기도 하는 것입니다.

유행하는 오해

그러나 우리가 경계하여야 할 것이 있습니다. 그것은 설교자가 되는 것이 단지 이러한 훈련이나 교육 같은 것을 가지고 이루어지는 것이라고 믿는 그릇된 생각입니다. 이것은 성경이 이야기하는 설교자의 소명과는 거리가 있음을 기억하여야 합니다. 많은 사람들이 하나님께서 당신의 진리를 전하도록 부르신 선지자나 사도들을 설교자로 세우심에 있어서, 하나님 자신이 그들을 어떻게 준비시키시는지에 대해서는 거의 주목하지 않습니다. 오히려 설교에 필요한 여러 가지 지식이나 훈련, 교육 등에만 치중하는 경향이 있습니다.

우리가 언제나 잊지 말아야 할 사실이 있습니다. 하나님은 에스겔을 부르실 때 선지자 삼으시려고 부르셨지만, 부르시는 하나님 앞에 나아가는 에스겔에게는 선지자라는 직업적인 사역이 눈에 들어 온 것이 아니라, 자기를 부르시는 하나님 그분이 다가왔다는 것입니다. 다시 말씀드리자면, 선지자로 소명을 받음에 있어서 중요한 것은 사역 자체보다 자신을 선지자로 부르시는 하나님과의 특별한 관계에 대한 특별한 체험이었으며, 그 후 말씀 사역을 하는 동안에도 그러한 관계 속에서 살아가는 것이었습니다.

설교에 대한 연구는 설교를 보다 세련되게 해 주고, 설교 행위에 대한 연습은 설교라는 기능 자체를 숙달된 행위로 만들어 줄 수 있습니다. 그러나 설교가 깊고 폭 넓게 되는 것은, 결코 이러한 훈련이나 학습을 통해서 이루어지지 않습니다. 제가 설교가 깊고 폭 넓게 된다고 말씀드리는 것은 결코 어떤 주제에 대한 사변적인 이야기를 길게 늘어놓는 것이나 다양한 주제들을 설교하는 것을 가리키는 것이 아닙니다.

진리를 가르침에 있어서 설교가 깊다는 것은 하나님의 말씀을 보다 더 완전에 가깝게 드러낸다는 의미입니다. 그래서 회중들이 그의 설교를 들음으로써 성경 본문의 의미가 더 생생하게 살아나는 체험을 하게 하고, 사람들의 가슴에 기독교의 진리를 보다 광대하게 인식시키는 설교를 가리키는 것입니다.

성경을 설교함에 있어서 그 설교가 폭 넓다고 하는 것도 유사한 관점에서 이해되어야 합니다. 그것은 결코 수많은 잡지나 자료물에서 읽은 다양한 주제들을 짧은 설교 시간에 다룰 수 있는 그러한 잡다한 재능을 의미하는 것이 아닙니다. 설교가 폭 넓어진다고 하는 것은 성경 자체가 이야기하고 있는 기독교 신앙에 있어서의 다양한 측면들을 보다 완전에 가깝게 드러냄으로써, 설교를 듣는 회중들이 그 한 편의 설교를 통하여 성경 전체를 새롭게 이해하는 것을 의미합니다.

설교를 듣기 전에 개인적인 성경 읽기나 공부를 통해서 직접 인식하기 어려웠던, 기독교 신앙에 있어서 본질이면서도 새로운 국면들을 생생하게 드러내 주어 회중들로 하여금 하나님과 역사, 교회와 세상에 대하여 새로운 앎의 지평으로 나아가도록 만들어 주는 힘을 가리키는 것입니다.

그래서 청교도 설교자 가운데 한 사람인 토마스 카트라이트(Thomas Cartwright)는 이렇게 말했습니다. "불은 자극을 받거나 밝혀지면, 그렇지 않을 때보다 열을 더 많이 낸다. 마찬가지로 하나님의 말씀도 설교나 해석에 의해 그것을 읽을 때, 듣는 자의 가슴에 불꽃을 더 크게 일으킨다."

그러므로 우리는 하나님께서 우리들을 설교자로 불러 세우시는 이 소명의 막중함을 깊이 인식하지 않으면 안 됩니다. 우리의 소명의 진위에 세상의 소망이 달렸기 때문입니다. 만약 우리가 참으로 하나님께로부터 세움을 받은 사람들로서 설교하고 있다면, 우리의 역사가 아무리 바벨론 포로 시대와 같이 암울하고 교회의 영적인 형편이 힘없는 모습으로 강가에 모여 시온을 기억하며 울던 히브리인들과 같이 침체되었다고 할지라도 미래를 낙관할 수 있습니다. 마치 그발강 가에서 에스겔을 말씀 사역으로 부르심으로써 패망한 유다 역사를 통하여 무너질 수 없는 하나님의 나라를 다시 세우시고, 종식될 수 없는 구원 역사의 새벽을 다시 밝히시는 하나님을 발견하게 되는 것처럼 말입니다.

우리들이 살펴보고자 하는 이 본문을 여러 각도에서 생각해 볼 수 있습니다. 하지만 우리가 여기에서 유익을 얻고자 하는 주제가 '설교자로서의 영적 준비'이기 때문에 에스겔 선지자를 설교자의 모델로 보고, 그의 소명 사건을 통하여 일어난 일련의 영적 준비들을 관찰해 봄으로써 설교자로서 우리에게 어떤 영적인 자질들과 준비가 필요한지에 대하여 살펴보고자 합니다. 이것을 통하여 설교자로서의 영적 준비와 자질들을 점검하고, 우리를 그 선지자처럼 영향력 있는 진리의 증거자들로 역사 속에서 세워 주시기를, 하나님 앞에 마음을 다해 기도하여야 합니다.[7)]

하늘이 열리며

제사장 에스겔은 포로 상태에서 하나님의 부르심을 받았고 하나님께서 에스겔을 선지자로 부르실 때 그는 하나님의 영광의 이상을 보았습니다. 이에 관하여 성경은 "하늘이 열리며 하나님의 이상을 내게 보이시니"(겔1:1)라고 기록하고 있습니다. 그는 모세와 이사야가 목격하였던 것과 같이 하나님의 영광스러운 영적인 세계를 목격하였습니다.

그러나 선지자 에스겔이 이 영광스러운 사역에로 부름을 받으면서 주목하게 된 "하늘이 열리며 하나님의 이상을" 보이시는 이 사건은 모세나 이

---

7) 구약의 선지자가 어떻게 오늘날 설교자의 모델이 될 수 있는가에 대한 자세한 논의는 김남준, 『청중을 하나님 앞에 세우는 설교자』(서울: 생명의말씀사, 2000), pp.91-135를 참고할 것.

사야의 그것과 얼마나 다릅니까? 시내산에서 모세가 엄위하신 하나님의 영광을 목격하였을 때, 이스라엘 백성들은 미래를 향해 차오르는 기대로 한껏 부풀어 있었습니다. 이사야가 성전에서 하나님의 위대한 영광을 보았을 때는 웃시야가 통치하던 주권이 있는 시대였습니다. 그러나 지금 에스겔 선지자가 소명을 받는 이 상황은 미래에 대한 전망도 없고, 국권도 없으며, 영적으로는 하나님 앞에 쫓겨난 것과 같은 상태였습니다.

따라서 선지자가 이 놀라운 하나님의 영광스러운 임재 앞에서 동족들의 죄를 깊이 인식하고 압도당할 수밖에 없었던 것은 놀라운 일이 아닙니다. 그는 자신의 성품의 죄악 됨과 백성들의 불신실한 죄를 짊어지고 하나님의 영광 앞에 엎드려져야 했습니다(겔 2:1). 그럼에도 불구하고 하나님의 영은 그를 일으키시고 새로운 힘을 주셨습니다.

그가 소명을 받을 때 가졌던 영적 체험은 먼저 하늘이 열리는 사건과 함께 시작되었습니다. 하나님은 에스겔로 하여금 먼저 하나님 자신의 임재와 영광을 경험하게 함으로써, 하나님의 말씀을 대언하기에 합당한 사람으로 준비시키셨습니다. 오늘날 설교자의 길을 걷기 원하는 모든 사람들이 이 점에 유의한다면, 보다 더 커다란 축복을 누리며 사역할 수 있으리라고 확신합니다.

변화된 설교자

많은 목회자들이 자신의 설교가 변화되기를 사모하고 있습니다. 대부분의 양식 있는 설교자들은 설교에 있어서 자신의 무능을 인식하고 어찌하든지 말씀을 통하여 성도들에게 신령한 영향을 끼치는 사역을 할 수 있기를 간절히 바라고 있습니다. 기존에 가지고 있던 상식이나, 심지어는 자기 설교 스타일까지도 포기하면서 자신의 설교를 바꾸어 보고자 애씁니다. 그러나 설교하는 자신이 변화되기를 원하는 설교자는 그리 많지 않습니다.

자신의 영적 한계는 그대로 두고 설교만 바꾸기를 원하는 사람들이 많습니다. 설교는 설교자를 능가할 수 없습니다. 만약 어떤 설교자가 자신의 존재, 즉 자신의 인격이나 영적 수준을 넘어서는 내용을 설교한다면, 성도들은 즉시 설교 가운데 설교자와 설교 내용이 분리되어 따로 노는 모습을 눈치 채고야 말 것입니다. 설교가 인격적이어야 한다고 하는 말은 바로 이런 의미입니다.

그래서 칼빈(John Calvin)도 설교에 있어서 인격적인 성격을 매우 중시하였습니다. 칼빈의 설교에 관하여 연구한 작품 가운데 세계적인 칼빈 연구가 파커(T. H. L. Parker) 교수의 『칼빈과 설교』(Calvin's Preaching)가 뛰어납니다. 그는 그 책 마지막 장에서 칼빈이 강조했던 가장 적합한 설교 스타일에 대하여 언급하면서 이렇게 말합니다. "칼빈이 설교에 가장 적합한 스타일로 간주한 것을 묘사하기 위해서 사용한 단어는 '친밀한'이다. 그 의미는 칼빈이 말한 바 '……우리가 늘 성경과 친밀하게 되려고 할 때 우리는 하나님이 우리에게 말을 걸어 주신다는 것을 압니다……'라는 의미이다"(CO.53.18-19).[8]

성경은 모두 하나님을 깊이 체험한 사람들이 하나님과 인간과의 만남에 관하여 기술한 것입니다. 시대는 다르고 양식도 같지 않지만, 인간과 하나님과의 만남 속에는 언제나 체험을 통하지 않고는 체득할 수 없는 공통된 요소가 있게 마련입니다. 따라서 하나님의 임재를 보다 깊이 체험하고 그분의 말씀하시는 인격에 관하여 보다 분명한 인식을 가지고 있는 사람일수록 성경 속에 일관되게 흐르고 있는 영적인 요소와 체험을 통해서만 체득

---

[8] 이 책은 필자에 의하여 "칼빈과 설교"라는 제목으로 번역되었다. T. H. L. Parker, 『칼빈과 설교』 김남준 역, (서울: 도서출판 솔로몬, 1993), p.187.

할 수 있는 요소에 충실한 설명을 줄 수 있습니다.[9]

에스겔 선지자는 하나님이 보여주시는 하나님의 이상을 보았습니다. 설교자에게는 반드시 이러한 영적인 체험이 필요합니다. 동일한 종류의 체험은 아닐지라도 하나님의 영광스러운 임재를 체험하는 영적인 부르심이 긴요하다는 것입니다.[10]

하늘을 여시는 하나님

여기서 우리는 예수 그리스도의 공생애의 시작을 생각하지 않을 수 없습니다. 성경은 말합니다. "예수께서 세례를 받으시고 곧 물에서 올라오실쌔 하늘이 열리고 하나님의 성령이 비둘기같이 내려 자기 위에 임하심을 보시더니 하늘로서 소리가 있어 말씀하시되 이는 내 사랑하는 아들이요 내 기뻐하는 자라 하시니라"(마3:16-17).

예수 그리스도께서 이름 없이 사셨던 사적인 생애를 끝내시고 메시아로서의 공적인 사역에 취임하실 때에 어떤 일이 일어났습니까? 그리스도께서 거짓된 종교 지식에 의하여 농락당하며 압제당하고 있는 불쌍한 백성들을 구원하시기 위하여 천국 복음을 선포하도록 부르심을 받았을 때, 그분에게 어떤 일이 먼저 일어났습니까?

---

[9] 핀들리 엣지(Findley B. Edge)는 기독교회의 근본적인 개혁을 위해서는 교회가 신약 성서적인 기독교 신앙의 체험적 본질에 대한 이해를 새롭게 해야 한다고 주장한다. 그는 단지 제도에 의존하는 종교의 비성서적 성격에 대하여 말하면서, 교회가 신약 성서적인 신앙의 활력을 회복하기 위해서는 신앙의 체험적 성격을 다시 회복하는 것이야말로 가장 중요한 일이라고 주장하고 있다. Findley B. Edge, 『기독교의 생명력』, 도한호 역, (서울: 요단출판사, 1976 reprinting), pp.32-35 참고할 것.

[10] 구약에 나타난 선지자들의 소명 체험을 오늘날 우리가 그대로 재연하여야 한다는 것은 잘못된 주장이다. 칼빈이 언급하는 바와 같이 우리에게 필요한 것은 선지자들의 소명 체험 사건의 구체적인 모습을 일반적인 법칙으로 삼는 것이 아니라, 거기서 원리를 이끌어 내는 것이다. 그리하여 거기서 발견한 원리들을 설교자의 소명에 적용시키는 것이다. John Calvin, 『존 칼빈 舊約聖經註釋:예레미야』, vol. 16, (서울: 성서교재간행사, 1981), p.56-57 참고할 것.

그분은 하나님의 아들이셨습니다. 세상에 오시기 전에도 그러하셨고, 오셔서 베들레헴 마구간에 나셨을 때도 그러하셨습니다. 어린 아이로서 아버지 요셉의 목수 일을 도왔을 때도 여전히 하나님의 아들이셨습니다. 예수님께서 성년이 되셨을 때 오랜 세월 동안 경건한 삶을 사셨고 기도하셨으며 율법을 모두 이해할 수 있으리만치 많은 지식을 쌓으셨습니다. 선지자로서 등장하실 수 있는 나이가 되었으며 제사장직에 취임할 수 있으리만치 충분히 성장하셨습니다.

그럼에도 불구하고 하나님께서는 세상에 천국 복음을 선포하고 백성들에게 구원의 기쁜 소식을 증거하는 위대한 설교 사역으로 예수 그리스도를 부르시기에 앞서, 그분이 세례를 받으시는 요단강 가에서 하늘을 열어 주셨습니다. 예수 그리스도 앞에서 하늘이 열리고 성령은 비둘기같이 임하시는 영적인 체험을 주셨습니다. 그리고는 그렇게 부르심을 받는 예수 그리스도와 하나님 자신이 어떤 관계에 있는지 말씀해 주셨습니다. "하늘로서 소리가 있어 말씀하시되 이는 내 사랑하는 아들이요 내 기뻐하는 자라 하시니라"(마 3:17). 이것을 가리켜서 청교도들은 '이중(二重)의 인(印)침'이라고 불렀습니다.

하나님은 이 말씀을 통해 예수 그리스도와 하나님 자신이 아버지와 아들의 관계에 있으며, 그분이 메시아로서 감당하실 사역에 대하여 하나님께서 기뻐하신다는 사실을 인쳐 주셨습니다. 이 모든 일들이 하늘이 열리는 것과 함께 일어났습니다.

하늘에서 들린 소리

이방인들에게 복음을 전하는 사도로 부름을 받았던 사도 바울의 소명 체험도 이와 유사합니다. 그는 사도행전에 기록된 자신의 설교 속에서 두 번,

누가의 역사 기록 속에서 한 번, 모두 세 번에 걸쳐서 자신의 소명 체험을 상세하게 묘사하고 있습니다. "사울이 행하여 다메섹에 가까이 가더니 홀연히 하늘로서 빛이 저를 둘러 비추는지라 땅에 엎드려져 들으매 소리 있어 가라사대……나는 네가 핍박하는 예수라"(행 9:3-5).

그리스도의 나타나심을 통하여, 하나님은 사도 바울을 이방인의 사도로 부르셨고 복음의 계시를 주셨습니다. 이것은 구약에서 선지자들이 소명을 받을 때 체험했던 이상의 현현(顯現) 체험과 유사했습니다. 바울은 이 같은 소명의 체험 속에서 그리스도 안에 있는 구원과 관련된 복된 소식을 그리스도로부터 직접 받게 되었습니다. 그것은 그리스도의 부활로서 이미 실재화된 구원의 의미를 알게 해 주었고, 그 구원은 또한 그리스도의 재림 때에 이루어질 완성을 기다리고 있다는 내용이었습니다. 그리고 바울은 다메섹 도상에서 나타나신 그리스도를 체험했을 때, 복음과 이방 선교에의 소명을 받았습니다. 이 모두 하늘로서 말미암는 설교자로서의 신적 체험에서 비롯된 것이었습니다.

그러므로 바울의 사도적 소명 가운데 있는 강제력의 요소는 이렇게 설명될 수 있습니다. 바울은 이 소명 체험을 통해서, 자기가 그리스도에게 사로잡힌 바 되었다고 느꼈고 복음을 전하지 않으면 안 된다는 처절한 신적인 강권 아래 있게 되었습니다. 또 그리스도에게 사로잡혀 그의 노예가 되었고, 그 후 그는 예수 그리스도로부터 끊어질 수가 없었으며, 복음을 전하지 않을 수 없는 숙명에 사로잡히게 되었다는 것입니다.[11] 이 모두 하늘로부

---

[11] 이 점에 있어서 김세윤 교수의 바울의 소명에 대한 논의는 귀기울일 만하다. 그가 자신의 책 속에서 개진하고 있는 바, 내용의 핵심은 바로 이런 것이다. 사도 바울이 유대교의 전통이나 율법적인 전승, 헬라의 철학 등 당시 그에게 영향을 끼칠 수 있었던 여러 가지 배경들의 영향을 전혀 받지 않은 것은 아니지만, 그의 사역과 삶에 결정적으로 중요한 영향을 끼쳤던 것은 다메섹 도상에서 자신을 사도로 부르시는 예수 그리스도를 만난 소명 체험이었다는 것이다. 이 영적인 체험이 그가 전한 복음과 신학의 핵심을 이루고 있다는 것이다. Seyoon Kim, *The Origin of Paul's Gospel*, (Tübingen: J.C.B. Mohr Paul Siebeck, 1981), pp. 54, 65-66.

터 오는 체험이었습니다.

모든 사람들이 설교자로 부름 받음에 있어서 획일화된 영적 체험을 하도록 강요받을 수는 없습니다. 선지자들에게 소명이 임하는 소명 체험의 사건이 성경에서 다양하게 나타나는 것도 바로 이러한 논지의 근거가 됩니다. 그러나 다양한 체험을 관통하고 있는 동일한 원리와 기초들을 직시하여야 합니다.

소명 체험

에스겔을 부르실 때에는 하늘이 열리며 이상들이 보였고, 예수 그리스도를 부르실 때에는 그 열린 하늘을 통하여 비둘기와 같이 성령이 임하셨습니다. 바울이 소명을 체험할 때에는 하늘로서 빛이 홀연히 임하여 그를 둘러 비추었습니다. 묘사는 다양하지만 원리는 같습니다. 기록은 같지 않지만 체험의 기초는 동일합니다. 그것은 하나님의 말씀을 전하도록 부름 받은 자가 사역으로 보내심을 받기에 앞서 하나님 자신을 깊이 체험하는 것입니다.

그리고 이 일들은 영적인 영역 속에서 일어나는 일입니다. 소명의 이러한 천적(天的) 성격을 묘사함에 있어 "하늘이 열리고"(נפתחו השמים)[12]라는 표현만큼 적합한 것은 없을 것입니다. 하나님은 이렇게 열려진 하늘을 통하여 "이상"(מראות)을 그에게 보이셨습니다.[13] 이 이상은 단순한 환상이 아

---

[12] "열리고" 라고 번역된 단어는 원문에서 '니프테후' (נפתחו)인데 이는 '파타' (פתח) 동사의 니팔형(Ni.pf.3cp)이다. 피엘(Piel)형으로 쓰일 때는 '새기다, 형상을 만들다'의 뜻이 되지만 (출 28:9, 36, 왕상 7:36 등), 여기서는 '열다' 라는 말의 수동 의미로 쓰였다(나 2:7, 3:13, 느 7:3 등 참조). 이는 에스겔에게 하늘을 여신 분이 하나님이심을 보여주는 것으로서 선지자의 소명 체험의 신적 기원을 잘 묘사하고 있다. Ludwig Koehler & Walter Baumgatner eds., *Lexicon in Veteris Testamenti Libros*, (Grand Rapids: Eerdmans Publishing Company, 1958), p.787.

니었습니다. 환상도 아니고 현실도 아닌, 영적 실재로서 하나님께서 당신의 뜻을 선지자들에게 알리시는 가장 중요한 방편 중 하나였습니다. 이 이상(vision)을 통해서 하나님은 현재 당신의 백성들에 대한 계획을 알리셨고, 열국에 대한 하나님의 심판을 경고하셨으며, 선지자에게 주신 과거의 메시지를 확증하셨습니다.

에스겔을 선지자로 세워서 하나님의 말씀을 전하게 하시는 소명은 그에게 하늘이 열리는 것과 함께 주어졌고, 그의 사역은 열린 하늘을 통하여 하나님의 이상을 보는 것과 함께 시작되었습니다. 설교자로서의 박약한 영적 체험과 빈약한 영성은 설교 중에 흘러나오는 그의 모든 능변을 한낱 지푸라기와 같이 만들어 버립니다. 에스겔이 하나님께서 하늘을 열어 주시는 영적인 소명을 체험한 것은 단지 남이 갖지 않은 신비한 체험을 소유했다는 것을 의미하지 않습니다.

그는 이 열려진 하늘을 통하여, 계속되는 배교로 말미암아 심판을 받고 이방 가운데 포로로 사로잡혀 이제는 미래를 기약할 수 없게 된 이스라엘 백성들을 바라보시는 하나님의 심정(pathos)을 전수받게 되었습니다. 그가

---

13) 본문에 "이상"이라고 되어 있는 이 말은 히브리어로 '마르오트'(מראות)이다. 이것은 '보다'라는 의미를 가진 동사 '라아'(ראה)에서 온 명사형 '마르아'(מראה)의 복수 연계형으로서 특별히 '말씀과 관련한 계시의 이상(vision)'을 가리키는 말로 많이 사용되었고(삼상 3:15, 창 46:2), 또한 '거울'이라는 말로도 사용되었다(출 38:8). William L. Holladay, *A Concise Hebrew and Aramaic Lexicon of the Old Testament*, (Leiden: E.J.Brill, 1971). 모세 그린버그(Moshe Greenberg)는 이 점에 있어서 새로운 해석을 시도한다. 즉 "하나님의 이상"(מראות אלהים)에서 'אלהים'은 문자적인 하나님 자신을 의미한다기보다는 통칭된 추상 명사(appelative abstract noun)로서 '경건함'(godliness), '신성'(divinity) 등을 의미하며, 앞에 나온 'מראות'도 문자적인 복수 명사가 아니라, P. Joüon이 그의 책에서 설명하는 바와 같이, 일반화의 복수(plural of generalization)로 보아 단수와 같이 해석하였다. P. Joüon, *Grammair de l' Hebreu Biblioque*, (Rome: Pontical Biblical Institute, 1947), section 136에서 재인용; 그러나 쿡(G. A. Cooke)은 '이상들'(מראות)이라는 복수 형태는 문자적 복수로서 이것은 그의 선지 사역 기간 중 하나님과의 교통이 일련의 과정으로 계속되었음을 암시한다고 보았다. G. A. Cooke, *I.C.C; A Critical and Exegetical Commentary on the Book of Ezekiel*, (Edinburgh: T & T Clark, 1970 reprinting), pp.8-9.

하나님께서 말씀하실 때에 엎드러졌던 이유도 바로 그 때문이었습니다. 하나님이 거룩하신 분이심을 소명 체험을 통하여 깊이 깨달으면 깨달을수록, 자신과 자신의 민족들이 하나님을 너무나 멀리 떠나 있고 하나님 앞에 죄인이라는 사실을 깊이 인식하게 되었습니다.

에스겔서는 하나님께서 쉴 새 없이 에스겔 선지자에게 퍼부으시는 말씀으로 가득 차 있습니다. 선지서 속에서 끊임없이 계속되는 후렴구는 이것입니다. "여호와의 말씀이 내게 임하여 가라사대",[14] "그가 또 내게 이르시되".[15]

그는 단지 남이 체험하지 못한 신비한 체험을 한 것이 아닙니다. 선지자는 이 소명 체험을 통하여 먼저 자신과 자신의 민족에게 말씀하시는 하나님이 누구이신지 새롭게 알게 되었습니다. 그분이 말씀하실 때에, 그 계시의 말씀은 영적인 체험과 함께 다가왔고 그 체험은 그가 가지고 있던 이전의 상식과 생각들을 바꾸어 놓았습니다.

그의 선지서를 보십시오. 매 장마다 위대한 복음으로 찬란한 빛을 발하고 있습니다. 메시아 시대의 도래와 성령의 인격과 사역에 대하여 명쾌한 계시를 보여주고 있습니다. 심슨(A. B. Simpson)의 평가처럼 어떤 의미에서 그의 이 같은 신학적인 전망은 이사야도 능가하기 어려운 경지를 보여주고 있습니다.[16]

---

[14] 겔 1:3; 3:16, 27; 6:1; 7:1 등.

[15] 에스겔서에는 "그가 또 내게 이르시되"라는 말이 19회 나타난다. 에스겔의 하나님과의 교통은 그의 선지 사역 기간 중 계속 지속된 상태였음을 보게 한다. 그는 단지 한 번 하늘이 열리는 체험을 한 것이 아니라, 그 체험을 시작으로 하나님과 끊임없는 교제 속에서 살았다.

[16] "His pages shines with the light of the Gospel, unfolding with a clearness, that even Isaiah does not surpass, the times of the Messiah, and especially the person and work of the blessed Holy Spirit. Nowhere are there more sublime heights of holy vision, and nowhere more clear, spiritual and practical unfoldings of truth respecting the spiritual life and the dispensation of the Holy Ghost." A. B. Simpson, *The Holy Spirit, vol. 1, The Old Testament*, (Camp Hill: Christian Publication, n.d), p.233.

에스겔서, 더 정확히 말해서 에스겔을 통해 증거된 말씀의 이 같은 영적이고 신학적인 가치는 그 대부분을 에스겔이 경험한 하나님의 인격 체험에 빚지고 있습니다. 다시 말해서 에스겔은 설교가 바뀌기 전에 먼저 설교자 자신이 변화되는 체험을 하였다는 것입니다.

선지자로서 하나님의 말씀으로, 하나님과 교회와 세상을 위해 사역하기에 앞서서 에스겔 자신이 영적인 변화를 통하여 말씀의 사람이 되었던 것입니다.

설교자와 영적 체험

설교자의 변화는 설교의 변화를 보장합니다. 그러나 설교 내용이나 방식의 변화를 추구하는 것이 결코 설교자의 영적 변화를 보증할 수는 없습니다. 에스겔에게는 설교자로서의 이러한 영적 준비가 하늘이 열리는 체험을 통하여 이루어졌던 것입니다.

그러므로 성경은 에스겔과 유사한 시대를 살아가고 있는 우리들에게 동일한 질문을 던지고 있습니다. "당신의 설교 사역은 영향력이 있습니까?", "당신의 설교는 이 시대를 향한 하나님의 음성을 대변하고 있습니까?" 이 모든 질문은 하나의 초점을 향하고 있습니다. 그것은 설교자로서 부르심을 받는 사람의 내면에 일어난 설교자로서 합당한 영적 체험입니다. 또한 영적 삶입니다.

이 시대에도 서기관 같은 사람이 필요하고, 어떤 의미에서 바리새인 같은 사람도 필요합니다. 그러나 예수님 시대에 그 사람들이 기울어져 가는 하나님의 백성의 역사를 바로잡고, 사라져 가는 하나님 나라의 영광을 되찾게 할 수 없었듯이 지금도 그러합니다.

우리에게 있어서 중요한 것은 우리가 우리 자신의 사역에 부여하는 의미가 아니라, 하나님께서 참으로 중요하게 여기시는 가장 본질적인 직무에 충실한 것입니다. 하나님께서 설교자로 부름 받은 우리들에게 거시는 가장 큰 기대는 무엇일까요? 복음의 비밀을 맡은 자로 우리를 부르사 설교단에 세우시는 그리스도 예수의 바람은 무엇일까요?

우리는 마땅히, 단지 듣고 배운 성경의 이야기를 앵무새처럼 되풀이하여 말하는 사람들이 되어서는 안 됩니다. 비록 우리는 성경을 통하여 진리를 알았고 신앙의 선배들을 통하여 구원의 도를 깨닫게 되었지만, 설교자로 부름 받은 한 그 성경은 다시 우리의 인격을 통하여 설교됨으로써, 우리의 설교가 하나님 자신의 음성이 되어야 하며 우리 안에 깊이 체험된 진리로서 설교될 수 있어야 하는 것입니다.

이 모든 일들은 설교자 속에 일어나는 영적 체험 없이는 불가능합니다. 말씀에 대한 정확한 인식과 함께 그 말씀을 주시는 하나님의 영광스러운 인격에 대한 깊은 체험이 동반될 때에, 우리는 비로소 문자 이상의 하나님의 말씀을 설교를 통하여 증언하게 되고, 우리의 설교는 하나님의 메시지를 대변하며, 설교자는 하나님께서 교회와 이 시대를 향하여 전해 주기를 원하시는 그 음성을 전달함에 있어 하나님과 같은 마음으로 설교할 수 있게 되는 것입니다.

선지자들의 설교 사역을 보십시오. 그들은 언제나 진지하였습니다. 한 번도 되는 대로 설교하지 않았습니다. 그들은 결코 대충대충 때우면서 넘어가지 않았습니다. 그런 사실을 통해서 우리가 단지 선지자들의 종교적이고 인격적인 성실성을 읽어낼 뿐이라면 우리는 선지자가 누구인지 전혀 모르는 사람들임을 스스로 입증하는 것입니다. 그들로 하여금 말씀 사역을 위하여 불굴의 헌신을 다하게 만들었던 것은 그런 것이 아닙니다. 결코! 그런 것일 수 없습니다.

그들로 하여금 자신의 선포 사역을 그토록 진지하게 여기게 하였던 그 모든 힘, 그리고 불순종하는 자기 시대의 백성들에게 하나님의 뜻을 전하는 일에 철저한 부채 의식을 갖지 않을 수 없도록 만들었던 그 모든 신적 강제력의 원천적인 동인, 격렬한 반대와 핍박 속에서도 그들의 설교가 조금도 유연해질 수 없게 만들었던 그 모든 연단된 강직함의 뿌리, 나아가서 하나님께서 주신 말씀을 그대로 전하기 위해서 순교까지 불사하게 만들었던 그 모든 단련된 꿋꿋함의 이유는 오직 하나, 그들이 하나님의 임재를 깊이 체험하는 것과 함께 하나님의 말씀을 받았기 때문입니다.

하나님은 선지자들을 소명하시면서, 이 같은 영적 체험을 통하여 당신의 말씀을 그들의 영혼 속에 깊이 각인해 놓으셨던 것입니다. 그리고 그 같은 체험이 그들의 사역 기간 중 끊임없이 계속되었습니다. 설교자로서 세상에 깊은 영향을 끼쳤던 대부분의 사람들은 한결 같이 신적인 소명 체험을 가지고 있습니다.

일일이 매거(枚擧)할 수 없는 많은 사람들이 이와 유사하게 하늘이 열리는 영적 체험을 하였습니다. 오늘날 설교에 관심을 갖고 있는 우리들에게도 이와 같은 영적이고 내면적인 변화가 필수적입니다. 이런 변화를 통하여서만 설교자의 영적 수준에 변화가 오기 때문입니다.

대언의 영, 하나님의 마음

우리는 먼저 하나님의 말씀을 전하기에 앞서 대언의 영을 가진 사람들이 되어야 합니다. 하나님과 같은 마음으로 이 시대를 아파하고, 그리스도와 같은 시각으로 교회를 바라보아야 합니다. 그래서 설교를 통하여 교회의 영적 상태에 대해 세상 사람들이 생각하는 바와는 좁힐 수 없으리만치 현저한 차이가 나는 예언자적인 전망들을 보여주어야 합니다. 그리하여 하나님의 백성들이 어떻게 살아가야 할지를 일러 줄 수 있어야 하는 것입니다.

다시 말해서 하나님의 말씀을 통하여 회중들에게 영적으로 깊은 감화를 끼침으로써, 우리 설교자들을 빌어 말씀하시는 하나님의 인식을 변화된 심령으로 받아들이게끔 만들어 주어야 한다는 것입니다. 이와 같은 과정은 필연적으로 말씀 앞에 선 회중들의 깊은 회개와 교회의 영적인 각성을 동반합니다.

많은 사람들이 교회의 영적인 상태와 세상의 역사에 대한 하나님의 시각을 설교를 통하여 알게 되고, 그러한 하나님의 인식과 자신들의 인식 사이에 깊은 격차를 발견하게 됩니다. 그리고 그 격차 한가운데에는 언제나 죄와 무지라고 불리는 요소가 있습니다. 죄악과 그로 말미암는 무지, 그리고 타락으로 말미암는 무감각, 이런 것들이 그 가운데 자리하고 있는 것입니다.

설교자들은 이렇게 하나님과 그릇된 관계 속에서 살아가는 많은 사람들에게 하나님의 심정으로 말씀을 증거하고 깨우기 위하여 부르심을 받은 것입니다. 따라서 교회와 세상을 향한 설교자들의 직무는 언제나 참된 것을 말하기 전에 항상 무엇이 그릇되며 잘못된 것인가를 지적해 주어야 합니다.[17]

우리 중 누구도 설교자의 사명에 대하여 이의를 제기할 사람은 없을 것입니다. 그러나 문제는 이 사명을 인식하는 것이 아니라 그대로 행하는 것

---

[17] 이 점에 있어서 예레미야 선지자의 소명 체험은 매우 귀한 증거를 보여주고 있다. "여호와께서 그 손을 내밀어 내 입에 대시며 내게 이르시되 보라 내가 내 말을 네 입에 두었노라 보라 내가 오늘날 너를 열방 만국 위에 세우고 너로 뽑으며 파괴하며 파멸하며 넘어뜨리며 건설하며 심게 하였느니라"(렘 1:9-11). 즉 열방 만국 위에 예레미야를 선지자로 부르신 하나님이 그의 사역을 통하여 기대하시는 우선적인 소명은 이미 심겨진 것을 뽑고, 세워진 것을 파괴하며, 건설되어 있는 것을 파멸하고, 서 있는 것을 넘어뜨리는 것이었다. 이처럼 설교에 있어서 부정적(negative) 요소가 네 차례나 반복되어 강조되고, 반면에 긍정적(positive) 요소인 "건설하며 심게 하였느니라"가 그 뒤를 이어 두 번 강조되고 있는 것은 주목할 만한 사실이다. 자세한 것은 제6장의 각주 97, 110, 111번을 참고하라.

입니다. 저와 여러분은 지금 설교에 관한 지식이나 농(弄)하기 위하여 이 글을 쓰고 읽는 것이 아닙니다.

우리는 성경이 가르쳐 주는 설교자 상이 무엇인지를 깨닫고, 그들처럼 살기 위해서 노력하려고 이 문제를 거론하고 또 듣고 있는 것입니다. 저는 이 책을 통해 나누는 우리의 대화가 단순히 위대한 인물들의 훌륭한 업적 거론이나 즐거워하고, 성공한 목회자들의 설교 방법이나 소개하는 그러한 이야깃거리들로 전락하지 않기를 간절히 바랍니다.

교회와 세상의 그릇된 삶과 오해들을 깨우치기 위해서 선지자적인 시각으로 설교하고자 할 때에 대다수의 회중들은 언제나 그러한 설교를 기뻐하지 않습니다. 설교를 기뻐하지 않는 것은 곧 설교자를 기뻐하지 않는 현실로 이어집니다. 다시 말해서 주 안에서 바르게 설교하고자 하는 자들은 언제나 소외와 도전에 직면할 각오를 하여야 한다는 것입니다.

이 때 무엇이 그 설교자를 언제나 꿋꿋하게 같은 음성으로 한 가지 사실을 일관되게 증거하지 않을 수 없도록 만들어 줄까요? 무엇이 그로 하여금 온갖 도전과 시련 앞에서도 하나님의 말씀을 동일하게 증언하는 그 일 하나에 가장 커다란 가치를 부여하고 그 직무에 신명을 바칠 수 있게 만들어 줄까요?

그것은 자신을 설교자로 부르신 소명의 체험입니다. 그리고 매순간 자신의 말씀 사역이 끝날 때까지 그것을 느끼게 하시는 하나님과 동행하는 것입니다. 소명에 대한 분명한 체험은 그에게 신적인 강제력의 요소를 가져다줍니다. 자기로 하여금 설교하지 않을 수 없게 하는 하나님의 진리가 자신의 내면에서 강력하게 역사하게 합니다. 그 때, 그는 증거하지 않을 수 없는 증인으로서의 설교자가 됩니다. 이 모든 것들은 설교자로서의 영적 체험에서 비롯되는 것입니다.

뼈 속의 불길

체험은 자신이 인식하게 된 것에 대한 확신과 신념을 더해 줍니다. 이에 대하여 찰스 스펄전(C. H. Spurgeon)은 인상적인 말을 남겼습니다.

"설교를 하도록 부르시는 성령의 역사하심이 진정 그의 안에 거하는 그 사람은, 어찌할 도리가 없다. ―그는 설교를 해야만 한다. 그것은 그의 뼈 속의 불길과도 같아서 불꽃이 밖으로 퍼져 나가기 전에는 견디지 못하리라. 친구들이 그를 판단하고, 적들은 비난하며, 조롱자들이 비웃을지라도 그는 굴복하지 않는다. 즉 천국의 부르심을 입었다면 설교를 해야만 한다. 내 생각에 정말 부르심을 받은 자를 설교하지 못하게 하는 것은 불가능하다. 그것은 거대한 폭포를 멈추게 하기 위해서 어린 아이의 컵으로 그 세찬 물살을 받아 내려는 것과 같다. 그 사람의 마음은 천국으로 움직였는데, 누가 그를 멈추게 할 것인가? 하나님이 움직이신 자를 누가 방해할 것인가? …… 성령이 말을 주심으로 이야기할 때 그는 영광의 기쁨을 누릴 것이며 천국의 기쁨을 느낄 것이다. 그리고 성령의 역사가 끝나면, 그는 그 사역을 다시 하기를 원할 것이며 한번 더 설교할 수 있기를 갈구하게 될 것이다."[18]

이 같은 사실이 우리에게 말해 주는 것은 무엇입니까? 우리가 성경이 우리에게 요구하는 것처럼 설교 사역을 중요하게 여기는 자세로 살아가지 못하는 것은 무엇 때문입니까? 우리가 선지자들이 말씀 사역을 하면서 지니고 있었던 진리에 대한 깊은 인식과 복음을 전하던 사도들이 진리를 들어야 할 회중들에 대해 가지고 있었던 부채 의식을 공유하지 못하는 것은 무엇 때문입니까? 언제나 성경 제일주의를 부르짖으면서도 하나님의 말씀을

---

[18] Arnold Dallimore, 『찰스 스펄전』, 김동진 역, (서울: 도서출판 두란노, 1993), p.50. 복음 전파와 관련된 설교자의 사명감에 대하여는 Charles. H. Spurgeon, 『목회자들을 위하여』, 박범룡 역, (서울: 생명의말씀사, 1980), pp.35-36을 참고할 것.

전하고 증거하는 일이 우리의 모든 사역 중 언제나 수위(首位)를 차지하지 못하는 것은 무엇 때문입니까? 하나님의 말씀을 전해도 그 말씀이 회중을 사로잡아 그들로 하여금 이 시대의 교만한 백성들과, 허기진 영혼을 안고 살아가면서도 하나님을 향하여 부요한 사람들로 하여금 거룩한 고뇌에 번민하며 자신의 삶을 복음 앞에서 돌이키도록 만들어 주지 못하는 무능력은 무엇 때문입니까? 무엇보다도 선지자들의 생애 속에서 나타났던, 하나님의 말씀을 전하는 설교 사역에 대한 긴박감과 다급함이 강단에서 사라져 가고 있는 것은 무엇 때문입니까?

이 모든 것에 대한 대답은 설교자의 영적 체험의 부재입니다. 설교자의 연약한 영성입니다. 하나님이 누구신지에 대한 설교자의 이해가 경박하기 때문입니다. 설교하고자 하는 본문이 설교자 자신을 사로잡지 못하고 있기 때문입니다. 깊은 골짜기를 돌아오는 메아리가 울림도 깊습니다. 피상적인 설교 뒤에는 설교자의 영적 수준의 저급함과 상태의 박약함이 도사리고 있습니다.

그러므로 설교가 깊어지기를 원하는 모든 사람들은 영적으로 더욱 깊은 사람이 되기를 사모하여야 합니다. 설교자이기 이전에 하나님 앞에 선 한 사람의 그리스도인으로서 하나님 자신을 추구해야 합니다. 하나님과의 더 깊은 영적인 만남을 갈망하며, 고정된 심령으로 그분 자신을 추구해야 합니다. 이것이 그로 하여금 깊이 있는 설교자가 되게 합니다. 설교자가 이렇게 깊이 있는 영적인 사람으로 변화되는 것을 통하지 않고는 그의 설교가 깊어질 수 없습니다.

설교자로서 자신의 영적인 빈약함을 인식하며 하나님과의 더 깊은 만남을 추구하는 것은 단순히 그렇게 되고 싶다는 마음을 갖는다는 말이 아닙니다. 마음으로 원하는 것과 추구한다는 말은 결코 동의어가 아닙니다. 자신을 설교자로 세우실 유일한 분이신 하나님을 추구하는 것은 단지 마음으로 그렇게 되기를 원하고, 또 그렇게 고상한 소망을 가지고 살아가는 자신을 인하여 대견하게 여기며 현실에 안주하는 것이 아닙니다.

빠지기 쉬운 함정

우리 가운데는 단지 청교도의 신앙과 삶을 흠모하고 칼빈주의를 찬양하며, 위대한 영적 부흥의 시기에 설교했던 대설교가들의 뛰어난 영성과 헌신적인 삶에 대하여 말하기만을 즐기는 관념적인 칼빈주의자들이나 청교도 사상 토론 애호가들이 있습니다. 뿐만 아니라, 위대한 부흥의 시대에 교회가 누렸던 탁월한 영성과 성경적 삶에 대하여 단지 관심을 갖고 있는 자신을 대견해 하는 명목상의 부흥론자들이 더러 있습니다.

그러나 이렇게 성경대로 살기를 특별히 노력하던 시대의 신앙과 영적 부흥에 대하여 단지 관심을 가지고 있다는 사실 때문에 자신이 다른 사람들과 무슨 신앙적인 신분의 차이가 있는 것처럼 착각하는 어리석음과 교묘한 외식으로부터 벗어나야 합니다.

중요한 것은 우리가 부름 받은 하나님의 백성이요 선택된 설교자들로서, 위대한 영적 부흥과 각성의 시대에 불꽃처럼 타올라 하나님의 말씀을 전파했던 그토록 사모하는 선배들처럼 전심으로 하나님을 추구하고 있느냐는 것입니다. 그들처럼 설교의 동기가 거룩하게 정화되어야 하고, 오직 하나님만이 영광을 받으시기를 사모하는 갈망이 설교단을 오르는 유일한 이유가 되어야 합니다. 무엇보다도 그들처럼 하나님 자신을 전심으로 추구하여야 합니다. 사람들은 자신이 즐겨 하는 말이 곧 자신이 이미 도달해 있는 영적인 수준이나 상태라고 생각하는 경향이 있습니다. 그러나 그렇지 않습니다. 또한 하나님의 도우심을 기대하는 것이 곧 하나님을 추구하는 것을 의미하지도 않습니다.

　설교자로서의 빈약한 영적인 체험을 풍성하게 하고 단지 듣고 배운 바가 아닌 자기화된 체험에서 우러나온 진리에 대한 증언자가 되기까지, 자신을 능하게 하시는 하나님과의 만남을 추구하는 것은 그 이상의 것이어야 합니다. 마음을 다하고 뜻을 다하고 성품을 다하여 전심으로 하나님을 찾는 것입니다.

　하나님이 자신을 체험적으로 알려 주시고 그분의 심정을 느끼게 해주시지 아니하시면, 효과적인 설교 사역을 위한 모든 노력들이 마치 점화되지 못한 채 쌓아 올려진 마른 장작더미와 다르지 않다는 인식을 가지고, 전적으로 그 설교를 사용하시는 하나님 자신을 찾고 추구하여야 합니다. 모든 삶과 의식, 기도와 간구가 그 한 가지에 매여 있는 것입니다. 사도 바울도 이에 대해 고백한 바 있습니다.

　"내가 그리스도와 그 부활의 권능과 그 고난에 참예함을 알려 하여 그의 죽으심을 본받아 어찌하든지 죽은 자 가운데서 부활에 이르려 하노니 내가 이미 얻었다 함도 아니요 온전히 이루었다 함도 아니라 오직 내가 그리스도 예수께 잡힌 바 된 그것을 잡으려고 좇아가노라"(빌 3:10-12).

선지자는 누구인가?

　이어서 본문은 선지자로서의 에스겔을 하나님이 어떻게 준비시키셨는지에 대하여 다음과 같이 말합니다. "여호야긴 왕의 사로잡힌 지 오 년 그 달 오일이라 갈대아 땅 그발강 가에서 여호와의 말씀이 부시의 아들 제사장 나 에스겔에게 특별히 임하고……"(겔 1:2-3상).

　에스겔을 선지자로 부르실 때, 그를 향한 하나님의 가장 우선적인 기대는 하나님이 하시고자 하는 말씀을 대언하게 하는 것이었습니다. 선지자들의 가장 중요한 직무는 흔히 알고 있는 바와 같이 미래에 관하여 예언하는 것이 아니었습니다. 그런 의미에서 볼 때에 구약 히브리어 성경에서 '나비'(נביא)라고 기록된 단어를 '선지자'(先知者)라고 옮기는 것이 적합한 번역인가 하는 의문이 제기됩니다.[19]

그들의 중심적인 사역은 결코 앞으로 일어날 일을 미리 알거나, 미래에 일어날 일을 예언하는 것이 아니었습니다. 그들의 중심적인 직무는 하나님의 말씀을 전하는 것이었습니다. 하나님께서 선지자들에게 들려주신 직접적인 메시지와 또 그 메시지를 듣고 해석한 선지자 자신의 메시지—물론 참된 선지자에게 있어서 이 두 메시지는 결코 충돌하지 않습니다—를 선포하는 것이 그들의 가장 중요한 직무였습니다. 다만 그렇게 증거해야 하는 말씀 가운데 미래에 대한 예언을 말할 필요가 있을 때에는, 때에 따라서 앞으로 일어날 사건들이 예고되기도 하였습니다. 그러나 어디까지나 그것은 선지자들의 직무 중 일부였지 전부가 아니었습니다.

에스겔을 선지자로 부르신 하나님이 어떻게 그를 설교자로 준비시키셨는지를 주목하시기 바랍니다. 하나님은 결코 그를 환상과 이상 가운데 사로잡힌 사람으로 만드시는 데 그치지 않으셨습니다. 선지자들은 소명을 받는 과정에서 체험하는 깊은 영적인 경험 속에서도 언제나 생생한 자기 의

---

[19] 우리말 성경에서 '선지자'라고 번역된 '나비'(נביא)의 그 어원에 대한 의견이 분분하다. 게세니우스(Wilhelm Gesenius)는 이 단어가 'נבע'와 관련이 있는 것으로 보고 세월이 흐르면서 'ע'이 더 부드러운 음 'א'으로 바뀐 것이라고 보았다. 기욤(Alfred Guilliaume)은 게세니우스의 이 같은 견해가 '흥분 상태 등으로) 끓어오르다'라는 말의 카틸(qatil)형으로 보고 싶었기 때문이라고 설명한다. 미크(Theophile J. Meek)는 선지자라는 말의 어원을 아카드어(Akkadian) 'nabû'에서 찾는데 이는 '말하다'의 의미이다. 올브라이트(W. F. Albright)는 이 단어의 용례를 함무라비 법전의 용례와 연관시켰다. 함무라비 법전의 마지막 결어 부분에서 'na-bu-u-pale-id'라는 말이 나오는데 그것은 '누가 나의 통치를 선언할 것인가', '나의 통치를 선언하고 칭하였다'로 번역될 수 있다. 그렇다면 그는 이 단어를 '부름 받은 사람' 정도로 본 것이다. 쾨니히(Eduard König)는 이 단어의 형태는 카틸형이지만 그것이 꼭 수동의 의미를 갖는 것은 아니라고 말하면서 '입'(mouth)과 거의 동의어로 사용되었음을 강조하였다. Edward J. Young, *My Servant the Prophets*, chap. 3, (Grand Rapids: Eerdmans Publishing Company, 1979 reprinting)을 참고할 것.

식을 가지고 있었습니다. 이것이 성경적인 선지자들과 이방의 선지자들을 구별하는 중요한 구분점이 되기도 합니다.

이방의 선지자들은 흔히 자기의 신들로부터 계시를 받을 때 엑스터시(ecstasy) 상태를 체험하곤 하였습니다. 이 때 그들은 의식을 잃어버리고 무아경의 상태에 들어간다는 견해를 가지고 있었습니다. 그러나 성경의 선지자들은 그럴 수가 없었습니다.[20] 그들은 극도의 신비한 영적 체험 속에서도 언제나 분명한 의식을 가지고 있었고, 하나님은 그러한 의식 세계를 통하여 그들에게 말씀을 주셨기 때문입니다.

특별히 임한 말씀

본문 말씀은 하나님께서 에스겔을 선지자로 준비시키심에 있어 두 번째 요소를 말합니다. 그것은 '여호와의 말씀을 특별히 임하게 하시는 것'이었습니다. 두 단어에 유의해 보기 바랍니다. "여호와의 말씀"(דבר־יהוה)이라는 단어와 "특별히 임하고"(היה היה)[21]라는 구절입니다. 에스겔을 선지자로 부르신 하나님은 그에게 특별한 말씀을 주셨습니다.

구약의 선지자의 소명 체험을 기록하고 있는 모든 기사 가운데 가장 의미심장한 말 중 하나가 "하나님의 말씀이 임하니라"(היה דבר אלהים)라는 표

---

20) 많은 학자들이 이스라엘의 선지자들, 특별히 전기 예언자들이 무아경에 빠진 사람이었다는 견해를 피력한다. 이것은 이스라엘의 선지자 제도의 발전을 가나안에서의 예언 풍습과 혼합 종교(syncretism)적인 맥락에서 보려는 것이다. 오히려 이스라엘에 있어서 이것은 샤머니즘적인 행동으로 이해되었다. 이스라엘 선지자들이 무아경에 빠진 사람들이 아니었다는 견해에 대한 보다 자세한 설명은 다음 책을 참고할 것. Leon J. Wood, 『이스라엘의 선지자』, 김동진 역, (서울: 기독교문서선교회, 1991), p.51-78.

21) "특별히 임하고" 라고 번역된 히브리 본문의 "היה היה"의 앞 단어는 'היה' 동사의 절대 부정형(Inf. abs)인데, BHS의 편집자는 이를 중복오사(重復誤寫)로 보았다. 이 절대 부정형이 본동사 뒤에 나오면 동작이 계속되는 것을 의미하고 앞에 나오면 본동사를 강조하는 것이 된다. 특별히 이 절대 부정형은 추상적인 동사(verb in abstract), 즉 동인(動因)이나 사건이 발생한 시간적인 환경, 혹은 그 사건이 일어난 분위기에 대한 언급이 없이 동작만을 말할 때 사용된다. E. Kautzsch eds., *Genesius' Hebrew Grammar*, (Oxford: Clarendon Press, 1978 reprinting), pp.339-340.

현입니다. 이것은 결코 하나님께서 자신의 뜻을 설교자에게 알려 주시는 물리적인 의사 소통을 가리키는 말이 아닙니다. 이것은 분명히 선지자로 부름을 받는 사람들의 내면 세계에 일어나는 가장 신비한 하나님과의 교통을 암시하는 말 중의 하나입니다.

선지자들의 소명은 한결같이 하나님의 영에 의한 영향력으로부터 시작되었습니다. 그들이 소명을 받을 때 하나님의 영에 의한 묵시가 임하거나 (암 1:1, 미 1:1, 나 1:1, 합 1:1, 습 1:1, 학 1:1, 슥 1:1), 하나님이 직접 말씀하시거나 또는 그 말씀이 임하게 하시거나(렘 1:2, 호 1:2, 슥 1:1, 욘 1:1), 이상을 보여주시거나(사 1:1) 하는 일이 함께 일어났습니다. 따라서 "하나님의 말씀이 임하니라" 하는 이 말의 완전한 의미를 온전히 드러낼 수 있는 사람은 아마 우리 중 아무도 없을 것입니다. 깊은 신비에 싸여 있는 진술임에 틀림이 없습니다.

그러나 선지자들의 공통적인 소명과 영적 체험을 통해서 이 진술을 살펴 보면, 어느 정도 뚜렷한 인식에 근접한 결론을 내릴 수 있습니다. 이 말씀은 먼저 설교자를 부르시는 하나님의 성품에 대하여 말해 줍니다. 그것은 하나님이 언제나 말씀을 통하여 당신의 뜻을 당신의 백성들에게 알리기를 기뻐하시는 성품을 가지신 여호와이심을 보여 줍니다.

하나님께서 당신의 백성들을 향한 통치를 어떻게 이루어 가십니까? 하나님의 백성들이 다른 나라의 백성들과는 달리 하나님과 함께 특별한 관계를 누리고 있음을 어떻게 드러내 보여줍니까? 그의 백성들이 하나님 앞에 충성된 족속임을 무엇을 통하여 인정받게 됩니까? 설교자들이 유능하지 못하나 당신께로부터 보냄 받은 사람들인지 혹은 유능하나 제도로부터 보냄을 받은 사람들인지, 하나님은 무엇을 통하여 드러내십니까?

이 모두 그들이 전해 주는 하나님의 말씀을 통해서입니다. 보이지 않는 하나님은 언제나 보이는 말씀으로 그 백성들에게 다가오기를 기뻐하십니다. 아니, 그 이상입니다. 하나님은 말씀으로 행할 수 없는 일은 행치 아니하신다고까지 말할 수도 있습니다. 이 세상을 지으신 하나님의 위대한 창조 사역을 기억해 보십시오. 성경은 말합니다. "태초에 말씀이 계시니라 이 말씀이 하나님과 함께 계셨으니 이 말씀은 곧 하나님이시니라 그가 태초에 하나님과 함께 계셨고 만물이 그로 말미암아 지은 바 되었으니 지은 것이 하나도 그가 없이는 된 것이 없느니라"(요 1:1-3).

하나님께서 세상을 지으실 때, 오직 말씀으로 창조하셨습니다. 후일 모든 사람들로 하여금 하나님이 창조하신 세상을 볼 적마다 당신의 말씀이 얼마나 신실한지 생각나게 하시기 위함이었습니다. 하나님께서 선지자를 세우신 이유는 오늘날 설교자를 세우시는 이유와 동일합니다. 오직 하나님의 뜻을 선포함으로써 그분의 백성들에게 알리는 것입니다.

이러한 설교 사역을 통하여 하나님은 자신의 충족한 뜻을 백성들에게 알리기를 기뻐하십니다. 그리고 그 백성들은 언제나 하나님의 참된 음성이 들려질 때에만, 혹은 믿음으로 혹은 불순종으로 분명히 반응함으로써, 하나님을 향한 자신들의 마음을 드러내게 되었습니다. 분명한 하나님의 음성은 언제나 회중들에게 분명한 반응을 하지 않을 수 없도록 만듭니다. 명백하게 전달되는 하나님의 말씀 앞에서 회중들은 결코 무관심하거나 주의를 집중하지 않을 수 없습니다. 진리를 제시받는 사람들은 믿음으로 반응하거나 불순종으로 응답하지 않을 수 없는 것입니다.

설교, 하나님의 음성

오늘날 설교를 들어도 모호한 반응을 보이는 수많은 회중들의 불분명한 태도는 설교자로부터 들리는 하나님의 음성이 분명하지 않기 때문입니다. 거문고 소리인지 피리 소리인지 분명하지 않기 때문입니다. 분명한 설교는 언제나 분명한 반응을 불러일으킵니다. 하나님의 말씀을 바르게 전달하기 때문입니다.

그러므로 설교자로 부름 받은 사람의 최대의 관심사는 하나님의 말씀을 올바르고 분명히 회중들에게 전하는 것입니다. 이에 대하여 요한 크리소스톰(John Chrysostom)은 성직 사역이 하나님의 말씀을 증거하는 사역임을 강조하면서 다음과 같이 말합니다.

"……인간의 몸을 다루는 의사들은 환자 치료를 위하여 여러 종류의 약품을 개발하였고, 각종 기구를 고안해 냈으며, 적절한 식이 요법을 개발하였다. ……우리에게는 단 한 가지, 강력한 말씀의 적용이라는 방법밖에는 없다. ……누가 잘못된 교리로 인하여 고통을 받게 될 때에는, 그에게 절대적으로 필요한 것이 말씀이다. ……기적을 보이는 때에도 말씀은 소용없는 것이 아니고 본질적으로 필요한 것이다. 그래서 사도 바울은 그가 행한 이적들로 인하여 가는 곳마다 놀라움을 자아내게 했지만, 꼭 말씀을 사용하였던 것이다. ……더욱이 사도들은 과부를 돌보는 일을 스데반과 그 동료 집사들에게 맡기고 자신들은 말씀을 전하는 사역에 전념하기로 하였다. ……우리가 이 말씀의 무기로 무장하는 것이 당연하지 않겠는가?"[22] 강해 설교가 많은 사람들의 관심을 끌고 있는 것도 여러 가지 설교 방법들 중에 비교적 하나님의 말씀을 충실하게 전하도록 설교자에게 권고하는 방법이기 때문입니다.

이러한 것을 생각해 보았을 때 설교자는 선지자들로부터 많은 것을 배울 수 있습니다. 우선 설교를 듣는 회중들에 대한 선지자의 이해입니다. 선지자들을 보십시오. 그들은 결코 자신들이 얼마나 많은 군중들 앞에서 설교

---

22) John Chrysostom, 『성직론』, 채이석 역, (서울: 도서출판 엠마오, 1992), p.133-135.

하게 될 것인가에 대하여 관심을 갖지 않았습니다. 그들의 관심은 설교를 듣는 회중의 수가 아니라, 어떻게 하면 하나님의 말씀을 계시받은 그대로 증거하여 하나님의 음성이 되게 할 것인가 하는 것이었습니다. 어떻게 하면 그 백성들을 하나님의 음성으로 여호와께 돌아가게 할 것인가 하는 것이었습니다.

선지자들은 수많은 사람들 앞에서 말씀을 전한다는 사실 때문에 어깨가 으쓱해지거나, 소수의 사람들에게 설교하게 되었다고 해서 기 죽지 아니하였습니다. 왕궁에서 설교할 때라고 해서 길거리에서 외치는 것과 수준이 다른 준비가 필요하다고 생각한 적이 없었습니다. 그들은 언제 어디서나 장소에 상관없이 회중의 수에 개의치 않고 오직 한 가지 일에 집중하였습니다. 그것은 하나님의 말씀을 설교하는 일이었습니다. 시대가 어두울수록 더욱더 능력 있는 설교 사역을 감당하기를 사모하였을 뿐입니다.

신약의 사도들을 보십시오. 설교 사역에 있어서 그들은 결코 회중들의 수를 늘리는 일에 급급해 하지 아니하였습니다. 그렇다고 해서 수가 늘어나는 것을 혐오하거나 인위적으로 제한하려고 하지도 않았습니다. 소수의 사람들에게 설교했을 뿐만 아니라, 많은 수의 사람들 앞에서 설교하는 것도 회피하지 않았습니다. 그러나 그들은 많은 수의 사람들 앞에서 설교하게 되는 것이 설교자로서의 명성을 높인다거나 명예가 되는 일이라고 생각하지 않았습니다. 그들은 그런 일에는 관심이 없었습니다.

"주여 이제도 저희의 위협함을 하감하옵시고 또 종들로 하여금 담대히 하나님의 말씀을 전하게 하여 주옵시며 손을 내밀어 병을 낫게 하옵시고 표적과 기사가 거룩한 종 예수의 이름으로 이루어지게 하옵소서"(행 4:29-30).

그들의 관심은 하나님의 구원의 말씀을 증거하는 것이었습니다. 이 사역의 앞길에 핍박과 장애가 나타날 때마다 그들은 설교 사역에 더 큰 은혜와 능력이 깃들기를 간구하였고, 어려움이 생길수록 그들은 말씀을 전하도록 부름 받은 자신들의 소명에 충실하기를 결단하였습니다.

그리고 그 일을 위하여 온 교회와 함께 전심으로 간구할 필요를 느꼈습니다. 사도들은 높은 수준의 영적인 통찰로써, 하나님의 말씀을 증거하도록 부르신 본래의 소명에 충실하기를 결단하였고 회중들은 성숙하게 반응하였습니다.[23]

그들은 비록 수에 매이지 아니하였으나 진리가 능력 있게 선포되자 하나님은 많은 사람들을 그들이 설교하는 현장으로 보내 주셨습니다. 이것이 바로 말씀으로 말미암는 참된 부흥입니다. "여호와의 말씀이……특별히 임하고"(겔 1:3), 이 말씀을 주목해 보십시오. 이후에 수록된 그 많은 메시지들은 모두 이스라엘 족속과 열방들을 향한 하나님의 말씀이었습니다.

선지자에게 말씀이 임하게 할 때 하나님께서 기대하셨던 주된 회중은 선지자 에스겔이 아니라 이스라엘 백성이었습니다. 마치 광야에서 세례 요한에게 '회개하라'는 메시지가 하나님의 말씀으로 임했을 때에, 하나님이 그 선포를 들려주고 싶으셨던 주된 회중이 요한이 아니라 이스라엘 백성들이었던 것처럼 말입니다.

내면에 들린 음성

그럼에도 불구하고 그 말씀은 에스겔에게 먼저 들렸습니다. 에스겔에게 하나님의 말씀이 임할 때 그것은 선지자의 깊은 내면 세계 속에 체험을 동반한 말씀으로 다가왔습니다. 그리고 그 말씀이 선지자의 내면 세계를 사

---

[23] 사도행전은 교회가 설교의 수위성을 유지하는 일에 대한 현실적인 고민이 단지 우리들만의 문제만은 아니었음을 보여준다. 초대 교회의 사도들이 과부를 공궤하는 문제 때문에 이 같은 원리를 지키지 못할 때 교회에 의한 복음 전파가 잠시 멈춘 것을 보게 된다. 그러나 다시 설교를 제자리에 돌려놓자 "하나님의 말씀이 점점 왕성하여 예루살렘에 있는 제자의 수가 더 심히 많아지고 허다한 제사장의 무리도 이 도에 복종"하게 되었다(행 6:7).

로잡았고, 선지자의 모든 삶은 그에게 임하신 하나님의 말씀에 붙잡혔습니다.

오직 하나님의 주권적인 손에 붙잡혀서 진리를 증거하도록 부름 받고 그 소명에 충실한 생애를 살았던 모든 사람들은 하나님의 말씀을 체험한 사람들이었습니다. 하나님의 말씀은 그를 사로잡았고, 또한 그들은 평생토록 자기에게 임하신 하나님의 말씀을 붙들며 살았습니다.

에스겔은 하늘이 열리며 하나님의 이상이 보이는 기이한 영적 체험을 통하여, 단지 성경의 문자를 통해서 차갑게 전해지고 조상의 전승들을 통해서만 알려지던 하나님의 광대무변한 성품과 기이한 영적 은혜를 체험하였습니다. 그러나 하나님이 에스겔을 통하여 그 백성들에게 알리고 싶으셨던 것은 에스겔의 신비 체험이 아니라, 그 신비롭고 영적인 만남을 통해서 알려 주시는 '하나님의 말씀' 이었습니다.

바벨론에 포로로 끌려가서 조상들과 자신들의 죄의 유업을 심판받고 고통하는 백성들이 어떻게 그 어두운 시대를 믿음으로 지나며, 하나님께서 역사하기를 그친 것과 같은 영적인 침묵의 때를 어떻게 강한 마음으로 이기며 살아야 할지 하나님의 말씀을 통하여 들려주기를 원하셨던 것입니다.

이스라엘 백성들을 향한 하나님의 기대는 언제나 구체적인 것이었습니다. 교회를 향한 하나님의 소원도 추상적이거나 두루뭉술하지 않고 언제나 분명하고 구체적인 것이었습니다. 멸망을 앞두고 바벨론과 애굽 사이를 오가며 정치적인 동정을 구걸하는 유다 백성들을 향한 하나님의 기대는 그들이 자신의 잘못을 인정하고 기쁜 마음으로 확정된 하나님의 심판을 감당하는 것이었습니다. 바벨론에서의 포로 생활을 통하여 민족과 자신의 죄를 회개하고 하나님과의 관계를 돌아보며 하나님께서 영광스럽게 그들을 회복하게 하실 그 날을 기다리는 것이었습니다.

대치할 수 없는 사명

지금도 그러합니다. 하나님은 이 시대를 향하여 당신의 분명한 음성을 들려주기를 원하십니다. 그러나 너무나 많은 설교자들이 자신이 가지고 있는 상식과 시대 정신 속에 깃든 편견과 그릇된 열심, 그리고 빗나간 목표 의식 때문에 하나님의 음성을 올바르게 전하지 못하고 있습니다.

그러므로 우리는 예레미야가 선지자로서 소명을 받았을 때에 하나님께로부터 부여받았던 그 사명-"뽑으며 파괴하며 파멸하며 넘어뜨리며"(렘 1:10)-을 감당하기에 앞서서 하나님의 말씀을 말씀답게 전하지 못하게 하는 모든 잘못된 의식과 정신 속에 내재하는 부정적인 기재(機載)들이 하나님의 말씀 앞에서 뽑히고 파괴되고 파멸되고 무너뜨려지기를 사모해야 합니다.[24]

설교자들 중 누가 자신의 설교를 통하여 회중들에게 영향을 끼치고 싶지 않겠습니까? 모든 설교자들은 한결같이 자신의 설교를 통하여 회중들이 변화되기를 기대하고 사모합니다. 그러나 우리가 과연 성도들이 우리의 설교 앞에 무너지고 파멸되어 변화되기를 기대하는 것만큼, 하나님의 말씀이 설교자로서 합당치 아니한 우리의 모든 그릇된 의식과 오도된 가치관, 빗나간 열심과 근거 없는 신념을 철저히 파괴하여 우리 자신을 하나님 말씀 앞에 세워 주기를 기대하고 있는가 되묻지 않을 수 없습니다.

---

[24] 우리는 회중의 이런 변화를 위하여 어떻게 접근할 것인가에 대하여 깊이 생각하여야 한다. 이에 관한 중요한 원리가 하나 있는데, 그것은 먼저 하나님 말씀을 듣는 사람들의 생각이 말씀에 정복되어야 한다는 것이다. 그리고 그 다음에 그 깨달음을 기초로 느끼게 되어 정서가 정복되고, 의지가 그 말씀에 지배를 받음으로써 근본적인 변화가 가능해지는 것이다. 회중들의 영적인 상태의 근본적인 변화를 위해서는 무엇보다도 설교를 통하여 깨닫는 것이 중시되어야 한다. 그런데 성령이 함께 하는 설교는 회중들로 하여금 설교자를 통하여 제시되는 하나님의 그 말씀을 받아들이지 않을 수 없게 하는 힘이 있다. D. M. Lloyd Jones, *Knowing the Times; Addresses Delivered on Various Occasions 1942-1977*, (Edinburgh: The Banner of Truth Trust, 1989), pp.88-89.

설교하는 방법을 배우는 일의 위험은 이런 식으로 나타납니다. 언제나 설교를 잘하는 방법을 습득하려고 하는 사람들은 모두 자신의 관심을 설교 내용과 회중들에게 집중시킵니다. 그러나 참으로 바르게 설교하기를 원하는 모든 사람들은 자신의 설교 내용이나 회중들의 반응에 주목하는 것이 아니라 먼저 설교자로 부름을 받은 자신의 전 존재에 대하여 하나님이 어떻게 말씀하시는가에 마음을 기울여야 합니다.

하나님께서 하나님의 말씀을 증언하도록 부르신 위대한 성경의 증거자들과, 교회사 속에서 불꽃 같은 외침으로 어두운 시대를 밝혀 진리의 대언자로 살았던 신앙 선조들의 영적인 삶과 투철한 진리 인식에 설교자로서 우리의 모습을 비춰 보며 자신을 살피는 일이 선행되어야 한다는 것입니다. 그 속에서 우리는 한없이 초라하고 준비되지 못한 나 자신의 모습을 발견하지 않을 수 없게 됩니다.

저는 때때로 교회사 속에 나타난 위대한 설교자들의 생애와 사역을 살펴볼 때마다 설교자의 갈 길이 무엇인가에 대해 감화를 받곤 합니다. 평안한 시대에 설교하던 사람이나, 격동하는 시대에 선포하던 사람이나 모두 가시밭길을 걸어간 거룩한 사람들이었습니다. 그들의 설교는 자신들의 고민을 반영하고, 그들이 보낸 편지는 설교자로서 그들의 내면의 세계를 잘 말해 주고 있습니다.

그들이 아무도 읽어 줄 이 없다고 믿으며 기록하였던 은밀한 일기들은 그들의 영혼 속에 더욱더 생생하게 역사하던 투쟁과 고통의 기록들이 됩니다. 그런 것들을 보면서 저는 갑자기 나 자신의 모습이 깊은 계곡 아래로 추락하는 것 같은 느낌을 받았습니다. 도무지 말씀을 선포하는 설교자라고 불릴 수 없는 초라한 강단 사역으로 슬퍼하는 마음을 금할 수 없었기 때문입니다.

이 시대는 비정상적인 것이 정상적인 것을 대치하고, 비성경적인 것이 성경적인 것을 대신하며, 사소한 것이 중요한 것을 몰아내고, 지엽적인 것이 원리가 있어야 할 자리를 차지하고 있는 뒤틀린 교회 시대입니다. 우리가 만약 불변하는 하나님의 말씀과 해 아래 새 것이 없는 교회 역사의 증언에 기초하여 설교자로 부름 받은 자신이 과연 설교자로서 합당하게 세움을 입었는지를 살펴보는 대신, 이 시대에 유행하고 있는 상식이나 천박한 가치관으로 자신을 측정하며 자기의 헌신이나 학문적 자격 같은 것을 인하여 스스로 대견해 하고 있다면, 우리는 이미 타락한 선지자들의 수용소로 발걸음을 들여 놓은 것입니다.

선지자의 대치할 수 없는 직무가 하나님의 말씀을 증언하는 것이었던 것처럼, 설교자의 대치할 수 없는 부르심은 하나님의 진리를 대언하는 것입니다. 그는 유능한 행정가일 수도 있고 뛰어난 학자일 수도 있으며 다른 사람들을 격려하는 데 탁월한 재능을 가진 위로자일 수도 있습니다. 그러나 그가 자신의 입을 통하여 하나님의 말씀을 명백하고 올바르게 증거하는 일에 충실하지 않다면 그는 아무것도 아닙니다.

왜냐하면 하나님이 그를 부르신 것은 하나님의 말씀을 당신의 백성들에게 증거하고 열방에 알림으로써, 그들로 하여금 그 설교를 통하여 하나님과의 관계를 돌아보아 뉘우치고, 바르게 결심하며, 회복하여 하나님께로 돌아오게 하는 것이기 때문입니다.

아아, 우리의 본질적인 소명이 얼마나 자주 부차적이고 사소한 일들에 의하여 곁으로 밀쳐집니까! 우리는 우리를 부르신 설교의 소명에 충실하지 못함에 대한 이유와 변명을 늘어놓는 데 얼마나 많은 순간들을 사용하고 있습니까! 하나님께서 우리를 이 모든 빗나간 사역으로부터 건져 주시기를 기도합시다.

특별한 시대

에스겔에게 임한 하나님의 말씀은 특별한 것이었습니다. 말씀의 내용이 특별하였을 뿐만 아니라 임하는 방식도 특별하였습니다. 다른 모든 선지자들도 하나님의 말씀을 체험하였을 것입니다. 그들에게도 하나님의 말씀이 임했기 때문입니다. 그러나 에스겔은 자신에게 임한 하나님의 말씀 체험이 매우 특별한 것이었음을 강조하고 있습니다. 참으로 그에게 임한 하나님의 말씀은 특별했습니다.

그에게 임한 대부분의 말씀은 철저히 이스라엘에 대한 심판과 열방들에 대한 하나님의 심판을 예고하는 말씀이었습니다. 이미 망해 버린 백성들, 특별히 포로로 끌려 온 동족들에게 내려질 하나님의 심판을 예언하는 것은, 실로 선지자의 마음에 살을 에는 듯한 고통을 수반했을 것입니다. 그는 이미 심판이 임한 시대에 더욱 무거워질 심판을 예고하도록 부름을 받은 특별한 선지자였습니다. 그에게 임한 말씀은 특별한 말씀이었습니다.

뿐만 아니라 그는 이스라엘의 회복에 대하여서도 설교하였고, 다른 선지자들과는 달리 성전에 대한 의미 깊은 이상도 보았습니다. 그리고 그것을 통하여 도래하고 완성되는 메시아 왕국을 알려 주도록 부름 받았습니다.

특별한 상황에 있는 하나님의 백성들에게는 언제나 특별한 하나님의 말씀이 필요합니다. 에스겔 선지자는 내용에 있어서뿐만 아니라 하나님의 말씀이 설교자로서의 심령 속에 부은 바 되는 하나님과의 교통의 과정 속에서도 특별하였습니다. 다시 말해서 특별한 말씀이 특별한 방식으로 에스겔에게 임하였던 것입니다.

특별한 설교자

교회와 시대를 변혁하도록 부름 받은 설교자들에게는 이와 같이 말씀에 대한 깊고 특별한 체험이 요구됩니다. 우리들은 오늘날 교회 속에서 느껴지는 영적 무감각과 고통스러운 영적 수면 상태의 진원지가 설교단임을 기억하여야 합니다.

많은 설교자들은 말씀에 귀를 기울이지 아니하는 회중들의 태만함과 세속적인 마음에 대하여 개탄합니다. 그러나 우리 중 많은 사람들이 설교 시간을 통하여 회중들에게 무엇인가 깊은 영적인 감화와 신령한 영향을 끼쳐야겠다는 사무치는 결단과 간절함이 결여되어 있다는 사실을 고백하지 않을 수 없습니다.

설교자, 그는 결코 침묵 가운데 설교하도록 부름 받은 사람이 아닙니다. 단지 침묵 이상의 반응을 일으킬 수 없는 설교를 통하여, 어떻게 성도들이 이 어둡고 험악한 세상을 불꽃처럼 살아서 그리스도를 알리는 증인으로서 매일의 삶을 이어 갈 수 있겠습니까? 설교 방법들을 배우고 스피치(speech) 기술을 익히러 다니는 것으로는 충분치 않습니다. 설교자들이 자신의 설교는 고치려 하면서도 자신을 고치려고 하지 않는 한, 그들이 섬기는 강단으로부터 변화된 수준의 설교를 기대할 수 없습니다.

성경에서는 순서가 매우 중요합니다. 하나님께서 에스겔 선지자에게 여호와의 말씀을 특별히 임하게 하시기 전에 먼저 '하늘이 열리며 하나님의 이상을 보이시는' 영적인 체험들을 주셨습니다. 그것이 의미하는 바가 무엇일까요? 그것은 하나님께서 에스겔 선지자에게 특별한 말씀이 임하게 하시기 전에, 먼저 선지자와 하나님과의 사이에 전에 없던 특별한 영적 관계가 이루어졌다고 하는 말씀입니다.

하늘이 열리며 하나님의 영적인 세계의 기이함에 대하여 깨닫게 될 때, 보다 깊은 하나님과의 관계를 체험하게 되고, 이 때 그는 하나님과의 보다 특별한 영적인 교통을 갖게 되었습니다. 그리고 그 관계들을 통하여 하나님은 특별한 말씀을 특별한 방식으로 선지자에게 임하게 하셨던 것입니다.

그러므로 우리는 이러한 성경의 진리를 통하여 또 하나의 도전에 직면하게 됩니다. 그 도전은 바로 설교자들이 먼저 설교할 내용을 가지고 고민하기 전에 하나님과의 관계를 가지고 고민해야 한다는 것입니다. 회중들이 일반적으로 영적인 삶 속에서 누리는 그 이상의 특별한 관계를 하나님과 누릴 수 있어야 합니다. 왜냐하면 하나님께서 이러한 영적 관계를 통하여 특별한 말씀을 설교자에게 보이시기 때문입니다.

하나님이 대면한 사람

모든 선지자들 가운데 모세는 뛰어난 선지자였습니다. 다른 모든 선지자들도 권위를 가졌지만, 모세의 권위에 비교될 수는 없습니다. 그는 모든 선지자들의 조상이었으며, 하나님의 말씀을 백성들에게 전함에 있어 그의 권위는 후배 선지자들과 비교될 수 없을 정도로 월등한 것이었습니다.

그 기초가 무엇이었습니까? 무엇 때문에 다른 선지자들과 성정(性情)이 같은 사람이면서도 그들과는 비교도 안 되는 영적인 권위를 인정받고 있었습니까? 무엇이 모세의 발언을 이스라엘 역사 속에서 영원히 기억하지 않으면 안 되는 권위 있는 말씀으로 그의 백성들 마음속에 각인해 놓았습니까?

이에 대하여 성경은 말합니다. "이르시되 내 말을 들으라 너희 중에 선지자가 있으면 나 여호와가 이상으로 나를 그에게 알리기도 하고 꿈으로 그와 말하기도 하거니와 내 종 모세와는 그렇지 아니하니 그는 나의 온 집에 충성됨이라 그와는 내가 대면하여 명백히 말하고 은밀한 말로 아니하며 그는 또 여호와의 형상을 보겠거늘 너희가 어찌하여 내 종 모세 비방하기를 두려워 아니하느냐"(민 12:6-8).

성경은 앞에서 우리가 제기한 질문에 대하여 오해의 여지가 없을 정도로 분명하게 말합니다. 모세가 가지고 있는 영적인 권위와 그의 입을 통해 증거된 말씀의 권위는 하나님과의 친밀한 '영적 교통'(spiritual communion)에 있었습니다. 그 시대에 미리암에게도 말씀하셨고 아론에게도 말씀하셨지만 말씀을 주고받는 관계를 누림에 있어서 그들은 모세가 누리고 있는 하나님과의 관계에 필적할 수 없었습니다.

모세, 그는 하나님이 친히 대면하여 말씀해 주신 사람이었습니다. 다른 사람들과 비교될 수 없는 탁월한 방식으로 하나님과 교통하며, 그분의 면전에서 말씀을 듣는 영적인 교통의 특권을 누렸습니다. 이것이 그의 말을 모든 다른 선지자들의 말보다 권위 있게 하였습니다. 특별한 영적 교통을 통하여 하나님은 특별히 말씀하셨고, 그렇게 하나님께서 모세에게 특별히 말씀해 주실 때 그것은 그렇지 못한 모든 사람들의 설교와 뚜렷이 구별되었습니다.

요점은 이것입니다. 설교자들이 먼저 하나님과의 영적인 교통의 수준과 상태에 대하여 깊이 점검하고 반성할 때에만 그들이 자신의 설교 내용에 대하여 갖는 불만이나 변화의 소망들이 가치 있게 된다는 것입니다. 특별한 말씀이 하나님과의 특별한 영적인 관계 속에 임하였다는 사실에 주목하여야 합니다. 그러므로 자신의 설교 내용을 가지고 고민하기에 앞서서, 먼저 설교하고자 하는 진리와 기독교 신앙의 도리에 대한 인식의 한계를 인하여 고민하여야 합니다.

피로 물든 모자

종교 개혁 이전의 개혁자였던 이탈리아의 설교자 기롤라모 사보나롤라(Girolamo Savonarola)의 영적인 삶은 이 같은 사실에 대한 좋은 예가 됩니다. 그는 14세기에 접어 든 후 더욱 부패해진 로마 교회 아래서 온갖 향락을 즐기며 타락해 가던 조국 이탈리아를 향하여 설교했던 사람이었습니다. 백성들은 모두 교회에서 세례를 받고 혼인 미사를 올린 사람들이었지만, 그들의 방종은 실로 눈뜨고 볼 수 없을 정도에 이르게 되었습니다. 화려한 종교 행사와 더불어 광란의 축제가 함께 벌어졌습니다. 백성들은 독재 정치와 교황권의 폭압 아래서 자기의 동포들의 자유가 박탈되어 가는 것도 모른 채, 온갖 사치와 방탕에 젖어 있었습니다.

멸망을 향해 치닫는 조국 이탈리아의 역사의 비탈길에 서서 그는 플로렌스를 향하여 외쳤습니다. "하나님을 두려워하라. 죄악의 도성 플로렌스를 하나님이 멸하시리니 회개하라."는 내용이었습니다. 그는 추기경의 자리를 주겠노라고 제의하던 로마 교황을 향해 추기경의 붉은 모자보다는 차라리 순교의 피로 물든 붉은 모자를 쓰겠다고 하였습니다. 그러던 그는 결국 1498년 어느 날 적들에게 체포되어 목 졸려 죽은 뒤 화형 당하여 한 줌의 재가 되어 아르노(Arno) 강물 위에 뿌려졌습니다.

그러나 1485년부터 그가 설교하던 두오모(Duomo) 교회당에서는 매시간 불같은 메시지가 쏟아져 나왔습니다. 목숨을 건 용기와 도전 속에서 외치던 그의 선포는 정치 지도자들과 성직자들, 그리고 시민들의 부패한 삶을 하나님 앞에 눈물로 고발하였습니다. 수많은 청중들이 입추의 여지없이 모여들었고 각성된 그리스도인들이 한밤중부터 교회 문 앞에 줄을 서서 예배 시간을 기다렸습니다.

설교가 시작되면 미처 예배당에 들어오지 못한 사람들이 쇠창살을 붙들고 매달린 채 말씀을 들으며 회개하는 모습도 보였습니다. 예배드릴 때마다 하나님의 사람 기롤라모 사보나롤라의 설교를 들었고, 그의 설교를 들으면서 회중들은 이제껏 보지 못한 하나님을 만났습니다. 그것은 결코 미소를 띠신 모습이 아니었습니다. 사랑이라는 교리의 창살에 갇혀 있는 나약한 하나님이 아니라, 순결을 상실해 버린 교회를 향하여 진노하시는 엄위로우신 하나님이었습니다. 하나님의 사랑을 구실 삼아 방종으로 흘러 버린 천박한 교회를 향한 심판의 위험 앞에 성도들은 사무치는 두려움으로 눈뜨게 되었던 것입니다.

죄악 속에 잠든 백성들을 깨워 영광스러운 하나님의 면전에 데려다 주었던 설교자, 사보나롤라는 한 줌의 재가 되어 강물을 따라 흩어져 버렸습니다. 그렇지만 하나님에 대한 각성을 외친 그의 설교는 다음 세대에 도래할 종교 개혁을 알리는 횃불이 되어 칠흑 같은 중세 교회사에 찬연히 타올랐던 것입니다.

그가 이처럼 신적인 확신에 불타는 메시지로 회중에 커다란 영적 감화를 끼친 이면에는 뛰어난 영적 생활이 있었습니다. 그는 성경을 사랑하여 신구약 66권의 본문을 거의 외울 정도로 해박한 성경 지식을 갖고 있었습니다. 무엇보다도 그의 탁월한 영적 삶은 기도 생활 속에서 나타났습니다. 그의 이러한 삶에 대하여 한 전기는 이렇게 기록하고 있습니다.

"무엇보다도 그는 깊은 기도의 사람이었다. 수도원에 있을 때에 말씀을 전하고 독서를 하는 시간 이외에는 대부분의 시간을 무릎을 꿇은 채로 지냈다. 그리하여 그는 기도 생활 속에서도 다른 사람과 비교되지 않는 뛰어난 깊이를 소유하게 되었는데 이것이 영력 있는 선포 사역의 중요한 비결이었음은 두말할 나위도 없다. 깊은 기도는 필연적으로 기도 시간의 연장을 가져왔는데, 무릎을 꿇고 간절히 드리는 그의 기도는 대체로 대여섯 시간씩 계속되었다고 한다. 어떤 때는 기도하고 일어나서 말씀을 강론하기 위하여 단상에 오르는 그의 얼굴에서 밝은 광채가 발하여 회중들이 그 광채를 뚜렷이 의식할 정도였다고 한다. 때로는 깊은 기도 속에서 자아를 거의 잃어버릴 정도로 깊은 황홀경 속에 들어가는 하나님과의 신비한 영적 교제를 경험하기도 하였는데, 이런 때에는 며칠씩 세속과 사람들 곁을 떠나 한적한 곳으로 물러가서 더 깊은 하나님과의 교제의 시간을 확보하기도 하였다고 한다."[25]

하나님의 특별한 감동으로 설교하였던 많은 사람들은 언제나 하나님과 특별한 교통을 누리던 사람들이었습니다. 에스겔을 선지자로 부르셔서 설교하게 하시는 하나님의 소명을 보십시오. 그에게 특별한 하나님의 말씀이 임하게 하셨습니다.

내용에 있어서 특별할 뿐 아니라 말씀이 임하는 방식에 있어서도 특별하였던 하나님의 말씀이었습니다. 그러나 특별한 말씀이 에스겔에게 임하기 전에 그는 먼저 하나님과의 특별한 교통을 누리는 영적 체험을 했습니다. 이것이 바로 하나님께서 한 연약한 "부시의 아들"을 위대한 선지자로 만드시는 방법이었습니다.

영적 삶을 돌아보라

설교는 언제나 설교자의 인격과 영성에 매입니다. 무릇 설교자의 사람됨이 경박하면 그의 설교도 그러하고, 그가 경건하면 설교도 그러합니다. 설교자가 헌신된 인격을 가진 사람이면 그가 헌신을 설교할 때 그의 설교

---

[25] 종교개혁 이전의 개혁자(pre-reformer)였던 사보나롤라(Girolamo Savonarola)는 설교자의 깊은 경건의 능력이 설교에 결정적인 영향을 미친다는 사실의 산 증인이다. 그의 설교는 남아 있는 원고로 미루어 볼 때 매번 약 두 시간 이상씩 설교했을 것으로 추측된다. 그의 설교의 능력을 말해주는 일례를 소개한다. "설교 장소를 옮긴 첫날 예배에 얼마나 많은 사람들이 모였던지 많은 사람들이 좌석에 다 앉지 못하고 선 채로 예배를 드려야 했으며, 철책에 매달린 사람들도 있었다. 사보나롤라의 음성은 초인적인 설득력을 지녔으며 청중들은 황홀경에 이르게 되었다. 장시간 설교가 계속되었으나, 사람들은 온 마음을 다하여 선포되는 말씀에 주의를 기울였고 설교가 다 끝났는데도 이제 막 시작했다고 여길 정도였다." 김남준, 『중세의 세례요한 기롤라모 사보나롤라』(서울: 도서출판 솔로몬, 1992), pp. 75, 95.

는 빛을 발합니다. 그가 거룩하고 신령한 영적인 세계 속에서 하나님과의 깊은 영적 교제를 특별히 누리고 있는 사람이라면 그의 설교는 특별하지 않을 수 없습니다.

그러므로 하나님의 말씀을 특별히 유능하게 전하는 설교자가 되기 위해서는, 먼저 하나님과 교통하는 영적인 삶에 있어서 특별한 수준을 누리는 영적인 사람이 되어야 합니다. 설교를 고치기에 앞서서 자신의 초라한 영적 삶을 직시하며, 보다 광대한 하나님과의 만남을 그리워해야 합니다.

마치 배우 지망생이 은막의 스타를 보며 마음 들떠 하는 것처럼 위대한 설교자들의 명성을 바라보면서 부러워하는 대신, 그들이 누렸던 하나님과의 특별한 관계와 영적 삶을 누리며 닮고 싶어하는 사람들이 되어야 합니다. 다시 말해서 신령한 설교를 하기 위해서는 설교자 자신이 신령한 사람이 되기를 먼저 사모해야 한다는 것입니다. 단지 그렇게 되기를 원할 뿐만 아니라 전심으로 그렇게 되기를 사모하고 하나님 자신을 추구하며 거기에 설교자로서의 모든 목표와 비전을 걸고 매진하는 내면의 생활이 선행되어야 합니다. 이것이 본문이 주는 두 번째 도전입니다.

그발강 가에서

에스겔에게 하나님의 말씀이 임한 것은 이방의 땅에 포로로 끌려간 지 약 사 년이 넘는 세월이 흐른 뒤의 일이었습니다. 그는 어려서부터 아버지의 뒤를 이어 제사장이 되기를 꿈꾸며 살았을 것입니다. 그러나 성전은 유린되고 그는 예루살렘으로부터 격리되어야 했습니다. 하나님을 찾고자 하여도 예배할 기회를 박탈당한 채 이방의 땅에서 고달픈 노역에 종사하여야 했을 그에게 하루의 일과가 끝난 후 예루살렘을 그리워하며 잠시 묵상에 잠기는 그발강 가는 유일한 위안처가 되었을 것입니다. 에스겔도 다른 많은 동족들과 함께 그 강가에서 시온을 기억하며 울었을지도 모릅니다(시 137:1).

그에게 말씀이 임한 정황에 유의해 보십시오. 여호야긴 왕이 볼모로 사로잡혀 이방인들에 끌려간 지 오 년이 되는 해였습니다. 이미 유다의 멸망을 기정 사실화하지 않을 수 없을 정도로 오랜 세월이 흘렀습니다. 국가적으로 하나님의 은총의 증거는 보이지 않았고 민족의 비참한 포로 생활은 계속되었습니다.

더욱이 선지자로 부름을 받게 된 에스겔이 놓인 개인적인 정황을 보십시오. 그는 "그발강 가 사로잡힌 자 중에"(겔 1:1) 있었습니다. 제사장의 후예로서 하나님을 섬길 기회를 물리적으로 박탈당했을 때, 그것은 어떤 의미에서 그의 인생의 목표가 상실됐다는 것이었습니다. 제사장으로 부름을 받은 젊은이가 이방 땅에서 이방인들을 위하여 노역에 종사하고 있었습니다. 거기에 무슨 희망이 있었겠습니까? 그에게 말씀이 임한 장소를 보십시오. "갈대아 땅 그발강 가"(겔 1:3)였습니다. 예루살렘에서도 역사하시기를 그치신 하나님이 바벨론 땅에 나타나셨습니다. 그리고 유서 깊은 요단강에서 역사하시기를 그치신 여호와께서 바벨론 땅의 한 강변에서 선지자를 부르고 계십니다. 이 얼마나 기이한 일입니까?

하나님께서 위대한 설교자를 세우시는 일이 언제나 학식 높은 사람들이 있는 명문 대학이나 유명한 신학교에서만 일어나는 일은 아닙니다. 교회 역사에 나타난 부흥의 기록들을 보십시오. 위대한 영적 각성과 부흥은 유서 깊고 전통 있는 교회나, 학식과 정보가 가득한 도시가 아니라 오히려 이름 없는 시골의 작은 마을에서 시작되었습니다. 자부심이 강하고 지적인 교만으로 가득 차 있는 사람들이 아니라, 전심으로 하나님을 추구하고 참된 부흥을 갈망하는 사람들을 학식과 문벌과 교파에 상관없이 하나님이 친히 설교자로 세우셨습니다. 왜 그렇습니까? 무엇 때문에 하나님은 그런 방식으로 설교자들을 부르시는 것일까요?

본문이 이에 대한 해답을 주고 있습니다. 에스겔이 민족과 함께 포로로 잡혀 올 때에 종교인으로서 자신의 꿈도 이미 끝난 것이었습니다. 이제 그의 꿈은 훌륭한 제사장이 되어서 조상들의 뒤를 잇는 종교인이 되는 것이 아니었습니다. 멸망을 눈앞에 둔 민족의 역사를 바라보며 소망이 끊어진 유배 생활 속에서 하나님 자신만을 추구하지 않을 수 없게 되었습니다.

누가 자신을 비롯한 동족들을 구원하여 조국으로 돌아가게 할 수 있겠습니까? 나라는 이미 기울었고 유다가 의지하던 애굽은 패퇴하였습니다. 하나님의 말씀은 바로 이러한 정황에서 에스겔에게 임한 것이었습니다. 성경은 특별히 하나님의 말씀이 임한 장소가 "그발강 가"라고 말해 주고 있습니다. 그발은 나일(Nile)과 같이 커다란 강이 아니라 니푸르 지방에 있는 유브라데 강 동쪽 지류 가운데 하나였습니다. 말하자면 그것은 하나의 샛강이었던 것입니다.[26] 바벨론의 수도나 번화한 도시나 왕궁이 아니고, 왜 바벨론 땅 그발의 한적한 강 가였습니까?

광야의 사람들

하나님께서 당신의 종들로 하여금 말씀을 증거하는 자로 부르시는 장면들을 유의하여 보십시오. 소명의 영적 체험과 부르시는 장소가 밀접한 관계가 있음을 알 수 있습니다.

---

[26] J. D. Douglas ed., *New Bible Dictionary*, (Leicester: Inter-Varsity Press, 1982), p.184; Walther Zimmerli, *Ezechiel*, BK 13, 24, 29, (Philadelphia: Fortress Press, 1979); Siegfried Herrmann, 『이스라엘 역사』, 방석종 역, (서울: 나단출판사, 1989), p.354; 주후 5세기경의 것으로 여겨지는 한 바벨론의 계약 문서에서는 '그발(Chebar)강' 이 현재 'Satt-en-nil' 과 같은 곳으로 여겨지는 'nar Kabari' 와 동일한 곳으로 나와 있다. 이 강은 바벨론의 유브라데 강 동남쪽의 지류이다. Walther Eichrodt, *Old Testament Library*; *Ezekiel*, (London: SCM Press Ltd, 1980), p.52.

하나님이 나타나셔서 이스라엘 백성을 건져내도록 말씀을 주셨을 때, 모세는 어디에 있었습니까? 그는 오랜 세월을 광야에서 자신이 가졌던 비전을 포기하며 인고의 세월을 지내고 있었습니다. 하나님은 호렙산 떨기나무 가운데 나타나셨습니다. 인적이 끊어지고 와 줄 이 하나 없는 외로운 광야 호렙산에 있는 모세에게 나타나셨던 것입니다.

예수 그리스도께서 성령의 권능으로 충만하여 갈릴리로 돌아가시기 전에 사십 일을 계셨던 곳은 어디였습니까? 그리스도께서 생사를 건 영적 투쟁을 승리로 마치시고 권세로 충만해지신 곳이 어디였습니까? 그곳은 광야였습니다. 물 한 모금, 떡 한 조각 없는 유다 광야였습니다. 세례 요한이 삼십 년 가까운 세월을 지내며 심령이 강하여지는 연단을 받은 곳이 어디였습니까? 성경은 말합니다. "……하나님의 말씀이 빈 들에서 사가랴의 아들 요한에게 임한지라"(눅 3:2). 그것도 빈 들, 곧 광야였습니다. 낮이면 뜨거운 태양 볕이 내리쬐고 밤이면 추위를 피하기 위하여 모닥불을 피워야 하며 맹수들의 울부짖는 소리가 들리는 고적한 광야였습니다. 하나님은 거기서 말씀하셨습니다.

사도 요한에게 하늘이 열리고 마지막 날에 될 일들이 영광스러운 이상으로 보인 곳이 어디였습니까? 노(老) 사도가 "많은 물소리와 같은"(계 1:15) 그리스도의 음성을 듣고 좌우에 날선 검이 나오는 말씀을 경험한 곳이 어디였습니까? 그곳은 외로운 섬이었습니다. 청사에 길이 남을 그 위대한 계시를 주고받음은 사랑하는 사람들과 헤어진 절해고도의 외로운 섬, 밧모에서 주어졌습니다.

광야의 신학교

오늘날 우리의 신학 교육이 안고 있는 커다란 문제 중 하나는, 제도를 통하여 소정의 교육 과정을 밟는 것이 곧 설교자가 되는 과정과 동일시되고 있다는 것입니다. 그러나 성경은 이러한 생각을 지지해 주지 않습니다. 급히 신학 교육을 받은 사람들은 더 이상의 준비를 갖출 여유가 없이 즉시 교역 현장에 들어서고, 자신도 영적으로 정리되지 못하고 미숙한 상태에서 설교하게 됩니다. 교회라고 하는 틀이 그들로 하여금 설교하도록 강요하고 있기 때문입니다.

그러나 설교자는 그렇게 만들어지는 것이 아닙니다. 설교자는 단지 강의실에서 공부하고 설교의 이론들을 습득함으로써 만들어지는 것이 결코 아닙니다. 광야에서, 빈 들에서, 외로운 섬에서 하나님과 대면함으로써 가장 중요한 준비가 이루어지는 것입니다. 자신을 하나님의 말씀을 전하는 자로 부르신 소명을 영적 체험 속에서 경험함으로써 설교자로 세워지는 것입니다.

하나님만을 바랄 수밖에 없는 광야와 같은 영적인 연단을 통해서, 그의 사상과 정신이 오직 하나님 한 분만을 주목하고, 그분과의 만남을 통하여 인생 자체가 진리를 선포하는 일에 매이지 않을 수 없게 되는 그러한 영적인 준비가 필요하다는 것입니다. 설교자에게는 성숙한 인격, 그 이상의 무엇이 요구됩니다. 설교자로서의 내면적인 자격입니다. 하나님의 말씀을 증거하는 메신저(messenger)로서의 영적 자격말입니다.

그가 이 세상에서 설교 사역을 효과적으로 수행하기 위해서는 단순한 마음의 순결이나 경건한 생활 이상의 무엇이 꼭 필요합니다. 그것은 오랜 세월을 끊임없이 거룩하신 하나님의 면전 앞에 자신을 세우는 고통스러운 영적인 추구 끝에 이루어지는 것입니다. 그리고 그 같은 설교자 자신의 영적인 변화는 회중들을 향한 신령한 영향으로 나타납니다.

이에 관하여, 18세기 뉴잉글랜드의 영적 각성과 부흥 시기의 탁월한 설교자였던 길버트 텐넌트(Gilbert Tennent)에 대한 프린스(Prince) 목사의 회고가 우리에게 교훈이 됩니다.

"하나님께서 자신의 영혼을 지나가셨다는 두렵고도 심오한 확신이 있었다. 그래서 하나님의 위엄과 영이심, 순결하심과 광대하심, 그 계시의 정확 무오함, 그 하나님이 영광스러운 거룩함 가운데 계시며 죄를 기뻐하지 아니하신다는 사실, 악한 영들을 벌하실 공의와 진리와 능력을 가지고 계신 다는 사실, 이 모든 것에 관하여 텐넌트 목사는 너무나 역동적인 조망을 가지고 있었다. 때문에 아직 하나님과 화목하지 못한 죄인들의 눈앞에서 그가 이런 문제들을 열거하고 설교를 전개해 나갈 때, 하나님께로서 말미암은 거룩한 두려움이 설교자 자신의 마음속에 새롭게 일어나는 것처럼 보였다. 그가 증거한 그 메시지를 참을 수가 없어서 설교 듣기를 회피한 사람들도 있었지만, 그럼에도 불구하고 텐넌트 목사의 설교 사역에서 비롯된 확신의 화살들은 심지어 가장 완악하고 억센 죄인들의 가슴까지 깊숙이 꿰뚫어 그들을 그리스도의 발 앞에 거꾸러뜨림으로 주님께 겸손히 복종하게끔 만들었던 것으로 보인다."[27]

에스겔이 하나님의 말씀을 증거하는 자로서의 영적 준비가 이루어지게 된 곳은 포로로 끌려 온 바벨론 땅의 한적한 샛강 가였습니다. 유서도 깊지 않고 기념할 만한 역사적인 사건도 없어서, 지금은 지명조차 잊혀진 그런 외딴 샛강 가였습니다. 인간과 세상을 향한 모든 소망이 끊어지고 제사장으로서의 부르심과는 아무 상관없이 이방인들을 위한 세속적인 노역에 종사하면서, 동족과 함께 고통하는 심령으로 하나님만을 바랄 수밖에 없었던 그발강 가에서 하나님은 그를 부르셨습니다.

---

[27] J. Gilles, *Historical Collections of Accounts of Revival*, (Edinburgh: The Banner of Truth Trust, 1981 reprinting), p. xii. 이 책은 원래 1754년에 출판되었는데, 호라티우스 보나르(Horatius Bonar)가 증보하여 1845년에 재출판되었다.

그를 부르신 하나님이 하늘을 여셨으며 이상을 보이심으로 그 민족을 강하게 하라는 사명을 주셨습니다. 그리고 하나님께서 그를 선지자로 부르셔서 특별한 말씀이 임하게 하셨습니다. 그러므로 우리는 기억해야 합니다. 설교자들은 마땅히 이 모든 세속적인 풍조와 사상으로부터 분리되어, 외로움 속에서 하나님 앞에 홀로 서는 영적인 연단을 기쁘게 감당하여야 합니다.

세상도 없고 나도 없고, 오직 하나님 한 분 앞에 서서 죽도록 외로워지기까지, 하나님의 말씀 앞에서 완전히 혼자가 되어 그의 거룩하심에 사로잡히는 또 다른 광야 신학교의 과정을 수료하여야 한다는 것입니다.

그 때에 에스겔은 "부시의 아들"이 아니라 '선지자 에스겔'로 세움을 입어 이스라엘의 역사 가운데 주목받는 설교자가 되었습니다. 포로로 끌려가 절망하는 모든 백성들과 예루살렘의 회복을 기다리는 모든 유다의 민족들은 오직 에스겔의 입술에서 나오는 말에 귀를 기울여야 했습니다. 왜냐하면 하나님이 오직 에스겔을 통해서만 당신의 뜻을 그 백성들에게 알리셨기 때문입니다.

"당신은 하나님께서 진실로 당신을 설교자로 세우시기를 사모하며, 고적한 강가에서 거룩하신 하나님 한 분께만 소망을 걸고 그분을 바라고 있습니까?" 이것이 바로 설교자의 길을 걷기를 원하는 우리가 받는 세 번째 도전입니다.

여호와의 권능이

이 소명 기사의 마지막 부분에서 우리는 설교자로서의 중요한 영적 준비 중 세 번째 요소를 보게 됩니다.

성경은 말합니다. "여호와의 권능(יהוה־יד)[28]이 내 위에 있으니라"(겔 1:3).

하나님께서 부시의 아들을 이스라엘과 열국을 위한 선지자로 세우심에 있어서 그를 준비시키시는 마지막 영적 준비는 하나님의 손을 에스겔 위에 두심으로써, 여호와의 권능을 그 위에 부으시는 것이었습니다.29)

이것은 하나님께서 우리로 하여금 우리의 설교 사역을 능하게 하시는 가장 중요한 요소 중 하나를 주목하게 합니다. 그것은 성령의 권능입니다. 설교를 고치고 변화시키려는 모든 노력은 그 설교를 성령께서 사용하시는 한에서만 의미 있는 것입니다.

설교의 목표는 회중들로부터 그 내용에 대하여 동의를 얻어 내는 것 이상이어야 합니다. 설교의 목표는 단지 교인들을 교화하는 도덕적인 기능에 그치는 것일 수 없습니다. 설교의 진정한 목표는 그 설교를 통하여 회중들이 하나님을 만나는 것입니다. 그리하여 설교를 통해 이전에 모르던 하나님의 성품을 새롭게 경험함으로 깨달아 알게 하고 그 가운데서 자신의 삶을 결단하도록 만들어 주는 것입니다. 그리고 이 모든 일은 하나님의 성령

---

28) 본문 3절 하반절의 원문은 "ותהי עליו שם יד־יהוה"인데 이것을 직역하면 '그리고 거기서 여호와의 한 손이 그의 위에 있었다.' 이다. 그런데 전치사 'על'에 붙은 3인칭 접미(י)를 대부분의 필사본과 70인역(Septuagint)과 시리아 역본(Syriac version)들이 1인칭으로 바꾸어 읽었다. 개역한글 성경도 이를 따랐다. 그리고 70인역에서는 본문의 이 부분을 "καὶ ἐγένετο ἐπ᾽ ἐμὲ χεὶρ Κυρίου"라고 번역하여 맛소라 본문(Massoretic text)의 "거기서"(שׁם)의 번역을 빼놓았다. Lancelot C. L. Brenton, *The Septuagint Version: Greek and English*, (Grand Rapids: Zondervan Publishing House, 1988 reprinting), p.979.

29) 구약 성경에서 '야드'(יד)는 특별한 신학적인 의미를 갖는다. 문자적으로는 인간의 신체의 한 부분인 '손'(hand)을 가리키지만(창 5:29), 신학적으로는 '어떤 사람이나 물건에 대한 책임, 보호, 권한, 통치' 등을 의미한다. 하갈에 대한 사라의 지배권이나(창 9:2), 보디발의 집에 대한 요셉의 처리권(창 39:3-8), 이스라엘 백성에 대한 모세와 아론의 통치권(민 33:1), 아람에 대한 다윗의 지배(대상 18:3) 등을 가리킬 때 'יד'가 쓰였다. 이 단어가 '능력'이나 '권능', '힘' 등을 가리키는 말로 쓰인 것은 일반적이다(신 8:17, 32:36). R. Laird Harris & Gleason L. Archer & Bruce K. Waltke eds., *Theological Wordbook of the Old Testament*, vol. 1, (Chicago: Moody Press, 1980), pp.362-363; 또한 '하나님', '야웨'라는 말과 연합하여 'יד אלהים'이나 'יד יהוה'가 되어 'על'이라는 전치사 앞에 나오면 이는 하나님의 성령이 선지자 같은 사람 위에 있거나, 성령으로 교통하는 것을 의미한다(겔 1:3, 3:14, 22; 37:1, 왕하 3:15, 전치사 'על' 대신 'אל'이 사용된 경우에 대하여는 왕상 18:46을 참조할 것). H. W. F. Gesenius, *Gesenius' Hebrew-Chaldee Lexicon to the Old Testament*, (Grand Rapids: Baker Book House, 1984 reprinting), pp.330-331.

의 권능 있는 역사를 통하여 이루어집니다.

설교는 결코 진공 중에 행해지는 섬김이 아닙니다. 설교 현장보다 더 긴박하게 악한 영들과의 전쟁인 영적 싸움을 느낄 수 있는 곳은 없습니다. 우리로 하여금 이 힘겨운 싸움에 참전하게 하고, 지칠 줄 모르는 불굴의 투지로 영적인 전쟁터를 누비게 하는 그 원동력이 어디서 생기는지 생각해야 합니다.

우리가 설교할 때 악한 세력들로 하여금 퇴각하지 않을 수 없게 하고, 하나님의 통치가 온전히 이루어지는 그분의 나라가 오게 하는 그것이 무엇인지에 대하여 생각해야 합니다. 정사와 권세와 이 어두움의 세상 주관자들을 대적하게 하는 우리의 힘의 근원은 무엇입니까? 그것은 오직 설교자와 함께하는 성령의 능력입니다. 그래서 바울 사도는 말합니다. "내 말과 내 전도함이 지혜의 권하는 말로 하지 아니하고 다만 성령의 나타남과 능력으로 하여 너희 믿음이 사람의 지혜에 있지 아니하고 다만 하나님의 능력에 있게 하려 하였노라"(고전 2:4-5).

성령의 검

그러므로 에베소서 6장에 나타나는 "성령의 검"(the sword of the Spirit)이라는 표현은 우리로 하여금 설교에 있어서 성령과 말씀과의 관계를 생각하게 합니다. 이 하나님의 말씀의 검은 성령께서 쓰시는 도구입니다. 나아가서 이 하나님의 말씀이라는 칼은 성령의 손에 붙잡힐 때에만 비로소 악한 권세들을 찔러 쪼갤 수 있는 무기가 된다는 것입니다.

성경은 하나님의 말씀입니다. 이것은 객관적으로도 진리입니다. 세상 사람들이 믿든지 아니 믿든지 성경은 불변하는 진리이고, 인생들이 동의하든지 아니하든지 간에 말씀은 기록된 대로 이루어질 것입니다. 그리고 누구도 그 성취를 막지 못할 것입니다. 그러나 설교에 있어서 도전해 오는 악한 영들을 무찌르기 위해서는, 그 말씀이 우리 마음 안에 있고 성령께서 그 말씀을 붙들어 사용하셔야만 비로소 악한 영들을 찌르는 칼과 베는 검이 된다는 말입니다.[30]

그렇습니다. 단지 하나님의 말씀을 지식으로 아는 일에 그치는 것으로는 충분치 않습니다. 그것은 하나님을 떠난 세상이나 영적인 회복을 필요로 하는 교회에게나 모두 충분치 아니합니다. 지금 우리에게 필요한 것은 돌비에 새겨진 의문(儀文)을 알고 온 자들이 아니라, 하나님의 말씀을 소유한 자들입니다. 성령이 마음에 역사하사 말씀을 영혼 깊이 체험하고 그 진리에 붙들린 사람들입니다.

영적 전쟁터로 나아가는 우리에게 필요한 것은 성경책의 무기고에 진열된 수많은 검이 아니라 우리 손에 직접 소유하고 있는 말씀입니다. 우리가 하나님의 순전한 생명의 말씀을 영혼으로 체험하고, 그래서 그 말씀에 붙들려 매이지 않을 수 없게 된 그런 말씀입니다. 말씀이 성령의 검이 되어서 나의 심령 깊은 곳을 움직여 내 영혼을 뒤흔들어 깨우는 말씀이 되고, 우리가 이렇게 영혼의 체험으로 깨닫게 된 말씀을 전하고 복음을 증거할 때마다 그 외치는 내용을 붙드시는 성령을 통해서 영적 전쟁을 승리로 이끌게 되는 것입니다.

그러므로 우리는 여기서 영적 전쟁을 승리로 이끌기 위한 중요한 전략을 발견하게 됩니다. 그것은 하나님의 말씀을 전하는 사람들은 마땅히 성령의 사람이 되어야 한다는 것입니다. 그가 소유한 하나님의 말씀이 단지 차가운 돌판에 새겨진 의문이 아니라, 영혼을 변화시키고 도전하는 악한 권세

---

[30] 김남준, 『당신은 영적 군사입니까』(서울: 도서출판 솔로몬, 1992), pp.188-189.

들을 멸하는 말씀이 되기 위하여 그는 특별한 성령의 사람이 되어야 합니다. 이같이 하나님의 말씀을 소유하고 성령에 의하여 기름 부은 바 된 사람이야말로 이 시대의 교회와 세상이 간절히 필요로 하는 사람입니다.

이를 통하여 하나님은 사람들의 영혼에 변화를 주시고, 하나님의 말씀을 전하고 복음을 증거하는 일에 있어서 모든 그릇된 동기를 정화시켜 주십니다. 이러한 성령의 역사하심을 통하여 그의 가슴 속에 담겨 있던 하나님의 말씀은 그가 입을 열어 진리를 말할 때, 타오르는 듯한 광채를 뿜어 내는 위대한 보검이 됩니다.

순전한 하나님의 말씀이 성령의 손에 붙잡힐 때, 그가 전하는 말씀과 증거하는 복음 앞에서 수많은 회중들은 깨어나고 그들의 마음은 말씀이 불러일으킨 거룩한 고민과 경건한 슬픔으로 하나님을 찾게 됩니다. 회중의 양심을 찌르고 두려움에 떨게 하고 하나님의 위로를 갈망하게 합니다. 생명의 근원 되신 그리스도를 버린 것과 스스로 물을 저축할 수 없는 웅덩이를 판 죄로 인하여 가슴 아파하게 합니다(렘 2:13). 여호와를 버렸던 것과 자신 속에 하나님을 경외함이 없는 것을 인하여 고통하는 영혼이 되어, 돌이키게 하시는 하나님의 손길을 그리워하게 합니다.

광야의 시험을 승리로 마치고 성령의 권능으로 갈릴리로 돌아가시던 주님께서 말씀을 전하시던 장면을 기억해 보십시오. 성경은 말합니다. "……안식일에 가르치시매 저희가 그 가르치심에 놀라니 이는 그 말씀이 권세가 있음이러라……예수께서 꾸짖어 가라사대 잠잠하고 그 사람에게서 나오라 하시니 귀신이 그 사람을 무리 중에 넘어뜨리고 나오되 그 사람은 상하지 아니한지라"(눅 4:31-35). 예수님은 성령의 권능으로 충만하셨고 성령은 그분의 입술에서 나오는 모든 설교를 붙들어 사용하셨습니다. 불신앙의 세력들은 이 선포 앞에서 형편없이 퇴각하지 않을 수 없었습니다.

이 모든 일들은 설교자가 성령의 손에 붙들릴 때 어떤 일이 일어나는지 보여주는 것입니다. 구약의 선지자들이나 위대한 영적 각성을 일으키는 도구로 쓰임 받았던 설교자들의 사역 속에서 발견하게 되는 특이한 점은 영적인 강인함과 연단된 꿋꿋함입니다. 그리고 이러한 것은 모두 그들 위에 임하였던 성령의 권능에 기인합니다. 그들 위에 임하여 함께하시는 성령의 권능이 그들을 강하게 하였으며, 여호와의 신이 그들을 사로잡고 있는 한 그들은 자신의 설교를 대적하는 "……그 온 땅과 유다 왕들과 그 족장들과 그 제사장들과 그 땅 백성 앞에 견고한 성읍, 쇠기둥, 놋 성벽이" 되었습니다(렘 1:18).

그들을 붙잡으신 하나님의 손이 강하였기 때문에 그들은 강한 사람들이 되었습니다. 선지자들에게는 호위병도 없었고 자신을 위하여 싸워 줄 전사도 없었습니다. 그들이 믿는 것은 오로지 자신을 어두운 시대에 보내신 여호와 하나님 한 분이었습니다. 하나님의 권능으로 그들과 함께하시는 한 그들은 어디든지 갈 수 있었고 무엇이든지 선포할 수 있었으며 그 일을 위해서라면 무엇이든지 견딜 수 있었습니다.

위대한 부흥

위대한 부흥과 영적 각성은 언제나, 하나님에 대하여 무관심하던 사람들에게 그분의 위엄과 권능을 보여주는 것으로 시작되었습니다. 그리고 이 일은 성령을 통하여 이루어졌습니다. 실로 부흥의 역사는 성령의 역사입니다.

1792년 12월 웨일즈의 대부흥에 관한 토마스 찰스(Thomas Charles)의 냉정한 현장 보도는 우리에게 시사하는 바가 많습니다. 그는 웨일즈의 발라(Bala)와 그 이웃 지역에서 일어난 영광스러운 부흥의 역사에 대하여 다음과 같이 기록하고 있습니다.

"영원한 것들에 대한 보편적인 관심이 다른 모든 세속적인 관심을 삼켜 버렸다. 자신의 죄를 확신하게 하는 영이 급속히 확산되어 '이렇게 살다가는 내가 어떻게 될 것인가?' 하며 스스로 묻지 않는 젊은이가 거의 없을 정도였다. 이러한 성령의 역사는 능력과 영광 가운데 한 도시에서 또 다른 도시로 요원의 불길처럼 번져서 결국 웨일즈 전역을 뒤덮었다. 영광스러운 하나님께서 베푸시는 은혜의 광경은 내가 이전에 보지 못하던 일이었고, 또한 내 생애 가운데 볼 수 있으리라고 기대하지도 못했던 바였다. ……우리 가운데 주님이 오셨으며 그분의 임하심은 장엄함과 영광스러움과 거역할 수 없는 권능을 동반하였다. 그리하여 그리스도의 대적들도 주님의 임재의 찬란한 빛 앞에서 자신을 감추지 않을 수 없게 되었다. ……만약 여호와 하나님께서 그 위대한 역사를 지난 몇 달 동안에 있었던 것처럼 앞으로 몇 달 동안 계속해서 행하시면, 우리 고장에서 사단의 왕국(Devil's kingdom)이 완전히 무너져 버릴 것 같았다. 하나님을 향한 반역과 사악함에 있어서 괴수이던 사람들이 어린 양의 보혈로 말미암는 자비와 구원을 찾는 일에 으뜸으로 열심인 사람들이 되었다. 이런 때에 영광스러운 복음을 설교하는 일은 쉽고도 기쁜 일이다. 신적인 진리들이 사람들의 마음속에 무한한 비중과 중요성을 갖게 되었다. 거역할 수 없는 권세를 가진 성령의 빛줄기가 설교를 통해 전달되는 진리 하나하나마다에 깃들었다. ……나는 이 영적인 부흥의 시기를 인하여 하나님께 감사하지 않을 수 없다. 그리고 지금 내가 이 땅에서 보고 있는 바들을 볼 수 없었다면 더 이상 살아 있고 싶지 않았을 것이다. ……결코…… 단지 세상을 위해서라면 더 살아 있기를 원하지 않았을 것이다."[31]

---

31) Iain H. Murray, *The Puritan Hope; A Study in Revival and the Interpretation of Prophecy*, (Edinburgh: The Banner of Truth Trust, 1991 reprinting), pp. 121-22.

설교가 영적인 대적들을 굴복시키는 권세를 동반하고, 설교자가 성령의 권능에 붙잡혀 있지 아니하다면, 그의 입으로부터 흘러나오는 모든 아름다운 설교의 말들은 회칠한 무덤과 다르지 않습니다. 하나님의 말씀을 증거하는 설교 현장이 하나님의 통치를 불러오는 데 기여하지 않는다면 그것은 정신 훈화에 다르지 않을 것입니다.

진정한 부흥은 아름다운 노래나 빈틈없는 교회 조직에서 오는 것이 아닙니다. 심지어는 단지 공교하게 준비된 설교를 통하여 오는 것도 아닙니다. 설교가 위대한 영적 부흥과 각성의 도구로 사용되는 것은 오직 그 설교가 하나님의 권능 있는 손에 붙잡혔을 때 한해서입니다. 하나님께서 설교를 당신의 권능의 손으로 붙들어 사용하실 때 영광스러운 일들이 일어납니다.

지금 우리에게 절실하게 요구되는 것은 두 가지입니다. 분명하게 하나님의 음성을 전달해 줄 수 있는 설교와 그 위에 물 붓듯 부어지는 성령의 능력입니다.

기다리는 조국 교회

조국 교회가 목마르게 기다리는 것은 교활한 방법에 의하여 회중의 종교적인 감정을 충동하는 직업적인 부흥사가 아닙니다. 언제나 사람의 말로 회중을 위로하고 비위를 맞추는 일에 급급한 강단꾼(pulpiteer)들이 아닙니다. 생명을 잃어 가는 교회가 목마르게 그리워하는 것은 하나님의 신에 감동되어 하나님의 면전에서 이 시대를 향한 음성을 듣고 나온 사람, 증거의 현장을 통하여 회중들을 거룩한 하나님의 임재로 데려다 줄 영력 있는 설교자들의 섬김입니다.

교회는 하나님께로부터 보내심을 받은 선지자와 같은 설교자들을 목마르게 그리워하고 있습니다. 땅에서 태어났으나 하늘로부터 부르심을 받고,

이 세상에 있는 죄인들을 향하여 설교하나 설교자 자신은 천상의 거룩함을 사모하는 자로서 설교단에 오르며, 지상에서 고통하는 자들에게 외치나 그 음성은 하늘로부터 받은 바를 전해 줄 선지자와 같은 설교자들을 그리워하고 있습니다.

무엇보다도 자신이 하나님께로부터 보내심을 받은 사람임을 확증하기 위해서는 자신의 설교 사역에서 사람의 말이나 인간의 지혜가 아니라 오직 하나님의 능력과 성령의 나타남으로 증거할 수 있는 비범한 영적 능력이 요구됩니다. 설교자는 반드시 성령의 사람이어야 합니다. 그가 만약 성령의 사람이 아니라면, 그는 언제나 설교를 통하여 사람들을 하나님의 거룩한 면전에 세워 주는 온전한 설교 사역은 감당할 수 없을 것입니다. 에스겔 위에 임한 여호와의 권능이 그로 하여금 배역하는 이스라엘과 교만한 열국을 마주하여 하나님의 말씀을 전하는 설교 사역을 가능하게 만들었습니다.

단지 진리를 말하다가 죽어 간 거룩한 종교적 헌신자가 아니라 포로 된 가운데 절망 속에서 고통하는 백성들에게 영적인 힘을 불어넣어 주고, 미래에 도래할 메시아 왕국을 인하여 소망을 갖게 하며, 하나님 앞에 끊임없이 계속되는 배교의 죄들을 담대히 책망케 하는 원동력은 오직 그에게 충만하게 임한 성령의 권능이었습니다.

하늘의 권능으로 기름 부은 바 된 한 마디의 말은 단지 인간의 상식으로 전개되는 수만 마디의 말보다도 위력이 있습니다. 사람들의 마음에 거룩한 근심을 불러일으키고 그들로 하여금 설교자가 대면하고 있는 거룩하신 하나님의 성품을 인식하며 자신의 죄악을 인하여 애통하게 만드는 위대한 힘은 오직 설교자 위에 함께하시는 성령의 능력으로서만 가능한 것입니다.

우리는 아직 이렇게 비범한 성령의 능력으로 무장되지 못한 설교자일 수 있습니다. 그러나 그렇다고 해서 우리가 하나님께로부터 설교하도록 부르심을 받은 사람이 아니라는 것은 아닙니다. 그러나 비록 유능하지는 못하더라도 진정 하나님께로부터 보냄을 받은 설교자라면, 자신의 초라한 영적 능력과 설교 속에서 보이지 않는 하나님의 능력으로 인하여 스스로 비통해 하며 고뇌하는 모습이 있어야 하는 것입니다. 만약 설교자의 가슴 속에 그 정도의 의식도 없다면, 그가 매주 입는 검은 예복은 속이는 옷에 지나지 않습니다.

맺는 말

오늘날 우리 가운데 유행하고 있는 수많은 목회 이론들과 설교 방법들, 그리고 교육 이론들을 보십시오. 그런 것들이 필요하긴 하지만 거룩한 하나님의 교회를 타락한 세속의 물결로부터 지키기에는 역부족입니다. 마치 부딪혀 오는 파도를 모래성으로 막아 보려는 것처럼 어리석은 행동입니다.

이 모든 일에 대한 유일한 대안은 하나님을 만난 설교자가 하늘의 위대한 권능으로 설교단을 지키는 것입니다. 바로 그곳에서 하나님의 음성을 들려주고, 바로 그곳에서 성도들의 영적 삶에 도전하는 악한 세력들을 성령의 권능으로 파하며, 바로 그 곳에서 나약한 성도들의 꺼진 불을 그 가슴 속에 다시 지펴 주어야 합니다.

그러나 우리 자신의 모습을 보십시오. 설교자로 부름을 받은 우리들은 다만 "부시의 아들"과 같이 온갖 연약함에 둘러싸인 풀과 같은 인생일 뿐입니다. 조금도 나을 것 없는 인생입니다. 그러나 여호와의 권능이 함께 할 때 그는 더 이상 "부시의 아들"이 아닙니다. 그에게 임하게 하신 여호와의 권능으로 이러한 일이 가능해지는 것입니다.

설교자의 길을 가고자 하는 우리들에게, 본문이 주는 마지막 도전은 바로 이것입니다. "설교자들이여, 권능의 사람이 되라."

Be Kindled with Heavenly Fire

에루살렘이 멸망한 후 그 황폐한 도성을 눈앞에 두고 슬피 우는 선지자 예레미야를 통하여 설교자가 설교 이전에 지녀야 할 내면 세계에 대하여 살핀다. 그리고 그의 '골수에 사무친 불'의 기원을 알아보고, 그것이 오늘날 설교자들에게 무엇을 의미하는지 규명한다. 아울러 대치할 수 없는 설교자의 열망이 하나님의 영광을 향한 열심이어야 함을 밝히면서, 오늘날 설교자들에게 왜 이런 것들이 결핍되어 있는지 생각해 본다.

"무릇 지나가는 자여 너희에게는 관계가 없는가 내게 임한 근심 같은 근심이 있는가 볼지어다 여호와께서 진노하신 날에 나를 괴롭게 하신 것이로다 위에서부터 나의 골수에 불을 보내어 이기게 하시고……"
(애 1:12-13).

| 제2장 |

골수에 사무친 불을 가진 사람

모든 선지자들이 그러했듯이 이 본문을 적고 있는 예레미야 선지자도 고난을 많이 겪어야 했던 선지자였습니다. 많은 선지자들은 자기가 예언하는 내용들이 이루어지기를 사모했습니다. 선지자들에게 있어서 그 선포가 그리스도와 그분의 영광스러운 왕국의 성취에 관한 예언이었다면, 자기가 예언한 일이 이루어질 때까지 자신이 살아 있다는 사실이 말할 수 없는 축복이었을 것입니다.

그러나 예레미야 선지자는 자기가 그토록 절규하듯 증언하였던 일들이 그대로 이루어졌을 때, 오히려 가슴이 찢어지는 아픔 속에서 오열하지 않을 수 없었습니다. 지금 우리 앞에 놓인 이 본문도 바로 그 같은 고통을 가슴에 끌어안은 채 무너진 예루살렘 성과 성전을 바라보며 부른 슬픈 노래입니다.

들어가는 말

유다는 도움이 될 수 없는 애굽을 의지하는 일에 소망을 두고 바벨론을 끝까지 대적하였습니다. 그런 인간적인 노력 속에서 국권을 부지해 보려고 하는 유다의 외교 정책은 애처롭다 못해 가엾기까지 하였습니다. 그럼에도 불구하고 예레미야 선지자를 통해 주시는 하나님의 메시지는 냉엄하였습니다. 그 메시지는 유다가 망할 것이며 그들에게 마지막 남은 길은 순순히 바벨론의 포로로 끌려가는 것이었습니다.

예레미야의 이 같은 메시지가 수많은 백성, 특별히 조정의 반대와 부딪히게 된 것은 불을 보듯 뻔한 일이었습니다. 왕실은 그를 핍박했고 수많은 대적들은 예레미야의 발언이 신적 기원을 갖고 있지 않다고 믿었습니다.

선지자는 추상적인 의미에서의 종교 교육자나 사상가가 아니었습니다. 율법을 가르쳐 주는 사람이나, 단지 이스라엘 백성들로 하여금 좀 더 나은 종교적 삶을 영위하도록 만들어 주는 선생이 아니었습니다. 그는 스스로 그 당시 이스라엘 백성들에게 주시는 하나님의 말씀을 가진 자였습니다. 그는 열국에 관한 메시지를 선포하고 세상을 역동적으로 고치기 위하여 부름 받은 선지자였습니다.

그래서 그의 소명에 대하여 성경은 말합니다. "여호와께서 그 손을 내밀어 내 입에 대시며 내게 이르시되 보라 내가 내 말을 네 입에 두었노라 보라 내가 오늘날 너를 열방 만국 위에 세우고 너로 뽑으며 파괴하며 파멸하며 넘어뜨리며 건설하며 심게 하였느니라"(렘 1:9-10).

그러나 선지자의 이러한 도전적인 사역 앞에서 하나님의 음성 듣기를 거절하는 모든 사람들이 예레미야를 대항하는 대적이 되었고, 왕궁으로부터 받는 고난은 이루 헤아릴 수가 없었습니다. 그렇지만 그들이 비록 예레미야를 시위대 뜰에 가둘 수는 있었을지라도, 갇힌 선지자의 가슴속에서 불타오르고 있는 메시지는 무엇으로도 가두어 둘 수 없었습니다. "……너희 하나님께 영광을 돌리라 너희가 이를 듣지 아니하면 나의 심령이 너희 교만을 인하여 은근히 곡할 것이며 여호와의 양 무리가 사로잡힘을 인하여 눈물을 흘려 통곡하리라"(렘 13:16-17).

바로 선지자 예레미야 속에 계신 하나님의 메시지였습니다. 선지자가 그렇게 유다의 멸망을 예언했지만 그것은 그 역시 원하는 바가 아니었을 것입니다. 그는 하나님이 보내신 선지자였고, 따라서 그는 하나님께로부터 받은 말씀을 사실대로 전하지 않을 수 없었습니다. 그는 흐느끼는 음성으로 그 예언이 진실임을 백성들에게 설교해야 했고, 그것이 하나님이 주신 말씀임을 백성들에게 선포하여야 했습니다.

못다 부른 슬픈 노래

이스라엘 백성들의 반역과 불순종에도 불구하고 하나님의 뜻은 온전히 이루어졌습니다. 선지자가 예언한 그 내용이 역사 속에서 그대로 성취된 것입니다. 우리는 예레미야가 자신이 예언한 내용이 성취되는 현실을 직시하면서, 자기의 증언을 듣지 아니하던 모든 사람들에게 이렇게 말하고 싶었으리라고 생각할 것입니다. "너희들은 내 말이 거짓말이라고 했지만 보라. 나의 예언한 바가 그대로 이루어지지 아니하였느냐? 하나님이 주신 메시지가 하나도 땅에 떨어지지 아니하고 그대로 성취되지 아니하였느냐?" 그러나 선지자는 그렇게 말할 수가 없었습니다. 예언이 성취된 예루살렘과 유다의 현실이 너무나 비참했기 때문입니다.

선지자는 이 예레미야 애가(哀歌)를 "슬프다"(애 1:1)라는 말로 시작하는데, 공교롭게도 이 말은 히브리어로 '애-카'(איכה)라는 말입니다. 선지자가 전에는 하나님의 뜻이 온전히 이루어지기를 사모하는 마음으로 예언하며 슬퍼하더니, 이번에는 자신의 예언이 유다 역사 속에서 이루어진 현실을 보며 "슬프다"라는 말로 이 애가를 시작하고 있습니다.

선지자는 말합니다. "슬프다 이 성이여 본래는 거민이 많더니 이제는 어찌 그리 적막히 앉았는고 본래는 열국 중에 크던 자가 이제는 과부 같고 본래는 열방 중에 공주 되었던 자가 이제는 조공 드리는 자가 되었도다 밤새도록 애곡하는 눈물이 뺨에 흐름이여 사랑하던 자 중에 위로하는 자가 없고 친구도 다 배반하여 원수가 되었도다"(애 1:1-3).

하나님 나라로서의 광휘를 발하며 이방 가운데 영광스러웠던 예루살렘의 빛은 사라져가고, 이제는 이방인들에게 조공을 드려야 하는 비참한 식민지 신세가 되어 버린 하나님의 도성의 형편을 바라보며 선지자는 이 슬픈 노래를 눈물로 부르고 있는 것입니다.

이 본문은 이러한 노래의 시작 부분에 와 있습니다. "그 모든 백성이 생명을 소성시키려고 보물로 식물들을 바꾸었더니 지금도 탄식하며 양식을 구하나이다 나는 비천하오니 나를 권고하옵소서 무릇 지나가는 자여 너희에게는 관계가 없는가 내게 임한 근심 같은 근심이 있는가 볼지어다 여호와께서 진노하신 날에 나를 괴롭게 하신 것이로다 위에서부터 나의 골수에 불을 보내어 이기게 하시고 내 발 앞에 그물을 베푸사 나로 물러가게 하셨음이여 종일토록 고적하여 곤비케 하셨도다"(애 1:11-13).

지금 이 상황은 이스라엘이 그토록 자랑하던 예루살렘이 이방인들의 말발굽 아래 비참하게 짓밟히고, 모든 이스라엘의 자랑거리가 되었던 예루살렘 성전이 황무하게 무너져 버린 상황을 선지자가 슬픈 노래로 탄식하고 있는 것입니다. 이 본문 앞에 놓여 있는 예루살렘이 어떤 상황인지 기억하실 수 있습니까? 고요히 생각해 보십시오. 예루살렘은 하나님의 왕권이 펼쳐지는 중심지였고, 언약이 실행되는 심장부였습니다.

그러나 주님의 언약이 깃들어 있던 예루살렘 성에 대한 하나님의 보호는 간 곳이 없고 그 성과 성전은 황폐하게 무너졌습니다. 이전의 어떤 성도 그렇게 비참하게 짓밟혀 본 적이 없었던 것처럼 이방인의 말발굽 아래 유린

되었고, 하나님의 거룩한 이름을 찬송하던 예루살렘 성전은 군화를 신은 채 들어온 이방인들에 의해 탈취되었습니다. 성전의 모든 보물들이 약탈당했고 기명들도 탈취당했으며 아름다운 보화들은 모두 빼앗겨서 성전은 마치 겁탈당한 부녀의 모습처럼 되고 말았습니다.

이처럼 비극적인 정경이 눈앞에 펼쳐지기 전에 이스라엘 백성들에게는 믿는 바가 있었습니다. 무엇을 믿었을까요? '약속의 성 예루살렘과 시온을 하나님이 영원히 지키시리라. 시온을 향한 하나님의 열심은 그치지 아니하시고 예루살렘을 향한 하나님의 보호와 임재는 끝이 없을 것이다.' 그들은 굳게 믿었습니다. 그러나 모든 믿음이 하나님을 기쁘시게 하는 것은 아닙니다. 그들은 믿었으나 예루살렘은 훼파되고 성전은 약탈당했습니다.

홀로 거룩하신 하나님

이 사실을 통하여 우리는 하나의 진리를 발견할 수 있습니다. 이 땅에 거룩한 것이 있다면, 그것은 오직 거룩하신 하나님과 관련을 맺고 있는 때에 한해서 거룩한 것이라는 사실입니다.

설교자 앞에 놓인 강단을 가리켜서 '성구'(聖具)라고 합니다. 그러나 이것을 만든 목재가 단순히 산에 나무로 존재할 때에 그것을 가리켜서 성구라고 말하는 사람은 없습니다. 그 나무를 베어다가 켜고 잘라서 뭔가를 만들고 그 앞에다 십자가 조각목을 장식해도, 그것이 장사꾼의 손에 있을 때 이 물건은 아직 성구가 아닙니다. 아직은 가구일 뿐입니다.

그러나 그것이 하나님의 교회로 봉헌되어서 주님을 예배하고 경배하는 일과 관계를 맺는 가구가 될 때, 우리는 이것을 '거룩한 가구', 성구라고 부릅니다. 그리고 그것이 거룩한 용도에 사용되는 일이 끝나고 교회당 밖으로 끌어내어 버려지면 그것은 이제 성구가 아니고 '폐품'이 됩니다.

이 세상에서 우리들에게 거룩히 여김을 받는 모든 것은 하나님과 관계를 맺고 있는 한에서입니다. 우리 가운데 거룩한 것이 있다면 그것은 스스로 거룩한 것이 아니고 그것이 관계를 맺고 있는 하나님이 거룩하시기 때문에 거룩한 것입니다. 예루살렘 성전은 가히 금과 은으로 치장하였다고 해도 과언이 아닐 정도로 화려한 성전이었습니다. 인간의 눈으로 볼 때에는 각종 헌물과 미석(美石)으로 꾸민 이 호화스러운 성전만큼 더 이상 영광스러운 건축물은 없었을 것입니다. 분명히 그 건물은 그 앞에 서 있는 사람들에게 인간이 단지 티끌같이 가련한 존재라는 사실을 상기시켜 주고도 남았을 것입니다.

그러나 우리는 기억해야 합니다. 이 세상의 은과 금으로 꾸민 그 모든 영광스러운 건축의 화려함이 성전을 거룩하게 한 것이 아니라, 하나님이 그 성전을 붙들고 그것과 관계를 맺고 계시므로 그 곳이 거룩한 성전이 된 것이라는 사실을 말입니다. 예루살렘 성은 이전에 가나안 원주민들이 늦게까지 이방신을 섬기던 산지로 둘러싸인 곳이었습니다. 그 성이 거룩하게 여김을 받게 된 것은 하나님이 그 성을 구별하고 택하셔서 그 곳과 관계를 맺으셨기 때문입니다. 예루살렘 성전이 그 안에 계신 하나님을 거룩하게 한 것이 아니라, 그 성전 안에 하나님이 거하시고 관계를 맺으심으로 이 세상의 다른 건물과 구별되었던 것입니다.

이스라엘 백성들은 이 점에 있어서 잘못된 신학을 갖고 있었습니다. 그들의 잘못된 신학은 그들로 하여금 그릇된 확신을 갖게 하였습니다. '이 예루살렘과 그 가운데 있는 성전은 하나님이 택하셨고 그러므로 이 성과 성전은 영원히 거룩하다. 그러므로 하나님은 이 성과 성전을 보호하시고 지키실 수밖에 없다.' 는 것이었습니다.

스스로 하나님을 은혜와 사랑이라는 선입견적인 교리의 창살에 가두어

버리려고 하는 이스라엘의 잘못된 신학이 바로 이 백성들을 이처럼 비참한 멸망으로 몰아갔습니다. 그렇게 가르치던 사람들과 그렇게 들려오는 가르침에 위안을 받던 모든 백성들이 함께 심판의 길로 가게 되었던 것입니다.

부르짖어도 귀기울이지 않고 외쳐도 응답하지 않던 이스라엘 사람들이 이제는 바벨론의 창칼 아래 찢겨진 시체가 되어서 눈을 부릅뜬 채, 남은 백성들을 향해 눈물 흘리며 애가(哀歌)를 부르는 선지자를 바라보지 않을 수 없게 되었습니다. 그 앞에서 하나님의 말씀을 전하도록 부름 받은 예레미야 선지자는 멸망당한 민족과 함께 통곡하고 있습니다.

하나님의 손에 붙잡히라

신학교는 하나님의 복음 사역을 위하여 하나님과 관계를 맺고 있는 한에서만 '하나님의 학교'(神學校)이고, 교회는 그리스도께서 촛대를 붙들고 있는 한에서만 주님의 교회입니다. 설교자들도 마찬가지입니다. 그들도 하나님과 관계를 맺고 거룩하신 하나님의 손 안에 붙잡혀 있는 그 시간만 하나님의 사람들입니다. 계시록의 일곱 별을 붙잡으시던 그리스도의 거룩한 손이 우리를 사로잡고 계실 때만이 그리스도의 종답게 살 수 있습니다.

우리가 하나님의 일을 하고 있다는 사실이 우리들을 하나님의 사람으로 만들어 주는 것은 아닙니다. 우리 자신이 주님의 손에 붙잡혀 있기 때문에 우리가 주의 영광을 위하여 살게 되는 것입니다. 우리가 하고 있는 일이 우리를 거룩하게 할 수 없습니다. 우리의 사역이 우리를 경건한 사람으로 만들어 주는 것이 아닙니다. 우리를 붙잡고 계시는 하나님이 거룩하시므로 그 손에 붙잡힌 우리가 이 세상 사람들과 구별되고, 우리의 섬김은 세상 사람들의 육신을 위한 봉사와 구별되는 것입니다.

그러므로 우리는 여기서 자문하지 않을 수 없습니다. 목회와 설교 사역을 위하여 준비하는 우리에게 가장 시급한 숙제는 무엇입니까? 우리에게 가장 시급한 숙제는 우리 자신이 하나님의 손 안에 사로잡히는 것입니다. 광대하신 하나님을 알고 그분의 인격과 전능하심을 깊이 체험하고, 그리하여 진리 안에서 온 마음과 온 몸과 정신이 온전히 그분의 손 안에 사로잡힌 바 되는 것입니다. 하나님의 거룩한 말씀 사역을 위하여 부름 받은 우리들은 더욱 그러해야 합니다. 그 때에 비로소 전능하신 하나님의 손 안에 사로잡혀서, 온전히 하나님께만 고정된 심령으로 그리스도의 나라와 그 영광만을 위하여 살고자 하는 거룩한 갈망에 불타는 사람들이 되는 것입니다.

어두운 전망

오늘날 하나님을 등지고 구원의 복음을 거절하는 세상을 보십시오. 교회가 "공법을 물같이, 정의를 하수같이"(암 5:24) 흘려보내어 혼탁한 세상을 정결케 하고 있습니까? 아니면 오히려 세속의 탁류가 교회 속으로 흘러들어오고 있습니까? 문제가 많은 세상에서 힘을 잃어 가고 있는 교회의 모습을 보십시오. 영적으로 혼돈된 상황 속에서 형식화되어 가는 조국 교회의 신자들을 바라보면서 우리는 과연 교회의 미래에 대하여 낙관할 수 있습니까?

우리들의 교회는 안일함 속에 살아가며 신앙 선배들의 소중한 영적 유산들을 잃어버리고 있습니다. 한때 신앙을 지키기 위하여 숱한 순교의 피를 흘렸던 이 교회의 강단들은 이제 생기를 잃어 가고 있습니다. 외치는 자 많건마는 생명수는 그쳐 가고 직업적으로 봉사하는 강단꾼들만 늘어 가고 있습니다.

이 같은 어두운 전망은 신학교에서도 발견됩니다. 어떤 학생들은 사명을 감당함에 있어서 무엇을 중요한 가치로 삼으며 헌신해야 할지 가치 판단이 흔들리는 목회 현장에서 고민하고, 또 어떤 학생들은 세속적인 목회 방식을 자신도 모르게 배워 가고 있습니다. 일찍부터 성직자연(然)하는 직업적인 태도들을 몸으로 배우는 것입니다.

자기 비전(vision)에 도취된 사람은 많지만 자신의 심령 깊은 곳에 임한 하나님의 말씀으로 인하여 선지자의 '불'(火)을 가슴에 끌어안은 채 어두운 이 시대로 인해 통곡하는 아픔으로, 마치 한 편의 설교를 한 사발의 피를 토하는 것처럼 증언하던 예언자의 후예는 그치고 있다는 것입니다. 바리새인과 같이 일찍부터 성직자인 체하는 방법을 배워 가는 사람들은 신학교 안에서도 늘어 가고 있습니다. 학업도 마치기 전에 이미 신학의 모든 것을 섭렵한 것 같은 사람들 말입니다. 이렇게 소위 신학생의 조로화(早老化)와 성직의 직업주의화 현상들이 교회의 경건을 좀먹고 있습니다.

참으로 하나님을 깊이 만나고 회심함으로 하나님의 영광만을 위하여 살도록, 소명의 문제를 분명히 하지 않은 사역자들은 언제나 교회의 독(毒)입니다. 그러므로 우리는 알 수 있습니다. 설교자들이 변하지 않는 한 강단의 변화는 요원하고, 강단이 변하지 않는 한 교회의 변혁에 대한 기대는 헛된 꿈에 지나지 않으리라는 것을 말입니다.

교회가 영적으로 새로워지는 각성과 부흥이 없다면, 세상의 도도한 타락의 물결은 하나님의 자녀들을 비웃으며 변함없이 흘러갈 것입니다. 하나님의 교회도 오직 주님의 손에 붙잡혀 있을 때에만 하나님의 교회입니다. 하나님의 교회를 섬기고 그 양떼들을 의와 거룩함과 진리로 이끌도록 부름받은 우리들이 하나님의 손에 사로잡히지 아니하면 교회는 소망이 없는 것입니다.

하나님의 예루살렘

선지자가 통곡하고 있는 예루살렘 성전을 보십시오. 지금은 비록 이방인들의 말발굽 아래 짓밟혀 그 영광이 간 곳 없지만 하나님께서 그 성전을 기뻐하실 때 얼마나 위대한 일들을 약속해 주셨습니까? 성경은 말합니다.

"밤에 여호와께서 솔로몬에게 나타나사 이르시되 내가 이미 네 기도를 듣고 이 곳을 택하여 내게 제사하는 전을 삼았으니 혹 내가 하늘을 닫고 비를 내리지 아니하거나 혹 메뚜기로 토산을 먹게 하거나 혹 염병으로 내 백성 가운데 유행하게 할 때에 내 이름으로 일컫는 내 백성이 그 악한 길에서 떠나 스스로 겸비하고 기도하여 내 얼굴을 구하면 내가 하늘에서 듣고 그 죄를 사하고 그 땅을 고칠지라 이 곳에서 하는 기도에 내가 눈을 들고 귀를 기울이리니 이는 내가 이미 이 전을 택하여 거룩하게 하여 내 이름으로 여기 영영히 있게 하였음이라 내 눈과 내 마음이 항상 여기 있으리라"(대하 7:12-16).

앗수르의 산헤립이 군대를 이끌고 올라와서 유다를 공격하며 모욕적인 외교 문서를 보냈을 때, 히스기야가 어디로 나아갔습니까? 그가 옷을 찢고 굵은 베옷을 입었을 때 그는 어디서 하나님께 구원을 호소했습니까? 그리고 하나님은 어디서 그에게 응답하셨습니까? 하나님의 백성들이 재앙을 만나거나 염병으로 고통을 받을 때 그들은 어디를 향하여 기도했습니까? 예루살렘 성전에서였습니다. 어떻게 그런 축복을 하나님의 백성들이 누릴 수 있었습니까?

그것은 하나님 때문이었습니다. 하나님이 예루살렘 성전을 붙들고 계셨기 때문입니다. 그러나 비록 그의 택하신 성전이라고 할지라도 하나님이 관계를 끊고 손을 놓으시자, 성전은 무너졌고 그리고 제사는 그쳤습니다.

하나님의 사람입니까?

그러므로 하나님의 일을 하고자 하는 사람들은 하나님의 일을 행하는 법을 배우기 전에 먼저 하나님의 사람(a man of God)이 되어야 합니다. 하나님께서 기뻐하여 그 손에 붙잡으신 사람들은 그 입에 혀가 굳어질 때까지 하나님의 사랑을 전파할 것이며, 그 몸의 피가 식을 때까지 세상의 구원과 교회의 회복을 위하여 기도할 것입니다. 우리의 지식도, 우리가 자랑하는 모든 재능들도 하나님의 손에 붙잡혀 있을 때에만 비로소 하나님의 영광을 위해 빛나는 도구들이 됩니다.

그러므로 우리는 전심으로 하나님 자신을 추구해야 합니다. 그의 거룩하심의 깊이와 넓이와 그 사랑의 능력과 순전함 알기를 힘써야 합니다. 그리고 그리스도를 아는 가장 고상한 지식을 인하여 오직 구원의 주님께 붙잡힌 자들이 되어야 합니다. 그래서 사도는 말합니다. "내가 이미 얻었다 함도 아니요 온전히 이루었다 함도 아니라 오직 내가 그리스도 예수께 잡힌 바 된 그것을 잡으려고 좇아가노라"(빌 3:12).

우리는 영적 지도자의 길을 걷는 사도와 선지자들의 후예들로서 늘 이런 긴장 속에서 자신을 돌아보아야 합니다. 오늘날 이 시대 가운데 유행하고 있는 인생에 대한 견해들과 가치관이 우리들을 주장하고 있다면, 그것은 설교자의 길을 가기 원하는 우리에게 있어서 비극이 아닐 수 없습니다.

하나님의 진리를 증거하고 어둠의 세력들과 싸워 하나님 나라의 도래를 알리는 횃불을 밝히기 위하여 부름 받은 우리들은 마땅히 우리의 영혼뿐만 아니라 인생관과 가치관, 세상과 교회 그리고 사역을 바라보는 그 모든 것들이 완전히 새롭게 거듭나지 아니하면 안 됩니다.

이제는 눈에 보이는 안목의 정욕과 이생의 자랑과 육체에 속한 모든 것들에 얽매이지 아니하고, 복음으로 세상의 실체를 직시하며, 그 속에서 살아가는 수많은 심령들의 영적 상태를 직관하고 그것으로 인하여 슬퍼해야합니다. 그들을 구원할 수 있는 말씀의 능력을 소유한, 선지자의 영을 소유하지 않으면 안 되는 것입니다. 그래서 청교도들은 설교하는 것을 'prophesying'(예언하다)이라고 부르기도 하였습니다. 설교 방법론을 말할 때 'Arts of Prophesying'(예언의 방법)이라 하기도 한 것도 바로 이 때문이었습니다.

이런 상황에서 선지자 예레미야는 말합니다. "……나는 비천하오니 여호와여 나를 권고하옵소서 무릇 지나가는 자여 너희에게는 관계가 없는가 내게 임한 근심 같은 근심이 있는가 볼지어다 여호와께서 진노하신 날에 나를 괴롭게 하신 것이로다 위에서부터 나의 골수에 불을 보내어 이기게 하시고……"(애1:11-13).

선지자는 울부짖고 있습니다. "예루살렘이 무너지고 그 고귀한 성전이 훼파당하는 비참한 현실이 되었는데 그것이 너희에게는 관계가 없다는 말이냐? 너희에게는 어찌하여 내 마음에 가득한 슬픈 노래와 아픔이 없단 말이냐? 나는 이 무너진 예루살렘 성전과 훼파된 예루살렘 성을 바라보며 가슴을 저미는 슬픔에 고통하거늘 너희는 어찌하여 근심이 없단 말이냐?"

이 때 사람들은 무너진 성전을 바라보면서도 오히려 오늘 먹을 양식을 구하기에 골몰하였습니다. 여러분, 이것이 단지 예레미야의 시대의 일입니까? 우리는 이 광경으로부터 아무런 교훈을 받을 필요가 없을 정도로 영광스러운 교회 시대를 살고 있습니까?

그렇지 않습니다. 오히려 하나님께서 이 사건을 여기에 기록하신 것은 우리의 시대로 하여금 각성하게 하기 위함인지도 모릅니다. 보십시오. 훼파된 예루살렘 성전을 인하여 근심하는 사람들을 예레미야가 찾고자 하였으나 만날 수 없었습니다. 예레미야는, 이방의 거리에서 이런 사람들을 찾은 것이 아니라 예루살렘 거리에서 찾았습니다. 하나님과 관계없는 열방에서 찾은 것이 아니라 언약의 백성들 중에서 찾았던 것입니다.

그러나 그들 중 아무도 예레미야와 같은 눈물로 하나님의 심판을 받은 조국과 조국의 교회를 바라보는 사람은 없었습니다. 유대 백성들은 분명히 고통스러운 시기를 지나고 있었습니다. 그럼에도 불구하고 그 사람들은 염려할 뿐이었지 근심하지 아니하였습니다. 고통하였으나 애통해 하지는 아니하였습니다. 자신의 불편한 삶과 아픔을 인하여 눈물 흘렸으나 하나님과의 깨어져 버린 신앙의 관계를 인하여 슬퍼하거나 이방인 가운데 모욕거리가 된 하나님의 이름을 인하여는 흐느끼지 아니하였습니다. 그들에게 염려가 있다면 그것은 오직 오늘은 무엇을 먹을까, 내일은 무엇을 마실까, 모레는 어떻게 목숨을 부지하고 살아남을까 하는 것이었습니다.

보이지 않는 성전을 위하여

저는 이 속에서 우리 시대의 조국 교회를 봅니다. 눈에 보이는 교회는 늘어 가고 있습니다. 그러나 그것이 곧 하나님의 나라가 이 땅에 이루어진 것을 의미하지는 않습니다. 눈에 보이는 교회의 성장이나 아름다운 건물 말고 눈에 보이지 않는 교회를 보십시오. 보이지 않는 영적인 교회는 어떠한 모습을 하고 있습니까? 제게 구약을 가르쳐 주신 은사 한 분이 계셨습니다. 그분이 노년에 어느 제자로부터 전화 문안을 받았습니다.

"스승님, 저 ○○○목사입니다."
"오, 그래. ○○○목사 오랜만이구만. 그래 요즘은 어떻게 지내나?"
"예, 제가 이번에 죽을 힘을 다해서 커다란 교회를 멋있게 지었습니다."
"그래, 고생이 많았겠구먼……."
"예, 이젠 교회도 다 짓고 빚도 갚고 헌당 예배를 드렸습니다."
"오, 그래. 참 수고했군."
"그런데 교수님, 이제는 제가 이 교회를 사임하려고 합니다."
"아니, 왜? 그렇게 고생을 다해 교회를 지어 놓고 사임을 하다니?"

"교수님, 제가 이제 이 교회에서 무슨 일을 하겠습니까? 성전도 다 지어 놓고 성도들도 많이 모이는데 제가 이제 여기서 더 할 일이 뭐가 있겠습니까? 이 교회를 다른 후임자에게 물려주고 저는 다른 곳으로 가서 다시 개척하려고 합니다."

그 때에 스승께서 타이르셨습니다.

"이보게, ○○○목사, 자네는 전공이 건축학인가, 신학인가? 교회를 지어 놓고 성도들이 많이 모이기 때문에 이제는 할 일이 없다고? 자네가 지어 놓은 교회 건물 속에 있는 보이지 않는 교회도 잘 지은 건축물처럼 그렇게 웅장하고 화려하게 서 있는가?"

그 목사님은 자신의 겸손 속에 깊이 깃든 교만과 무지를 뉘우치고 보이지 않는 교회를 성도의 마음속에 건축하기 위하여 힘을 다했다고 합니다. 보이는 교회는 벽돌을 계속 쌓으면 언젠가 웅장해지기 마련입니다. 그러나 보이지 않는 교회는 그렇게 세상의 물질을 가지고 건축되는 것이 아니며, 교회 건물을 유지하는 유지비 같은 것으로 건실하게 서 있는 것도 아닙니다.

때로는 목회의 수완과 교인들의 연보가 성전을 건축할 수 있습니다. 그러나 눈에 보이지 아니하는 성전은 철저히 하나님과의 관계에 달려 있습니다. 성도들이 하나님의 손에 붙잡히고 믿음으로 하나님과의 관계를 붙들고 살아가는 한에서만 교회는 건실한 경건을 유지할 수 있는 것입니다.

보십시오. 붉은 십자가가 가득한 도시는 여전히 죄악과 쾌락을 좇고 있으며, 잘 지어진 교회 속에서도 생명의 증거가 그치고 있습니다. 교인들은 부요한 마음으로 예배를 즐기고 있고, 예배는 감격을 잃어 가고 있습니다. 생명과 구원의 은총이 그치는 증거는 교회 어디에서든지 쉽게 찾아볼 수 있습니다. 강단은 장엄한 복음의 능력을 잃어버리고 이 세상의 값싼 지식과 헐값의 은혜를 가르치는 경향으로 흘러가고 있습니다.

교회는 마치 골리앗처럼 버티고 서 있는 세상 앞에서 다윗과 같이 날렵한 차림으로 믿음의 물맷돌을 들고 급소를 공격해 쓰러뜨림으로 구원하시는 하나님의 승리를 선포하고 싶은 신앙의 갈망을 포기한 것처럼 보입니다. 휘몰아치는 파도 앞에서 언제 무너질지 모르며 우는 소리를 내고 있는 제방과 같이 악한 자들과의 싸움에서 승리를 장담할 수 없는 지경에 이르게 되었습니다.

모두가 형식적인 예배를 마치고 돌아가 버린 후 휑하게 비어 있는 예배당 한구석에서 실상은 무너져 죽은 자와 방불하게 되어 버린 교회를 부여 안고 예레미야의 심정으로 근심하며 애통하는 사람들을 주님은 언제 어디서 만나실 수 있겠습니까?

예레미야 선지자는 그 시대에 무너진 예루살렘 성과 황무하게 되어 버린 예루살렘 성전을 인하여서 통곡하며 울었지만, 오늘날 만약 그 선지자가 이 시대의 조국 교회를 방문한다면 아마 울다가 졸도하고야 말 것입니다. 눈에 보이는 성전은 화려하지만 보이지 않은 성전은 초라하기 짝이 없어서 말입니다.

선지자가 훼파된 예루살렘 성전을 바라보면서 통곡하며 울고 있을 때, 사실은 하나님이 울고 계셨습니다. 예레미야는 애국심 때문에 울고 있는 것이 아니라 교회와 하나님을 위한 열심 때문에 울고 있는 것입니다. 그 시대의 유다를 바라보시는 하나님의 마음이 예레미야의 마음속에 전해졌고, 그러자 예레미야는 하나님의 마음으로 무너진 예루살렘 성전을 바라보며 통곡하고 슬피 울고 있었던 것입니다. 오늘날 교회는 이런 사람들을 필요로 하고 있습니다.

이 세상이 얼마나 잘 살게 되고 사람들이 얼마나 부요해지든지 상관없이, 그리고 믿음의 도(道)가 무엇인지를 듣기 위하여 교회로 나아오는 사람들이 얼마나 부유하고 가난한지는 상관없이, 그들의 내면에 깃들어 있는 무너진 성전과 그 신앙의 상태를 보며 애통하고 슬퍼할 수 있는 마음을 가진 일꾼들이 되어야 합니다.

우리의 관심은 사람들로 가득 찬 눈에 보이는 교회가 아니라, 주님의 이름이 존귀히 여김을 받도록 하나님으로 가득 찬 보이지 않는 교회여야 합니다. 그러한 소망이 이루어지기 위해서는 오늘도 하나님의 교회를 찾는 사람들의 근본인 깊은 속사람을 뒤흔들어 깨울 수 있어야 합니다. 그들로 하여금 거룩한 하나님 앞에서 심령 깊이 참회하게 하고 그들로 하여금 잊어버린 영생의 소망과 하나님 나라의 유업이 무엇이며 그 기업의 풍성함이 어떠한지 눈을 열어 보게 할 수 있어야 합니다.

누가 흐느껴 울 것인가?

이 시대는 신앙에 있어서 모든 것이 피상적으로 되어 버렸습니다. 하나님의 교회는 영적인 깊이보다는 기능을 강조하고 있습니다. 성도들의 신앙 상태는 너무나 메말라 있고 여호와를 아는 참된 지식들은 점차 사라져 가고 있습니다.

호세아 선지자는 말합니다. "내 백성이 지식이 없으므로 망하는도다 네가 지식을 버렸으니 나도 너를 버려 내 제사장이 되지 못하게 할 것이요 네가 네 하나님의 율법을 잊었으니 나도 네 자녀들을 잊어버리리라"(호 4:6). 하나님을 아는 참된 지식을 버리고 하나님의 사라진 은총을 인하여 슬퍼할 줄 모르는 이스라엘 백성들을 향한 하나님의 음성이었습니다.

지금 이 시대에 하나님의 영적인 커다란 은총과 이전에 우리를 위하여 역사하시던 하나님의 영광스러운 부흥을 너무나 오랫동안 잃어버리고 살아 온 나머지 스스로 가난하여도 가난한 줄 모르고 오히려 "……나는 부자라 부요하여 부족한 것이 없다……"(계 3:17) 하는 사람들에게 필요한 것은 무엇입니까? 하나님의 일꾼들이 넘치는 하나님의 사랑을 이들에게 어떻게 보일 수 있겠습니까?

돌이킬 줄 모르는, 산처럼 높아진 이 시대의 교만한 백성들과 허기진 영혼을 부여안고 살아가는 이 시대의 백성들에게 필요한 것은 죄악 가운데 살아가는 그 마음을 어루만지는 것이 아닙니다. 그들의 세속적인 가치관과 어리석은 사조에 장단을 맞추는 것이 아닙니다. 그들에게 필요한 것은 자신의 삶을 회개하고 하나님의 거룩한 슬픔을 갖는 것입니다. 하나님의 성전이 무너져도 아무 감각 없이 지나가던 예레미야 시대의 유다 백성들과 같은 사람들을 일깨워, 무너진 성전과 보이지 않는 교회의 황무함을 인하여 선지자와 같은 마음으로 가슴 아파하게 만드는 것입니다.

설교자의 길을 걸어가는 우리들의 사명은, 이전에 자신의 안일과 일락을 위하여 살기 좋아하던 사람들을 말씀의 세계로 데려가서 전에 알지 못하던 하나님의 존전 앞에 그들을 세워주는 것입니다. 그리하여 그들로 하여금 자신을 위해서 살아가는 인생이 얼마나 허무한지 보여주고 하나님의 성전이 우리의 소망임을 알게 하여야 합니다. 그리하여 그들로 하여금 하나님의 이름과 그리스도의 영광만을 위하여 살아가도록 만들어 주는 것입니다.

이 피상적인 교회의 시대를 일깨워 하나님의 거룩한 영광을 보여줄 자가 누구입니까? 하나님의 교회를 향한, 하나님 자신의 타오르는 사랑과 가슴 저미는 인내를 들려 줄 자가 누구입니까? 이제 예레미야의 후예가 되어서 무너져 황무하게 되어 버린 이 시대의 보이지 않는 성전과 거룩하신 하나님, 그리고 영적으로 무감각해진 이 시대의 그리스도인들 사이에서 가슴을 찢고 슬피 울 자가 누구입니까? 이방 문화에 둘러 싸여 복음의 빛을 잃어버린 교회의 강단을 향하여 다시 한번 하늘 문을 열고 세상을 구원하는 기이한 빛을 부으셔서 그리스도의 이름이 만천하에 영광스러움을 드러나게 해달라고 슬픔으로 탄원할 자가 누구입니까? 누가 이스라엘과 이방인에게로 나아가서 그 눈을 뜨게 하고 어두움에서 빛으로, 사단의 권세에서 하나님께로 돌아가게 하겠습니까?

무너진 성전 한구석에서 여호와의 전이 아니라 단지 육신의 양식을 위하여 염려하는 백성들로 하여금 깊이 뉘우치고 회개케 하며 당신의 백성들을 버리신 하나님의 심판의 역사를 인하여 두려워 떨게 하여 이제라도 마음을 찢고 여호와 앞에 돌아가기를 사모하도록 만들어 줄 사람이 누구입니까? 선지자 이외에는 이러한 사명을 감당할 자가 없었습니다. 그리고 지금은 설교자들 외에는 누구에게도 이러한 사명을 기대할 수 없습니다.

여러분, 스스로 품은 비전(vision)을 가지고 있습니까? 그러나 제가 여러분에게 말씀드릴 수 있는 것은 그것을 버리기 전에는 참된 비전이 보이지 않는다는 것입니다. 예루살렘 성전의 무너진 터 앞에서 울고 있는 선지자의 비전은 무엇일까요? 선지자는 지금 비전 때문에 감격하고 있는 것이 아니라, 직시하고 있는 현실 때문에 슬퍼하는 것입니다. 그 현실에 대하여 임한 하나님의 말씀 때문에 고통하고 있는 것입니다. 이에 대하여 성경은 말합니다. "……내 중심이 상하며 내 모든 뼈가 떨리며 내가 취한 사람 같으며 포도주에 잡힌 사람 같으니 이는 여호와와 그 거룩한 말씀을 인함이라"(렘 23:9).

때를 알라

하나님의 백성들이 처한 지금의 영적 현실을 인식하지 않는 한, 선지자는 미래에 대해서 옳은 것을 말할 수 없었습니다. 이 예레미야 선지자는 지금, 누구 하나 따뜻이 대해 주는 사람 없고 누구 하나 자신을 위해 기도해

주는 사람 없이 무너진 채 자신의 물건들을 강탈당하는 예루살렘 성전에서, 하나님의 백성들과 하나님과의 끊어진 관계를 보았습니다. 그는 지금 무너진 성전이 안타까워서 우는 것이 아니라, 하나님의 이 백성들을 향한 진노를 무너진 예루살렘 성전을 통해서 보았기 때문에 흐느끼고 있는 것입니다.

여러분, 지금은 춤추고 노래할 때가 아니라 황무하게 된 이 시대 교회의 영적인 상태를 바라보며 흐느껴 울어야 할 때입니다. 지금은 먹고 마실 때가 아니라 금식하며 하나님의 영광이 우리 시대의 가난한 교회 가운데 다시 나타나도록 간구해야 할 때입니다. 선지자를 보십시오. 아무도 근심하지 않는 시대에 그는 근심하고 있었습니다. 모두들 자기 살기 바쁘고 하루 먹고 살기 분주한 때에 그는 실성한 사람처럼 심판받은 성전 앞에 나아와 조국과 하나님의 이름을 부르며 간구하고 있지 않습니까?

예레미야뿐만 아니라 대부분의 선지자들이 그러하였습니다. 그들은 모두들 먹고 마시던 시대에 사라져 가는 하나님의 은총과 빛바래 가는 교회의 영광을 예리한 영적 통찰로 직시하였습니다. 태평한 시기에 위기를 외쳤고, 모두들 형식에 만족하며 신앙생활할 때에 그처럼 소중히 여기는 형식과 제도 속에 참된 생명이 있는지 물었습니다. 그들은 하나님의 백성들에게 참으로 여호와를 향한 경외하는 마음이 있는지를 물었습니다.

그들은 언제나 지나친 비관주의자들처럼 보였습니다. 때로는 광신자들처럼, 한쪽으로 치우친 견해를 가진 사람들처럼 여겨졌습니다. 그러나 어느 시대이든 깨어 있는 소수는 그러하였습니다. 그렇게 산 사람들은 비단 선지자들뿐이 아니었습니다. 하나님께서 어두운 시대에 그들의 영혼을 깨워 하나님의 영광의 기이함과 교회의 영광스러움을 보게 하셨던 사람들은 모두들 예레미야의 마음을 가지고 그 시대와 교회를 짊어지고 하나님 앞에 나아가지 않으면 안 되었습니다.

때때로 그들은 놋쇠와 같이 무거운 기도의 부담을 지고 하나님 앞에 나아갔습니다. 오직 하나님을 향하여 고정된 심령을 가지고, 주께서 이 민족과 교회를 불쌍히 여기시사 죽은 자와 방불한 우리들을 살리시고 얼굴빛을 비추셔서 만방에 하나님을 드러내는 교회와 백성들이 되게 해 달라고 탄원했습니다. 그들의 기도로 인해 흐르는 눈물은 다음 시대의 교회를 깨우는 새벽 종소리가 되었고, 그들이 핍박을 받아 흘리는 순교의 피는 다음 시대의 영적인 축복의 도래를 알리는 새벽의 여명이 되었습니다.

우리는 바로 이런 일들을 위하여 부름 받은 사람들입니다. 그리스도의 옷자락은 군병들로 제비 뽑아 소유를 다투게 내버려 두고, 우리들은 구속의 십자가를 바라보아야 합니다. 그리고 온 세상이 임마누엘의 샘에서 정결케 되어 하나님을 기쁘시게 하기를 고대하며 살도록 결심해야 하는 것입니다.

선지자는 말합니다. "……여호와께서 진노하신 날에 나를 괴롭게 하신 것이로다 위에서부터 나의 골수에 불을 보내어 이기게 하시고……"(애 1:12-13). 선지자가 울고 있는데 이것은 선지자가 우는 것이 아니라 선지자 속에 보내신 하나님의 불(火)이 그를 울게 하는 것이었습니다.

오늘날의 시대는 누가 뭐라 해도 냉담한 시대입니다. 오늘도 싸늘한 침묵 가운데 드려지는 대부분의 냉담한 예배를 보십시오. 그 침묵이 바로 교회의 죽음을 알리는 침묵이 아니고 무엇이겠습니까? 마치 죽은 자들이 누워 있는 묘지에 깃드는 적막과 같은 침묵입니다. 그 침묵은 경건과 아무 상관이 없습니다.

그렇게 시체와 같은 침묵과 냉담한 무관심 속에서 예배를 끝내고 돌아가는 사람들은 무엇을 생각하며 교회의 계단을 걸어 내려오고 있습니까? 그렇게 예배를 마치고 돌아가는 사람들의 마음속에서 그리고 발걸음 속에서, 에스골 골짜기에 울려 퍼지던 생기를 힘입은 군대의 장엄한 행진을 읽을 수 있습니까?

그렇게 예배를 드리고 사라지는 수많은 교인들의 등을 보면서 설교자들은, 아무런 영적 감화도 없이 마치 패잔병처럼 세상을 향해 걸어 나가는 그들을 통해서 물이 바다를 덮음같이 여호와를 인정하는 지식이 온 땅에 가득하게 될 것을 기대할 수 있습니까? 교회의 영적 상황에 획기적인 변화 없이도 예배 순서를 고치고 프로그램을 자꾸 개발하면, 지금처럼 영적인 삶에서의 패배를 숙명처럼 여기며 살아가는 데 익숙해진 이 시대의 그리스도인들을 통하여 공법이 물같이 정의가 하수같이 흘러나가는 시대가 오리라고 전망할 수 있습니까?

황폐한 땅에 부흥을

교회가 마음이 부요하고 하나님을 떠나 있던 시대에는 언제나 그러했습니다. 그러면 어떻게 그러한 시대가 신앙적으로 소망이 있는 시대로 바뀌었습니까? 사람들은 하나님의 일에 대하여 냉담하고 성전은 짓다가 버려져 황무하게 되었습니다. 그 때에 그들은 판벽한 집에 살면서 아직은 여호와의 전 건축할 때가 되지 아니하였다고 핑계 대었습니다. 그러나 잠시 후, 그 안 일하던 백성들이 통회하고 산에 올라가서 나무를 찍어다가 헌신하며 하나님의 전을 짓기 시작하는 신앙의 부흥과 영적 각성이 일어나게 되었습니다.

그런 축복스러운 영적 변화가 일어나기 전에 어떤 일이 먼저 일어났습니까? 먼저 황무하게 버려진 여호와의 전(殿)을 바라보던 한 선지자가 있었습니다. 또 그의 설교가 있었습니다. 설교자가 있었고 설교가 있었습니다. 교회의 각성과 갱신과 부흥의 역사에 있어서 이것은 언제나 공식입니다.

이런 영광스러운 영적 각성과 함께 황무한 여호와의 전을 인하여 가슴 아파하며, 중단된 성전 건축 공사를 재건하는 일들이 일어나기 전에 먼저 한 사람의 각성이 있었습니다. 하나님께로부터 임한 불을 심령 깊은 곳에 간직한 학개 선지자가 있었습니다. 그는 건축이 중단된 성전 공사장의 모습 속에서, 이스라엘 백성들의 마음속에서 이미 무너져 버린 보이지 않는 성전을 보았습니다.

선지자 자신의 자아를 이기며 가슴 속에 지펴져 활활 타오르는 하나님의 불로 말미암아, 선지자는 남들이 슬퍼하지 않는 그 시대에 그 시대가 동의해 줄 수 없는 이유로 인해 슬퍼하였고, 하나님의 이름이 거룩히 여김 받지 못하는 현실로 인하여 가슴 아려 하였습니다. 이윽고 선지자는 설교하기 시작했고, 선지자가 입을 열어 하나님의 음성을 발하자 비로소 백성들 속에 회개와 각성이 일어나기 시작했던 것입니다.

그러므로 기억하여야 합니다. 우리는 이 세상의 죄인들에게 복음을 설교함으로써 살아계신 하나님의 품으로 돌아오게 하고, 그 하나님의 백성을 언약의 백성답게 세우도록 부름 받은 사람들입니다. 하나님의 교회의 완전한 기쁨은 하나님 자신을 소유하는 것뿐입니다. 그러므로 하나님의 교회의 대치할 수 없는 목표는 하나님 자신을 추구하는 것입니다.

오늘날의 교회와 신학교를 보면서 염려되는 일이 있습니다. 그것은 영적인 뜨거움을 잃어 가고 있는 것입니다. 박수를 치고 큰 북을 두드린다고 해서 뜨거워지는 것이 아닙니다. 습관적인 "주여!" 삼창이나 소리를 지르는 통성 기도가 교회를 뜨겁게 하는 것이 아닙니다.

무너진 예루살렘 성전 앞에서 흐느끼는 선지자를 보십시오. "무릇 지나가는 자여 너희에게는 관계가 없는가 내게 임한 근심 같은 근심이 있는가 볼지어다 여호와께서 진노하신 날에 나를 괴롭게 하신 것이로다"(애 1:12).

이것은 통성 기도라기보다 차라리 흐느낌이었습니다. 그러나 그의 흐느낌은 불을 담은 흐느낌이었습니다. 그의 근심은 땅으로부터 비롯된 것이 아니라 하늘로부터 말미암은 것이었습니다. 그의 아픔은 땅엣 것의 결핍에서 온 것이 아니라 하늘엣 것의 결핍에서 연유된 것이었습니다.

예레미야의 또 다른 고백은 우리로 하여금 이러한 선지자의 영적 세계에 대하여 분명한 인식을 갖게 해 줍니다. "내가 다시는 여호와를 선포하지 아니하며 그 이름으로 말하지 아니하리라 하면 나의 중심이 불붙는 것 같아서 골수에 사무치니 답답하여 견딜 수 없나이다"(렘 20:9).

대언의 영이 있는가 돌아보라

그러므로 우리는 무엇보다도 먼저 우리 자신을 위하여 염려해야 합니다. 오늘날 너무나 많은 설교자들이 냉담한 태도로 진리를 말하고 있습니다. 하나님을 향한 감격과 무너진 성전을 인한 슬픔 없이 말입니다. 거룩한 하나님의 말씀을 선포하도록 부름 받은 사람들은 그런 식으로 말씀을 전해서는 안 됩니다.

저는 지금 설교의 방식에 대하여 말하고 있는 것이 아닙니다. 거룩한 하나님의 진리가 가슴에 불타고 대언의 영을 소유하고 있는 설교자들은 마치 자신과 상관없는 객관적인 진리를 말하듯이 그렇게 설교할 수 없다는 것입니다.

그러므로 그들의 선포는 영혼을 흔들어 깨우기에 충분하지 못합니다. 오늘 새벽 시간에도 일어나서 하나님의 교회에 나아가 무릎 꿇고 기도할 때에, 눈에 보이지 않는 교회의 황무한 영적 형편과 하나님의 백성들이 그 이름에 합당하게 살아가지 아니하는 신앙 현실을 인해서 아파하는 성도들의 눈물의 기도가 우리의 교회당을 가득 채웠습니까?

| 제2장 | 골수에 사무친 불을 가진 사람

성경과 역사에 비춰 본 우리 교회의 현실이 우리를 이끌고 가는 곳은 낙관이 아니라 반성입니다. 마지막 희망이 있다면 이제는 하나님께서 거룩한 진리를 선포하는 설교자의 사역을 준비하는 우리를 바꾸셔서 여로보암의 때와 같은 시대에 호세아의 선각(先覺)과 불붙는 사랑으로써 하나님의 말씀을 외치게 하는 것입니다. 하나님이 주신 생명이 있는 날 동안에 우리 입술의 혀가 굳어지고 우리 혈관의 피가 마르기까지 설교하기에 합당하도록, 하나님의 마음을 나누어 가진 증거의 종들로 다시 태어나는 것입니다.

왕이신 나의 하나님

우리 인생의 목표는 교회를 개척하는 것일 수 없습니다. 심지어 복음을 알지 못하는 족속에게 구원을 전파하는 것도 일차적인 목표는 될 수 없습니다. 우리의 비전은 하나님이 홀로 영광을 받으시는 교회 시대가 되는 것입니다.

그 날이 올 때까지 하나님의 이름이 높임 받았던 시대와 그분의 자녀들이 그분의 사랑을 받는 특별한 백성임을 만민 중에 드러내시던 성경의 시대를 그리워하며, 하나님께서 우리로 하여금 진리의 말씀을 해일(海溢)과 같이 몰고 와서 하나님을 알지 아니하는 세상의 교만을 무너뜨리고 그리스도의 영광스러운 십자가를 높이 세우게 될 날을 기다리며 탄원하는 것이야말로 우리의 과제가 아니고 무엇이겠습니까?

기회를 주셔서 설교단에 세우실 때 그 기도의 영으로 설교하고, 말씀을 마치고 단 아래로 내려서게 하실 때는 다시 설교의 영으로써 이 선지자처럼 백성을 대신하여 하나님께 탄원할 수 있는, 마음에 불을 받은 사람들이 되어야 합니다.

지금 예레미야 선지자는 불우 이웃을 위하여 울고 있는 것이 아닙니다.

조국이 당한 위기와 가난 때문에 슬퍼하는 것이 아닙니다. 먹을 것이 없어 이리저리 방황하는 난민들을 인하여 기도하고 있는 것이 아닙니다. 하나님의 이름이 높아지고, 그들이 하나님의 백성답게 드러나고, 보이는 성전과 함께 보이지 않는 영적인 교회가 견고히 서서 그 안에서 만민이 주를 찬양하는 일이 실현되는 것 외에는 아무것도 이 선지자의 울음을 그치게 할 수 없었습니다. 선지자의 소망은 오직 하나에 고정되어 있었습니다. 그것은 바로 왕이신 하나님을 그의 백성들이 높이는 것이었습니다.

> 왕이신 나의 하나님
> 내가 주를 높이고
> 영원히 주의 이름을
> 송축하리이다

이것이 바로 설교자로 소명을 받은 사람들이 이 슬픔 많은 세상을 살아가는 이유입니다. 우리의 인생을 통하여 하나님의 이름이 거룩히 여겨질 수 있다면 우리가 어디에 있든지, 어떻게 살든지, 또 무엇을 견디게 되든지, 어떠한 고난의 수렁 속에서 슬픔의 잔을 마시며 그 눈물을 병에 담게 되든지, 우리가 무명으로 살든지 억울하게 죽어 가든지 그것은 문제가 되지 않습니다.

우리는 아무도 알아 주지 아니하는 무명으로 만드는 장막 뒤에서도 높아지는 하나님의 이름을 인하여 감사할 수 있으며, 고난의 계곡에서도 그리스도의 이름이 존귀히 여김 받을 수 있다면 우리는 부족함이 없다고 고백할 수 있어야 합니다.

하나님께로부터 보냄 받지 않은 사람도 신학을 공부할 수 있습니다. 소명을 주시지 않아도 신학교를 졸업할 수 있습니다. 학교가 하나님의 신적

응답을 받고 졸업시키는 것이 아니기 때문에 신앙적인 깊은 감화와 하나님을 만나는 영적 소명의 감격이 없어도 성직에 다다를 수 있습니다. 제도가 그것을 허락하기 때문입니다. 그러나 그런 길을 걷는다면 그것은 개인에게도 비극이요. 교회에도 비극입니다.

제도가 만들어 놓은 일꾼과 하나님께로서 보냄을 받은 종의 차이는 직업적인 강단꾼(pulpiteer)과 선지자적인 심령을 지닌 말씀의 종과의 차이와 같습니다. 그 둘을 구분 짓는 것은 그들이 어느 신학교를 나왔느냐가 아닙니다. 사역에 있어서 관건이 되는 것은 교계 어느 인사의 추천을 받았느냐가 아닙니다. 몇 명이 모이는 교회에서 설교하도록 청빙을 받았느냐도 아닙니다. 심지어는 얼마나 능란하게 설교를 잘하느냐에 달린 것도 아닙니다.

그러면 이 시대에 하나님이 필요로 하는 사람은 누구입니까? 어떤 사람이 이 시대에 선지자처럼 설교의 소명을 감당할 수 있도록 부름을 받은 사람입니까? 우리는 기억하여야 합니다. 설교자로 부름을 받은 사명자는 특별한 사람입니다. 하나님을 섬기는 신분에 있어서 특별한 것이 아니라 그 직무에 있어서 특별한 사람들입니다. 그들은 먼저 하나님을 만난 사람들입니다. 마치 이스라엘 백성들에게 하나님을 보여주기 전에, 먼저 호렙산 떨기나무 불꽃 가운데 임재하신 하나님을 만났던 모세처럼 말입니다.

골수에 사무친 불

설교자로 부름을 받은 사람들은 단지 설교하고 싶어서 가슴 설레는 사람이 아닙니다. 그들의 가슴을 설레게 하는 것은 그 이상의 목표입니다. 그 목표는 그들의 가슴을 설레게 하는 정도를 넘어서 타오르게 합니다. 그들은 어찌하든지 주님의 이름이 그 백성 가운데서 높이 들려지고 아버지의 뜻이 이 땅에 온전히 이루어지지 않으면 안 된다고 믿는 사무치는 갈망의 불을 골수 안에 가진 사람들입니다.

그들의 기도는 언제나 우리 주 예수 그리스도의 기도와 일치합니다. "하늘에 계신 우리 아버지시여 이름이 거룩히 여김을 받으시옵소서……." 예수님의 골수에 사무쳤던 기도 제목도 바로 이것이었습니다.

우리 앞에서 흐느껴 우는 눈물의 선지자 예레미야의 골수에 임한 그 불은 끄고자 하여도 끌 수가 없었고, 없애고자 하여도 없앨 수 없는 불이었습니다. 마음속에서 타오르는 그 불은 처음에는 아주 작은 불꽃이었으나, 그 불꽃은 횃불이 되고 그 횃불은 이윽고 타오르는 불기둥이 되어 그의 마음을 사르고 심령을 태우고 골수에까지 사무쳤습니다. 선지자는 이렇게 사무친 불을 이길 수 없었습니다. 그는 자신의 뼛속 깊이 타오르는 불을 어찌할 수 없었습니다. 꺼버리고자 몸부림쳤으나 억제할 수 없는 강제력으로 타올랐습니다. 선지자는 말합니다. "위에서부터 나의 골수에 불을 보내어 이기게 하시고"(애 1:13상).

그리하여 예레미야는 하나님의 손에 사로잡힌 설교자가 설교하기 위하여 준비되어야 할 영적인 세계가 어떠한지를, 불을 머금고 토해 내는 설교를 통해서 보여주었습니다. 이윽고 골수에 사무쳤던 불이 그의 인생을 사로잡았고 그 생애가 하나님만을 위하여 타오르게 하였습니다. 하나님을 청종치 아니하는 세대를 향하여 임박한 하나님의 심판을 외치고 죄악의 벼랑을 향해 치달아 가는 민족을 홀로 막아서다가 지금은 무너져 버린 성전 앞에서 애가(哀歌)를 부르는 처지가 되었습니다.

그럼에도 불구하고 그의 골수에 사무친 하나님의 영광을 향한 갈망의 불은 식지 않았습니다. 그는 말합니다. "이를 인하여 내가 우니 내 눈에 눈물이 물같이 흐름이여 나를 위로하여 내 영을 소성시킬 자가 멀리 떠났음이로다"(애 1:16). 그 갈망은 선지자로 하여금 그의 눈에는 눈물이 흐르게 만들고, 그리고 그 가슴 속에는 뜨거운 불이 타올라 견딜 수 없는 심령이 되게 하였습니다. 떠나간 하나님의 영광의 증거를 무너진 성전에서 읽으며 한 없이 울게 하였던 것입니다. 이 모두 '골수에 임한 불'이 행한 일이었습니다.

설교자를 기다리며

우리에게는 이러한 선지자가 필요합니다. 그런 선지자의 외치는 음성을 시대와 교회는 필요로 하고 있습니다. 하나님의 백성들로 하여금 하나님이 누구이신지를 알게 하고, 하나님을 영화롭게 하지 아니하며 살아가는 삶으로 인하여 영혼으로 고통하게 하고, 거룩한 백성으로 살도록 각성케 하는 일이야말로 설교자로 부름 받은 우리들이 해야 할 일입니다.

신령한 설교는 오직 신령한 설교자를 통해서만 나옵니다. 설교자로 부름 받은 사람들에게는 이렇게 단지 배우는 것 이상의 과정, 곧 자신이 신령해져 가는 영적인 단련 기간이 필요합니다. 위대한 설교자는 단지 학교에서 태어나는 것이 아니라 골방에서 만들어집니다. 위대한 선지자의 후예들은 학원에서 만들어지는 것이 아니라 광야에서 만들어지는 것입니다. 한 시대의 세상과 교회를 깨운 설교자는 먼저 자신이 거룩한 하나님 앞에서 깨어나는 사건을 체험한 사람이었습니다.

한 시대를 깨운 설교자는 먼저, 아무도 찾아오는 이 없고 부르짖는 짐승들의 포효만이 가득한 외로운 광야에서 거룩하신 하나님을 향해 홀로 서는 것으로부터 시작하였습니다. 그들은 그 광야에서 고요히 하나님과 만났고, 설교자의 길을 걸어갈 자신의 마음속에 지존하신 하나님의 면전에 서는 것이 무엇인지를 깨닫는 은혜를 경험했습니다.

선지자들도 그 같은 영적 체험을 통해서 과연 여호와만 하나님이시며 인생들은 단지 그분의 발아래 티끌과 같다는 사실을 깨달았습니다. 그리고 그 티끌 같은 미말(微末)의 인생이 하나님의 이름을 위하여 살 수 있도록 부름 받았다는 사실을 인하여 한없이 감격하였습니다. 하나님께서는 그들의 마음에 말씀을 보내시고 또한 그 말씀이 골수에 사무쳐 불이 되게 하셨습니다.

그 시대 한 가운데 그들의 모습을 드러나게 한 것은 신학교 졸업장이나 학위 증서가 아니라, 골수에 사무치도록 임한 하나님의 말씀이었습니다. 그들은 온 세상 사람들이 자기가 만난 거룩한 하나님을 알고 그를 경배하지 아니하는 것을 인하여 안타까워하며 그 모든 열망을 하나님의 말씀을 예언하는 일에 담았습니다. 그들이 고난 속에서도 그 외침을 그칠 수 없었던 것은 자기 안에서 불로 역사하고 계시는 하나님 자신 때문이었습니다. 우리에게 이러한 말씀과 불(火)의 체험이 필요합니다.

오늘날 조국 교회는 이런 예레미야의 후예들을 목마르게 기다리고 있습니다. 눈에 보이지 않는 교회, 무너진 영적 성전을 부여안고 이 시대에게 이해받고 동정을 구하기를 거절하며 오직 하나님께서 이 시대의 교회를 긍휼히 여기사 거룩한 진리와 감화로 새롭게 하시도록 끊임없이 탄원하는 기도의 영을 가진 사람들이 되시기 바랍니다.

우리 모두 골수에 사무치는 불을 안고 진리가 없어 황무해진 그리스도인들의 영혼을 권능의 말씀으로 새롭게 하여, 이 메마른 영혼의 대지 위에 은혜의 단비를 내리게 하는 진리의 종들이 되기를 조국 교회와 함께 손 모아 기도합시다.

Be Kindled with Heavenly Fire

산상 설교의 시작을 알리는 성경의 묘사를 토대로 주님께서 그토록 능하신 설교로, 듣는 이들로 하여금 신령한 감화에 젖게 만드셨던 내적 준비에 대하여 살펴본다. 예수 그리스도께서, 어떤 의미에서는 오늘날 설교자들이 토요일마다 매달리는 그런 식의 설교 준비 없이 원고도 없이 평이한 말씀으로 물 흐르듯 설교하신 그 비결이 무엇이었는지 알아본다. 설교자가 진리 자체로 충만한 내면 세계를 소유하지 않으면 그의 외적인 준비가 별로 의미 없다는 사실도 개진해 본다.

"예수께서 무리를 보시고 산에 올라가 앉으시니 제자들이 나아온지라 입을 열어 가르쳐 가라사대"
(마 5:1-2).

| 제3장 |

진리로
가득 찬 사람

다음은 예수님의 산상 설교의 시작을 알리는 성경의 보도입니다. "예수께서 무리를 보시고 산에 올라가 앉으시니 제자들이 나아온지라 입을 열어 가르쳐 가라사대"(마 5:1-2). 예수 그리스도께서 산에 오르시자 말씀 듣기를 사모하던 많은 사람들이 무리를 지어서 그를 따라 올라갔습니다. 예수께서 무리를 바라보실 때 그들은 목자 잃은 양같이 고생하며 유리하는 불쌍한 양떼와 같았습니다.

들어가는 말

예수님께서 산 위에 올라 왕처럼 좌정하시자 그 많은 무리들이 그 앞에 나아왔습니다. 그들은 예수께서 각색 병든 자들과 약한 자를 고치신 것 때문에 "갈릴리와 데가볼리와 예루살렘과 유대와 요단강 건너편에서" 나아온 허다한 무리들 가운데 말씀 듣기를 원하는 사람들이었습니다. 예수 그리스도께서는 놀라운 능력으로 여러 지방에서 귀신을 내어 쫓고 약한 자를 고치시고 병든 자를 치유하셨습니다.

이 같은 광경은 많은 사람들에게 커다란 충격을 안겨 주었습니다. 그리고 예수께서 이처럼 놀라운 능력으로 병든 자를 고치신다는 소문은 그러한 연약함으로 인하여 고통 가운데 있는 인생들에게는 기쁜 소식이었습니다. 그래서 그의 소문은 온 수리아에까지 퍼졌습니다(마 4:24).

많은 사람들이 예수 그리스도를 만나자 그분에 관한 놀라운 소문들이 단지 소문만은 아니라는 사실을 체험하였습니다. 그들은 예수 그리스도께서 베푸시는 은혜로 말미암아, 각색 병과 고통에서 해방되었으며 귀신들린 데서 놓임을 받았고 간질과 중풍병으로 고생하던 자리에서 고침을 받았습니다(마 4:24). 그럼에도 불구하고 그 중 많은 사람들은 집으로 돌아가지 아니하고 예수 그리스도와 함께 팔복산으로 동행하였습니다. 무엇을 암시하는 것일까요?

병 고침 이상의 것

예수 그리스도는 단지 기적을 행하시고 권능을 베푸시는 분이 아닙니다. 그들이 비록 각색 병과 고통으로부터 고침을 받았다고 할지라도, 그것으로 예수 그리스도와의 관계가 끝났다면 그들은 고통에서 잠시 벗어났는지는 모르나 그들의 인생의 문제가 궁극적으로 해결된 것은 아니었습니다.

지금은 비록 예수 그리스도께서 고치심으로 병이 나았다 할지라도 그들은 다시 질병에 걸릴 터였습니다. 또 다시 이전에 겪었던 연약함으로 떨어질 수 있는 나약한 인생들이었습니다. 따라서 우리는 예수 그리스도와 함께 산에 올라가는 수많은 무리들을 보면서 예수 그리스도의 인격 안에 있는 이적을 행하는 능력 그 이상의 무엇을 주목하게 됩니다.

처음에 그들은 병을 고치시는 위대한 능력에 마음이 끌렸습니다. 그러나 예수 그리스도께 나아와서 그분을 뵈옵고 말씀을 듣는 가운데 그들은 병 나음 이상의 그 무엇을 그분께로부터 받아야겠다는 마음이 생겼습니다. 그것은 바로 예수 그리스도의 인격 안에 있는 진리였습니다. 당연한 귀결입니다.

하나님은 우리를 물질적으로 축복하실 수도 있고, 성령은 우리의 질병을 고치실 수 있습니다. 그리고 하나님을 신앙하며 살아가는 우리가 하나님께 이러한 은혜를 기대하지 않는다면 그것이 오히려 이상한 일일 것입니다. 사도 바울도 자신의 질병을 몸에서 떠나가게 해주시기를 세 번이나 간절히 간구하였습니다(고후 12:8). 그는 자신의 질병을 낫게 해 달라고 간구하는 일이 세속적이라거나 기복적인 내용의 기도라서 그리스도의 이름으로 아뢰기에 적합하지 않다고 생각한 적이 없었습니다.

지금 우리에게도 이런 신앙이 필요합니다. 범사에 있어서 주님의 도우심을 의지하는 사람, 분초마다 자신을 지키시는 하나님의 은혜가 아니면 살아갈 수 없다고 믿는 절대 의존의 신앙을 가진 사람, 그가 바로 하나님과 바른 관계를 누리며 살아가는 사람입니다.

주님의 이러한 사역은 교회에 의하여 계속되는 것입니다. 할 수만 있으면 저는 우리나라의 모든 교회들이 병 고치는 기적도 볼 수 있기를 바랍니다. 세상의 의학으로 치료될 수 없는, 사실상 사형 선고를 받은 사람들이 인생의 마지막 벼랑에서 하나님을 만나고 병 고침 받기를 원합니다. 할 수 있으면 단지 죽음을 기다리는 소망 없는 환자를 위로해 주러 가는 대신에, 고치러 가는 심방이 되기를 바랍니다. 죽음을 기다리며 두려워하는 자와 단지 함께 울어 주는 것 이상의 일을 교회가 할 수 있게 되기를 기도합니다. 죽음의 그림자가 깃들어 흐느끼던 병실이 하나님의 영광을 인정하는 감격의 찬송으로 예배하는 장소가 되기를 진심으로 바랍니다.

그러나 우리가 기억하여야 할 것이 있습니다. 그런 일들을 통하여서는 단지 우리 육신의 고통이 물러날 뿐이고, 하나님과 영생에 대하여 무관심하던 자들이 신앙에 대하여 관심 갖게 될 뿐이라는 것입니다. 신앙에 있어서 이적이 갖는 유익성은, 인간들이 그 이적을 통하여 하나님의 말씀에 귀를 기울이게 된다는 것입니다.

애굽의 백성들과 강퍅한 바로 앞에서 행했던 위대한 십대 재앙이 한 가장 큰 일은, 바로와 그의 집안으로 하여금 하나님께서 살아계신 것과 그분의 말씀의 신실함을 인정하지 않을 수 없게 만들었던 것입니다. 수많은 사람들이 함께 출애굽의 장도(長途)에 동참하면서 확신했던 바는 하나님께서 모세에게 나타나 민족의 해방을 약속하셨다는 말씀이 틀림없다는 사실이었습니다.

본질을 고치는 강단

몇 해 전에 지방의 목회자들이 모인 모임에서 몇 차례 특강할 기회가 있었습니다. 개척된 지 두 해 남짓한 교회를 담임하면서 여러 가지 곤경에 처해 있는 어느 목회자가 그 모임에 참석하였습니다. 제 기억으로는 첫 시간에 교회의 생명 없음과 성령의 역사하심의 필요성에 대하여 강의하였습니다. 후일 들리는 이야기에 의하면, 그 목사님도 그 강의를 흥미롭게 청취하였다고 합니다. 그리고 둘째 시간에는 하나님의 말씀을 전하는 자로서의 설교자의 정체성(identity)에 관하여 한 두어 시간 진지하게 강의하였습니다.

강의의 요지는 목회자에게 성령의 능력이 매우 필요하지만, 그 능력이 단지 병 고치는 일이나 이적을 행하는 일이 아니라 오히려 성경을 올바르게 설교하는 일의 후광이 되어야 한다는 내용으로 기억합니다. 그 목사님의 마음이 여기에서 걸렸습니다. 왜냐하면 줄곧 병자를 고치고, 귀신을 내어 쫓는 일을 목회에 있어서 가장 중요한 직무로 생각하였기 때문입니다. 그분은 제 강의를 듣다가 단호히 자리에서 일어나 나갔다고 합니다.

말씀드리고자 하는 바는 이것입니다. 병 고침을 받고 시련과 결핍 가운데서 형통함과 물질적인 축복을 받는 일이 우리의 삶에 있어서 원초적으로 긴요한 문제이긴 합니다. 그러나 그것만으로는 주님께서 그를 부르실 때 기대하셨던 인생의 문제에 대한 궁극적인 해결에 이르지는 못합니다.

기독교는 인간을 단지 이 세상에서 편하고 안락하게 잘 적응하면서 살도록 도와주는 종교가 아닙니다. 오히려 기독교 신앙을 제대로 소유하고 그 가르침에 따라 생활하고자 하면 세상으로부터 미움을 받게 되고 적응보다는 싸움을 택해야 할 때가 훨씬 많습니다. 세상이 악해서 하나님의 말씀대로 살지 아니하기 때문입니다. 그래서 사도 바울도 이 세대를 가리켜서 "어그러지고 거스르는 세대"(빌 2:15)라고 지적했던 것입니다.

기독교는 인생을 근본적으로 고치는 종교입니다. 그리고 그 같은 근본적인 변화는 언제나 하나님이 우리 인생에 대하여 말씀하시는 바를 새롭게 깨닫는 것으로부터 시작됩니다. 기적으로 치료된 육신도 다시 질병에 걸릴 수 있습니다. 기적적으로 물질의 축복을 받은 사람도 또 다시 가난해질 수 있습니다. 다행히 끝까지 그 재물을 잘 관리하였다 할지라도 그는 언젠가 그 모든 것들을 세상에 버려 두고 주님의 심판대 앞에 홀로 서야 합니다. 그 때 무엇이 그로 하여금 하나님 앞에 담대하게 서게 해줍니까? 무엇이 그로 하여금 죽음의 위협 앞에서도 자기를 구속하신 그리스도를 찬송하며 그분과 함께 영원히 살도록 부르신 하나님을 찬송하게 할 수 있습니까? 하나님의 말씀을 듣고 거듭나고, 그리스도 안에서 새로운 가치관과 신앙을 가지고 살아가는 일을 통하지 않고 어떻게 인생이 이처럼 근본적으로 변화

될 수 있겠습니까?

　설교자들은 단지 육신의 질병을 고치는 일 이상의 일을 위하여 부르심을 입었습니다. 그들은 이 세상 사람들의 육신뿐만 아니라 영혼과 삶, 생각과 사상, 그 모든 전 존재를 자유케 하기 위하여 부름을 받은 사람입니다. 그가 무엇으로 그 일을 합니까? 그렇습니다. 살아계신 하나님의 말씀을 깨닫게 함으로써입니다.

　그러므로 성령의 능력 주심을 힘입지 않고 오직 지식으로만 설교하는 사람들은 설교 내용은 훌륭할지 몰라도 그 결과는 언제나 초라할 수밖에 없습니다. 인간으로 하여금 하나님과의 관계로 눈을 돌리게 하고 영혼을 자유케 하는 진리를 가지고 있지 못한 설교자의 영력이라는 것은 단지 무지한 자의 손에 들린 칼과 다르지 않습니다.

　갈릴리와 데가볼리와 예루살렘과 유대와 요단강 건너편에서 온 허다한 무리들이 주님께 고침을 받았습니다. 그러나 팔복산에 오른 사람들은 예수 그리스도와 자신들과의 관계가 단지 병을 고쳐 주고 나은 것으로 끝날 수 없다는 사실을 알았습니다. 하나님은 어떤 분이신가 하는 것과 이처럼 연약함에 복종하기 쉬운 지푸라기와 같은 삶이 어떻게 살아야지만 하나님을 향하여 의미 있는 삶이 될 것인가 하는 대답이 예수 그리스도 안에 있음을 깨닫게 되었던 것입니다.

진리로 오신 예수님

　이것이 바로 하나님의 말씀을 전파하도록 보내심을 받은 예수 그리스도의 모습이었습니다. 그에게는 병을 고치고 귀신을 내어 쫓는 권능, 그 이상의 무엇이 있었습니다. 그것은 바로 모든 사람들이 그분을 통하지 않고는 깨달아 알 수 없는 천국에 관한 끝없는 비밀이며 천국 백성에 관한 다함이 없는 가치로운 교훈과 하나님과 어떤 관계를 가지고 종말을 준비하여야 할 것인가에 대한 신적 답변이었습니다.

　예수 그리스도는 이처럼 진리 자체였으며 하나님의 말씀의 보고였습니다. 마태복음 네 번째 장의 마지막과 다섯 번째 장의 연결을 보면서, 오히려 우리는 예수 그리스도께서 백성 중에서 모든 병과 모든 약한 것을 고치시고 그리하여 그의 소문이 온 수리아에 퍼지도록 하신 것은, 그들로 하여금 예수 그리스도 안에 있는 하나님의 진리를 듣게 하시기 위함이었다는 것을 깨닫게 됩니다.

　이러한 사실은 설교자로 부름 받은 우리들에게 커다란 도전이 됩니다. 우리의 소명의 궁극적인 가치는 하나님의 진리를 알리는 데 있습니다. 깨닫게 하는 데 있습니다. 그 진리로써 사람들의 영혼에 영적인 영향을 주어 하나님과의 관계를 고치거나 강화하는 데 있습니다. 신앙의 도리를 가르쳐서 오류와 무지가 판치는 세상에서 어떻게 살아가는 것이 하나님이 원하시는 것인지를 깨닫게 하고 결단하게 하는 데 있습니다. 그렇게 살아갈 힘을 하나님으로부터 받게 하는 데 있는 것입니다. 인생의 여러 가지 문제에 직면한 사람들이 다양한 동기를 가지고 교회에 나오게 되지만 이들에게 진정으로 필요한 것은 불변하는 그리스도의 복음이며 '영영히 서 있는' 하나님의 말씀입니다.

　따라서 설교자들은 병을 고치고 이적을 행하는 놀라운 능력에 대한 사모함과 함께 그런 치유를 통하여 하나님 앞에 나아오는 사람들에게 하나님에 관한 광대한 지식과 구원에 관한 놀라운 비밀, 성도로서의 기업에 관한 위대한 약속들, 오류와 타락으로 가득한 이 세상을 하나님의 자녀답게 살아가는 승리와 성결한 삶의 비결들에 관한 교훈과 진리로 가득 차 있어야 함을 보여주고 있습니다.

진리로 가득 찬 사람

여기에서 예수 그리스도를 보십시오. 병 고침을 받고 나아오는 수많은 무리들 앞에서 예수 그리스도는 그러한 치유를 통하여 그들 인생의 궁극적인 문제가 모두 해결된 것처럼 그들을 대하지 않으셨습니다. 오히려 이제부터 하나님과 그들과의 관계가 시작되는 것처럼 진리를 말씀하기 시작하셨습니다. 그 유명한 산상 설교가 시작되었던 것입니다. 그 때에 예수께서 행하신 일에 대하여 성경은 이렇게 기록하고 있습니다. "입을 열어 가르쳐 가라사대"(마 5:2).

"입을 열어." 저는 이 부분을 읽을 때마다 기이한 인상을 받습니다. 예수 그리스도께서 입을 여시자, 마치 갇혔던 댐의 물이 열린 수문으로 쏟아져 나오듯이 진리의 말씀은 생수가 되어 힘차게 흘러나왔습니다. 그리고 한 번 입을 여시자 그 가르침은 쉴 새 없이 설교가 되어 쏟아져 나왔고, 그분의 영혼과 인격 안에서 작렬하는 진리는 물줄기가 되어 단숨에 마태복음의 여섯 번째 장을 거쳐 일곱 번째 장까지 흘러 내려갔습니다.

수많은 사람들이 그분의 말씀을 들었습니다. 그 설교가 계속되고 있는 동안 회중들은 병든 자가 고침을 받고 귀신들린 자가 나음을 얻던 때에 느꼈던 놀라움 이상의 경외심에 사로잡히게 되었습니다.

그 시간 팔복산에서는 앉은뱅이가 일어난 것도 아니었고 중풍병자가 자기의 침상을 들고 가는 일이 일어나지도 아니하였습니다. 단지 예수 그리스도와 함께 그들은 산에 올랐고 무리들은 앉았으며 예수 그리스도는 말씀하셨습니다. 단지 설교하셨습니다. 고요히 설교하시는 그리스도의 음성만이 평화스러운 팔복산에서 들려 왔습니다.

그럼에도 불구하고 예수께 나아온 많은 무리들은 엄청난 경외심과 놀라움에 사로잡혔습니다. 기적보다 더 커다란 충격이 그들의 온 영혼을 사로잡았습니다. 그 진리의 힘은 단지 그들의 육신만을 고친 것이 아니라 영혼과 마음을 치료하였습니다.

이전의 상처 때문에 더 이상 세상에 있는 사람들을 사랑하며 살아갈 수 없었던 사람들조차도 고요하게 들리는 팔복산의 설교가 그들의 영혼을 어루만지고 지나가자, 그들은 새로운 회복의 은혜를 경험하게 되었습니다. 예수 그리스도 안에 있는 진리가 이런 놀라운 일을 행하였던 것입니다.

설교가 끝났을 때에 숨을 죽이며 귀기울이던 많은 사람들이 받았던 인상에 대하여 성경은 이렇게 말합니다. "예수께서 이 말씀을 마치시매 무리들이 그 가르치심에 놀래니 이는 그 가르치시는 것이 권세 있는 자와 같고 저희 서기관들과 같지 아니함일러라"(마7:28-29).

감화력의 원천

설교자 치고 유능하고 감화력 있게 설교하기를 원하지 않는 사람은 없을 것입니다. 그리고 할 수만 있다면 성경을 성경답게 설교해서 듣는 이들이 하나님을 아는 바른 지식에서 자라가기를 소원할 것입니다. 그런 점에서 "입을 열어 가르쳐 가라사대"라는 도입구로 시작되어 장엄하게 전개되는 예수 그리스도의 설교는 우리들로 하여금 설교 자체가 무엇이어야 하는가에 대하여 많은 생각을 하게 합니다.

많은 목회자들은 보다 유능한 설교를 하기 위하여 많은 노력을 기울입니다. 요즈음 유행하고 있는 강해 설교 세미나가 문전성시를 이루고 있는 것도 이러한 사실의 한 반영입니다. 어떻게 성경을 분석하고 설교의 골격을 세우고 그것을 전개해 나가는지에 대한 방법론적인 강습들이 유행하고 있습니다. 물론 이러한 강좌가 바르고 유능하며 효과적으로 설교하게 하는 데 도움이 되는 것은 사실입니다.

따라서 강해 설교를 위한 이런 종류의 세미나나 강좌들이 자주 열려서 일선 목회자들이 유익을 얻을 수 있도록 많은 장(場)이 마련되어야 할 필요가 있습니다. 또 요즈음은 이런 강해 설교 세미나와는 별도로 설교하는 기능을 스피치(speech)의 기법에서 이해하여 설교에 있어서 스피치의 기법, 발음, 억양의 고저, 혹은 의사 전달에 있어서 센스 어필(sense appeal)의 요령 같은 것들을 설교자들에게 교습하기 위한 강좌도 열리고 있습니다. 나아가서 설교에 있어서 예화나 유머를 사용하는 방법만을 강습하기 위한 강좌도 개최되고 있습니다.

이러한 방법들을 탐구하는 것이 효과적이고 유능한 설교를 하는 데 어느 정도 이바지하는 것은 사실이지만, 많은 한계를 안고 있음을 기억하여야 합니다. 다시 말해서 한 사람의 평범한 그리스도인이 천국 복음의 비밀을 맡은 자로서 성경의 진리를 반포하는 설교자로 변모하기 위해 필요한 기본적인 영적 자질이 갖추어지지 않으면 이 모든 방법들에 대한 탐구가 그것을 시작할 때 의도했던 것과는 사뭇 다른 결과를 가져올 수 있다는 사실입니다.

즉 방법 면에서 아무리 효과적일지라도 설교를 듣는 회중의 영혼을 흔들어 깨울 수 있는 영적인 영향력이 설교에 동반되지 않는다면, 이러한 훈련이나 방법의 습득을 통해 세련된 강해 설교는 자칫하면 설교 시간을 단지 성경 교육 시간으로 바꾸어 놓을 수도 있다는 사실을 기억하여야 합니다.

또한 충실한 성경 해석에 기초하지 않은 세련된 스피치와 설교에 있어서의 다양한 기교 구사는 설교자나 회중들로 하여금, 그 설교 안에 아무것도 없으면서도 무엇인가 있는 것 같은 착각을 불러일으킵니다. 그래서 결과적으로, 말씀에 대하여 가난해져야 할 마음을 부요하게 할 위험도 있다는 사실을 잊지 말아야 합니다. 이 점에 있어서 우리는 정직해져야 합니다.

심각한 영적 불감증

오늘날 조국 교회가 당면한 가장 커다란 문제 중 하나는 예배의 형식화입니다. 그리고 이 같은 예배 의식의 수면 현상은 잠자는 교회 시대의 특징이 되어 왔습니다. 엄격히 말해서 이것은 교회가 당면하고 있는 많은 문제들 가운데 하나가 아니라, 다른 모든 문제들의 근원이 되는 문제입니다. 드러난 예배의 현실 그 자체는 한 시대 교회의 드러나지 아니한 영적 상태에 대한 숨길 수 없는 반영이기 때문입니다.

우리 시대 교회의 예배 현실을 직시해 봅시다. 성도들이 모여 드리는 예배 속에서 예배를 예배답게 하는 참다운 요소들이 도무지 발견되지 않기가 일쑤입니다(우리나라의 모든 교회가 그렇다는 것은 아닙니다. 소수 교회에서는 여전히 생명과 감격 가운데 예배가 드려지고 있음을 믿습니다. 그러나 대다수의 교회가 그러하다는 말입니다). 그러면 예배를 예배답게 하는 요소가 무엇입니까?

예배는 결코 예수 그리스도의 죽으심을 기념하거나 부활하신 사건을 상기하기 위한 한 고안이 아닙니다. 단지 일주일의 삶에 대한 하나님의 도우심을 감사하는 기념의 사건이나 회상의 재연(react)이 아닙니다. 결코 그럴 수 없습니다.

예배는 그 이상입니다. 무엇보다도 예배는 하나님의 백성들과 살아계신 하나님과의 만남입니다. 소망 없는 죄인들이 용서함을 받아 값없이 구속을 누리는 기쁨 속에서 드려지고, 생존하시는 하나님이 예배를 받으시는 응답으로서 그분의 임재하심이 느껴지는 현장이어야 한다는 것입니다. 이런 영적인 특성이 유지되지 않고는 그리스도인의 삶 속에서 예배가 중심

자리에 올 수 없습니다.

물론 성경은 단지 성도들이 집단적으로 모여서 찬송하고 기도하고 설교를 듣는 일련의 순서만을 예배라고 부르지 않습니다. 성경은 넓은 의미의 예배로서 그리스도인의 삶에 대하여 강조합니다(롬 12:1-2). 그러나 이것은 좁은 의미의 예배 없이도 넓은 의미의 삶을 드리는 예배 자체가 성공할 수 있다는 보장은 되지 못합니다.

두 가지 의미의 예배가 순환 관계에 있음을 우리는 인정합니다. 주일 예배를 살아계신 하나님 앞에서 신령한 감화와 은혜로 드린 사람들이 일주일을 하나님의 계명을 지키며 살 수 있고, 그렇게 살다 온 사람들에 의하여 드려지는 예배가 마음으로 드려지는 예배가 될 수 있을 것입니다.

그러나 구별된 공간과 시간 속에서 드려지는 예배야말로, 세속적인 일들로 인하여 하나님과의 영적인 교통을 잃어버린 채 살아갔던 성도들이 유일한 사랑과 공경의 대상이신 아버지께 마음을 집중할 수 있는 시간입니다. 그 시간에 그 형식 속에서 하나님의 살아계심을 사모하고 하나님과의 사귐을 앙망하지 않는 사람이 넓은 의미의 예배인 삶, 영적인 것들에 대하여 무관심해질 위험이 가득하고 죄악이 창궐한 세상에서의 생활을 통하여 하나님 아버지와 그리스도에 대한 자신의 '진한 사랑'을 온몸으로 고백하며 사는 일이 가능하겠습니까?

삶의 현장에서, 그렇게도 짙은 빛깔의 몸짓으로 고백하지 않을 수 없었던 사랑을 하나님께 대하여 가지고 있는 사람이 구별된 공간과 장소를 마련하여 마음껏 하나님을 경배하고 그분과 교제하도록 허락받았을 때, 그 시간을 지루하고 무미건조하게 여기며 예배가 끝날 시간을 기다린다는 것은 있을 수 없는 일입니다. 예배는 하나님과 그분의 자녀들의 거룩한 만남입니다.

하나님의 자녀이면서도 죄 가운데 살 수밖에 없었던 불결한 인생들이 예배를 통해 자기의 신분을 새삼 깨닫고 예배를 받으시는 하나님이 누구인지를 새롭게 알게 됩니다. 그분과의 관계 속에서 어떻게 살아가야 할지를 확신하고, 그 예배를 통하여 주어지는 말씀으로 말미암아 험악한 세상을 이길 힘을 하늘로부터 공급받게 되는 것입니다.

이렇게 함으로써 주일은 거룩히 지키고 거룩하게 주일을 지킨 사람들은 나머지 엿새를 경건하게 살 힘을 얻게 됩니다. 경건하게 엿새를 살면서 기다려 온 주일이기에 예배는 영혼의 해방을 경험하게 해주고 그 주일은 더욱 거룩해지게 됩니다. 이것이 예배와 성도들의 삶의 관계입니다.

살아 있는 예배입니까?

그러나 우리들의 교회의 모습을 돌아봅시다. 우리들이 살고 있는 도회지 교회의 주일 예배 현장을 함께 가 봅시다. 커다란 교회당의 벽에 걸린 시계가 주일 낮 예배 시간 십오 분 전을 가리키고 있습니다. 예배 시간이 임박했지만 교회당에 성도들은 거의 보이지 않습니다. 예배 시작 십 분 전부터 사람들은 서서히 모이기 시작해서 오 분 전에 러시아워를 이룹니다.

예배가 이미 시작되었음에도 불구하고 미처 들어오지 못한 많은 교인들이 교회 출입문 밖에서 안내자의 통제를 받으며 사회자의 기원이 끝나기를 기다리고 있습니다. 예배가 계속되고 사람들은 몇 차례 일어났다 앉았다 하며 무엇인가를 함께 읽고 외우기도 합니다.

세월이 흘러가면서 예배 시간은 점점 짧아져 가는데, 그 순서는 점점 복잡해지는 추세입니다. 드디어 성가대의 주악이 울리고 합창이 시작됩니다. 사람들은 침묵 가운데 앉아서 성가대의 연주를 경청합니다. 마침내 설교가 시작됩니다. 그 때 예배당의 분위기는 답답하기까지 합니다.

여기저기에 조는 사람들이 있는가 하면 주보를 읽는 사람들, 시무룩한 채 고개를 푹 숙이고 시종일관 얼굴을 들지 않는 사람들, 설교 시간에 이미 다 읽은 주보 뒤에 무엇인가 낙서하고 있는 사람들, 얼굴은 강대상을 향하고 있으나 시선은 허공을 응시하고 있는 사람들, 이따금 밀려 오는 졸음을 참기 위해 고개를 흔드는 사람들……. 그들은 각각 무슨 생각을 하면서 예배를 드리고 있을까요?

낮 열두 시 십 분경, 드디어 정해진 시간에 맞춰서 예배가 끝나고 사람들은 예배당 밖으로 나섭니다. 건너편 높은 빌딩 꼭대기에서 그 교회당을 내려다보면, 육중한 예배당 출입문이 열리고 교회는 마치 구슬을 토해 놓듯이 알록달록한 옷을 입은 수많은 사람들을 거리에 쏟아냅니다. 이 때 교회 밖에는 휴일 오후의 따가운 태양빛이 작열하고 있습니다. 그렇게 일시에 떠밀리듯이 교회당 문에서 쏟아져 나와 돌계단을 걸어 내려가 거리로 흩어지는 교인들은 무슨 생각을 하며 예배당을 떠나고 있을까요?

'아, 그렇습니다. 하나님! 지난 주간에는 이 말씀대로 살지 못했습니다. 험한 세상을 이길 신령한 힘을 예배를 통해 주셨사오니 오늘 설교자를 통하여 우리에게 주신 진리를 붙들고 살아가게 하옵소서.' 하면서 눈물을 닦으며 주먹을 불끈 쥐고 결단에 찬 발걸음으로 교회당 문을 나섭니까? 아니면 '휴우, 예배가 끝났구나.' 하는 해방감을 가지고 교회를 나섭니까?

한 시대의 교회가 하나님을 떠나고 영적인 각성의 필요 아래 놓였던 시기에는 언제나 예배가 이런 식으로 드려졌습니다. 그리고 그것은 살아 있는 영적 삶을 갈망하는 사람들에게나 하나님에게나 모두 고통이었습니다. 사람들은 예배를 통하여 신령한 감화를 받기보다는 형식에 대한 욕구를 채우는 것으로 흡족해 하였습니다. 그리고 세상을 이길 힘을 교회로부터 공급받지도 못하고, 그 능력을 의지하여 승리하는 삶을 살지도 못하는 영적인 현실에 대하여 더 이상 고민하지 않게 되었습니다. 이 모든 일들이 영적으로 회복되지 않으면 안 될 위기의 교회 시대에 나타나는 교회의 수면(睡眠) 현상입니다.

강단의 침묵

그러나 이러한 형편은 설교단 아래에서만 일어나는 것이 아닙니다. 설교단 위의 형편도 대동소이합니다(이것도 일반적인 교회를 염두에 둔 말입니다. 소수의 설교자들은 여전히 이러한 염려에 해당 사항이 없습니다. 그러나 대부분의 교회가 이런 문제를 안고 있습니다). 설교 시간을 통하여 회중들에게 무엇인가 깊은 영적인 감화와 신령한 말씀의 영향을 끼쳐야 하겠다는 설교자로서의 사무치는 결단과 간절한 도전 의식이 결여되어 있음을 직감할 수 있습니다.

단지 침묵 가운데 설교되고 있는 그 설교로써 어떻게 예배가 거룩한 임재를 느끼는 하나님과의 영광스러운 만남의 현장이 될 수 있겠으며, 아무것도 기대하지 않는 태도로 나와 앉아 있는 목석같은 교인들이 한 시간 동안 침묵하며 예배 시간 마치기를 기다리다가 집에 돌아간들 그들의 영혼 속에 무슨 선한 일이 일어나겠습니까? 주일 성수했노라는 자기의(自己義)에 대한 의식을 쌓아 주는 결과만 되고 말 것입니다.

설교자들은 이러한 어리석은 아집의 껍질 속에 숨어 버리기를 잘하는 죄인들의 심리를 꿰뚫어 보고 그러한 피상적인 예배 생활의 영적 해독에 심각하게 경고할 수 있어야 합니다. 그렇지 않고서야 어떻게 성도들이 어둡고 험악한 세상을 불꽃처럼 살아 그리스도를 알리는 증인이 될 수 있겠습니까?

설교는 결코 일방적인 선포일 수 없습니다. 예수 그리스도와 사도들, 그리고 하나님이 성령으로 축복하셨던 영적인 각성과 부흥의 시대의 수많은 설교자들의 설교와 그 설교가 역사하던 예배의 현장들을 더듬어 보십시오. 거기에는 침묵이 아닌, 그 이상의 살아 있는 영적 교통이 하나님과 설교자, 설교자와 회중 사이를 지배하고 있었습니다. 하나님께 사로잡힌 설교자, 설교자의 선포를 붙잡으신 성령, 그리고 설교에 사로잡힌 회중들과 선포하는 메시지를 향하여 신실함과 사랑으로 어우러진 회중의 감격적인 영적 반응이 있었습니다.

계시의 선포는 믿음을 불러일으켰고 믿음은 은혜의 체험을 동반하였으며 그 현장은 감격과 생명과 기쁨이 충만하였습니다. 사람들은 설교를 들으며 흐느껴 울기도 하였고 뛸 듯이 기뻐하기도 하였으며 오랫동안 계속되었던, 사악한 세력들의 영적인 눌림으로부터 해방되는 자유를 경험하기도 하였습니다.

하나님의 손에 붙잡힌 설교자는 말씀 앞에 나아와 하나님의 은혜를 갈망하는, 목자 없는 양같이 고생하며 유리하는 회중들을 긍휼히 여기는 마음 때문에 설교 중 흐느끼기도 하였으며, 설교를 사용하시는 하나님의 장엄한 역사(役事)의 현장을 예배 속에서 보며 예상치 못한 엄청난 설교의 결과들로 인하여 경이로운 기쁨을 경험하기도 하였습니다.

설교자를 통하여 증거되는 하나님의 말씀에 영적으로 축복하시고 강단에 은혜의 단비를 부어 주심으로 의외로 예배 시간이 평소보다 길어지는 때도 있었고, 예정에 없던 회개 기도의 시간과 경배의 찬양이 예배를 뒤잇는 경우도 있었습니다. 누구도 예배가 끝날 때까지는 그 예배와 설교를 통하여 무슨 일이 일어날지 예측할 수 없었습니다. 이것이 바로 살아 있는 예배의 한 표증입니다.

설교를 듣는 회중들의 일반적인 불평은 도무지 그 설교가 설교를 듣는 자신의 마음에 다가오지 않는다는 것입니다. 그러나 설교자 자신도 자기가 전하는 말씀 선포 내용에 감동하고 있는 것 같은 느낌이 강단 아래에 있는 회중들에게 전해지지 않습니다. 왜 그렇습니까? 진리를 증거하고 선포하는 일은 진지해야 할 뿐만 아니라 친밀해야 합니다. 소위 설교의 자기화가 이루어져야 하는 것입니다.

하나님의 말씀이 단지 설교자의 머리와 입을 통하여 전해지는 것이 아니라 설교를 통하여 몸 밖으로 흘러나오기 전에 이미 설교자의 정신과 의식, 마음과 삶 그리고 생각 속에서 철저히 용해되어 설교자 자신의 영혼의 일부분이 되어 버리는 말씀의 내적 체험이 이루어져야 합니다. 이것을 통하여 하나님의 말씀을 자신의 인격으로 증거할 준비가 갖추어지게 되는 것입니다.

설교자의 갱신

그러면 어떻게 하면 이렇게 화석화되어 버린 설교 시간이, 생명과 감격이 있고 신령한 체험이 있는, 영적 영향력이 있는 시간으로 바뀔 수 있을까요? 거기에 대한 대답은 설교자 자신이 변해야 한다는 것입니다.

설교의 방법론들을 배우고 스피치의 기술을 익히러 다니는 사람들이 빠지기 쉬운 맹점은 설교만을 고치려 할 뿐, 그 설교를 토하는 원천인 자신을 고치려 하지 않는다는 것입니다. 설교 내용(sermon)은 설교자의 인식 범위를 넘어설 수 없고, 설교 행위(preaching)는 설교자의 영적 자질을 뛰어넘을 수 없습니다.

따라서 설교가 갱신되기 위해서는 성경을 보는 설교자의 인식의 지평이 확장되어야 하고 설교자로서 회중들에게 신령한 영향을 끼칠 수 있는 성령의 사람으로 다시 태어나야 합니다. 어떻게 하면 수천 년 전에 기록된 성경을 설교하면서도 마치 그 설교자가 오래 전 옛날의 기록을 이야기하는 것이 아니라 지금 자기가 경험한 것들을 말하는 것처럼 친밀하고 감화력 있는 가르침으로 들리게 할 수 있을까요?

그러기 위해서 설교자는 먼저 자기가 누구인지를 확인하여야 합니다. 그는 하나님의 말씀을 증언하기 위하여 보냄 받은 사람입니다. 그러므로 설교자의 사역은 성경에 대한 깨달음과 그것을 통한 영적 체험을 기초로 하고 있습니다.

다시 말해서 설교자는 성경 본문에 대한 깊은 연구와 깨달음을 기초로 하여 새롭게 본 하나님과 세상과 인간들에 대하여, 또 영원한 하늘나라의 기업에 대하여 설교하도록 부름 받은 사람입니다. 그러므로 설교자의 영적 준비는 성경 본문과 친숙한 말씀 생활 속에서 이루어져야 합니다.

하나님의 말씀을 깊이 사랑하고 그것을 지키며 사는 것이 얼마나 즐겁고 행복한 것인지를 온 몸과 마음을 통하여 삶으로 경험해 온 설교자의 설교는 성경을 남의 말처럼 지식으로 나열하는 냉랭한 설교일 수 없습니다. 자신의 인격 속에서 우러나오는 성경의 진리를 전해 줄 수 있는 설교입니다.

본문을 체험하라

어느 날 여러 사람이 모여서 호랑이를 화제로 삼아서 이야기하고 있었습니다. 누군가가 물었습니다. "우리 중에 누가 호랑이에 대하여 좀 더 자세히 들려주실 분 없습니까?" 그러자 첫 번째 발표자가 등단하였습니다. 그리고 그는 상세히 그리고 장황하게 호랑이에 대하여 말하기 시작하였습니다.

"여러분, 호랑이는 밤에만 나타납니다. 그 호랑이는 산 언덕에 잘 나타나는데 그 산 벼랑에 홀로 앉아 있곤 합니다. 그 호랑이는 온 몸에 붉은 바탕을 하고 그 바탕 위에 시커먼 줄이 쳐져 있습니다. 호랑이 옆에는 네 그루의 대나무가 서 있고 한 그루는 크고 두 그루는 가느다라며 또 한 그루는 옆으로 비스듬히 서 있습니다. 대나무는 여덟 마디쯤으로 이루어져 있고 마디마다 두세 장의 잎사귀가 달려 있습니다. 호랑이 눈썹은 허옇고 눈은 화등잔 만하며 코 밑에는 하얀 수염이 좌우로 다섯 개씩 뻗어 있습니다. 앞발을 내밀고 엉덩이는 약간 치켜 올린 채 입을 벌리고 있는데 이빨은 상하 일곱 개가 보입니다. 그 중 상하 네 개의 송곳니는 칠 센티미터 정도 되는 날카로운 것인데 그 이빨은 어둠 속에서도 반짝이고 있습니다. 그리고 끔찍하게 벌린 그 입 속에는 핏빛 혀가 넘실거리며 포효하고 있는데 시선은 하늘을 응시하고 있었습니다. 하늘에는 흰 구름과 그 구름에 반쯤 가려진 보름달이 외롭게 떠 가고 있었습니다."

　이렇게 장황하고 상세하게 숫자까지 나열하며 실감나는 표현으로 호랑이에 관한 이야기를 늘어놓는데, 사람들은 아무런 반응이 없었습니다. 오히려 모인 사람들 가운데 몇 사람은 노골적으로 비웃고 있었습니다. 그리고 대부분의 사람들은 식상한 표정으로 관심도 없이 침묵하고 있었습니다.

　그러는 동안 또 한 사람의 발표자가 등단하였습니다. 단상에 오르자 그는 호랑이 이야기를 하는 대신 고요히 눈을 감았습니다. 그리고 침묵 가운데 무겁게 입술을 떼어 놓았습니다.

　"그 밤은 다시 생각하고 싶지 않은 무서운 밤이었습니다. 때는 1953년 8월 어느 날 깊은 밤이었습니다. 동해안 지역에서 군인으로 복무하고 있던 저는 상급 부대로 가는 다급한 전령의 임무를 띠고 홀로 태백산을 넘어야 했습니다. 때는 마치 그믐밤이었습니다. 동행하는 사람도 없이 홀로 달빛도 없는 캄캄한 산길을 헤쳐 목적지를 향해 달려가고 있었습니다. 사방은 적막하였습니다. 산모퉁이를 막 돌아가려는 순간이었습니다. 바로 그 때에……."

아직 호랑이에 대한 이야기도 언급되지 않았는데 듣는 사람들 가운데 이전의 발표자가 이야기할 때에 볼 수 없었던 색다른 반응이 나타났습니다. 사람들은 자기도 모르게 주먹을 쥐고 있었고 그 주먹 안은 땀으로 흥건히 젖어 있었습니다. 발표자는 눈을 뜨지도 않았는데 듣는 사람들은 긴장 속에 침을 꿀꺽 삼켰습니다.

두 발표자 사이의 차이점은 무엇입니까? 왜 한 사람은 그토록 호랑이 자체에 대하여 상세하게 설명하고 장황하게 묘사했음에도 불구하고 공감을 얻지 못했습니까?

반면에, 다른 한 사람은 호랑이 자체에 대해서 아직 말을 꺼내지도 못했는데 듣는 사람들이 발표자와 함께 태백산을 넘고 있는 것 같은 느낌을 받게 된 것은 무엇 때문입니까? 그에 대한 답은 간단합니다. 앞의 발표자는 호랑이를 그린 그림을 본 사람이었고, 뒤의 발표자는 호랑이를 직접 체험한 사람이었기 때문입니다.

묵상과 본문 체험

설교자에 대해서도 이 같은 이야기는 적용됩니다. 오늘날 강단에서 영적인 각성과 위대한 부흥의 시기에 볼 수 있었던 생사를 건 진지하고 열정적인 말씀 선포를 왜 보기 힘들어졌습니까? 왜 설교자들은 단지 냉담함 속에 지식적으로 성경의 내용을 사람들에게 전달해 줄 뿐입니까? 하나님께 예배하기 위해 모인 성도들에게 말씀을 선포함으로 그들의 영혼을 억누르고 있는 고통의 문제들을 해결하고, 하늘의 능력으로 땅의 문제들을 극복하며 살아갈 수 있게끔 진리를 선포하는 선지자적인 의식이 사라져 가고 있는 것은 무엇 때문입니까?

　다른 무엇보다도 자신이 선포하는 그 진리 때문에 살아 있고 또 그것을 위해 죽을 수 있을 것 같은 설교자의 다급함과 불꽃같은 열정이 사라져 가고 있는 이유는 무엇 때문입니까?

　그것은 설교자들이 설교하고자 하는 본문을 깊이 묵상하지 않기 때문입니다. 더 정확히 말해서 설교하고자 하는 본문에서 하나님과의 감격적인 만남이 없이 본문에 대한 일반적인 지식을 기초로 설교하고 있기 때문입니다. 설교 내용은 준비되었으나, 그 설교 내용이 설교자의 마음을 뜨겁게 감화시켜 자신이 하나님께로부터 받은 본문에 관한 메시지를 증거하지 않으면 견딜 수 없는 사모함으로 사무치지 않았기 때문입니다.

　설교자는 먼저 설교할 본문 속에서 하나님과 홀로 대면하는 만남을 가져야 합니다. 묵상이 아니고 무엇을 통하여 그 본문 속에서 일인칭과 이인칭의 음성을 들을 수 있겠습니까? 묵상이 아니고서 어떻게 그 본문으로부터 결단을 촉구하는 신적인 음성을 들을 수 있겠습니까? 오직 말씀에 대한 정확한 해석과 그것을 토대로 한 깊은 묵상만이 설교자로 하여금 설교를 위한 메시지가 아니라 설교자 자신의 내면을 향한 하나님의 요구 앞에 직면하게 하며 그 앞에 순종할 수 있게 합니다.

　따라서 설교자들은 단지 설교하기 위하여 성경을 대하는 사람이 되어서는 안 됩니다. 이것은 설교에 있어서 가장 천박한 직업주의로 가는 지름길입니다. 설교자들은 설교자가 아닌, 하나님의 가르침과 신적인 감화가 필요한 허물 많은 한 사람의 하나님 자녀로서 자신에게 직접 찾아오셔서 말씀하시는, 명백하고 단순한 신적인 음성을 듣기 위하여 성경을 펴는 사람이 되어야 합니다. 따라서 성경 본문에 대한 묵상 시간은 본문 자체를 읽는 것만큼 중요하게 생각되어야 합니다.

그러므로 설교자들은 늘 하나님과의 영적 교제의 지성소 깊은 곳에서 성경을 통하여 말씀하시는 하나님 자신과의 만남을 가져야 합니다. 이 모든 일들은 묵상 속에서 이루어지는 것입니다. 골이 깊으면 물이 많듯이 묵상이 깊으면 자연히 설교하고자 하는 그 본문 앞에서 자기의 신념이 물같이 녹아지는 감격을 경험하게 되고 설교하고자 하는 진리를 체험하게 됩니다.

그러면서 그의 설교는 단지 진리에 대한 진술이 아니라 목격자의 증언이 되며, 증인으로서의 권위를 갖춘 선포가 될 수 있습니다. 깊은 묵상 속에서 말씀 생활을 하는 설교자들의 강점은 성경을 친밀하게 설교할 수 있다는 것입니다. 다시 말해서 설교할 때 남의 이야기를 하고 있는 것 같은 느낌을 주는 것은 모두 깊은 묵상의 부재에서 오는 결과입니다.

박윤선 목사님이 개척 교회를 시무하실 때의 일입니다. 저녁 예배 때마다 박 목사님의 설교를 듣기 위하여 나오는 대학의 여교수 한 분이 있었습니다. 그녀는 불행히도 이단으로 알려진 교파에 소속되어 있었습니다. 주일과 수요일 저녁마다 박 목사님의 설교를 들으며 이 여교수의 생각은 조금씩 흔들리기 시작하였습니다.

어느 날 그 교회의 부교역자가 그녀에게 물었습니다.

"아직도 예전에 믿던 그 교파의 가르침이 진리라고 생각하십니까?"

그러자 그녀는 대답했습니다.

"나는 아직도 박 목사님이 말씀하시는 것이 옳은지, 예전에 내가 믿던 그 교파의 가르침이 옳은지 잘 모르겠습니다. 그러나 분명히 말할 수 있는 것이 하나 있습니다. 노령의 박 목사님이 설교하시는 그 열정적인 설교의 모습을 뵈올 때, 당신이 전하시는 말씀이 진리가 아니면 저 노구를 이끌고 저렇게 진지하고 절박하게 외칠 수 없을 것이라는 생각입니다."

진리는 폭포수처럼

예수 그리스도께서 산에 올라가 앉아서 하나님의 말씀을 전하실 때에 그분의 입술에서는 조금도 머뭇거림이나 더듬는 일 없이 일시에 복음의 진리가 흘러나왔습니다. 마치 입술에 기름을 바르신 것처럼, 조금도 어색함이나 꾸민 듯한 흔적 없이 예수님 자신의 말씀으로서 회중들에게 흘러나왔습니다. 아마 음성도 특별히 변조된 음성이 아니라 평소에 제자들과 대화를 나누시고 연약한 자들을 고치고 가르치시던 그 음성 그대로였을 것입니다.

그렇습니다. 설교를 하는 그 순간 설교자는 때로 특별한 감동에 사로잡힐 수도 있고 따라서 특이한 열정에 붙잡힐 수도 있습니다. 그러나 그렇게 설교 가운데 느끼는 은혜로운 정서는 모두 설교자가 평소에 성경을 마주하며 생활해 오면서 느낀 체험의 반영입니다.

홀로 말씀 앞에서는 아무것도 느낄 수 없었던 설교자가 설교단에 올라가서는 모든 것을 다 느끼는 것처럼 행세하는 것은 역겨운 위선입니다. 조작된 음성, 과장된 몸짓, 회중의 감정에 대한 의도적인 조작, 이 모든 것은 바른 길을 걸어가기 원하는 모든 설교자들이 미워해야 할 것들입니다.

예수 그리스도께서 입을 여시자 폭포수처럼 산상수훈이 쏟아졌습니다. 그러나 이것은 그 산에서 처음 일어난 일이 아닙니다. 아무런 준비 과정 없이 단지 능력이 많으시다는 이유 하나 때문에 그렇게 진리가 쏟아져 나온 것이 아닙니다.

단지 하나님을 사랑하는 마음을 가지셨다는 이유 하나 때문에 어느 한 순간 갑자기 그분의 마음속에 진리가 가득 차게 된 것도 아닙니다. 당신의 설교를 듣는 회중의 엄청난 숫자 때문에 뜻밖의 놀라운 설교를 하게 된 것도 아닙니다. 오히려 이러한 말씀에 능한 설교자로 산상에 앉으시기 전까지 예수께서 얼마나 오랫동안 하나님의 말씀과 친숙하게 살아오셨는지를 생각하여야 합니다.

예수 그리스도는 이미 열두 살 되던 해에 성전에서 전문적인 종교가들과 함께 성경에 관하여 토론하셨습니다. 그것은 예수 그리스도께서 메시아로 취임하시기 이전이었습니다. 하늘이 열리고 성령이 비둘기같이 내리기 이전이었고 광야에서 모든 시험을 이기고 권능으로 충만하여 갈릴리로 돌아가시기 이전이었습니다. 열두 살 난 예수 그리스도는 아직 설교하지 않으셨습니다. 그럼에도 불구하고 그분은 하나님의 말씀에 대한 깊은 이해를 가지고 계셨습니다.

이것은 어느 날 하늘이 갈라지고 갑자기 신적인 지식이 쏟아 부어져서 그런 것이 아니라 하나님과 함께하며 늘 성경을 사랑하고 그 말씀을 묵상했기 때문이라는 사실에 대해서 의심할 여지가 없습니다. 이러한 말씀 생활은 예수님의 공생애 가운데서도 그대로 이어졌을 것입니다.

매일 매일 영혼을 구원하기 위하여 말씀을 전하고 기도하시며 연약한 자들을 섬기시는 삶 속에서 예수 그리스도의 관심은 어떻게 하면 자기에게 기록된 모든 것이 자신의 순종을 통하여 그대로 성취될 수 있을 것인가 하는 것이었습니다. 예수 그리스도의 말씀 가운데 "기록된 대로", "기록된 바와 같이", "모세의 글에 이르기를", "성경이 응하였느니라" 등등의 말씀이 되풀이되는 것도 이러한 문제와 연결 지어서 생각해 보아야 합니다.

성경에 젖어서

예수 그리스도께서 십자가에서 못박혀 죽으실 때에 그분의 입술에서 흘러나온 마지막 가상칠언 가운데 네 번째 말씀인 "나의 하나님이여 나의 하나님이여 어찌하여 나를 버리시나이까"와 다섯 번째 말씀 "내가 목마르다", 일곱 번째 말씀 "아버지여 내 영혼을 아버지 손에 부탁하나이다"는 모두 성경에서 인용됐다는 것을 기억하고 있습니까? 그분은 성경 암송 대회에 참가하고 있는 것이 아닙니다. 십자가에서 극심한 고통과 함께 죽어 가는 상황 속에서, 그분은 기도하고 계신 것입니다. 그런데 마음속에서 자연스럽게 우러나와 입술을 타고 흘러내리는 기도는 바로 하나님의 말씀인 성경 구절이었습니다. 이것은 성경 본문이 그분의 인격과 의식 세계 속에 깊이 용해되어 있었음을 보여주는 것입니다.

신학교에서 학생들을 가르치는 어느 경건한 노(老) 교수가 말년에 병들어 식물인간 상태가 되었답니다. 문병을 가도 사람을 알아보지 못하는 깊은 무의식의 투병 생활이 계속되었습니다.

그러던 어느 날 문병을 갔던 어느 학생이 소리쳤습니다. "선생님이 말씀하신다!" 의식도 없이 그 노(老) 교수는 병상에서 입을 움직이며 무엇인가를 말하고 있었습니다. 그 누구도 알아들을 수 없는 말을 아주 작은 소리로 의식도 없이 되풀이하고 있었습니다. 귀기울여 듣던 어느 학생이 문병 온 다른 학생들에게 말했습니다. "시편 1편이다!" 그 노(老) 교수는 식물인간이 된 무의식 속에서도 조용히 시편 1편을 히브리어로 낭송하고 있었습니다.

이것이 바로 설교자들에게 요구되는 말씀 생활입니다. 이 모든 것은 의무적으로 성경을 읽고 설교하기 위하여 본문을 펴는 천박한 영적 생활로써는 도저히 획득할 수 없는 것입니다. 말씀에 대한 깊은 사랑은 필연적으로 설교자로 하여금 성경 본문에 마음을 모으고 깊이 생각하게끔 합니다. 따라서 설교자가 설교하기 위한 영적 준비의 출발은 설교할 본문에 대한 깊은 묵상에서 비롯된다고 말할 수 있습니다.

설교를 위한 묵상?

본문을 충분히 묵상하는 또 다른 유익은 성경을 깊이 있게 설교할 수 있다는 것입니다. 확언하건대 강해 설교는 두 가지 기본적인 자질을 설교자 자신이 갖추고 있지 않으면 결코 의도했던 영적인 유익을 교회에 끼칠 수 없습니다. 첫째는 성경 자체를 묵상하여 본문의 깊은 뜻들을 이끌어 낼 수 있는 본문 자체에 대한 영적인 통찰력입니다. 둘째는 그렇게 이끌어 낸 메시지를 무게 있게 회중의 가슴 속에 각인시킬 수 있는 영적인 능력입니다.

성경을 깊이 묵상하는 일은 설교의 사전 준비가 아니라 평상시 설교자의 영적 생활이어야 합니다. 오늘날 교회에서 복음의 내용이 설교되는 일이 점점 드물어지고 오히려 윤리적인 설교가 널리 유포되고 있는 이유도 바로 이 때문입니다. 설교 속에서 복음의 감격이 사라지는 것은 전적으로 복음의 진리들에 대한 설교자의 묵상 부재 때문입니다.

이 같은 교회 상황은 경건주의 물결이 퇴조하고 합리주의가 발흥하기 시작하던 18세기말에서 19세기의 교회의 역사를 생각나게 합니다. 사람들은 복음적인 설교에 식상하기 시작했습니다.

아직 성경적인 교리를 붙들며 설교하고 있었을 때 설교자들은 말하였습니다. "예수 그리스도께서 우리를 위하여 십자가에서 못박혀 죽으셨습니다." 그 때 설교를 듣던 회중들의 반응은 이런 것이었습니다. "그래요, 예수가 우리를 위해 십자가에서 죽었습니다. 누가 아니라고 합니까? 그런데 그게 나와 무슨 상관이 있단 말입니까? 우리가 언제까지 구원을 얻는 도의 초보만을 배워야 합니까?"

복음에 대한 설교자의 체험이 마르고 성경 본문에 대한 설교자의 깊은 자기화가 그칠 때, 언제나 강단의 설교는 그림에서 본 호랑이를 장황하게 설명하는 것 같은 모습으로 전락했고, 회중들은 그 형식적인 설교에 대하여 식상하였습니다. 사람들은 복음을 떠나기 시작했고 교회 안에는 하나님을 향한 감격과 하나님의 자녀 됨에 대한 기쁨이 사라졌습니다.

체험이 없는 복음주의는 또 다른 교조주의의 계승일 뿐이며, 회중들로 하여금 선포하는 진리를 경험하게 하지 못하는 강단은 오직 두 가지 선택을 앞에 두고 있을 따름입니다. 하나는 실교단을 정신 교육을 위한 연단의 수준으로 낮추어 회중들의 세속적인 요구에 부응하는 것이고, 또 다른 하나는 회중들에게 권위를 강요하는 권위주의로 흐르는 것입니다. 이 모든 비극은 강단으로부터 시작됩니다.

설교자들이 끊임없이 깊은 묵상 속에서 하나님의 진리를 체험하고 그 진리로 말미암아 영혼들이 본문 속에서 설교자가 체험한 하나님을 동일하게 체험하게 될 때에 비로소 설교는 하나님의 말씀이 되고, 설교자는 예배를 주도하게 됩니다. 성령이 그 예배에 강력하게 역사하실 때 회중들은 하나님의 손에 붙잡힌 설교자의 참된 모습이 무엇인지를 인식하게 되며 그를 통하여 자신들의 영혼 속에 위대한 일을 행하시는 하나님을 찬양하지 않을 수 없게 됩니다.

말씀의 원시림으로

성경의 진리를 단지 개념으로 이해하는 것과 영혼 깊은 곳의 체험을 통하여 아는 것과의 차이는, 마치 아름다운 숲을 그림으로 보는 것과 실제로 그 속을 거니는 차이와 같습니다. 그리고 묵상이 아니고는 하나님의 말씀을 영혼 깊은 곳에서 일어나는 체험으로 알 수 없습니다. 성경에 대한 해박한 지식은 그 숲의 그림을 또렷하게 해주고 색깔을 선명하게 해주어 회중들에게 좀 더 분명한 영상을 보게 할 수 있습니다.

그러나 아무리 훌륭한 묘사라 할지라도 성경의 내용을 그림으로 보는 것만으로는 우리의 삶이 풍성해질 수 없지 않습니까? 설교자는 묵상을 통하여 본문을 깊이 체험함으로 그 설교자의 심령으로 하여금 본문 속에 스며들게 할 수 있으며 그렇게 함으로써 설교를 듣는 회중들은 설교하고자 하는 본문의 내용을 깊이 느낄 수 있게 됩니다.

성경 본문을 증거하는 설교를 들을 때 회중들은 설교자의 손에 이끌려 말씀의 장엄한 숲 속으로 들어갈 수 있어야 합니다. 그리고 성령과 함께 설교자와 회중 모두 그 진리의 원시림 속에서, 경외심에 사로잡힌 어린 아이와 같이 되어야 합니다.

이렇게 될 때 이전에 하늘을 찌르던 회중들의 교만은 모두 파하여지고 그들 앞에 펼쳐진 끝없는 진리의 밀림을 인하여 사람들은 입을 다물지 못하게 됩니다. 회중들은 그 설교의 숲 속에서 흐르는 시냇물 소리와 그 작은 개울의 물살이 바위와 풀숲을 스치며 지나가는 소리를 듣습니다. 산새들의 아름다운 노래와 비 맞은 날개를 터는 날갯짓 소리, 종류를 알 수 없는 수많은 풀벌레들의 합창 소리와 스치고 지나가는 감미로운 바람에 손 흔드는 작은 잎사귀들의 이야기를 듣습니다. 하늘을 찌를 듯 솟아 있는 나무 수풀 사이를 비집고 지면에 피어오르는 안개를 가르며 내리 비치는 눈부신 아침 햇살과 그 햇살에 보석처럼 반짝이는 풀잎 끝에 달린 이슬 방울들을 봅니다. 그리고 또 또 또…….

우리는 이런 방식으로 성경의 내용을 앎으로써 그 진리의 숲 속에서 주님의 음성을 듣는 것입니다. 그분의 탄식과 소망을 아울러 들으며 그분과 함께 슬퍼하고 기뻐합니다. 그리고 설교자들의 영혼과 회중들의 심령은 그 장엄한 미답(未踏)의 숲 속에서 험악한 세상을 이길 힘을 하늘로부터 공급받습니다. 이러한 감격적인 일들은 묵상을 통해서 이루어집니다. 그리고 그 감격이 성령으로 우리의 마음을 사로잡고 우리의 인격의 깊은 좌소를 움직입니다. 그럴 때 그 말씀은 우리의 심령 속에 담겨지고 급기야 불이 되어서 밖으로 발산시키지 아니하고는 견딜 수 없는 사람이 되는 것입니다. 그의 인격 속에는 말씀이 가득할 것이고 그에게 기회가 주어져서 설교단에 서서 입을 열면 진리가 강물처럼 넘쳐날 것입니다.

말씀에 목마른 설교자

사람의 심령을 녹이는 하나님의 말씀을 전했던 위대한 영적 거성들은 결코 설교를 잘하기 위하여 고민했던 사람들이 아니었습니다. 어떤 특별한 목회 방법을 전수받은 사람들이 아니었습니다. 강단꾼들은 한때 반짝하는 방법으로 많은 사람의 시선을 끌었지만, 그 설교는 세월이 흘러가면서 함께 잊혔습니다. 그리고 새로운 방법이 출현하자 이전에 반짝하던 빛은 사라졌습니다.

참된 설교자들은 자신의 설교를 위해 먼저 고민했던 것이 아니라, 하나님 앞에 서 있는 부족한 자신의 존재를 인하여 고통하였습니다. 그들은 사람의 시선을 끌지 못하는 자신의 설교 방식을 바꾸기 위하여 고민하기 전에 하나님 앞에 부름 받았으면서도 초라하고 죄악된 모습을 인하여 아파하였습니다. 자신이 하나님을 아는 지식에 얼마나 무지한지에 대하여 깊이 고민하였습니다. 자신의 박약한 영성과 초라한 영력을 인하여 쓰라린 마음으로 하나님 앞에 나아갔습니다.

설교자로 부름을 받았음에도 불구하고, 자신의 부족한 모습이 하나님의 거룩한 사역에 오히려 누가 되지 않을까 하는 떨리는 마음으로 자신을 돌아보는 데 여념이 없었습니다. 영혼의 모든 시선을 오직 하나님 한 분께만 고정시키며 간구하였습니다. 그래서 그들은 자신들이 설교자로서 회중의 존경을 받고 이름이 널리 알려지게 되는 일에 대하여 신경 쓸 여유가 없었습니다. 이런 과정을 통하여 하나님은 그들을 영향력 있는 설교자들로 세우셨습니다.

그들은 오직 하나에 소망을 걸었습니다. 하나님의 말씀을 깨닫는 일에 온 마음과 뜻을 다 바쳤습니다. 영혼을 깨우는 조지 휘트필드(George Whitefield)의 설교 한 편을 듣기 위해 한 달을 고생하며 대서양을 건넜던 사람들도 있었습니다. 로이드 존스(Martyn Lloyd-Jones) 목사가 런던에 있는 한 교회당에서 인도하는 저녁 예배에 참석하기 위하여 스톡홀름에서 비행기를 타고 오는 사람도 있었습니다.

설교자가 하나님의 말씀에 대하여, 이 같은 목마름과 깨닫기를 사모하는 열심, 그리고 자신의 영적인 수준과 처지의 개선을 위하여 오직 말씀을 통하여 하나님 만나기를 바라는 간절한 사모함이 없다면, 그가 스스로 받았다고 생각하는 설교자로서의 소명은 거룩한 신적 소명이 아닙니다. 그것은 단지 설교자로 부름 받았을지도 모른다는 느낌일 뿐인 것입니다.

말씀의 사람

설교자, 그는 진리의 말씀을 가득 소유한 자입니다. 그에게 있어서 설교할 기회는 진리를 가득 담은 저수지의 수문을 여는 것과 같아야 합니다. 예수께서 입을 여실 때, 폭포수와 같은 진리가 쏟아져 나와 영육간에 병든 자들을 고치고, 눌린 자를 자유케 하셨습니다. 그런 것같이, 설교자들도 이처럼 말씀으로 목자 잃은 양같이 유리하고 방황하는 자들을 건지도록 부름 받은 것입니다.

그리고 이 일은 유능한 설교자가 되기를 목표한다고 이루어지는 것이 아닙니다. 하나님을 향한 경외심과 사랑이 동기가 되어 오랫동안 말씀을 사랑하는 인격을 배양하고, 진리를 깨달음으로 깊어진 경건을 통하여 이루어질 수 있습니다. 하나님의 말씀에 대한 끝없는 사랑, 이것이 바로 하나님께로부터 보냄을 받은 설교자의 참된 표지입니다.

  설교자, 그는 진리로 가득 찬 사람입니다. 그것을 쏟아 놓지 않고는 견딜 수 없는 사람입니다. 언제 어디서든지 말입니다.

Be Kindled with Heavenly Fire

호세아를 선지자로 부르시는 사건을 통하여 설교자가 교회뿐만 아니라 세상의 역사와 어떤 밀접한 관계를 갖고 있는지 살펴본다. 그리고 설교자가 추구해야 할 나라가 단지 세상 정치가들이 추구하는 나라와 어떻게 다른지 살피고, 분단 조국의 상황에서 조국 교회 설교자들의 사명을 정위해 본다. 설교자의 대치할 수 없는 소명이 하나님의 진리를 설교함으로써 역사에 영향을 주는 것임을 말한다.

"웃시야와 요담과 아하스와 히스기야가 이어 유다 왕이 된 시대 곧 요아스의 아들 여로보암이 이스라엘 왕이 된 시대에 브에리의 아들 호세아에게 임한 여호와의 말씀이라"(호 1:1).

| 제 4 장 |

하나님이 말씀을 주신 사람

"호세아"라는 이름은 '여호수아'나 '예수'와 같은 어근을 가지고 있습니다. 이 모든 이름의 어원은 히브리어로 '야샤'(יָשַׁע)입니다.[32]

이 이름들은 '구원', '도움', '구출' 등의 의미를 갖고 있습니다. 호세아 선지자가 북왕국 이스라엘 출신의 선지자라는 사실은 호세아서 자체의 내용으로 미루어 보아서도 분명합니다.

들어가는 말

그는 레바논이나 다볼, 사마리아, 벧엘, 이스라엘, 라마 같은 곳을 언급하고 있는데, 이 장소들은 모두 북왕국 이스라엘의 지명입니다. 북왕국 이스라엘의 대명사로 쓰인 '에브라임'(Ephraim)이라는 지명만 하더라도 무려

---

32) "호세아"(הוֹשֵׁעַ)는 '도움, 구원, 혹은 구원자, 돕는 자'라는 의미이다. 70인역(*Septuagint*)에서는 'Ὡσηέ'로 번역되었으며, 라틴역(Vulgate)에서는 'Osee'로 번역하였다. 카일(C. F. Keil)은 호 1:1의 왕들의 계보를 보면서 호세아의 선지자 사역이 60-65년 이상 계속되었다고 주장한다. 즉 웃시야 시대에 약 27-30년간, 요담과 아하스 시대에 31년간, 히스기야 시대에 1-3년간 사역했다고 본다. C. F. Keil, *Commentary on the Old Testament; Minor Prophets*, vol. 10, (Grand Rapids: Eerdmans Publishing Company, 1982 reprinting), p.1, 15.

서른네 번이나 언급되고 있습니다. 그의 예언 사역도 주로 북왕국을 대상으로 하였으며, 바로 그 때 남왕국 유다에서는 이사야 선지자가 예언하고 있었습니다.

그는 마치 심장이 터질 것 같은 마음으로 북왕국에 대하여 예언하면서, 임박한 왕국의 멸망을 미리 알려 주었습니다(호 4:3). 뿐만 아니라 그는 포로 이후에 있을 영적 회복을 미리 전망하면서, 그들이 그 때에 하나님께로 돌아와 경외하는 가운데 은총으로 나아갈 것까지 예언하였습니다.[33]

이러한 사실들로 미루어 볼 때 호세아 선지자는 단지 북왕국 이스라엘을 아는 정도로 예언한 것이 아니라, 거기서 성장하고 그 곳의 정취와 현실을 피부로 깊이 느끼고 있는 사람으로서 예언하고 있음에 틀림없습니다. 그래서 구약학자 에발트(Ewald)도 이 점에 관하여 다음과 같이 말했습니다.[34]

"그는 아모스처럼 에브라임 왕국을 단순히 방문한 정도가 아니라 그 왕국을 가슴 깊이 친근하게 느끼며 그들의 모든 행하는 것과 나아갈 바와 종교적인 운명에 대하여 본토박이 출신 선지자만이 보여줄 수 있는 깊은 동정심으로 이해하여 예언하고 있다."

요나가 이방에까지 미치는 하나님의 주권을 보여준 선교사적인 선지자였다면, 호세아는 타락한 조국 가운데서 하나님께로 돌아가도록 외친 동족을 위한 전도자였습니다. 이 호세아 선지자는 구약의 책들 가운데 가장 어려운 내용들을 담고 있으면서도 가장 풍부한 복음을 보여주는 책 가운데 하나입니다.[35]

---

[33] Charles F. Pfeiffer & Everett F. Harrison eds., *The Wycliffe Bible Commentary*, (Chicago: Moody Press, 1987), p.801.
[34] George L. Robinson, *Twelve Minor Prophets*, (Grand Rapids: Baker Book House, 1983), pp.15-16.
[35] 호세아서는 12권의 소선지서 가운데 가장 첫째 오는 책이다. 제임스 림버그(James Limburg)는 이 같은 사실을 주전 2세기경의 외경인 『시락의 아들 예수의 지혜서』(*The Wisdom of the Son of Sirach*)에 나온 예

그는 자신의 예언을 통하여 이사야나 시인들처럼 직접적으로 메시아에 대하여 풍부하게 예언하지는 아니하였습니다. 그러나 사랑을 통하여 새 계명을 강조하신 그리스도 예수의 교훈을 미리 보여주듯이, 복음서보다 수세기 앞선 구약적인 사랑의 복음을 외쳤다는 점에서 주목할 만한 신학적인 가치가 있습니다.

이스라엘을 택하신 하나님의 본질적인 성품이 사랑이시며, 하나님의 백성의 모든 비극이 그 하나님의 사랑을 깨닫지 못하는 데 있음을 풍부하게 드러내 보여주었습니다. 그런 의미에서 볼 때 호세아 선지자는 구약의 사도 요한이라고 불러도 좋을 것입니다.

이스라엘의 번영

선지자의 메시지를 바로 이해하려면 선지자가 활동하던 당시의 시대적인 배경을 염두에 두어야 합니다. 호세아는 물질적으로 매우 풍요한 시대에 살았습니다. 본문 첫 절에서 언급되고 있는 웃시야 왕은 재위 기간 중 계속되는 전쟁에서 연이어 승리하였고, 각종 토목 사업을 활발하게 추진하였으며, 요새를 증축하여 국방을 든든히 하고, 농업을 장려하여 눈부신 경제 발전을 이룩하였습니다(왕하 14:25, 대하 26장).

또 한편 북왕국 이스라엘 여로보암 2세는 세속적으로 볼 때, 백 년에 한 번 태어날까 말까 한 영명한 군주였습니다. 그는 탁월한 정치적 수완으로 약 사십 년 동안 북왕국 이스라엘을 통치하였습니다. 그 기간 중 솔로몬 왕국 이래 최대의 영토를 차지하였고, 솔로몬 당시에 이미 빼앗겼던 북방의

언이 이 선지자의 출현을 내다보았다고 생각한다. 시로 되어 있는 예언은 다음과 같다. "열두 선지자의 뼈들이 / 누웠던 곳에서 다시 살아나리니 / 이는 그들이 야곱의 백성들을 위로하였으며 / 확신에 찬 희망으로 그들을 구원하였도다"(Sirach 49:10). James Limburg, *Interpretation; A Bible Commentary for Teaching and Preaching, Hosea−Micah*, (Atlanta: John Knox Press, 1988), p.1.

다메섹 땅까지 합방하였습니다.

여로보암 2세는 예후 왕조의 세 번째 후계자로서 이스라엘의 가장 유능한 왕들 가운데 하나였습니다. 성경은 그가 영토를 이처럼 최대한 확장시킨 전쟁의 과정에 대해서는 기록하고 있지 않습니다. 하지만 그가 이룩한 영토의 확장은 대단한 것이어서, 북쪽으로 하맛 어귀까지 이르렀습니다(왕하 14:25). 이처럼 이스라엘의 실지를 회복함으로써 북왕국 이스라엘은 지중해 동쪽에서 가장 크고 영향력 있는 왕국이 되었으며, 여로보암 2세의 이름은 널리 알려지게 되었습니다.

이 같은 이스라엘의 발전은 국제 정세에 힘입은 바가 컸습니다. 이스라엘에게 있어서 가장 커다란 대적은 앗수르였습니다. 기원전 8세기 전반만 해도 앗수르의 영향력은 쇠퇴하였지만 디글랏빌레셀 3세 같은 이는 이스라엘까지 원정을 와서 공략할 정도로 이스라엘에게 커다란 위협이 되었습니다. 비록 이스라엘을 속국으로 만들 수는 없었지만 많은 조공을 가져갔습니다.[36]

그러다가 북방에서 새롭게 발흥하기 시작한 우라랏 족속들에 의하여 앗수르가 위협을 받게 되자, 앗수르는 이제 외치(外治)에서 눈을 돌려 내치(內治)에 힘을 기울이지 않을 수 없게 되었습니다. 이렇게 강대국의 영향력이 쇠퇴해진 틈을 타서 이스라엘은 여로보암 2세 아래 커다란 국가적인 번영

---

[36] 이 기간 동안에 이스라엘은 전통적으로 우호 관계를 맺어 오던 구세력인 애굽을 의지할 것인지, 신흥 세력인 앗수르를 의지할 것인지를 놓고 조정의 갈등이 심했던 것으로 보인다(호 7:11). 이스라엘의 왕 므나헴은 디글랏빌레셀(Tilgathpileser)의 무력에 굴복하기로 하였다. 그에게 바칠 조공을 위하여 많은 세금을 거두어야 했다. David Noel Freedman ed., *The Anchor Bible Dictionary*, vol.3, (New York: Doubleday, 1992), pp.293-294; 팔레스타인과 시리아의 정복에 관한 상세한 내용들이 비문에 기록되어 있다. James B. Pritchard, *Ancient Near Eastern Texts Relating to the Old Testament*, (Princeton: Princeton University Press, 1974 reprinting), p.282를 참고할 것.

을 이룩하기 시작하였습니다. 여로보암 2세는 사마리아 땅의 루이 14세라 할 수 있을 만큼 위대한 군주였습니다. 예후의 후손답게 군사 독재로서 나라를 다스려 부강한 사회로 세워 갔습니다.

타락한 신앙

그렇지만 그것은 모두 겉모습일 뿐이었습니다. 그렇게 나라가 부강하고 경제적인 부를 누리는 동안, 이와는 대조적으로 하나님과의 관계는 철저히 무너지고 하나님의 택한 백성들로서의 독특성을 잃어 가고 있었습니다. 비록 군사적으로는 강력한 힘을 가지고 있었으나, 도덕적으로는 극도로 부패해 있었으며 사회의 타락은 모든 계층에 이르렀습니다. 그들의 타락의 원인은 하나님을 떠난 영적인 타락에 있었습니다. 따라서 사회의 한 부분이 아니라 모든 분야의 사람들에게 타락의 징후가 나타날 수밖에 없었던 것입니다.

그래서 성경은 말하기를 "백발이 얼룩얼룩할지라도 깨닫지 못하는도다"(호 7:9)라고 하였습니다. 하나님과 백성들과의 관계를 바르게 세워 주도록 부름을 받은 제사장들마저도 악당들처럼 타락한 삶을 살게 되었습니다. 그들은 오히려 백성들이 죄악에 빠져 드는 것을 기뻐하였습니다. 왜냐하면 그렇게 그들이 죄 가운데 빠져 들수록 그들은 더 많은 제사를 드리기를 원했고 그만큼 자신들의 수입이 늘어났기 때문입니다.

이제 사회는 고칠 수 없을 정도로 악한 상황이 되었고 사태는 절망적이 되어 버렸습니다. 따라서 선지자는 이렇게 외치지 않을 수 없었습니다. "……이 땅에는 진실도 없고 인애도 없고 하나님을 아는 지식도 없고 오직 저주와 사위와 살인과 투절과 간음뿐이요 강포하여 피가 피를 뒤대임이라 그러므로 이 땅이 슬퍼하며 무릇 거기 거하는 자와 들짐승과 공중에 나는 새가 다 쇠잔할 것이요 바다의 고기도 없어지리라"(호 4:1-3).

머리말의 중요성

이제 우리는 호세아서의 본문을 살펴볼 때가 되었습니다. 흔히 우리는 신약의 서신서를 읽어 갈 때, 서신의 첫머리 부분들을 의례적으로 힐끗 살펴보고 넘어가곤 합니다. 그러나 사실 신약의 각 책들을 연구함에 있어서 그 책의 맨 첫 부분을 주의 깊게 살펴보는 일은 매우 중요한 일입니다. 왜냐하면 거기에는 그 책 전체를 조망할 수 있게 해주는, 더 정확히 말해서 그 책 전체를 해석하거나 묵상해 나감에 있어서 줄곧 붙잡고 있지 아니하면 안 될 중요한 전망이나 원리를 제공해 주는 근거가 있기 때문입니다.

이러한 사실은 구약의 선지서들을 연구함에 있어서도 마찬가지입니다. 구약의 선지서를 연구함에 있어서, 각 책의 첫 머리 부분을 깊이 성찰하는 것은 그 무엇보다도 가치 있고 중요한 일입니다. 더 심하게 말해서 선지서 전체에 대한 해석의 깊이와 적용의 날카로움은 이미 설교자가 그 책의 첫 부분을 다루어 갈 때 판가름 난다고 할 수 있습니다. 왜냐하면 대부분의 선지서가 그 책의 첫 부분에서 선지자로서의 장엄한 소명 사건을 다루고 있기 때문입니다.

선지자가 누구인지를 아는 것은 그의 소명 사건을 이해함으로써 비로소 가능해집니다. 그가 보여준 놀라운 일들은 분명히 그의 특이한 소명에 기초를 두고 있습니다. 선지자들은 단지 하나님을 위하여 남다른 열심으로 봉사했던 사람들이 아닙니다. 그들은 그 이상의 사람들이었습니다. 그들은 단지 제도에 의해 세움을 입은 사람들이 아니고, 하나님 자신에 의해 부르심을 받은 사람들이었습니다. 하나님께서 개인적으로 직접 불러 내어 특별한 일을 맡기신 사람들이었습니다. 마치 신약의 사도들이 그리스도로부터 직접적인 부르심을 받아서 세움을 입었던 것처럼 말입니다.

따라서 그들의 소명을 보도하고 있는 기사는 단순한 사실의 보도일 수 없습니다. 그들의 소명은 반드시, 선지자로서 하나님의 말씀을 전하는 사역을 감당하기 전에 자신을 소명하시는 하나님의 인격을 깊이 경험하는 영적 체험을 동반하였습니다. 우리는 이 점에 유의하여야 합니다. 이 같은 사실은 호세아서를 연구함에 있어서도 동일하게 적용됩니다. 이제 잠시 후 이 문제를 깊이 다룰 것입니다.

이상한 계보

그전에 우리는 호세아서 첫 장의 첫 절을 접하면서 의아한 느낌을 받지 않을 수 없습니다. 호세아가 누구인지를 알고 본문을 조금만 깊이 살펴보면, 본문의 내용에 들기 전에 우리는 먼저 1절에서 언급되고 있는 계보가 좀 이상하다는 생각에 잠기게 됩니다. "웃시야와 요담과 아하스와 히스기야가 이어 유다 왕이 된 시대 곧 요아스의 아들 여로보암이 이스라엘 왕이 된 시대에 브에리의 아들 호세아에게 임한 하나님의 말씀이라"(호1:1).

호세아 선지자는 북왕국 이스라엘의 선지자였습니다. 그럼에도 불구하고 그가 하나님께 소명을 받아서 말씀 사역을 시작하게 된 때를 말함에 있어서 자기가 자라 난 본국의 연호를 먼저 언급하지 않았습니다. 어쩌면 적국일 수도 있는 유다 왕의 계보들을 도리어 먼저 언급하고 있습니다. 이러한 이상한 순서의 계보를 적고 있는 성경의 기록이 메시지를 갖고 있지 않을 수 없습니다.

성경에서 순서는 매우 중요한 것입니다. 하나님의 말씀인 성경은 독단적인 어떤 사람에 의하여 아무렇게나 쓰인 것이 아닙니다. 호세아가 북왕국 출신의 선지자임에도 불구하고, 이처럼 남왕국 유다의 계보를 먼저 기록하고 있는 것은 선지자 마음속에 있었던 분열 왕국에 대한 예언자적인 견해를 분명히 알려 주고 있습니다. 우리가 이 문제를 다루기 전에 염두에 두어야 할 사실이 하나 있습니다. 그것은 왕의 계보에 있어서 남왕국 유다와 북왕국 이스라엘의 차이점입니다.

북왕국 이스라엘은 왕가(王家)가 형성되었습니다. 한 왕가는 정권을 손에 넣은 최초의 왕에 의하여 시작됩니다. 그리고 그들은 계대를 따라서 정권을 물려주게 됩니다. 그러나 다른 정치적인 대적이 등장하여 정권을 찬탈하게 되면, 그 사람이 새로운 왕가의 시조가 되고 또 다시 그들의 집안에서 정권을 이어가게 됩니다. 앞의 왕가와 뒤의 왕가 사이에는 어떤 특별한 혈연적인 연관이나 정치적인 관련이 없습니다. 단지 그 두 왕가가 서로 정권을 뺏고 뺏긴 관계라는 것 이외에는 어떤 관련도 없습니다. 북왕국 이스라엘의 왕권은 이런 식으로 왕가를 통해서 이어져 갔습니다. 나라의 왕권이 한 왕가에서 다른 왕가로 넘어갈 때마다 피비린내 나는 정치적인 숙청과 살인이 뒤따랐습니다. 따라서 북왕국 이스라엘의 정권 변천의 현장은 한 마디로 힘의 논리가 지배하는 곳이었습니다.

그러나 남왕국 유다는 그렇지 않았습니다. 선지자들의 예언을 종합해 보면, 유다도 이스라엘에 못지않을 정도로 타락해 있었습니다. 이방 종교에 빠져서 하나님의 백성으로서의 정체성이 위기 아래 놓인 적도 있었고, 제사장들과 정치 지도자들의 부패한 삶 때문에 선지자들이 진노하시는 하나님의 음성을 전하지 아니하면 안 되는 종교적인 위기 상황도 있었습니다.

그럼에도 불구하고 남왕국 유다에는 모든 계층의 백성들 사이에 형성된 그 국민적인 일치(consensus)가 하나 있었습니다. 그것이 무엇이었을까요? 종교적인 타락 속에서도 파기될 수 없는 국민적인 일치는 '왕은 반드시 언약의 왕 다윗의 후손이어야 한다.'는 것이었습니다. 그래서 다양한 사람들이 정치적으로, 종교적으로 세력을 이루며 나라의 정치에 관여하고 있었을지라도 왕위를 노리는 세력은 없었던 것입니다. 설령 어느 정치 집단에 왕권을 탈취할 힘이 있다고 할지라도 그것을 실행에 옮길 수 없었습니다. 왜냐하면 그 같은 무모한 행위는 즉시 범국민적인 저항에 직면하고 말기 때문이었습니다. 우리는 분열 왕국의 역사를 읽으며, 늘 이 사실을 마음에 두어야 합니다.

그러면 다시 본문으로 돌아갑시다. 북왕국 출신의 선지자인 호세아가 이처럼 남왕국의 계보를 먼저 언급함으로써 보여주고자 하는 것은 무엇입니까? 자기가 태어나서 자라 온 고국을 접어 두고 분단 저편에 있는 남왕국 유다의 계보와 연호 속에서 자신의 선지자로서의 소명의 시기를 자리매김하는 호세아의 모습 속에서 여러분은 무엇을 느낍니까? 이렇게 이상한 계보로 호세아 선지서의 첫 절을 기록해 가는 호세아의 마음속에 여러분이 들어가 있다면, 거기서 여러분은 어떤 이야기를 듣게 될까요? 하나씩 살펴보도록 하겠습니다.

진정한 조국

먼저 우리는 이 계보를 통하여 선지자의 마음속에 있었던 진정한 조국이 무엇이었는지 깨닫게 됩니다. 선지자는 비록 북왕국 출신이었지만 그에게 있어서 진정한 조국은 유다뿐이었습니다.

그러나 그가 유다를 진정한 조국으로 생각한 것은 단순히 유다의 역사적인 정통성이나 이산가족에 대한 향수 때문이 아니었음을 기억하여야 합니다. 그에게 있어서 "웃시야와 요담과 아하스와 히스기야가 이어 유다 왕이 된" 사실이 중요한 것은 그 왕들의 인물 됨이 대단해서가 아니라, 그들 유다 나라의 왕들이기 때문이었습니다. 나아가서 호세아 선지자에게 있어서 유다가 중요한 것은 단순한 왕권의 정통성 때문이 아니었습니다.

자신이 태어나서 자란 북이스라엘보다도 더 깊은 애정과 관심으로 남왕국 유다를 향수하였던 것은 유다 안에 예루살렘이 있었기 때문이고, 더 정확히 말하자면 그 예루살렘 안에 성전이 있었기 때문입니다. 하나님이 그 성전을 통해서 그의 백성들과 관계를 맺고 계셨기 때문입니다. 이 점에 있어서 북왕국 이스라엘은 늘 뒤질 수밖에 없었습니다. 여러분은 왕국이 왜 분열되었는지에 대하여 알고 있을 것입니다. 그것은 바로 솔로몬의 타락에서 이미 예견된 것이었습니다.

그럼에도 불구하고 그 심판은 그 백성들의 불신앙을 도구로 성취되었습니다. 다시 말해서 나라가 갈라지는 것은 하나님께서 기뻐하시는 바가 아니었습니다. 그렇지만 하나님께서는 갈라져 나간 북왕국 이스라엘 백성들에게도 어느 정도 조건부적인 은총의 약속을 주십니다. 그럼에도 불구하고 하나님의 구원 약속과 계시는 남왕국 유다를 통하여 이어져 오게 되었습니다.

호세아는 이 점을 주목하고 있습니다. 그리고 바로 이러한 사실 때문에 선지 사역에로 부르심을 받은 자신의 장엄한 소명 사건을 보도함에 있어서 유다의 계보를 먼저 언급하고 있는 것입니다. 이것은 그의 소명을 이해하는 데 매우 중요한 사실입니다. 왜냐하면 이것을 통하여, 우리는 선지자의 역사 해석을 읽게 되기 때문입니다.

그에게 있어서 중요한 것은 혈통이나 지연이나 정치가들의 구호가 아니었습니다. 오늘날 우리와 같이 분단된 국가의 백성들의 시각에서 보면 호세아 선지자의 이 같은 경향은 이적(利敵)적인 것이었습니다. 그러나 선지자에게 있어서 세상의 권력으로 나누어진 정치적인 국가보다도 더 소중한 오직 하나의 국가가 있었습니다. 그것은 동서로 가로지른 국경이 나누어 놓을 수 없는 신앙 속의 나라, 영적인 이스라엘이었습니다. 그것은 분단될 수 없는 나라였습니다.

역사를 바라보는 선지자의 시각은 결코 정치가들의 그것과 같지 아니하였습니다. 선지자에게 있어서 중요한 것은 세속적인 정치가들이 세운 이념이나 선전 구호가 아니었습니다. 그에게 있어서 중요한 것은 하나님이 관계를 맺고 함께하시는 하나님의 나라, '영적 이스라엘'이었습니다. 호세아 선지자는 그 이스라엘을 위하여 하나님의 말씀으로 사역하도록 부름 받은 사람이었습니다.

설교자와 분단

저는 이 짧은 본문 속에서 분단 조국의 아픔을 바라보는 시각을 발견해야 한다고 생각합니다. 그리고 그렇게 상처 난 분단 조국과 그 상황 속에서 살아가는 이 민족을 보듬어 안는 길을 설교자들이 보여주어야 한다고 생각합니다. 남북으로 갈라져서 반세기 가까운 세월 속에서 수많은 고통을 겪어 온 우리는 더 이상 공산주의 체제의 공상적인 우월성을 믿지 않습니다. 더욱이 그러한 이념이 조국을 지배하게 되는 세상이 결코 오지 않으리라는 것을 압니다.

우리는 그러한 이념이 하나님의 자리를 대신 차지하려 했던 어둡고 칙칙한 역사들을 기억하면서, 그러한 이념의 승리가 우리 조국과 동포들을 위하여 아무것도 해줄 수 없음을 잘 알고 있습니다. 그럼에도 불구하고 우리는 또한 자유민주주의 체제가 이데올로기(ideology)가 되어서 하나님의 자리를 대신하게 되는 것도 원하지 않습니다. 우리는 공산주의 체제에 대한 자유민주주의 체제의 우월성을 인정합니다. 그리고 우리나라가 분단을 딛고

통일된다면, 그것은 모든 백성들이 자유롭고 평화스러운 삶을 누리고, 인권이 존중되는 자유민주주의 체제 아래서의 통일이라는 사실을 조금도 의심하지 않습니다.

그렇지만 이러한 나라도, 설교자로 부름을 받은 우리들에게 있어서는 절대적인 나라일 수 없습니다. 나라는 분단되었지만, 우리는 그 가운데서도 나누어질 수 없는 하나님의 한 교회로서의 민족을 보도록, 본문을 통하여 도전받고 있습니다. 하나로 부름 받은 교회로서, 하나님을 믿는 백성들의 공동체인 나누어질 수 없는 하나의 공동체를 위하여 부름 받았다는 사실을 기억하여야 합니다.

그러므로 선지자들의 뒤를 이어 설교자로 부름을 받은 사람들은 마땅히 애국자 이상이어야 합니다. 혈연과 인종의 편견을 넘어서서 나누어질 수 없도록 부름을 받은 하나님의 한 백성, 영적인 교회를 위하여 충성하는 자가 되어야 합니다. 이스라엘 백성들을 인도하였던, 광야 교회의 지도자 모세를 기억해 보십시오. 그가 이스라엘 백성을 이끌고 애굽을 떠날 때에 그들은 단일한 혈통의 민족이 아니었습니다. 이들이 애굽을 처심으로 드러난 하나님의 위대한 주권을 통하여 실질적인 전도(?)를 받고 애굽을 떠날 때의 상황에 대하여 성경이 말하는 바를 주목해 보십시오. "이스라엘 자손이 라암셋에서 발행하여 숙곳에 이르니 유아 외에 보행하는 장정이 육십만 가량이요 중다한 잡족[37]과 양과 소와 심히 많은 생축이 그들과 함께하였

---

[37] "중다한 잡족"(ערב רב)에서 '에렙'(ערב)은 군집 명사 형태로 사용되었으며, 그 단어 자체가 다양한 족속의 혼합(mixed company)으로 이루어진 일단의 무리를 가리킨다. 이스라엘 안에 있는 무리를 가리키기도 하였고(출 12:38, 느 13:3), 애굽에 있는 무리들을 가리키기도 하였고(렘 25:20), 바벨론에 있는 무리들을 가리키기도 하였다(렘 50:37). 이는 이스라엘 사회가 혈통에 매이지 않는 개방된 신앙 공동체임을 보여준다. 즉 신앙고백과 할례를 통해서 이방인들이라도 얼마든지 이스라엘 회중 속으로 들어 왔던 것이다. Ludwig Koehler & Walter Baumgartner eds., *Lexicon in Veteris Testamenti Libros*, (Leiden: E. J. Brill, 1958), p.733 참조.

으며"(출12:37-38).

　이스라엘의 광야 교회는 폐쇄된 공동체가 아니라 개방된 공동체였습니다. 그들은 믿음으로 신앙을 고백하고 할례를 받음으로써 이스라엘의 회중으로 받아들여졌습니다. 라합이 그러했고, 모압 여인 룻이 그러했습니다. 가나안 정복의 영웅 갈렙은 가나안 원주민 출신의 태생이었습니다 (수14:6).

　그러므로 우리는 북에 있는 동포들의 영혼에 대한 무거운 부담들을 가져야 합니다. 정치가들이 느끼는 것과는 사뭇 다른 부담으로 이 시대의 분단 조국을 바라볼 수 있어야 합니다. 그리고 이전 시대의 교회의 영광과 신앙의 힘이 새롭게 회복되기를 사모하여야 합니다. 호세아의 시대처럼 문제 많은 이 시대에 부르심을 받은 우리들은 바로 그 선지자와 같은 시각으로 역사를 바라보고 해석할 수 있어야 합니다.

　호세아 선지자에게 있어서 중요한 것은 혈연적이고 지연적인 나라가 아니라, 영적인 나라였습니다. 선지자에게 있어서 진정한 조국은 오직 하나의 영적인 조국이었으며, 이것은 정치에 의하여 분단되었어도 나눌 수 없는 나라였습니다. 선지자 호세아는 바로 그 나라를 위하여 일하도록 부름 받았던 것입니다.

　저는 이 위대한 선지자의 글 첫머리를 대하면서, 조국 교회의 설교자들이 말씀 사역을 위하여 부름을 받게 된 상황을 생각하지 않을 수 없습니다. 공교롭게도 당시의 유다와 이스라엘처럼, 우리의 조국도 남북으로 분단되어 있습니다. 그리고 우리는 하나님의 말씀을 전하도록, 복음의 비밀을 맡아 설교자로 부름을 받았습니다. 우리는 단지 교회 안에서, 교회만을 위하여 설교하도록 부름을 받지 아니하였습니다. 결코! 그렇지 않습니다.

　우리는 하나님의 말씀을 맡았고, 질그릇과 같은 우리 안에 담긴 이 복음은 헬라인에게나 유대인에게나 구원을 위한 유일한 도리입니다. 사도가 말한 바와 같이 우리는 헬라인이나 야만이나 지혜 있는 자나 어리석은 자에게 모두 복음의 빚을 진 사람들입니다(롬 1:14).

그런데 복음의 영광스러운 승리를 위해서는 복음을 지니고 있는 교회의 영적 상태가 문제가 됩니다. 이러한 시각은 단지 정치를 통해 분단의 문제를 해결해 보려고 하는 정치가들이나, 경제적인 부를 통해서 해결해 보려는 소상인적인 사람들에게는 찾아볼 수 없는 시각입니다. 그러나 설교자로 부름 받은 우리들은 분단 조국의 아픔을 교회의 영적 상태와 관련해서 생각하지 아니하면 안 됩니다.

선지자와 예루살렘

선지자의 우선적인 관심이 예루살렘의 영적 상태였던 것처럼, 설교자로 부름 받은 사람들에게 있어서 가장 큰 관심거리는 교회의 영적 상태입니다. 설교자는 무엇보다도 이 일을 위하여 씨름하여야 합니다. 왜냐하면 한 나라의 미래는 교회의 영적 상태에 달려 있기 때문입니다.

이러한 사실을 간파한 시인의 고백을 기억하십니까? "하나님은 우리를 긍휼히 여기사 복을 주시고 그 얼굴빛으로 우리에게 비춰사 주의 도를 땅 위에, 주의 구원을 만방 중에 알리소서"(시 67:1-2). 여호와의 말씀과 구원하시는 하나님의 크신 능력이 온 땅에 널리 알려지는 가장 확실한 방법은 먼저 하나님께서 당신의 백성들을 기뻐하심으로 그들에게 자신의 임재를 보이시고, 그들로 하여금 하나님의 영적인 은혜 안에서 살아가도록 만들어 주시는 것입니다. 하나님께서 친히 오셔서 그들을 다스리시고 통치하시는 영광을 보여주실 때 하나님의 백성들은 세상에 영향을 미치지 않을 수 없습니다.

하나님의 구원하시는 능력이 온 땅에 충만하게 나타나기 전에, 하나님의 교회가 몰려드는 죄인들로 가득 차는 역사가 일어나기 전에, 먼저 교회가 하나님으로 충만해지는 역사가 나타납니다. 이것을 가리켜서 우리는 영적 부흥이라고 말합니다. 세상에 각성이 일어나기 전에 먼저 교회에 각성이 일어나고, 하나님의 백성들이 부흥을 경험하게 됩니다. 호세아 선지자가 그토록 예루살렘과 유다에 대한 향수를 가지고 예언하고 있는 것도 사실은 역사를 보는 영적인 시각 때문에 그러한 것입니다. "이스라엘아 너는 행음하여도 유다는 죄를 범치 말아야 할 것이라 너희는 길갈로 가지 말며 벧아웬으로 올라가지 말며 여호와의 사심을 가리켜 맹세하지 말지어다"(호 4:15).

선지자는 이스라엘의 행음을 인하여 슬퍼합니다. 그러나 더욱더 그를 슬프게 만든 것은 유다마저도 범죄하였다는 사실이었습니다. 그것은 절망과도 같은 것이었습니다. 이스라엘은 행음할지라도 유다는 정조를 지키며 하나님과 사귀어야 했습니다. 사마리아와 에브라임은 하나님의 뜻을 몰라도 예루살렘만은 하나님의 계획을 알고 있어야 했습니다. 임박한 하나님의 심판에 대하여 길갈과 벧아웬에게는 가려진 바 되었어도 예루살렘에게는 그리 되어서는 안 되었습니다. 하나님과 끊임없이 사귀며 거기에서 비롯되는 영적인 통찰로써 임박한 조국의 위기를 인지하고 그 백성들을 위하여 애통해 하며 다급한 전쟁의 나팔을 불 수 있어야 했습니다. 선지자들이 유다와 예루살렘을 바라보며 그토록 통탄해 했던 것이 바로 이런 이유 때문이었습니다.

설교자와 교회

이 같은 원리는 오늘날에도 그대로 적용됩니다. 세상이 하나님 앞에 소망이 있기 위해서는 교회가 소망이 있어야 합니다. 하나님의 교회가 하나님과의 바른 관계 속에서 자신이 하나님으로부터 세움 받은 신적 기관임을 드러내 줄 때, 세상에 하나님의 구원의 복음이 심대한 영향을 미치게 되는 것을 기억하여야 합니다.

그러므로 설교자들은 우선적인 관심을, 거룩한 진리를 소유하고 장엄한 약속들을 하나님께로부터 받는 데 두어야 합니다. 그러나 한편으로는 하나님의 다스림 아래 있음을 기뻐할 줄 모르는 불신앙과 영적 무감각으로 나아가기 쉬운 교회의 상태를 개선하기 위하여 힘을 쏟아야 합니다. 설교자들은 설교 시간마다 하나님의 백성들을 거룩하신 하나님의 면전 앞에 세워 주는 것을 가장 중요한 임무로 생각하지 않으면 안 됩니다.

따라서 설교자가 우선적으로 하나님의 교회에서 하나님의 백성들에게 설교하기 위하여 부름을 받았다는 것은 조금도 이론의 여지가 없습니다. 그러나 설교자의 소명은 거기서 멎어서는 안 됩니다. 그는 교회뿐만 아니라, 세상을 위하여 설교하도록 부름 받은 사람입니다. 하나님의 말씀을 선포함으로써 세상을 고치고 땅을 치료하도록 부름 받은 사람입니다.[38]

그러므로 설교자는 언제나 교회의 영적인 상황을 바라보면서 고통스러워합니다. 그리고 영적인 영향을 받아 새롭게 변화되지 못하고 있는 세상을 보면서, 다시 한번 교회에 각성을 외쳐야 할 필요를 느끼도록 부름 받은 사람입니다.

오늘날 여러 각도에서 통일에 대한 논의가 진행되고 있습니다. 여러 각도에서 통일 문제가 논의되고 있지만 만족스러운 답을 얻어 내지는 못하였

---

[38] 이 점에 있어서 목회자들을 위한 스펄전(C. H. Spurgeon)의 충고는 매우 귀담아 들을 만하다. 그는 당시 불신 사회에 대한 정확한 분석과 비판을 통해 악한 시대를 고치는 설교자의 사명을 강조하고 있다. 그는 이런 문제의 해결을 위하여 '경험적인 복음'(experiential gospel)을 강조하고 있다. C. H. Spurgeon, 『목회자들을 위하여』, 박범룡 역, (서울: 생명의말씀사, 1980), pp.120-163을 참고할 것.

습니다. 그러나 그리스도인인 우리의 입장은 분명합니다. 복음이 빠진 통일의 대안은 이 민족을 진정한 통일로 데려갈 수 없다는 것입니다. 어떤 사람들은 남과 북이 통일되는 데 드는 비용의 문제를 가지고 득실을 따지기도 합니다. 이것은 모두 소상인적인 태도가 아닐 수 없습니다. 이 나라는 하나의 민족으로서 하나의 국가 안에서 같은 행복을 누리며 살아야 합니다. 이것이 한 국가의 이상입니다. 정치적으로 분단된 나라는 정치를 통해서 하나가 되게 할 수 있습니다. 그러나 이것은 세속적인 시각에서의 통일입니다.

우리는 오십 년 가까이 분단되어 온 민족이 단지 함께 사는 것만으로 민족의 비극이 종결되고 하나 될 수 있을 것이라고 생각하지 않습니다. 이념으로 말미암아 동족상잔의 고통을 치러야 했던 지난날의 아픈 상처를 씻어 내고 원한이 바뀌어 사랑이 되고 복수심이 바뀌어 동정심으로 나타나는 일을 위해서는 다른 무언가가 절대적으로 필요합니다. 바로 그리스도입니다.

그 옛날 자부심 강한 유대인과 지혜를 자랑하던 헬라인을 한 형제로 만들었던 것이 무엇이었습니까? 종과 자유인을 한 형제로 묶어 줄 수 있었던 것이 무엇이었습니까? 성경은 말합니다. "또 십자가로 이 둘을 한 몸으로 하나님과 화목하게 하려 하심이라 원수 된 것을 십자가로 소멸하시고 또 오셔서 먼 데 있는 너희에게 평안을 전하고 가까운 데 있는 자들에게 평안을 전하셨으니 이는 저로 말미암아 우리 둘이 한 성령 안에서 아버지께 나아감을 얻게 하려 하심이라"(엡 2:16-18).

그리스도, 민족의 희망

이 민족으로 하여금 오랫동안 고착되어 온 분단의 벽을 허물고 마음 깊이 하나 되게 하는 일은 정치만으로는 충분하지가 않습니다. 그리스도인들은 이러한 일에 대한 대안으로서 복음을 가진 사람들입니다. 교회가 복음을 통하여, 이전의 정치적인 이데올로기(ideology)보다 더욱더 큰 영향력을 이 백성들에게 미쳐서 이제는 하나의 시조(始祖) 때문이 아니라, 그리스도 때문에 하나 된 민족을 보아야 할 때입니다. 설교자들은 이 점에 있어서도 투철한 역사 의식을 가지고 분단 이후와 통일을 바라보는 시대를 살아가는 선지자로서의 임무를 다하여야 합니다.

피켓을 들고 거리로 뛰어 나가는 것보다 중요한 설교자의 임무가 있습니다. 그러나 우리는 교회 안과 밖에서 기회 있을 때마다 하나님의 시각에서 복음의 정신으로 이 시대의 역사를 해석하고, 신앙적으로 나아가야 할 길을 알려 주어야 합니다. 그 나라가 처한 문제나 그 민족이 놓인 정황이 어떠하든지, 그들의 고통하는 실정에 대한 궁극적인 해답은 복음을 믿고 그리스도를 아는 것입니다. 하나님의 백성이 되어 하나님의 다스림을 받는 것입니다.

왜냐하면 우리가 꿈에도 그리는 조국은 그리스도 없이 단지 물질적인 부요를 누리며 함께 사는 사회가 아니라, 남과 북의 동포들이 그리스도로 말미암아 하나 되어 아오지로부터 마라도에 이르기까지 하나님을 경배하는 찬양의 함성으로 가득한 나라가 되는 것이기 때문입니다. 그리하여 이 나라가 열방 가운데 등불로 나타나고 열국 가운데 횃불처럼 타올라서, 하나님과 동행하는 백성의 장엄한 행진을 역사 속에 보여주어 하나님을 인정하고 섬기는 일에 시기 나게 하기 위함입니다.

이것이 바로 우리가 꿈꾸는 조국입니다. 아아, 우리는 모두 부름 받은 설교자로서 그러한 조국의 영광스러운 부흥을 기다립니다. 어디서든지 하나님이 경배를 받으시고, 그리스도의 이름이 존귀하게 여김을 받는 나라가 되기를 갈망하며 살아갑니다.

많은 왕, 한 선지자

호세아 선지자의 소명의 시기를 알려 주는 왕들의 계보를 보면서 받는 도전은 여기서 그치지 않습니다. "웃시야와 요담과 아하스와 히스기야가 이어 유다 왕이 된 시대 곧 요아스의 아들 여로보암이 이스라엘 왕이 된 시대에 브에리의 아들 호세아에게 임한 여호와의 말씀이라"(호 1:1).

여기에는 모두 여섯 명의 왕이 나옵니다. 네 명은 유다의 왕이고 두 명은 이스라엘의 왕입니다. 호세아의 사역은 주전 760년경에 시작되어 북왕국의 멸망에 이르기까지 적어도 삼십 여년 이상 계속되었을 것으로 생각됩니다. 그는 요나나 아모스, 오바댜나 말라기 같은 선지자들보다는 비교적 오랫동안 예언 사역을 했던 것으로 알려져 있습니다. 따라서 얼핏 보면 호세아 첫 절에 기록된 이 여러 왕의 계보는 선지자의 예언 사역이 장기간이었음을 보여주는 단서가 되는 것 같기도 합니다. 그러나 더욱 중요한 것은 단지 호세아 선지자의 사역이 장기간 동안 계속되었다는 이야기만이 아닙니다.

여기서 거명되고 있는 왕들의 계보를 보십시오. 그들은 모두 한 나라를 다스리던 사람들이었습니다. 때에 따라서 그들의 통치와 정치적인 영향력은 한 나라의 울타리를 넘어 다른 나라에까지 미치기도 하였습니다. 웃시야는 오십여 년 간 통치하였고, 요담은 약 십오 년 간 권세를 잡았고, 아하스는 이십 년 동안 임금 노릇을 했으며, 히스기야는 약 삼십 년 가까이 나라를 다스렸습니다. 그들의 권력은 강할 때도 있었고, 쇠약할 때도 있었습니다.

그렇지만 그들이 왕이 되어 나라를 다스리던 때를 생각해 보십시오. 나라 안에서 그들보다 높은 사람은 없었습니다. 온 백성은 그들의 다스림에 복종하여야 했고, 그들의 말은 곧 백성들이 지켜야 할 법이었습니다. 그들의 시대에는 사람들이 그들을 주목하였습니다.

그러나 보십시오. 화려하던 웃시야의 통치도 끝났고, 요담과 아하스의 권세도 역사 저편으로 사라졌습니다. 바벨론의 사신들에게 군기고를 보이며 자랑하던 히스기야 왕도 밀려오는 역사의 후예들에게 자리를 내어 주어야 했습니다. 우리 시대의 불멸의 독재자로 신적인 존재처럼 북한을 다스리던 김일성도 한 마디 유시(遺示)도 없이 자신의 권좌를 떠나야 했습니다. 무엇 때문입니까? 무엇이 그들로 하여금 생명을 걸고 지켰던 그 권좌를 저항도 없이 순순히 물려주지 않으면 안 되어서 이제 성경으로 하여금 이처럼 여러 왕의 계보를 언급하게 하고 있습니까?

대답은 간단합니다. 하나님께서 그들의 생명을 거두셨기 때문입니다. 그들은 왕이었지만 단지 인생일 뿐입니다. 그래서 성경은 말합니다. "주께서 낯을 숨기신즉 저희가 떨고 주께서 저희 호흡을 취하신즉 저희가 죽어 본 흙으로 돌아가나이다"(시 104:29). 또 다른 곳에서도 강조합니다. "……도울 힘이 없는 인생도 의지하지 말지니 그 호흡이 끊어지면 흙으로 돌아가서 당일에 그 도모가 소멸하리로다"(시 146:3-4).

그렇습니다. 거듭되는 여러 왕의 계보 속에서 우리는 인간이 단지 바람과 함께 사라져 가는 진토와 같은 존재라는 사실을 확인하게 됩니다. 역사는 한 나라의 임금을 주목했고, 백성들은 그의 통치에 희망을 걸었습니다. 그러나 역사는 흘러갔고, 하나님은 그들을 죽음 너머로 부르셨으며, 하나님께서 그들의 생명을 거두시자 그들의 통치도 끝났습니다. 누구도 예측할 수 없는 때에 이 땅에 와서 자신도 모르는 채 하나님께로부터 부르심을 받고 사라져 갔습니다. 이것이 바로 세상 나라의 본질입니다. 이것이 바로 이 세상의 영광과 권세의 참 모습입니다.

이 세상의 임금들이

꽃으로 꾸며 쓴

저 황금의 면류관은

광채를 잃겠네

그렇습니다. 세상의 영광스러운 권좌는 단지 오늘 피었다 지는 풀잎에 맺힌 이슬 방울과 같은 존재일 뿐입니다. 그래서 성경은 말합니다. "말하는 자의 소리여 가로되 외치라 대답하되 내가 무엇이라 외치리이까 가로되 모든 육체는 풀이요 그 모든 아름다움은 들의 꽃 같으니 풀은 마르고 꽃은 시듦은 여호와의 기운이 그 위에 붊이라 이 백성은 실로 풀이로다"(사 40:6-7).

이것이 바로 인간의 모습입니다. 그리고 이 세상에서 누리는 인간의 영광과 권력도 하나님의 눈앞에서는 단지 오늘 있다가 내일 아궁이에 던지어질 들풀 끝에 달린 풀꽃과 같은 것입니다.

풀은 마르고

지금으로부터 약 육칠 년 전에 이 말씀을 보았을 때가 생각납니다. 그 때 저는 '나'라는 인간 존재가 얼마나 초라하고 허무한지 절실하게 느끼게 하시는 하나님을 만났습니다. "모든 육체는 풀이요 그 모든 아름다움은 들의 꽃 같으니……" 여섯 달 동안을 밤마다 침상에서 울었습니다. 이 말씀을 기억하면서 말입니다.

침묵 가운데 흐르는 끝없는 공간과 영원의 틈바구니에서 잠시 살다가 가도록 보냄을 받은 인생 앞에 한없이 초라하게 창조된 자신을 바라보며 울었습니다. 누가 무어라고 위로하든지 이전에 내가 알던 모든 인생에 대한 알량한 지식들은 마치 죽음의 전쟁을 눈앞에 두고 마셨다는 중공군 호주머니의 독주(毒酒)와 같은 것이었으며, 부끄러운 춤판을 앞두고 댄서들이 맞곤 한다는 마약과 같은 것임을 깨닫게 되었습니다. 그것은 단순한 삶의 허무함에 대한 자각이 아니었습니다. 그러나 그것은 저만의 고백이 아니었습니다. "나의 때가 얼마나 단촉한지 기억하소서 주께서 모든 인생을 어찌 그리 허무하게 창조하셨는지요"(시 89:47).

저처럼 하나님을 아는 인식에 있어서 단지 천박할 뿐인 사람과는 비교될 수 없겠지만, 이사야 선지자가 이스라엘 백성들에게 단지 "풀"(חָצִיר)38)이라고 외치며 선포하라고 분부를 받았을 때에 그 마음이 어떠했을까요? 바로 방금 말씀드린 그런 마음이 아니었을까요? 사람들이 왜 하나님을 아는 일에 관심이 없을까요? 사람들이 왜 영원에 대하여 준비하지 않으면서도 능히 살아갈 수 있을까요? 어떻게 불 보듯 분명한 죽음을 눈앞에 두고도 태연자약하게 살아갈 수 있을까요? 그 이유가 무엇 때문이라고 생각합니까?

그것은 바로 인생 그 자체가 얼마나 허무한지를 모르기 때문입니다. 만약에 그들이 성경에서 증언하고 있는 인간의 운명을 직시하면서 그 인생이 얼마나 허무한지 깨닫게 된다면, 그들은 결코 맑은 정신으로 살아갈 수 없습니다. 바로 이런 이유로 오늘날 수많은 사람들이 술에 취하고 향락에 빠져 살아갑니다. 그들은 향락과 마취에 빠져 그 직면한 인생의 허무함을 잊어버리든지, 인생 너머에 있는 영원을 준비하며 살든지 둘 중 하나를 선택

---

38) 이사야 40장 6절 "······모든 육체는 풀이요 그 모든 아름다움은 들의 꽃 같으니"에서 "풀"로 번역된 히브리어 '하치르'(חָצִיר)는 다년생 식물이 아니라 일년생 풀을 가리키는 데, 이는 이스라엘에서 흔히 볼 수 있는 잡초를 의미하였다. 때로는 가옥의 지붕 위에서 자라기도 하고, 가뭄어 물 없는 도랑 옆에서도 잘 자라는 억센 풀이었다. Ludwig Koehler & Walter Baumgartner eds., *Lexicon in Veteris Testamenti Libros*, (Leiden: E. J. Brill, 1958), p.324; Francis Brown ed., *The New Brown, Driver, and Briggs Hebrew and English Lexicon of the Old Testament*, (Lafayette: Book Publisher's Press, Inc., 1981), p.347; H. W. F. Gesenius, *Gesenius' Hebrew-Chaldee Lexicon to the Old Testament*, (Grand Rapids: Baker Book House, 1984 reprinting), p.299.

하여야 합니다. 그러나 참으로 그들은 무엇인가 영원을 위하여 준비하지 않으면 안 되는 사람들입니다.

설교자는 바로 사람들에게 이러한 사실들을 알려 주기 위하여 부름 받은 사람입니다. 왜냐하면 그들로 하여금 영원을 생각나게 하는 것은 인생이 단지 들풀같이 허무한 존재임을 깨닫는 데서 비롯되기 때문입니다. 인생의 허무한 휘장을 슬픔 가운데 찢고 나면, 비로소 그 찢어진 휘장 뒤에 영광스럽게 빛나며 쇠하지 아니하는 보좌 위에 앉으신 하나님이 보입니다. 그리스도가 보이기 시작합니다.

하나님을 믿으며 살아가는 사람들의 인생도 유한하고 덧없기는 매한가지입니다. 인생의 본질적인 허무 앞에서 고독해 보지 않은 사람은 영원에 대하여 단지 피상적인 것밖에 말할 수 없습니다. 생의 허무 앞에서 모든 것을 버릴 만큼 좌절해 보지 않은 사람이 갖는 영원에 대한 확신은 단지 신념에 그치기 쉽습니다.

영원을 향해 설교하라

설교자들은 마땅히 회중들을 그 본질적인 인생의 허무 앞에 몸부림치도록 만들어 주어야 합니다. 하나님 이외의 것을 사랑하며 살아가는 인생이 얼마나 허무하고, 몸서리쳐질 정도로 공허한지 체험하도록 만들어 주어야 합니다. 그리고 회중들이 그러한 영원을 향한 몸부림 속에서 자신이 사랑하던 것을 모두 내려놓을 수 있는 데까지 가도록 말씀으로 보여주어야 합니다. 결코 인생은 한나절 장난처럼 살다가 가는 것일 수 없음을 보여주어야 합니다. 허무하게 창조된 인생이기에 그 생명을 의미 있게 하시는 하나님의 경륜에 마음을 기울이지 않을 수 없도록 만들어야 하는 것입니다.

오늘날 조국 교회의 설교자들은 현실에서 무엇을 어떻게 누리고 만족을 얻으며 어떻게 살아갈지에 대해서 너무 많이 설교하느라, 회중으로 하여금 영원 앞에 직면하게 하는 설교 제목들을 잃어 가고 있습니다. 신앙은 마치 이 세상에서의 결핍 해결만을 위하여 존재하는 것처럼 그릇 가르쳐지고 있습니다.

특별한 영적 부흥과 각성의 때를 제외해 놓고는, 세상 사람들은 그렇게 예수를 믿어 왔습니다. 기독교 신앙은 시간 세계 속에서 영원을 준비하고, 허무한 인생 속에서 의미 있는 종말을 예비하는 수단이 되기보다는, 현재의 비극을 도피하고 현실 세계의 불만족을 해결하는 수단으로 이해되었습니다. 오늘날도 사람들은 이러한 마음으로 교회에 옵니다. 만약 설교자로 부름 받은 우리들이 설교를 통하여 단지 그런 사람들이 원하는 현세적인 것이 교회에 있음을 확신시키는 것, 그 이상 아무것도 할 수 없다면 그리스도께서 오시는 그 날에 우리와 우리의 회중들은 모두 벌거벗은 모습으로 서고 말 것입니다. 왜냐하면 교인에게는 미래를 위한 아무 준비가 없을 것이기 때문입니다.

그러나 한 선지자의 소명을 보도하기 위하여 거명되고 있는 여섯 왕들의 이름을 보십시오. 우리는 그 속에서 인생을 읽습니다. 하나님이 아니면 극복할 수 없는 허무함을 타고난 인생의 모습을 보게 되는 것입니다. 그러므로 설교자들은 회중에게 그들이 단지 하나님 앞에서 풀미며, 그들이 누리고 있는 그 많은 영광도 단지 풀끝에 달린 이슬 방울과 같은 것임을 일깨워 주어야 합니다.

그리하여 그들로 하여금 모든 삶을 이렇게 영원의 시각에서 하나님과 관계를 맺으며, 그 거룩하신 대주재 앞에 의미 있는 인생을 살아가도록 만들어 주어야 합니다. 유한한 인생을 살면서도 무한한 세계를 향하여 의미 있게 되고, 허무한 세상을 살면서도 오늘을 살아가는 가녀린 몸부림이, 마르지 아니하는 영광에 이르는 과정으로 이어지도록 살아가게 만들어 주는 것, 이것이 바로 설교자의 사명입니다.

  설교자가 아니면 그들이 어디에 가서 인생에 대한 정직한 견해를 듣겠으며, 하나님의 말씀이 아니면 무엇을 통해서 생의 진실 앞에 직면할 수 있겠습니까? 인생이 얼마나 허무한지를 알면서도 그 허무감에 지배받지 아니하고, 오히려 더욱더 영원한 가치를 갈망하며 이 어두운 세상을 불꽃과 같이 살아가게 하는 위대한 힘이 그들에게 필요합니다. 설교자는 이 일을 위하여 부르심을 받은 사람들입니다.

브에리의 아들

  그런데 우리는 이 왕의 계보를 보면서 또 하나 의문을 갖지 않을 수 없는 사실이 있습니다. 그것은 바로 호세아라는 한 선지자의 이름입니다. 성경의 관점은 지금 왕들에게 쏠려 있는 것이 아니라, 이 한 사람 호세아에게 집중되어 있습니다. 다시 말해서 여기에 거론된 여섯 왕의 이름은 단지 호세아가 하나님께로부터 선지자로 부름 받은 사실을 보도하기 위한 자리 매김의 도구에 지나지 않았다는 사실입니다. 이 얼마나 놀라운 사실입니까?

  하나님의 시각에서 볼 때는 여섯 명의 왕이 왕위를 주고받은 것보다 호세아라는 한 사람이 말씀을 받고 선지자가 된 것이 더욱 의미 깊은 일이었다는 것입니다. 세상 사람들은 결코 그렇게 생각하지 않았을 것이나 하나님은 그렇게 여기셨습니다. 하나님은 이처럼 선지자를 통하여 역사에 개입하시고, 그들이 전하는 말씀을 가지고 일하기를 기뻐하십니다.

  호세아가 소명을 받은 시대는 이스라엘이 극도로 타락한 시대였습니다. 그래서 호세아서는 죄에 대한 풍부한 계시를 담고 있습니다. 여러 가지 형태의 죄들을 다루고 있지만, 선지자 호세아는 그 다양한 죄들의 본질과 궁극적인 국면에 대하여 주목하고 있습니다. 이런 점에서 볼 때 호세아 선지자는 신학적으로 대단히 깊은 통찰을 가졌다고 말할 수 있습니다. 호세아 선지자가 자신의 메시지를 통해서 강조하고 있는 하나님의 심판과 사랑도 사실은 이 죄 문제에 초점을 맞추고 있습니다. "내가 저희의 패역을 고치고 즐거이 저희를 사랑하리니……"(호 14:4).

호세아가 하나님의 지시를 따라 음란한 여인에게 장가를 들어 아이를 낳게 된 사건도 이 같은 이스라엘의 죄악 된 삶에 대해 암시하고 있습니다. 이 같은 이스라엘의 죄로 가득 한 사회적인 상황에 대하여 성경은 말합니다. "이스라엘 자손들아 여호와의 말씀을 들으라 여호와께서 이 땅 거민과 쟁론하시나니 이 땅에는 진실도 없고 인애도 없고 하나님을 아는 지식도 없고 오직 저주와 사위와 살인과 투절과 간음뿐이요 강포하여 피가 피를 뒤대임이라 그러므로 이 땅이 슬퍼하며 무릇 거기 거하는 자와 들짐승과 공중에 나는 새가 다 쇠잔할 것이요 바다의 고기도 없어지리라"(호 4:1-3).

뒤집지 않은 전병

나라는 부강하게 되었지만 이스라엘 백성들의 신앙은 하나님을 잊어버리게 되었습니다. 그리고 이러한 신앙적인 무지 속에서 종교적인 형식만을 위안의 요소로 삼으며 생활하고 있었습니다. 그래서 선지자는 이렇게 말합니다.

"그러므로 내가 선지자들로 저희를 치고 내 입의 말로 저희를 죽였노니 내 심판은 발하는 빛과 같으니라 나는 인애를 원하고 제사를 원치 아니하며 번제보다 하나님을 아는 것을 원하노라"(호 6:5-6).

따라서 그들은 세속적으로는 부강하고 육신의 일을 위하는 데는 분주하였지만 신앙적으로는 이미 하나님의 백성이 아니었으며 영적으로는 냉담하

였습니다. 이것을 가리켜서 선지자는 "뒤집지 않은 전병"(עגה בלי הפוכה)[39]
이라고 묘사하였습니다. 이처럼 육신적인 번영과 영적인 쇠망이 공존하게 된
것은, 결국 이스라엘 백성들이 하나님의 백성으로서의 독특한 맛을 잃어버리
고 세속적인 열방의 풍조에 자신을 내어 주었기 때문입니다(호 7:8).

그들은 마치 백발이 얼룩얼룩하여도 깨닫지 못하는 어리석은 노인과 같
았습니다. 이보다 더 심각한 것은 그들의 우상 숭배였습니다. "이제도 저희
가 더욱 범죄하여 그 은으로 자기를 위하여 우상을 부어 만들되 자기의 공
교함을 따라 우상을 만들었으며 그것은 다 장색이 만든 것이어늘 저희가
그것에 대하여 말하기를 제사를 드리는 자는 송아지의 입을 맞출 것이라
하도다"(호 13:2).

이스라엘 백성의 타락의 핵심부에는 이처럼 이방신을 섬기는 종교적인
타락이 있었습니다. 선지자의 시대의 가장 지배적인 타락상은 바알신을
숭배하는 데서 나타납니다. 그들은 독특한 신관을 가지고 있었습니다. 바
알신을 섬기기 위한 신당들이 산지에 있었는데 거기서는 농경 문화를 장악
하는 바알신에게 예배하는 행위가 이루어지고 있었습니다. 그리고 이 예
배 행위에서 많은 남녀들이 함께 음행을 함으로써 농사에 필수적인 비를
내리는 주기를 조절할 수 있다고 생각했던 것입니다. 다시 말해서 인간들
이 바알신 앞에 간음할 때에 그를 통하여 바알신이 이스라엘 백성들을 위
하여 비를 내린다고 생각했기 때문입니다.

이 같은 영적 타락은 그들 삶의 모든 구석구석에 파고들었으며 그들의

---

[39] 여기서 "전병"(עגה)은 히브리 사람들이 일상적으로 구워 먹던 가루로 반죽한 둥글고 넓적한 케이크 형태의 빵
을 의미한다. "뒤집지 않은 전병"이란 결국 '반만 익은(half-baked) 빵'을 의미한다. 8절에 나오는 이스라엘
에 대한 두 가지 이미지, 즉 '혼잡되다'와 '뒤집지 않은 전병'은 하나의 연속된 설명으로 보아야 한다. 즉 '혼잡
하다(to mix)는 반죽을 하는 모습을, '뒤집지 않은 전병'은 오븐 속에 들어 있는 빵을 의미한다. James L.
Mays, Old Testament Library; Hosea, (London: SCM Press, 1984), p.108.

실제적인 생활을 지배하였습니다. 하나님께서 그들의 범죄함을 내버려 두셔야 할 정도로 극도로 타락하게 되었던 것입니다. "너희 딸들이 행음하며 너희 며느리들이 간음하여도 내가 벌하지 아니하리니 이는 남자들도 창기와 함께 나가며 음부와 함께 희생을 드림이니라 깨닫지 못하는 백성은 패망하리라"(호 4:14).

설교자의 소망

세속적으로 번영하되 그로 말미암아 이룩된 백성들의 풍요로운 삶을 통제하고 지도할 수 있는 영적인 영향력을 교회가 잃어버릴 때, 그러한 물질적인 번영이 사람들을 오히려 타락으로 인도할 수 있다는 사실은 어느 역사를 보나 자명한 일입니다.

그러므로 나라를 위한 기도 제목은 단순히 국민 소득이 높아지고 부강한 국가가 되는 것일 수 없습니다. 우리의 기도 제목은 보다 영적이어야 합니다. 이슬같이 사라지고 구름처럼 없어지는 이 세상의 부를 의지하며 하나님을 떠나는 백성들이 되지 않도록 교회는 신령한 영향력을 세상에 끼칠 수 있어야 합니다.

그러기 위해서 교회는 이 세상이 소유하지 못한 거룩하신 하나님을 소유하고 있어야 합니다. 교회가 하나님과의 열린 관계를 통하여 끊임없이 영적으로 영향을 받아 그 신령한 영향력을 세상에 끼치고, 자신들이 믿고 그것을 따라 살아가는 하나님의 진리를 삶을 통하여 보여줄 수 있어야 합니다. 교회가 신령해질 때, 그리고 신적인 영향력으로 가득 찰 때, 그러한 교회가 도시 한복판에 있으면서도 그 도시의 백성들이 아무런 영향을 받지 않는 것은 불가능한 일입니다.

이스라엘이 왕국 분열 이래 최고의 번영을 누린 것은 사실입니다. 사람들은 호화스러운 삶을 살았습니다. 그들은 상아 침대에서 생활했으며 여름에는 여름 별장으로, 겨울에는 겨울 별장으로 옮겨 다니며 부를 누렸습니다. 부와 사치, 허탄함과 부패함, 풍요와 억압, 술과 환락의 노래 같은 것은 광야에서 온 맑은 영혼을 가진 선지자로 하여금 이제 하나님이 행하실 일은 오직 한 가지뿐이라는 확신을 갖게 하기에 충분하였습니다.[40]

그들은 부를 누리고 있었습니다. 태평성대 속에 살고 있었습니다. 그런데 보십시오. 그렇게 번영한 세상 나라가 이스라엘 백성들의 영혼을 위하여 무엇을 도와주었습니까? 번창하고 영광스러운 이스라엘의 왕가가 무너진 하나님과의 관계를 위하여 무슨 기여를 하였습니까?

그들은 비록 번성하고 세상에서는 영광스러운 국권을 누리고 있었지만, 하나님과 이스라엘 백성들의 깨어진 관계에 대해서는 아무것도 할 수 없었습니다. 이것이 바로 세상 나라의 번영의 한계입니다.

이것은 개인적인 신앙의 차원에서도 마찬가지입니다. 나라는 부강했지만, 국가 군기고의 많은 무기가 하나님과의 관계로부터 멀어진 그의 백성들에 관하여는 아무것도 기여할 수 없습니다. 세상의 나라가 아무리 번영한다 할지라도 하나님의 백성들의 영적인 운명은 세상 나라에 달린 것이 아님을 보게 됩니다.

하나님 나라의 백성들의 미래는 교회의 영적 상태에 달려 있고, 세상의 운명은 하나님 나라의 백성들의 영적인 영향력에 달려 있습니다. 본문이 여섯 왕들의 계보와 대조적으로 한 사람의 선지자를 거명하고 있는 것을 통해서, 우리는 세상의 타락을 다루시는 하나님의 방법이 무엇인지를 극명하게 발견하게 됩니다.

---

40) George L. Robinson, *Twelve Minor Prophets*, (Grand Rapids: Baker Book House, 1983), pp. 67-68.

한 사람 호세아

여섯 왕들의 계보에 마주하여 한 사람 선지자의 이름이 기록되고 있습니다. 그리고 그 사람은 "호세아"(הושע)였습니다. 그 이름의 뜻은 '구원'입니다.

하나님이 당신을 떠나가 세속적으로 타락해 버린 당신의 백성들을 당신과의 관계 속으로 새롭게 부르시는 방법은 무엇입니까? 이미 빛을 잃어버린 당신의 자녀들로 하여금 다시금 어두운 세상에 불꽃과 같은 백성들이 되게 하시고, 맛을 잃어버린 당신의 백성들로 하여금 세상의 소금이 되도록 새롭게 변화시키시는 하나님의 방법은 무엇입니까?

그것은 바로 하나님의 말씀을 통해서입니다. 본문이 호세아의 이름을 이처럼 여섯 왕과 마주하여 굵은 글씨로 뚜렷이 적고 있는 이유도 바로 이 때문입니다. 그는 브에리라는 사람의 아들이었습니다. 우리는 호세아라는 자연인에게 주목해야 할 이유가 없습니다. 호세아 시대에 이 왕들을 비롯해서 다른 이름을 가지고 살다 간 수많은 사람들이 있었습니다. 그러나 역사는 그들을 잊었습니다. 구원의 역사는 더더욱 그들의 이름을 기억할 필요가 없었습니다.

아아, 그 역사의 흐름 속에 형체도 없이 사라져 간 수많은 사람들의 생존의 허무함이여! 누군지도 모르고 이름조차 알 수 없는 그 수많은 사람들은 지금 사라져 간 역사의 휘장 뒤에서 우리를 향하여 소리치고 있습니다. 인생은 단지 풀이요, 그 육체의 아름다움은 들의 꽃과 같다고 말입니다.[41]

그러나 우리는 본문을 통해서 한 사람 호세아에게 주목하도록 부름 받고

---

[41] "말하는 자의 소리여 가로되 외치라 대답하되 내가 무엇이라 외치리이까 가로되 모든 육체는 풀이요 그 모든 아름다움은 들의 꽃 같으니 풀은 마르고 꽃은 시듦은 여호와의 기운이 그 위에 붊이라 이 백성은 실로 풀이로다 풀은 마르고 꽃은 시드나 우리 하나님의 말씀은 영영히 서리라 하라"(사 40:6-8).

있습니다. 설교자로 부름 받은 우리에게 이 얼마나 가슴 벅차는 일입니까? 잠시 심장의 박동이 멎을 것 같은 영원을 향한 긴장이 가슴속으로 밀려오지 않습니까? 역사는 흘러가고 왕들은 바뀌었어도 구속사가 주목하지 않을 수 없었던 한 사람, 그는 설교자였습니다.

그렇습니다. 설교자는 결코 그 직무에 있어서 평범한 사람이 아닙니다. 그는 영원을 향하여 의미 있는 유일한 일을 위하여 부름 받은 사람입니다. 우리가 여섯 왕보다 호세아에게 더 깊은 관심을 기울이는 것도 바로 이 때문입니다. 말씀을 받았던 그 시대의 백성들, 또 이 성경을 읽어 온 모든 교회, 그리고 본문을 상고하고 있는 지금 이 시대가 이 호세아에 대하여 관심을 기울여야 하는 것은 그가 하나님께로부터 보냄 받았던 선지자였기 때문입니다.

다시 말해서 우리로 하여금 호세아를 주목하게 하는 것은 호세아라는 인격 안에 깃들인 하나님의 메시지 때문입니다. 하나님은 호세아에게 주신 그 메시지를 통하여 당신과의 관계로부터 이탈된 그 백성들을 새롭게 부르고 계시기 때문입니다. 이 같은 원리는 오늘날도 동일합니다. 세상의 타락이 아무리 극심할지라도 하나님은 당신의 말씀을 통해서 세상을 바꾸실 수 있고 역사의 물줄기를 바꾸어 놓으실 수 있습니다. 아무리 크고 무거워 보이는 바위라 할지라도 작은 지렛대 하나로 움직이는 것처럼 하나님은 선지자들을 통하여 교회를 움직이시고, 새로워진 교회를 통하여 세상을 변화시키시는 것입니다.

해답은 설교에

하나님의 백성들은 세상에 대하여 기대를 걸지 말아야 합니다. 대신 세상에 관하여 깊은 관심을 가지고 이 세상 구석구석에 여호와의 이름이 알려지고 그것을 통하여 모든 백성들이 하나님을 영광스럽게 하는 상황을 기대할 수 있습니다. 그리고 그런 일은 언제나 교회와 하나님의 백성들을 통하여 비롯될 것이라고 하는 신념 또한 잃어버릴 수 없습니다.

그러므로 우리는 세상 풍조가 하나님을 떠나면 떠날수록, 교회를 돌아봐야 합니다. 왜냐하면 세상 풍조가 하나님의 교회의 형편을 알려주는 한 지표가 되기 때문입니다. 그래서 우리는 이러한 결론에 도달하게 됩니다. 최악의 시대는 언제나 최선의 교회를 요구한다고 말입니다. 희망이 없는 시대일수록 더더욱 영광스러운 교회의 출현에 목마른 기대를 갖고 있습니다. 변혁되어야 할 시대 정신은 언제나 교회의 섬김을 필요로 합니다. 그럼에도 불구하고 오늘날은 설교의 퇴조기를 맞이하고 있습니다.[42]

그러나 보십시오. 이 거대하게 흐르는 이스라엘의 타락의 물줄기를 제거하시는 하나님의 방법을 말입니다. 열방과 혼잡되어 하나님의 백성으로서의 독특성을 잃어버리고 우상숭배에 빠져 있는 이스라엘을 새롭게 하시는 하나님의 방법은 고요하게 시작되었습니다. 그것은 한 사람, 호세아를 부르시는 것이었습니다.

하나님의 말씀을 그에게 임하게 하셔서 그로 하여금 그 시대를 향한 하나님의 음성을 들려주고 그 하나님의 백성을 향한 하나님의 계획을 알려주시는 것이었습니다. 뿐만 아니라 그렇게 알려진 하나님의 뜻 앞에서 그 백성들이 영혼 깊은 곳에서 하나님의 임재를 느끼며 자신의 삶을 돌이키도록 하나님을 믿고 섬기는 생활의 방식을 본질적으로 개혁하시는 것이었습니

---

[42] 존 스토트(John R. W. Stott)는 서구에 있어서 이 같은 설교의 퇴조 현상이 60-80년대에 이르기까지 계속되고 있다고 주장한다. "So we come to the 1960s, 70s and 80s. The tide of preaching ebbed, and the ebb is still low today. At least in the western world the decline of preaching is a symptom of the decline of the church." John R. W. Stott, *Between Two Worlds; the Art of Preaching in the Twentieth Century*, (Grand Rapids: Eerdmans Publishing Company, 1997 reprinting), p.43.

다. 이것을 위해 한 사람 호세아가 하나님께로부터 소명을 받고 음란한 여인에게 장가를 들러 갑니다.

"여호와께서 비로소 호세아로 말씀하시니라 여호와께서 호세아에게 이르시되 너는 가서 음란한 아내를 취하여 음란한 자식들을 낳으라 이 나라가 여호와를 떠나 크게 행음함이니라"(호 1:2). 선지자가 찾아간 곳은 이스라엘 백성들도 익히 아는 사창가와 같은 곳이었을지도 모릅니다. 그 곳을 향하여 비통한 가슴을 안고 장가들기 위해 걸어가는 한 사람의 선지자를 생각해 보십시오. 누가 그 선지자의 걸어가는 모습을 보며 그것이 여섯 왕들의 역사와 관계가 있다고 생각했겠습니까?

선지자의 명예를 잃어버리게 하는 이 이상한 결혼을 실행에 옮기기 위해 디블라임의 딸 고멜을 찾아가는 이 모습 속에서 무슨 장엄한 기운을 느낄 수 있습니까? 아마도 그 시대의 타락한 풍조와 어울리는 그림이었을지도 모릅니다. 이스라엘의 타락은 단지 정치인들이나 부유한 자들에게만 한정된 것이 아니라 종교인들에게까지 보편화되었기 때문입니다.

그러나 보십시오. 이것은 육신의 눈으로 바라보기에는 아무것도 아닌 것 같은 타락한 한 시대의 그림에 불과했습니다. 그러나 신앙의 눈을 가지고 바라볼 때 고멜을 찾아가는 선지자의 발걸음은 그 자체가 하나님의 타오르는 메시지였습니다. 이미 음란하고 타락하여 소망이 없는 디블라임의 딸 고멜을 찾아갈 때 선지자 속에 끓어오르는 분노와 혐오감은 바로 이스라엘 백성들을 향한 하나님의 마음 그것이었습니다.

그럼에도 불구하고 자신을 그 혐오스러운 결혼에로 이끄시는 하나님의 사랑의 동기를 느끼지 않을 수 없게 만드셨으니, 이것을 통하여 선지자는 자신의 온 삶으로써 이스라엘 백성들을 향한 하나님의 관심과 열정과 뼛속 깊이 타들어 가는 애정을 보여주고 있는 것입니다. 이스라엘 백성들은 마땅히 타락한 여인을 찾아 장가들러 가는 선지자의 모습을 통하여 가치 없는 자신들을 찾아 나서시는 하나님의 사랑을 읽을 수 있어야 했습니다.[43] 그리고 호세아 선지자를 자신들에게 보내심으로써 그렇게 이스라엘을 찾아오시는 하나님의 눈물 겨운 사랑 앞에 심령이 녹아져야 했습니다.

그럼에도 불구하고 그들은 이 모든 것을 이해할 수 없었습니다. 이것은 하나님을 떠난 시대에 하나님의 백성들의 영적인 소경 됨을 보여주는 것입니다. 그들은 마음으로 하나님을 버렸고, 하나님을 버리자 하나님의 백성으로서의 영적인 분별력을 잃어버렸으며, 확연하게 눈에 보이는 하나님의 메시지를 깨달을 수 없었습니다.

사실 선지자가 음란한 여인에게 장가들기 위하여 걸어 갈 때에, 그것은 이스라엘 백성들을 향한 하나님의 피어린 외침 그 자체였습니다. "보라, 너희가 얼마나 가치 없는 타락한 죄인들인가! 그럼에도 불구하고 너희를 찾아 나설 수밖에 없는 나의 사랑을 보라. 이제 나의 마음속에 타 오르고 있는 이 불꽃과 같은 사랑을 어찌할 것이냐."

설교자를 부르심

지금도 하나님은 역사를 움직이는 한 지렛대로서 설교자들을 부르고 계십니다. 그를 통하여 당신의 뜻을 알리시고 백성들을 당신과의 관계로 돌아오게 하시기를 기뻐하십니다. 그러므로 하나님은 타락한 시대일수록 더

---

[43] 호세아의 결혼 문제에 대하여는 그 견해가 크게 네 가지로 나뉜다. 첫째는 환상으로 보는 견해(Eben Ezra, Maimonides, Kimchi), 둘째는 사건은 내적인 경험이지만 외적인 것만큼 진실하고 실제적인 사건이라고 보는 견해(Henstenberg, Calvin), 셋째는 비유나 상징으로 보는 견해(Luther, Osiander, Young)이다. 이 중 가장 좋은 해석은 선지자의 결혼을 역사적인 사건으로 보는 것이다. 중세 시대에도 대부분의 주석가들이 이 부분을 상징으로 보았다. 그러나 이 같은 해석은 선지자의 결혼이라는 행동 자체가 이미 선포적인 성격을 띤 예언임을 간과한 데서 온 것이다. R. K. Harrison, *Introduction to the Old Testament*, (Grand Rapids: Eerdmans Publishing Company, 1979 reprinting), p.861을 참고할 것.

욱 강력한 영권을 소유한 선지자들을 보내셨습니다.

여러분은 이스라엘의 가장 타락한 시대 중 하나인 아합과 이세벨의 세대를 기억하실 것입니다. 바알 종교가 가장 극심하게 부흥을 누리고 있을 때, 하나님의 선지자들은 핍박을 받았고 여호와의 종교는 끝난 것 같았습니다. 그 때에 하나님께서 당신의 백성들을 향하여 말씀하시기를 멈추셨습니까? 더 이상 그 시대를 간섭하지 않으셨습니까?

그렇지 않습니다. 하나님은 역사상 유래 없이 타락한 이 배교의 시대에 오히려 엘리야와 엘리사 같은 강력한 선지자들을 보내셔서, 탁월한 능력으로 불꽃과 같은 메시지를 담대하게 선포하도록 만드셨고 역사를 통하여 그들의 예언이 성취되게 하셨습니다. 이것이 바로 역사를 다루시는 하나님의 방법입니다.

그러므로 교회가 겁 없이 타락해 가는 그 시대를 바라보며 낙망하고 절망하는 일에 너무 많은 시간을 버리는 것은 옳지 않습니다. 설교자들은 시대의 타락과 교회의 세속화를 바라보며 개탄하고 낙심하기보다는 오히려 더 강력한 하나님의 말씀을 소유하고 도도히 흐르는 역사의 물줄기에 하나님 한 분의 이름을 의지하여 영적으로 도전할 수 있는 세례 요한과 같은 설교자들을 세워 주시도록 더욱 간절한 소망으로 기도해야 합니다.

설교하는 자신을 포함해서 말씀으로 하나님을 섬기는 모든 사람들의 영적 자질의 획기적인 변화를 위하여 뼈저린 탄식과 몸부림으로 주님의 이름을 부르며 간구하여야 합니다. 하나님 한 분 외에 누가 세상을 바꿀 수 있겠으며, 그 세상을 하나님의 교회를 통하여 바꾸기로 하신 분이 하나님이시라면 누가 그 변화의 원리를 바꾸어 놓을 수 있겠습니까? 우리가 지엽적인 문제보다는 늘 원리적인 문제에 깊은 관심을 기울이고 예리한 통찰을 잃지 말아야 하는 이유도 바로 이 때문입니다.

세상이 하나님의 교회를 통하여 영향을 받고 변화된다면, 하나님의 교회는 무엇을 통하여 새로운 변혁을 맞이하게 됩니까?

아무것도 없으면서도 모든 것을 가지고 있는 것 같은 부요한 착각에 사로잡힌 교회가 불현듯 눈을 뜨고, 그리하여 하나님 앞에 단지 벌거벗은 것 같이 아무것도 없는 비참한 존재임을 깨닫게 되는 영적 각성이 무엇을 통하여 오게 됩니까?

모든 것을 다 아는 것처럼 교만하고 어리석은 하나님의 백성들이 실상은 자신들의 눈이 어두워졌고 그리하여 신앙의 도리들을 올바르게 이해하지 못하였음을 깨닫고 이렇게 변화된 자기 인식을 장엄한 기독교의 진리 체계 앞에서 고백하지 않을 수 없게 되는 일이 무엇을 통하여 일어나게 됩니까?

형식적인 신앙의 틀 속에서 스스로 정당화하며 어떤 영적인 변화도 기대하지 아니하고 그 날그 날 살아가던 냉담한 심령을 가진 신자들이 문득 자신들이 잃어버린 그리스도의 목 메이는 사랑을 그리워하며 마음 깊이 영적인 공허감을 느껴, 하나님 앞에 그 진실한 사랑을 소유할 수 있게 해달라고 탄원하는 부르짖음이 무엇을 통하여 터지게 됩니까?

도저히 사람이 만들어 놓은 형식과 제도 속에 가두어 둘 수 없는 생명이 교회에 역사함으로 교회가 하나님의 영광을 갈망하고, 헌신짝 같은 자기의 의(義)를 의뢰하는 대신 모든 사람을 절망적인 죄 가운데서 건져 내기에 능하신 거룩한 십자가의 구속 능력을 대망하게 되는 소망의 변화가 무엇을 통하여 교회에 나타나게 됩니까?

이 모든 질문에 대한 답은 오직 하나입니다. 이 모든 질문에 분명한 답을 가진 한 사람의 설교자가 진리의 말씀을 힘 있게 외칠 때 이러한 일들이 일어난다는 사실입니다. 이것이 하나님께서 성경과 교회의 역사에서 당신의 백성들의 영적 상태를 새롭게 하시는 보편적인 방법이었습니다.

하나님의 면전에서 온 사람

하나님께서 만나시고 불러 주신 영적인 설교자가 이 모든 문제에 대한 성경의 답을 가지고, 하나님이 주시는 참된 인식을 따라 하나님의 백성들을 무지와 오해에서 깨어나게 하고 어리석은 착각에서 벗어나 변하지 않는 진실에 직면하게 할 때에 그들에게 영적인 각성이 일어납니다.

그들은 각성한 설교자의 설교를 들으며 자신에 대해 새롭게 깨닫게 됩니다. 자신들이 하나님 앞에서 단지 벌거벗은 사람들이었음을 보게 됩니다. 자신들은 부요하다고 믿었지만, 실상은 아무것도 없는 가난한 자들이었음을 깨닫게 됩니다. 자신들이 믿었던 신앙생활과 자기의 영혼들을 지켜 주리라고 믿었던 그 모든 형식적인 믿음 생활이, 임박한 하나님의 진노의 심판 앞에 마치 마른 나뭇잎으로 타오르는 불길을 가리려고 하는 것같이 어리석은 일이었음을 깨닫게 되는 일도 설교를 듣는 가운데 일어납니다. 그러면 이런 위대한 일들이 설교를 듣는 중에 일어나는 것을 왜 우리는 흔히 경험하지 못하는 것일까요?

그 대답은 간단합니다. 불완전한 설교와 설교자의 빈약한 영적인 형편 때문입니다. 우리는 예수 그리스도의 생애를 보면서 가장 완전한 설교도 보편적인 믿음을 불러일으키지 못할 수 있다는 사실을 인정할 수 있습니다.[44] 그러나 거룩한 각성과 영광스러운 영적인 부흥은 하나님께서 쓰실

---

[44] 우리는 받은 바 복음에 관하여 설교하고 해석하지만, 예수 그리스도는 자신이 곧 복음이셨다. 하나님의 나라와 믿음에 대해 설교하실 때 절대적인 권위를 가지셨으며, 설교의 능력에 있어서는 서기관들과 구별되는 위엄을 갖고 계셨고(마 7:29), 무엇보다도 공생애로 들어오실 때 성령을 한량없이 받으신 분이셨다(요 3:34). 예수님의 첫 설교는 "주의 성령이 내게 임하셨으나……"로 시작될 정도였다. 그럼에도 불구하고 예수님의 설교는 모든 사람을 회심으로 인도하지 않았다는 사실을 기억하여야 한다. 오히려 예수님의 설교는 그 설교를 듣는 사람들이 누구인지를 명백하게 드러내 주는 역할을 먼저 하였다. 즉 꼭 같은 형식 속에서 하나님을 믿어 왔는데 어떤 사람들은 예수님의 설교를 듣고 믿음으로 반응함으로써 그들 안에 하나님을 향한 참된 경외심이 있음을 입증하였고, 어떤 사람들은 오히려 그분의 능력 있는 설교를 통하여 자신들 안에 하나님을 향한 경외심이 없음을

만한 설교 내용과 설교자, 그리고 준비된 청중과 무엇보다도 그들 가운데 역사하시는 성령을 통하여 이루어집니다.

여기에서 우리의 관심은 설교자입니다. 설교자의 메시지가 선명하게 회중들을 모든 오해와 그릇된 확신, 빗나간 열심으로부터 건져 줄 수 있어야 합니다. 그리하여 그들로 하여금 그들의 마음과 삶 가운데 잘못 심겨진 그릇된 확신의 뿌리들과 어리석은 신념의 줄기들을 꺾어 버릴 수 있어야 합니다. 그리고 하나님의 말씀을 통하여 참된 진리를 아는 온전한 지식을 심을 수 있어야 합니다.

이런 일들이 일어날 때, 하나님의 백성들은 하나님을 향한 마음의 경향성을 바꾸지 않을 수 없게 되고 무엇인가 자신들이 깨닫지 못하던 신앙과 삶의 진실들을 발견하고 그 앞에 직면하지 않을 수 없게 됩니다. 이 모든 일들이 사람들의 마음속에서 일어나게 되고, 이 모든 변화의 과정들은 하나님과의 관계에 결정적인 영향을 끼치게 됩니다. 이러한 변화가 바로 선지자들을 하나님의 백성들 가운데 보내실 때 아버지께서 기대하시는 바입니다.

그렇습니다. 선지자들은 이런 일들을 하도록 보냄 받은 사람이었습니다. 그리고 설교자들도 이러한 영적인 변화의 임무를 계승하고 있는 것입니다. 설교자는 결코 세상이 가지고 있는 지식이나 교회가 이미 소유하고 있는 그릇된 진리에 대한 이해에 장단을 맞추기 위해서 보냄을 받은 사람이 아닙니다.

드러내었다. 그 때에 오히려 예수님은 설교를 통하여 사악한 본성이 드러난 사람들에게 도전을 받으셨다(요 8:39-40, 59). 그들은 설교하시는 예수님을 "돌을 들어 치려" 하였다(요 8:59). 이것은 아마 예수님의 발언이 모세의 율법을 거스르는 신성 모독죄에 해당한다고 생각했던 것 같다(레 24:13-16). 그러나 율법을 빙자하여 예수를 정죄한 자들이 율법이 정한 절차를 밟지 않고 돌로 치려 하였다는 사실은 그들의 분노가 정당한 신앙심에서 비롯된 것이 아님을 보여준다. R. C. H. Lenski, *The Interpretation of St. John's Gospel*, (Minneapolis: Augsburg Publishing House, 1961), pp.671-672.

타는 불을 가슴에 안고

따라서 진리에 대한 신념이 없는 사람은 결코 설교할 수 없습니다. 또한 하나님에 의해서 자신이 가지고 있는 그 신념이 교정될 수 있다는 가능성을 믿지 않을 만큼 교만한 사람도 강단에 오를 수 없습니다. 언제나 하나님께로부터 보냄 받은 자신의 정체성을 굳게 붙들어야 합니다. 자신의 메시지를 통하여 세상이 변화되고 교회가 자기의 설교를 통하여 이전에 모르던 새로운 신앙 세계를 보게 되고 진리에 대한 이해가 깊어짐을 믿어야 합니다. 뿐만 아니라, 궁극적으로 여호와 하나님을 더욱 뜨겁게 사랑하리라고 믿는 그 신념이 그로 하여금 설교하게 하는 것입니다. 이것이 바로 하나님께로부터 보냄 받은 사람들이 불타오르는 열정으로 설교하지 않을 수 없는 이유입니다.

냉담한 설교자는 언제나 냉담한 태도 그 자체로써, 자기가 하나님께로부터 보냄을 받은 적이 없는 강단꾼임을 스스로 입증합니다. 뜨거운 마음을 가진 설교자가 모두 하나님께로부터 보냄을 받은 것은 아닙니다. 사람을 뜨겁게 하는 것은 신적인 열정뿐 아니라, 인간적인 격정으로도 가능하기 때문입니다.

그러나 하나님께로부터 부르심을 받은 설교자는 언제나 뜨거울 수밖에 없습니다. 하늘이 그의 마음을 움직였는데 어떻게 뜨겁지 않을 수 있겠습니까? 신적인 능력이 그의 내면 세계를 뒤흔들었는데 어떻게 냉담할 수 있겠습니까? 하나님의 소명이 잠자는 그를 일깨워 하나님의 영광을 위하여 일하지 않을 수 없게끔, 그의 온 인격을 사로잡았는데 어떻게 놀이 삼아 설교할 수 있겠습니까? 하늘의 기운이 그의 영혼 깊은 곳에 사무쳐 영원한 세계를 향하여 외치지 않을 수 없게 하는 골수에 사무친 불이 있는데, 그가 어떻게 남의 말 하듯이, 시간이나 때우듯이 설교할 수 있다는 말입니까?

이런 일은 불가능합니다.

하나님의 방법

본문은 이 같은 신앙적인 원리를 분명하게 보여주고 있습니다. 보십시오. 커다란 영향력을 끼쳤던 세상의 왕들은 여섯 명이나 기록되고 있지만 선지자는 오직 한 사람입니다. "웃시야와 요담과 아하스와 히스기야가 이어 유다 왕이 된 시대 곧 요아스의 아들 여로보암이 이스라엘 왕이 된 시대에 브에리의 아들 호세아에게 임한 여호와의 말씀이라"(호 1:1).

하나님이 세상을 바꾸시는 이 단순한 원리를, 우리는 확신을 가지고 붙잡지 못하고 있습니다. 사람들이 저마다 사고의 혼돈을 일으키며 기독교 신앙의 가치 체계에 대한 오해가 만연한 것도 바로 교회가 이런 단순한 원리에 대한 확신을 잃어버렸기 때문입니다. 오늘날 우리 눈앞에 펼쳐진 교회상을 보십시오. 사사기의 말씀을 생각나게 하지 않습니까?

"백성이 여호수아의 사는 날 동안과 여호수아 뒤에 생존한 장로들 곧 여호와께서 이스라엘을 위하여 행하신 모든 큰 일을 본 자의 사는 날 동안에 여호와를 섬겼더라……그 세대 사람도 다 그 열조에게로 돌아갔고 그 후에 일어난 다른 세대는 여호와를 알지 못하며 여호와께서 이스라엘을 위하여 행하신 일도 알지 못하였더라"(삿 2:7, 10).

위대한 부흥의 시대에는 언제나 하나님께로부터 보내심을 받은 선지자와 같은 설교자가 있었습니다. 때로 그들의 메시지는 흔히 유행하고 있는 그 시대의 설교의 내용과는 너무 달라서 오해를 받기도 했고, 그 오해는 박해로 이어지기도 했습니다. 그리고 그들에 대한 박해는 죄악 된 세상이 아니라, 잠들어 있는 교회로부터 먼저 시작되었습니다.

그렇지만 온 땅에 찬란한 태양볕을 검은 외투 한 벌로 가릴 수 없는 것처럼, 하나님은 그들의 메시지를 교회에 알리셨으며, 회중들은 그 메시지에 대하여 영적으로 반응하지 않을 수 없었습니다. 변화된 설교자를 통하여 변화된 강단이 교회 가운데 드러나고 그 강단으로부터 회복된 하나님의 말씀이 흘러나올 때 교회와 세상은 영광스러운 변화의 때를 맞이하게 되었습니다. 이 본문은 설교자의 이러한 소명의 원리를 분명하게 보여줍니다.

말씀하시는 하나님

이어서 성경은 호세아의 소명에 있어서 핵심이 되는 한 가지를 보여주고 있습니다. 본문이 답하고 있는 질문은 바로 이런 것입니다. 그가 어떻게 그 시대에 태어난 평범한 한 가정의 아들로부터 이스라엘의 역사에 영향을 끼치는 선지자로서 변화된 삶을 살 수 있었을까? 무엇이 그로 하여금 그 시대의 아들인 "브에리의 아들"(בן־בארי)로부터 선지자 "호세아"(הושע)로 변화되어 설교자로서의 사명을 갖게 하였습니까?

우리가 선지자를 주목하는 것은 선지자 자신이 위대했기 때문이 아니라, 그 선지자를 통하여 말씀하신 하나님이 위대하셨기 때문입니다. 우리가 호세아를 주목하는 것은, 그렇게 하는 것이 그를 통하여 드러나야 하는 하나님의 말씀과 계시를 이해하는 데 보탬이 되기 때문입니다.

우리는 먼저 성경 본문에 기록된 "여호와의 말씀"(דבר־יהוה)이라는 이 연합된 두 단어 속에서 하나님의 성품을 발견하게 됩니다. 그것은 하나님이 말씀을 통하여 당신의 뜻을 드러내기를 기뻐하시는 분이라는 사실입니다. 단지 하나님이 우리들로 하여금 당신의 뜻을 찾고 발견하여 깨닫게 되도록 허락하실 뿐 아니라, 하나님이 자원하여 당신 자신의 성품과 교회와 세상의 역사를 향한 아버지의 계획을 기쁘게 알려 주시기 위하여 열심으로 애쓰시는 분이라는 사실을 늘 잊지 말아야 합니다.

사람들은 종종 하나님을 침묵하시는 분으로 이해하곤 합니다. 특별히 신앙생활과 영적인 삶에 있어서 우리는 이런 하나님의 침묵을 경험할 때가 있습니다. 무엇인가 해답을 얻고자 갈망하는 마음을 가지고 있음에도 불구하고 확연하게 응답해 주지 않으시는 하나님에 대하여 답답한 마음을 갖게 될 때도 있습니다.

그러나 이것은 대부분 바르지 못한 태도나 방식으로 하나님의 뜻을 알기 원해서 생기는 영적인 불만족일 경우가 많습니다. 성경을 통해서 우리가 확신할 수 있는 바는 하나님은 언제나 당신 자신이 누구이시며 따라서 그 백성들이 그 거룩하신 하나님 앞에서 어떻게 살아야 하는가를 알리시기 위하여 열심을 다하고 계시다는 사실입니다.

구약에서 수많은 선지자들이 불붙는 메시지를 가지고 역사 속에서 명멸하였던 그 모든 구속사의 흐름은 말씀을 통하여 우리에게 다가오시는 하나님의 열심을 증거하고 있습니다. 선지자들이 죽어 피가 피를 잇대이고 순교가 또 다른 순교를 부를지라도, 하나님은 마치 주의 종들을 조금도 아끼지 아니하시는 것처럼 세상을 깨우는 일에 그들의 생명을 허비하시는 것 같았습니다. 무엇이 하나님으로 하여금 외쳐도 귀기울이지 않고 선지자를 보내어도 말씀에 청종치 아니하는 백성들에게 끊임없이 충성스러운 진리의 사람들을 파송하시게 했습니까? 그것은 바로 당신의 백성들에게 말씀하기를 기뻐하셨기 때문입니다.

하나님의 백성들이 하나님과의 올바른 관계로 돌아오는 첩경은 홀로 곰곰이 생각하는 것이 아니라, 마음을 열고 하나님의 말씀에 귀기울이는 것입니다. 그런 점에서 볼 때 설교는 하나님의 백성들로 하여금 하나님과의 올바른 관계로 돌아오게 하고, 새로운 각성 속에서 영적인 회복을 경험하도록 만들어 주는 불변하는 최상의 방편입니다.

들으라!

오늘날은 설교가 교회 안에서 매력을 잃어 가고 있는 시대입니다. 사람들은 설교자의 선포를 통하여 자신의 하나님과의 관계에 어떤 바람직한 변화가 올 수도 있다는 기대를 잃어 가고 있습니다. 실로 영적으로 잠든 교회의 시대에는 언제나 이런 문제들이 자리하고 있었습니다. 하나님의 백성들이 하나님의 말씀을 듣고 깨닫게 되는 관계야말로 하나님과 하나님 백성들 사이에 일어나는 모든 관계의 한 출발점이라는 사실을 기억하여야 합니다.

구약 성경에서 흔히 발견할 수 있는 히브리어 동사 하나가 있습니다. '쉐마'(שְׁמַע)입니다. 이 말은 '듣다', '청종하다'의 뜻을 가진 동사 '샤마'(שָׁמַע)의 명령형입니다. '너희는 들을지어다', '쉐마'(שְׁמַע) 혹은 '쉐메우'(שִׁמְעוּ)라고 기록된 단어들이 어디서든지 발견됩니다.[45]

선지자들이 하나님의 말씀을 전할 때에도 제일 먼저 이 단어를 말하였습니다. 이것이야말로 실로 오늘날 잊혀 가고 있는 신앙의 한 원리를 보여주는 말이 아닐 수 없습니다. 그렇습니다. 하나님의 백성들은 하나님 한 분 앞에 고요히 무릎을 꿇고 그분의 음성에 전심으로 귀기울이도록 부름 받은 백성들입니다.

---

[45] 이 명령형 동사는 구약 성경에서 일일이 예를 들 필요가 없을 정도로 많이 나온다. 흥미 있는 것은 '들으라'는 의미를 가진 이 명령형 동사가 구약 성경에 골고루 흩어져 있다는 점이다. 특별히 이러한 동사는 그들의 사역과 관련하여 자세히 살펴볼 가치가 있다. 이스라엘 백성들을 인도하던 모세는 그의 백성들을 신적인 권위로 지도할 때에 "이스라엘아 들으라"(שְׁמַע יִשְׂרָאֵל, 신 6:4)고 말함으로써 모종의 선포를 시작하였으며, 그의 뒤를 이은 지도자로서 이스라엘 백성을 가나안 땅으로 인도하여 들인 여호수아도 이스라엘 백성에게 하나님의 계획을 전할 때에 도입 어구로서 이 말을 사용하였다. "여호수아가 이스라엘 자손에게 이르되……들으라"(וִשְׁמְעוּ)"(수 3:9). 선포적인 장면을 보여주는 시편에서도 이 같은 사실은 입증된다. "너희들아 다 와서 들으라"(לְכוּ־שִׁמְעוּ)……내가 선포하리로다"(시 66:16). 또한 선지서에서도 이 같은 설교자로서의 선지자들의 태도가 나타난다. "너희는 내 목소리를 들으라"(שִׁמְעוּ בְקוֹלִי) 그리하면 나는 너희 하나님이 되겠고 너희는 내 백성이 되리라"(렘 7:23). 이와 같은 용례는 호세아의 설교의 도입 부분에서도 나타난다. "이스라엘 자손들아 여호와의 말씀을 들으라"(שִׁמְעוּ דְבַר־יְהוָה בְּנֵי יִשְׂרָאֵל, 호 4:1). Gerhard Lisowsky ed., *Konkordanz zum Hebraischen Alten Testament*, (Stuttgart: Deutsche Bibelgesellschaft, 1993), pp.1464-1473.

어떻게 이스라엘 백성이 이방의 백성들과 구별되었습니까? 이스라엘 백성들의 마음이 하나님을 떠났을 때, 하나님 앞에서 가장 먼저 드러난 그들의 태도는 무엇이었습니까? 그것은 바로 하나님의 말씀에 귀기울이지 않는 것이었습니다.

예레미야 선지자는 그의 백성들에게 하나님의 말씀을 전하였습니다. "……너희는 내 목소리를 들으라 그리하면 나는 너희 하나님이 되겠고 너희는 내 백성이 되리라……"(렘 7:23). 이 위대한 약속은 새로운 것이 아니었습니다.[46] 그러나 그 백성들을 돌아오게 하는 요소로서 '하나님의 음성을 듣는 것'이 새롭게 제시되고 있습니다. 이것이 바로 이스라엘 백성이 이방 나라들과 구별되는 삶의 태도였습니다.

오늘날 이 복잡한 도시 속에서 그리스도인들과 비그리스도인들이 어떻게 구별됩니까? 외모가 그들을 구별 짓지 않습니다. 옷차림이 그 두 부류의 사람들을 나누어 주지 못합니다. 세상의 지위나 신분에 의해서도 이들이 나뉘는 법은 없습니다. 혈통에 의해서도 아닙니다. 그것은 바로 하나님의 말씀에 대한 태도입니다.

어리석은 사람들은 그 심중에 하나님이 없다고 생각합니다(시 14:1). 그들이 없다고 생각하는 하나님이 말씀하시리라고 기대할 리가 없습니다. 그들은 그렇게 생각합니다. 그러므로 그들은 자신의 생각과 판단을 의지합니다. 지혜로운 자들의 조언을 구하기도 하지만 궁극적으로 그들은 자기

---

[46] 예레미야서에 기록된 이 약속의 원형은 이미 출애굽기에 나타난다. "세계가 다 내게 속하였나니 너희가 내 말을 잘 듣고(שמוע תשמעו בקלי) 내 언약을 지키면 너희는 열국 중에서 내 소유가 되겠고 너희가 내게 대하여 제사장 나라가 되며 거룩한 백성이 되리라……"(출 19:5-6). 선택된 이스라엘 백성이 세계를 한 손에 가지고 계신 하나님께 비할 데 없이 영광스럽고 특별한 유업을 받는 것은 여호와의 말씀을 먼저 '잘 듣는 것'으로부터 시작되었다. 그러나 하나님과 그의 백성 사이에 '말씀하심-들음'의 관계가 깨어지자, 이스라엘은 하나님의 선택된 백성으로서의 영광과 특별한 은총을 잃어버렸고, 선지자는 회개를 촉구하는 가운데 가장 중요한 돌이킴의 요소로서 '하나님의 목소리 듣기'를 제시하였다(렘 7:23).

의 인생에 있어서 스스로 주인 노릇하며 살아가는 것입니다. 이것을 가리켜서 성경은 하나님 없는 삶이라고 말하는 것입니다.

그러나 하나님의 백성들은 누구입니까? 이 점에 있어서 그리스도인들은 세상 사람들과 어떻게 다릅니까? 그들은 다른 사람들과 같은 시대를 살지라도 삶의 원리가 다릅니다. 하나님이 그들에게 말씀하실 때, 그들은 자신의 모든 상식과 인간의 판단을 버리고 전심으로 그 말씀에 귀기울이며 지시하시는 계시를 따라 살기로 힘씁니다. 그것을 가리켜서 성경은 믿음으로 사는 삶이라고 말합니다.

따라서 우리는 아주 자연스러운, 그러면서도 쉽게 잊히는 평범한 교훈 앞에 서게 됩니다. 그것은 이것입니다. '하나님의 백성은 말씀하시는 하나님 앞에 서 있으며, 하나님은 말씀을 통하여 당신의 백성들에게 당신 자신이 원하시는 삶을 지시하신다.'

평범할 수 없는 사람

하나님의 백성들이 하나님의 말씀에 마음을 다하여 귀를 기울이지 않는 정도는 교회의 영적인 상태와 깊은 관계가 있습니다. 그래서 청교도 가운데 한 사람인 토마스 왓슨(Thomas Watson)은 이렇게 말하였습니다. "우리가 낙원을 잃어버린 것은 우리의 첫 조상이 유혹하는 뱀의 말을 귀로 들음으로써 초래되었다. 이제 우리가 천국을 얻게 되는 것은 하나님의 말씀을 귀로 들음으로써 오게 된다." 또한 성경도 이 점에 대하여 밝히 말합니다. "너희는 귀를 기울이고 내게 나아와 들으라 그리하면 너희 영혼이 살리라"(사 55:3).

오늘날은 그리스도인들이 하나님에 관하여 강단에서 울려 퍼지는 하나님의 메시지에 귀를 기울이기보다는 하나님에 관한 짧은 지식을 사람들에게 이야기해 주는 것을 훨씬 더 즐겨 하는 것 같습니다. 교만한 시대는 언제나 하나님의 음성에 귀기울이기보다는 자기의 이야기를 하는 데 정신 팔기가 일쑤였습니다.

본문은 호세아에게 "여호와의 말씀"이 임했다고 기록하고 있습니다. 그렇습니다. 선지자는 하나님께로부터 받은 말씀을 소유하고 있는 사람이었습니다. 그는 하나님에 관하여 알고 있는 사람이었습니다. 그리고 그가 소유하고 있는 하나님과 신앙의 진리에 대한 지식은, 하나님에 대해 항간에 떠돌고 있는 지식을 훨씬 능가하는 것이었습니다.

제가 만약 계속 이런 식으로 글을 쓴다면 어떤 사람들은 필자가 '설교자 우월주의'에 빠져 있다고 비난할지도 모릅니다. 지금 제가 전개하고 있는 이러한 논지는 설교의 수위성(首位性)을 인정하지 않는 대부분의 사람들에게는 분명히 편견처럼 들릴지도 모릅니다. 그렇지만 이러한 논리는 성경적인 것입니다. 만약에 하나님이 설교자를 통하여 교회에 말씀하신다는 평범한 진리가 독선적인 것으로 여겨진다면, 그 책임은 그 사실을 말하는 제게 있는 것이 아니라 성경에 있습니다.

선지자들의 역사를 읽어 보십시오. 그들의 설교 내용은 그 당시 백성들 누구나가 들려줄 수 있는 그런 상식적인 이야기가 아니었습니다. 그들이 기발한 것을 말하지는 않았지만, 그들의 메시지는 언제나 비상했고 충격적이었습니다. 그들처럼 이스라엘 백성들이 당면한 문제들에 대한 정확한 답을 가지고 있는 사람들이 없었습니다. 그들은 자신의 회중들을 깜짝 놀라게 해주고, 신선한 충격을 주는 것을 설교의 목표로 삼지 않았습니다.

그들은 언제나 이스라엘 백성들로 하여금 말씀하시는 하나님 앞에 직면하게 하고자 애썼습니다. 그래서 그들은 언제나 문제와 정황의 본질을 다루려고 힘썼습니다. 그리고 그 모든 문제의 근원을 하나님과 이스라엘 백성들과의 관계에서 찾았습니다. 선지자들은 백성들이 알지 못하는 하나님과의 관계 문제를 지적하였고 그 백성들의 실제적인 삶 속에서 하나님을 버린 증거를 보여주었습니다.

선지자들의 설교는 언제나 이런 식이었습니다. 때때로 하나님께서 미래에 관한 예언을 선지자에게 주셔서 전하도록 하셨지만, 선지자의 관심은 언제나 현실을 떠날 수 없었습니다. 가슴 벅찬 사랑으로 하나님 품에 안기기를 사모함에도 불구하고, 선지자 자신의 소원과는 상관없이 그분으로부터 끝없이 멀어져 가는 조국을 바라보면서 애정을 가지고 하나님의 말씀을 전하였습니다.

그들이 하나님의 말씀을 전할 때 이스라엘 백성을 향하여 가지고 있는 우선적인 소망은 하나님의 백성들로서 선지자의 말씀 선포에 마음을 모으고 귀를 기울이는 것이었습니다. 그러나 불순종하던 시대에는 이 즐거운 일, 곧 하나님께 선택받은 백성으로서 유일하신 하나님의 말씀 앞에 귀기울이는 특권을 누리는 것이 언제나 고통이 되었습니다.

우리는 이 같은 사실을 성경 여러 곳에서 발견할 수 있습니다. "이스라엘의 어렸을 때에 내가 사랑하여 내 아들을 애굽에서 불러 내었거늘 선지자들이 저희를 부를수록 저희가 점점 멀리하고 바알들에게 제사하며 아로새긴 우상 앞에서 분향하였느니라"(호 11:1-2).

이스라엘 백성들의 불신앙적인 완고함은 말씀하시는 하나님 앞에 그들이 지닌 태도를 통하여 나타났습니다. 그들은 단지 하나님의 말씀을 이해하지 못한 것이 아니라, 듣지 아니하고자 전심으로 노력했습니다. 여러분은 하나님의 사람 스데반이 영광스러운 순교의 순간을 맞이하는 사건이 기록된 사도행전 7장을 기억하실 것입니다. 하나님의 사람 스데반이 설교했을 때 이스라엘 사람들이 어떤 태도로 그 설교를 들었는지 기억하고 있습니까?

성경은 말합니다. "저희가 이 말을 듣고 마음에 찔려 저를 향하여 이를 갈거늘 스데반이 성령이 충만하여 하늘을 우러러 주목하여 하나님의 영광과 및 예수께서 하나님 우편에 서신 것을 보고 말하되 보라 하늘이 열리고 인자가 하나님 우편에 서신 것을 보노라 한대 저희가 큰 소리를 지르며 귀를 막고 일심으로 그에게 달려들어 성 밖에 내치고 돌로 칠새……"(행 7:54-58).

최악의 상황이기는 합니다만 이것은 하나님의 백성들인 이스라엘 사람들이 단지 말씀하시는 하나님의 음성을 못 알아듣거나 흘려 버리는 태만 이상의 것을 말하고 있습니다. 그들은 전심으로 하나님의 말씀을 대적했습니다. 하나님께로부터 보냄을 받은 설교자 스데반을 통하여 명확하게 들려오는 그리스도의 복음을 거절하기 위하여 그들은 마음과 뜻과 성품을 다하였습니다. 목숨을 걸고 그 말씀을 거절하기 위하여 자신의 모든 힘을 다하였습니다. 이것이 바로 하나님의 교회 속에서 일어날 수 있는 상황을 보여주는 것입니다.

하나님의 백성들이 영적으로 엎드려진 패배로부터 회복되는 일들이 어떻게 일어나게 됩니까? 이에 관하여 호세아는 말합니다. "이스라엘아 네 하나님 여호와께로 돌아오라 네가 불의함을 인하여 엎드려졌느니라 너는 말씀을 가지고 여호와께로 돌아와서 아뢰기를 모든 불의를 제하시고 선한 바를 받으소서 우리가 입술로 수송아지를 대신하여 주께 드리리이다"(호 14:1-2).

그러므로 교회가 영적으로 변화되고 복스러운 각성과 영광스러운 부흥을 기대하기 위해서는 우선 하나님의 말씀을 대하는 하나님의 교회의 태도가 커다란 변화를 경험하여야 합니다. 마음을 다하고 뜻을 다하여 순종할 준비가 갖추어진 마음으로 겸비하게 말씀하시는 하나님의 음성 앞에 자신을 내려놓을 준비가 되어있어야 합니다.

회중이여 회개하라!

이 점에 있어서 오늘날의 교인들은 진지한 꾸지람을 들어야 마땅합니다. 무료해 하는 표정으로 나아와 앉은 수많은 교인들의 태도 속에서 우리는 과연 말씀하시는 하나님을 향한 갈망들을 읽을 수 있습니까? 말씀을 통하여 깨닫게 하시는 하나님의 은혜가 아니고는 자신의 삶이 짐승과 같을 수밖에 없다는(시 73:22) 다급한 자기 인식으로 예배에 나아오도록 만들어 주고 있습니까? 오늘날 조국 교회 예배의 현장 도처에서 이 같은 복스러운 교인들의 태도가 발견되고 있습니까? 오히려 하나님의 말씀에 대한 기대감을 잃어버리고 하나님 없이도 씩씩하고 자신만만하게 살아갈 수 있다고 자부하는 영적인 교만들이, 예배를 신앙생활에 있어서 하나의 장식으로 만들어 가고 있지 않습니까? 설교 시간은 성직을 직업으로 삼고 살아가는 한 사람의 전문가적인 견해를 참고삼아 들어 보는 시간으로 바뀌어 가고 있지는 않습니까?

이러한 영적인 부요함은 어디서든지 발견됩니다. "네가 말하기를 나는 부자라 부요하여 부족한 것이 없다 하나 네 곤고한 것과 가련한 것과 가난한 것과 눈먼 것과 벌거벗은 것을 알지 못하도다"(계 3:17). 이것은 라오디게아교회를 향한 그리스도의 지적이었습니다. 이러한 영적인 부요함으로 가득 차 있던 라오디게아교회의 삶이 어떠하였습니까? 그들의 신앙 상태가 어떠하였습니까? 그들의 영적인 상태가 어떤 상황에 놓여 있었습니까? 이에 관하여 성경은 오해할 여지없이 분명한 어조로 답합니다. "내가 네 행위를 아노니 네가 차지도 아니하고 더웁지도 아니하도다 네가 차든지 더웁든지 하기를 원하노라 네가 이같이 미지근하여 더웁지도 아니하고 차지도 아니하니 내 입에서 너를 토하여 내치리라……내가 문밖에서 두드리노니……"(계 3:15, 20).[47]

그들은 스스로 영적인 교만에 빠졌지만, 그러나 하나님의 시각으로 볼 때 교회의 모든 지체들은 타락의 늪 아래 있었습니다. 결국은 그들로 말미암아 기뻐하셔야 할 그리스도조차도 그 교회를 역겹게 여기셨으며, 그들은 교회의 주인이시고 머리이신 그리스도를 문 밖으로 추방한 것과 다름이 없는 영적인 삶을 이어가고 있었습니다.

이것이 바로 오늘날 교회의 영적인 수준과 상태를 잘 말해 주는 한 예입니다. 교회가 하나님의 복스러운 은총을 잃어 가고 있는 증거들은 어디에나 풍부합니다.

교회의 영적 삶은 점점 동공화되어 가고 있습니다. 교회 수는 늘어나지만, 예배드리기 위해 모이는 사람들의 수는 줄어들고 있습니다. 사람들은 교회에 모이지만 그들의 마음은 하나님으로 가득 차 있지 않습니다.

잠자는 교회

교회는 세상의 영혼을 구원하는, 그 무엇과도 대치할 수 없는 소명을 세상을 향해 은이나 몇 개 던져 주는 것으로 대신하려고 합니다. 하나님의 영광을 위하여 그 백성들이 모여 부르짖어 간구하도록 세운 곳이 바로 교회임에도 불구하고 교회와 잃어버린 세상을 위해 드리는 가슴 저미는 기도의 의무를 사교로 대치하고 있습니다.

본질에 대한 강조가 희석되고 언제나 지엽적인 일들에 골몰하고 있습니다. 교회 안에서의 가치관과 세상에서의 가치관이 커다란 충돌을 일으키

---

47) 그런 의미에서 볼 때, 요한계시록 3장 20절은 불신자들을 위한 메시지라기보다는 교회의 영적 각성을 촉구하는 그리스도의 음성이다. 우리는 이 말씀을 통해서 교회의 영적 각성과 관련하여 세 가지 중요한 사실들을 이끌어 낼 수 있다. 첫째는 교회가 그리스도의 다스림을 거의 구현하지 못할 수도 있다는 사실이고, 둘째는 그러면서도 각성의 필요성을 거의 못 느낄 수 있다는 것이다. 그리고 마지막으로 이 모든 각성은 강제로 이루어지는 것이 아니라 자발적이고 인격적 결단을 통하여 이루어진다는 사실이다.

지 아니하고, 세상의 가치관을 바꾸기 위해 투쟁하는 선교사적인 삶을 택하는 대신 양자를 절묘하게 조화시키는 세속적인 타협을 하며 살아가고 있습니다.

사람들이 교회 속에서 어떻게 하나님을 사랑하며 살고 있습니까? 안락한 생활이나 세속적인 유행, 화려한 복장, 소유물에 대한 집착, 재물과 세상이 주는 감정과 흥분에 너무 예민해져 있지 않습니까? 그것들에 마음과 시간과 생각을 빼앗기고 있지 않습니까? 하나님이 당신의 백성들인 우리를 어떠한 사랑으로 구속하시고 인도하여 이곳까지 오게 하셨는지를 기억하고 감격하는 일에 얼마나 마음을 기울이고 있습니까?

"그러나 내가 에브라임에게 걸음을 가르치고 내 팔로 안을지라도 내가 저희를 고치는 줄을 저희가 알지 못하였도다 내가 사람의 줄 곧 사랑의 줄로 저희를 이끌었고 저희에게 대하여 그 목에서 멍에를 벗기는 자같이 되었으며 저희 앞에 먹을 것을 두었었노라"(호 11:3-4).

어떤 일을 당하여도 하나님께로 돌아오지도 아니하고 하나님을 갈망하지도 아니하며, 죄와 모든 불행 가운데서 이스라엘을 구속하시려는 여호와를 계속 거스르고 두 마음을 품는 것으로써 신앙을 대신하던 이스라엘 백성과 같은 모습은 아닙니까? 하나님을 아는 지식을 마다한 백성들을 향한 하나님의 목메는 사랑을 성도들이 얼마나 느끼고 있습니까?

하나님은 우리들을 죄의 그늘 가운데서 불러내어 이전에 어떻게 신앙적인 발걸음을 떼게 하여 광야와 같은 세상을 살아가야 할지를 가르쳐 주시고, 마라와 같이 쓴 물을 머금어야 하는 광야의 길에서 생수를 내시고, 대적을 만나 위기에 직면할 때에 업고 다니시기까지 기르시며, 주릴 때에 가슴을 헤쳐 젖을 물리시는 사랑을 보여주셨습니다. 그런데도 우리는 그 사랑에 대한 모든 감격을 잃어버리고 무뎌져 돌덩이와 같이 되어 버린 심령으로 교회당을 메우고 있지는 않습니까? 돌 같은 가슴으로 어떻게 거룩하신 하나님을 사랑하겠으며, 감격이 없는 마음으로 어떻게 그리스도를 섬길 수 있겠습니까?

하나님에 대한 이러한 사랑의 상실은 하나님의 말씀에 대한 무관심의 기초가 되고 있습니다. 그래서 설교자 찰스 피니(Charles Finney)는 이렇게 말하였습니다. "하나님의 말씀을 당신은 어떻게 읽고 있는가? 혹시 당신은 며칠씩 아니 몇 주씩 아니 몇 달 혹은 몇 년씩이나 하나님의 말씀 속에서 기쁨을 찾지 못했을 수도 있다. 한 장 정도는 읽었다면서 오히려 읽는 것을 통하여 하나님을 더 슬프게 하지는 않았는가? 너무나 무관심하게 읽었기 때문에 아침부터 저녁까지 어디를 읽었는지 기억도 못하고 있지나 않은가? 우리는 언제까지 거룩하신 하나님의 말씀을 의무감으로 읽을 것인가? 하나님을 사랑함으로, 그분을 경외함으로 마음과 뜻을 다하여 순종하도록 결심하며 읽어 가야 하지 않겠는가? 그래야 하나님의 음성이 당신에게 들리지 않겠는가? 만약 당신의 영적 생활이 실패하고 있다면, 당신은 틀림없이 하나님의 말씀을 아무렇게나 생각하는 그런 사람일 것이다."

조국 교회에 누룩처럼 번져 있는 교회의 이러한 영적 상황을 무엇으로 타개할 것입니까? 말씀에 대하여 무관심한 이 시대의 그리스도인들을 어떻게 깨워, 그들의 헐벗은 영적 상태의 곤궁함을 깨닫게 해줄 것입니까?

문제는 강단 아래만 있는 것이 아닙니다. 하나님의 말씀에 대한 그릇된 태도는 오히려 설교자들 사이에서 더욱 만연해 있습니다. 하나님을 믿지 않는 세상은 말할 것도 없고 하나님의 백성들도 하나님의 말씀에 귀기울이지 않습니다. 어떻게 하나님의 백성들이 전심으로 하나님의 말씀에 귀기울이던 영적인 삶에서 돌이켜 그토록 진리에 대하여 냉담해지고 하나님의 말씀을 지키는 삶에서 해이해지게 되었습니까? 이러한 영적인 상황은 어떻게 일어나게 됩니까?

외치는 자 많건마는

어느 교회에서 꽤 헌신된 사람으로 알려진 형제가 예배를 드리고 있었습니다. 찬송도 열심히 부르고 헌금도 정성껏 했습니다. 그러나 설교 시간만 되면 그는 시종일관 주보에 낙서를 하며 시간을 보내고 있었습니다. 주일마다 이런 모습이 되풀이되자, 부교역자 중 한 사람이 그를 불러 진지하게 물었습니다. 어찌하여 주일 낮 예배 설교에 귀를 기울이지 않느냐고 말입니다.

이에 대하여 그 형제는 조심스럽지만 단호하게 말하였습니다. "목사님, 주일 낮 설교 시간에 능력은 고사하고 그 전개되는 설교 내용이 우리 친구들끼리 묵상을 하고 나눈 Q.T. 수준조차 넘지 못한다고 생각한 지 일 년이 넘었습니다. 예배 시간이 괴롭습니다."

이와 관련하여 로이드 존스(Martyn Lloyd-Jones) 목사도 이런 말을 한 적이 있습니다. "사람들이 주일날 왜 교회로 나오는가? 그것은 예배를 빨리 끝내고 집에 가기 위해서이다."

하나님의 말씀에 관한 그리스도인들의 바르지 못한 태도는, 대부분 그 책임이 설교자들에게 있습니다. 하나님의 말씀을 향한 불타오르는 신념과, 진리가 성취되기를 사모하는 불굴의 소망, 그리고 그 말씀의 성취를 통하여 하나님의 이름이 존귀히 여김을 받아야 한다는 하나님의 통치에 대한 사무치는 열정이 설교 속에 반영되지 않기 때문입니다. 설교에 대한 설교자의 안이한 태도는 교인들의 영적인 교만을 부채질하고 있습니다.

어느 때부터인가 조국 교회 안에도 이러한 풍조들이 들어오게 되었습니다. 즉 설교를 통해서 무엇인가 단호하게 말하는 것은 시대에 뒤떨어진 독선의 소산이며, 설교자도 단 아래서 설교를 듣는 모든 회중들과 함께 의문과 회의에 둘러싸여 함께 고민하며 답을 찾아가는 상대적인 해결자로서 자신을 정위하는 것이 지성적인 설교의 한 방법으로 이해되기 시작했습니다. 그들이 즐겨 사용하는 언어 중 하나가 '……일지도 모릅니다.', '제 생각에는……합니다만' 이라는 것도 이러한 사실을 보여줍니다.

그러나 저는 감히 말합니다. 그것은 설교가 아닙니다. 그 사람은 설교자가 아닙니다. 그가 만약에 설교자라고 주장한다면 우리는 이렇게 답할 수 있습니다. 그는 하나님께서 세우신 설교자가 아니라 제도로부터 세움을 받은 설교자라고 말입니다.

호세아로 하여금 선지자가 되게 한 것은 그에게 임한 하나님의 말씀이었습니다. 하나님이 그를 부르셨으므로 그는 선지자가 되었고 하나님이 주신 말씀으로 진리를 대언하였기 때문에 그는 여호와의 말씀의 사신이 되었습니다. 그가 이스라엘 백성들에게 선포한 메시지는 자신에게서 비롯된 것이 아니었습니다. 하나님이 그에게 말씀하셨고, 그는 이스라엘 백성들이 모르는 그 무엇을 알고 있었으니, 그 시대의 백성들에게는 가려진 하나님의 말씀의 어떤 부분들을 드러낼 수 있었습니다. 아니, 정확히 말해서 드러내지 않을 수 없는 진리에 대한 인식, 하나님의 말씀에 대해 말하지 않고 마음속에 가둬 둘 수 없는 열망을 동반한 지식이 선지자 안에 역사하고 있었기 때문입니다. 호세아가 설교하였을 때 그 메시지는 기발한 것은 아니었으나, 그렇다고 아무나 흔히 말할 수 있는 상식적인 이야기도 결코 아니었습니다.

그는 하나님을 향한 탁월한 인식을 가지고 있었습니다. 그리고 하나님을 아는 새로운 차원의 지식과 인식의 빛 아래서 조국과 교회와 역사를 해석해 내었습니다. 그리고는 그 하나님의 백성들이 오늘을 어떻게 살아야 하며 내일을 어떻게 준비해야 할지 분명한 어조로 말해 주었습니다. 설교자 호세아 안에 있는 메시지는 결코 젊은이들이 함께 모여 앉아 차를 마시며 나누는, 성경을 소재로 한 신변잡기(身邊雜記)와 같은 수준의 내용이 아니었습니다.

숨이 멎도록

우리는 이 점에 주목하여야 합니다. 모든 설교자들은 바로 이 지점에서 숨이 멎는 것 같은 긴장을 느껴야 합니다. 선지자들의 메시지는 결코 모든 사람들이 말할 수 있는 그런 수준의 내용이 아니었습니다. 결코 그렇지 아니하였습니다. 그것은 그 선지자들이 뛰어난 신학 사상을 고안해 냈기 때문이 아니었습니다. 그들은 설교자로서의 부름에 합당한 하나님을 체험했고, 그것을 통하여 성경 속에서 물결치고 있는 하나님의 경륜을 발견했습니다.

무엇보다도 지금 자기의 골수 안에 오셔서 말씀하시고 역사를 향하여 열망을 가진 채 간섭하시는 위대한 하나님에 대한 가슴 벅찬 영적 체험을 가지고 있는 사람들이었습니다. 하나님의 인격에 대한 차원 높은 체험은 그들로 하여금 평면에 기록되었지만 장엄하고 입체적인 의미를 지니고 있는 하나님의 말씀을 깨닫게 했습니다. 그들은 그것을 설교하였던 것입니다. 이에 관한 신약적인 설명을 한번 들어 보시겠습니까?

"하나님의 종이요 예수 그리스도의 사도인 바울 곧 나의 사도 된 것은 하나님의 택하신 자들의 믿음과 경건함에 속한 진리의 지식과 영생의 소망을 인함이라 이 영생은 거짓이 없으신 하나님이 영원한 때 전부터 약속하신 것인데 자기 때에 자기의 말씀을 전도로 나타내셨으니 이 전도는 우리 구주 하나님의 명대로 내게 맡기신 것이라"(딛 1:1-3).

그렇습니다. 그가 사도 된 것은 그리스도의 선택에 의한 것이었습니다. 무엇을 위해서 사도가 되었습니까? 그는 단지 그리스도와의 충격적인 만남 때문에 이전 것을 버리고 예수만을 위해서 살기로 맹세한 한 종파의 열렬한 추종자가 아니었습니다. 이런 식으로 그를 이해하는 것은 그리스도의 소명에 대한 모독입니다.

그는 무엇인가를 위하여 사도로 부름 받았습니다. 어떤 일을 위하여 사신으로 택하심을 받았던 것입니다. 그것은 바로 복음을 위한 것이었습니다. 그 복음은 사도 바깥에 있지 아니하고 설교자인 사도의 인격 안에 역사하고 있었습니다. 그래서 그는 이 복음을 가리켜 "나의 복음"(my gospel)이라고까지 말하였습니다(롬 16:25). 전하지 않고는 배길 수 없는 그 무엇이 사도 안에서 역사하고 있었습니다. 그것은 단지 문자적인 지식이 아니었습니다. 사도 안에 담긴 구원의 도리가 되는 복음이었습니다.

사도가 이 놀라운 구원의 도리인 복음을 발견하고 설교하기 시작했을 때 사람들은 그 설교 앞에 어떠하였습니까? 상식적이고 성경에 관한 신변잡기 같은 토론을 통해 지껄일 수 있는 식상한 이야기들로 그 설교가 이어진다고 생각할 수 있었습니까? 그럴 수 없었습니다.

진리는 평범하지만 진리에 대한 이해는 탁월한 빛으로 성경 말씀을 타오르게 할 수 있습니다. 그래서 우리는 자극을 받을 때 더욱 치열하게 타오르는 불꽃을 생각하게 됩니다. 쇠를 녹일 듯이 치열하게 타오르는 불길에 물을 부으면 오히려 그 불꽃이 더욱 거세게 타오르는 것처럼 말입니다. 우리가 위대한 영적 각성이나 부흥의 시대를 눈여겨 살펴보아야 하는 것도 바로 이런 이유 때문입니다.

하나님을 만나고 영적으로 준비되어 보내심을 받은 설교자가 하나님의 말씀을 설교하기 시작할 때, 수세기 동안 잠자던 성경 본문이 하늘 끝까지 치밀어 오르는 생수를 터뜨리며 그 의미를 회중들 앞에 드러내어 그들로 하여금 충만한 생명을 누리게 하는 역사가 이런 때에 일어났던 것입니다. 때로는 그렇게 보냄을 받은 설교자가 메말라 보이는 평범한 한 본문을 풀어나가기 시작할 때, 회중들은 땅이 갈라지는 것 같은 영적인 충격 속에서 구원자이신 예수 그리스도의 이름을 부르며 전 삶에 걸쳐 통회 자복하기도 하였습니다.

그들을 변화시킨 설교자들이 다루고 있는 본문은 늘 성경에 기록되어 있는 것들이고, 그들이 설교를 통하여 일관되게 지지하는 교리도 전통적으로 교회가 익히 아는 평범한 것들이었습니다. 그럼에도 불구하고 그 탁월한 설교자들이 본문을 풀고 교리를 해설해 나가는 방식은 결코 평범하다고 말할 수 없었습니다. 그렇게 풀어 나가고 해설하는 과정에서 쏟아지는 엄청난 진리의 빛은 결코 상식적인 것일 수 없습니다. 그것은 있을 수 없는 일입니다.

휘트필드의 첫 설교

1736년 6월 27일은 세기적인 설교자 휘트필드(George Whitefield)가 처음으로 설교한 날입니다. 그가 자란 그로체스터의 세인트 메리 레크립트(St. Mary-le-Crypt) 교회에서 말입니다. 이 때 일에 대한 휘트필드 자신의 간증은 매우 유익합니다.

"저는 지난 주일 저녁 첫 설교를 했습니다. 그곳은 바로 제가 세례 받은 곳이고 처음 성찬에 참석한 곳이기도 했습니다. ……그 자리에 모인 많은 청중들은 호기심을 가지고 있었습니다. 처음에는 그들의 그러한 시선이 제게 두려움이 되었습니다. 그러나 저는 하나님의 임재하심을 마음으로 느끼고서 평안을 되찾았습니다. ……제가 계속 설교해 나갈 때, 마지막 순간까지 내가 하는 설교의 내용이 불붙어 역사하고 있음을 느낄 수 있었습니다. 내가 아직 애송이이고 어릴 적부터 내가 어떻게 자랐는지 잘 알고 있는 어른들 사이에 있었음에도 불구하고 말입니다. 비로소 저는, 제가 어느 정도의 수준으로 복음의 권위를 증거할 수 있는 설교자로서의 능력이 내 안에서 역사하고 있다는 사실을 믿게 되었습니다. 조롱하는 사람들도 몇 있었지만 대부분의 사람들이 큰 감동을 받았습니다. 후에 들리는 바에 의하면, 불평을 잘하는 사람이 제가 그 첫 설교로 열다섯 명을 미쳐 버리게 만들었다고 교회 감독에게 투덜댔다고 합니다. 그러자 그 존경할 만한 목회자는 그들이 다음 주일까지 계속 미쳐 있으면 좋겠다고 말했다고 합니다."48)

이 설교자가 이렇게 하나님의 임재하심을 느끼는 가운데 증거하고 있는 설교의 방식에 대하여 유의해 보십시오. 그에게 하나님의 말씀이 역사하시던 방식이 호세아의 마음속에 역사하시고 있는 말씀의 방식과 질적으로 같은 것이라고 생각지 않습니까?

불붙은 논리

따라서 냉담하게 설교하는 것은 설교자의 돌이킬 수 없는 과오입니다. 그것은 아무렇게나 설교하는 것에 버금가는 오류입니다. 왜냐하면 설교는 그런 것일 수 없기 때문입니다. 그래서 로이드 존스 목사도 설교를 가리켜

---

48) E. C. Dargan, *A History of Preaching*, vol. 2, (Grand Rapids: Baker Book House, 1974 reprinting), p.310. 18세기의 위대한 설교자 조지 휘트필드에 관한 자료는 방대하다. 그의 생애 중에 이미 출판되어 미국에서 널리 탐독되던 그의 일기와 서간집이 그의 전기의 기초가 된다. 1738-1741년에 걸쳐서 일곱 권의 작은 문집으로 나누어서 출판되었던 것이 후일 계속 증보되었다. 1960년에 최종적으로 추가 정리된 몇 가지 자료들을 함께 묶어서 "*George Whitefield's Journals*"이라는 제목으로 출간되었다. G. Whitefield, *George Whitefield's Journals*, (Edinburgh: The Banner of Truth Trust, 1985 reprinting). 그리고 그의 편지를 모은 서간집도 영인본으로 출간되어 있다. G. Whitefield, *George Whitefield's Letters*, (Edinburgh: The Banner of Truth Trust, 1976 reprinting)를 참고할 것.

서 '불붙은 논리'(a logic on fire)라고 하였습니다.

　설교단이 이러한 원리를 잃어버리고 설교를 통하여 하나님의 살아계심을 보여주는 데 실패하기 때문에, 하나님의 백성들이 말씀에 대하여 그처럼 안일하고 교만한 태도로 교회 생활을 하는 것입니다. 교회가 하나님의 말씀으로 돌아가고 그 백성들 가운데서 하나님의 말씀의 권위를 인정하는 신앙이 회복되기 위해서는, 먼저 설교자들의 살을 에는 것 같은 각성이 필요합니다. 그들은 평범하게 설교해서는 안 되는 사람들입니다. 성경을 소재로 신변잡기들을 토론하면서 도달할 수 있는 그러한 방식으로 식상한 이야기를 늘어놓는 것으로 설교를 대신해서는 안 되는 사람들입니다.

　다시 말씀드리거니와 다루는 본문이 평이하고 설교를 통하여 견지하는 교리가 잘 알려진 것일지라도, 그것을 풀어 나가는 과정을 통하여 그 말씀 속에 담겨진 기이한 진리의 빛들을 영광스럽게 드러내며 설교하여야 합니다. 사람들의 마음에 뜨겁게 와 닿지 않는데 어떻게 그 진리에 대한 냉담한 견해 앞에 인생을 맡기고 영원의 문제를 결단할 수 있겠습니까? 느껴지는 것이 없는데, 열려지는 진리에 대한 새로운 인식이 없는데, 마음을 사로잡는 기이한 도전이 없는데, 어떻게 이제껏 살아온 자신의 삶의 방식을 부정하고 자기의 모든 생활을 죄악이었다고 인정하며 거룩한 하나님의 진리와 은혜 없이 인생을 사는 것이 불가능하다고 항복할 수 있겠습니까? 그것은 불가능합니다.

　그러나 하나님의 말씀이 해일처럼 밀려 와서 모래성처럼 교만한 자신의 아집과 편견을 무너뜨리는 역사가 회중의 심령 속에서 경험될 때, 그가 어떻게 여전히 하나님의 말씀 대신 자신의 상식을 지팡이 삼아 살아갈 수 있겠습니까? 하나님의 전능하심을 의지하는 대신 자신의 어리석은 지혜를 믿으며 살아가는 담대함이 어떻게 남아 있을 수 있겠습니까?

제가 말씀 드리고 싶은 요지는 바로 이것입니다. 우리가 전적으로 하나님의 말씀을 의지하며 살아야 하고, 전심으로 그 말씀에 귀기울여야 한다는 사실을 굳게 붙드는 신앙은 체험을 통하여 견고하게 된다는 것입니다. 하나님의 말씀의 위대한 능력은 말로 들어서 알 수 있는 것이 아니라, 신앙생활 속에서 그 위대함을 체험하게 될 때에 인정하지 않을 수 없게 된다는 말입니다.

지상에 내려 온 하늘나라

저는 이러한 선지자들과 역사를 움직인 위대한 설교자들의 체험에는 감히 견줄 수 없지만, 그러나 이러한 저의 진술들이 사실임을 제게 확신시키기에 충분했던 작은 체험을 간직하고 있습니다.

어느 해 여름밤에 하나님께서 말씀을 전하도록 기회를 주셨습니다. 그 날 설교단에 오르는 순간 저의 마음과 전신이 하나님의 손에 붙잡혀 있으며, 하나님은 일찍이 경험하지 못한 어떤 일을 이 한 편의 설교를 통하여 하실 것이라는 신적인 확신이 저를 사로잡았습니다. 그리고 저는 설교가 행해지는 예배 장소 바깥에서 배회하는 모든 사람들을 모두 들어오도록 강권하였습니다.

그리고 예배 순서를 따라 설교하기 시작했습니다. 설교할 본문은 예루살렘의 멸망을 예고하며 우시던 예수 그리스도의 모습이 기록된 누가복음 19:41-44까지의 본문이었습니다.[49] 설교는 한 시간 남짓 계속되었고 설

---

[49] "가까이 오사 성을 보시고 우시며 가라사대 너도 오늘날 평화에 관한 일을 알았더라면 좋을 뻔하였거니와 지금 네 눈에 숨기웠도다 날이 이를지라 네 원수들이 토성을 쌓고 너를 둘러 사면으로 가두고 또 너와 및 그 가운데 있는 네 자식들을 땅에 메어치며 돌 하나도 돌 위에 남기지 아니하리니 이는 권고받는 날을 네가 알지 못함을 인함이니라 하시니라"(눅 19:41-44).

교가 계속되는 동안 무엇인가 손을 대면 곧 터질 것 같은 경건한 슬픔이 교회당을 크게 엄습하였습니다. 설교가 계속되는 동안에 여기저기서 억제된 흐느낌이, 약간은 어두운 시골의 교회당을 가득 메웠습니다. 그들은 마치 한 말씀이라도 더 듣기 위하여 복받치는 설움을 참고 있는 것 같았습니다.

교회는 깊은 산중에 자리했고 때는 어두운 밤이었습니다. 밖에는 폭우와 번개를 동반한 세찬 비바람이 휘몰아치고 있었습니다. 죄의 심각성과 하나님의 진노하심에 대하여 설교할 때, 순간순간 하늘이 찢어지는 것 같은 광음이 들렸고 먼 산기슭에 벼락 떨어지는 소리가 들렸습니다. 기이한 빛이 교회당 안에 번뜩이면서 설교는 절정을 향하여 치달았습니다.

저는 오랜 세월이 흐른 지금도 성령께서 설교를 듣는 회중들의 마음을 움직이는 데 그러한 자연 환경을 사용하셨다고 생각합니다. 설교가 끝나자마자 마치 총에 맞은 짐승들의 울부짖음 같은 비통한 부르짖음이 온 교회당 안에 가득하였고, 그 부르짖음이 어찌나 극도에 달했는지 집회하는 예배당의 천정이 찢어지는 것 같은 느낌을 받았습니다. 그들의 울부짖음은 고요한 밤하늘에 이따금 울려 퍼지는 천둥소리를 타고 골골이 휘돌아 나갔습니다.

사람들은 설교 중에 극심한 충격으로 정신을 잃고 쓰러지기도 하였습니다. 영적으로 눌린 자들을 드러내시고, 경련과 비명 속에 귀신들이 나갔습니다. 설교를 듣던 사람들은 밑도 끝도 없는 깊은 죄의식에 사로 잡혀서, 자신을 가리켜 '죄악 덩어리'라고 고백하였습니다. 자신에 대한 이러한 패배감은 예수 그리스도에 대한 시므온의 예언을 생각나게 하였습니다.[50]

---

50) "그 부모가 그 아기에 대한 말들을 기이히 여기더라 시므온이 저희에게 축복하고 그 모친 마리아에게 일러 가로되 보라 이 아이는 이스라엘 중 많은 사람의 패하고 흥함을 위하여 비방을 받는 표적 되기 위하여 세움을 입었고 또 칼이 네 마음을 찌르듯 하리라 이는 여러 사람의 마음의 생각을 드러내려 함이니라 하더라"(눅 2:33-35).

이 복된 패배감은 그리스도에 대한 갈망으로 이어졌습니다.

저녁 일곱 시 삼십 분 경에 시작된 예배는 이튿날 새벽 한 시 반이 되었는데도 끝나지 않았습니다. 어떤 사람들은 일어선 채 벽을 붙들고, 앉는 것도 잊어버린 상태에서 두 시간이 넘도록 폭포수 같은 눈물로 회개하였습니다. 성령은 집회의 인도자를 밀치고 스스로 예배를 주관하셨습니다. 성령께서 임하셨고 죄인들의 마음을 녹이셨으며 회개가 끝나자 성령의 각양 은사들은 회중을 뒤덮었습니다. 그것은 분명히 은혜 체험 이상의 사건이었습니다.

회중 가운데 괄목할 만한 변화는 그 이후에 일어났습니다. 이전까지만 해도 하나님의 말씀을 전할 때, 설교자로서 그들 앞에서 느끼는 저의 느낌은 목석 앞에서 설교하고 있다는 느낌이었습니다. 단지 귀를 기울일 뿐 아무런 느낌도 설교를 통하여 기대하지 아니하였습니다. 후일 그들은 저의 말씀 증거를 설교가 아니라 단지 소리로 느꼈다고 술회하며 말씀에 대한 자신들의 태도를 후회하였습니다.

그런 놀라운 일이 있고 난 후에 제일 먼저 달라진 것은 예배였습니다. 대다수의 사람들이 하나님의 말씀을 듣고 하나님을 찬양하고 기도하는 것 외에 주일날 아무것도 기대하지 않는 것처럼 보였습니다. 그들은 짧으면 한 시간 반, 혹은 길면 약 세 시간 가까이 계속되는 설교를 마음을 다하여 경청하였습니다. 설교를 듣는 회중들의 모습은 마치 석고상을 깎아 놓은 것 같았습니다. 회중석에서는, 설교가 시작되어서 끝날 때까지 추호의 미동(微動)도 없었습니다.

저는 그 이후로 하나님의 말씀을 어린아이와 같이 그토록 사모하며, 말씀을 듣기 위하여 마음을 다해 귀기울이는 청중들 앞에서 설교해 본 적이 없습니다. 그렇게 하나님 앞에 나아오는 사람들은 한 번 들은 하나님의 말씀을 결코 잊어버리지 아니하였습니다. 그중에 어떤 사람들은 몇 주 혹은 몇 년씩, 아니 지금 제가 이 글을 쓰고 있는 이 시간도 그 설교를 기억하고 그 말씀의 지배를 받으며 살아가고 있습니다. 뛰어난 영적인 축복을 누렸던 탁월한 시기는 비록 몇 달 동안이었지만, 그 동안은 마치 하늘나라가 이 땅에 내려와 있는 것 같았습니다.

그 후 헤아릴 수 없는 날 동안 설교했지만, 이런 일이 똑같이 일어남을 보지 못하였습니다. 후일에야 그것이 참된 영적 부흥이었다는 것을 알았습니다. 끝없는 고통과 대적이 둘러싸고 있었으나 제 인생 어느 때도 그렇게 행복한 시간은 없었습니다.

회중의 변화를 위하여

우리가 내릴 수 있는 성경적인 결론은 이것입니다. 하나님의 백성들의 말씀에 대한 태도를 바꾸기 위해서는 강단의 변화가 선행되어야 한다는 것입니다. 다시 말해서, 성도들이 하나님 말씀의 위대한 능력과 하나님을 향한 삶의 태도를 바꿀 수 있는 진리의 권세를 영적으로 경험할 때, 비로소 하나님 말씀에 대한 태도에 변화가 온다는 것입니다.

어려서부터 하나님의 말씀을 존중히 여기고 목회자의 설교를 경청하도록 훈련받을 수는 있습니다. 그렇지만 실제로 하나님의 말씀이 신앙생활에 있어서 얼마나 중요한 가치를 지니는지 마음으로 깨닫고 또 마음을 다해 하나님의 말씀을 선포하는 설교자의 메시지에 귀기울임으로 영적인 생활에 커다란 도전과 변화를 경험하게 되는 영적 체험 없이는 설교 듣기의 중요성을 삶으로 인정하기란 쉽지 않습니다.

그러므로 하나님의 말씀에 냉담해진 이 시대의 교회가 하나님의 뜻과 계시의 말씀을 사모하는 마음으로 깊이 깨닫고 변화를 맞이하기 위해서는,

먼저 하나님의 말씀의 위대함을 깊이 경험하고 불붙는 신적 열정을 가지고 회중들 앞에 등장할 설교자가 필요합니다. 그 사람에 의하여 특별한 방식으로 선포되는 하나님의 말씀에 의하여 사람들은 설교를 듣는다는 것의 진정한 의미가 무엇인지를 깨닫게 됩니다.

이 점에 있어서 예수 그리스도는 모든 설교자들의 모본이 되십니다. 예수 그리스도께서 산에 올라가 앉아 당신 앞으로 나아오는 제자들에게 산상수훈을 설교하셨습니다. 장시간의 설교가 끝나고 나서 그 설교를 경청하던 많은 사람들이 어떤 반응을 보였습니까? 모두들 그 시간이 지루하여 하품을 하며 시계를 보고 있었습니까? 언제쯤 저 지루한 설교가 끝날까 하고 인내하며 자리를 지키고 있었습니까? 그렇지 않았습니다.

예수 그리스도의 말씀이 물 흐르듯, 그분의 입술을 통하여 회중들에게로 흘러나왔습니다. 그들이 말씀을 들을 때에 새로운 교훈에 놀라기도 하였지만, 그 말씀이 증거되는 방식에 의하여 더 큰 충격을 받았습니다. "예수께서 이 말씀을 마치시매 무리들이 그 가르치심에 놀래니 이는 그 가르치시는 것이 권세 있는 자와 같고 저희 서기관들과 같지 아니함일러라"(마 7:28-29).

뿐만 아닙니다. 예수 그리스도께서 고향인 갈릴리로 돌아가셔서 저희의 회당에서 하나님의 말씀을 강론하셨을 때, 사람들은 놀랐습니다. 그것은 단지 예수 그리스도를 통하여 증거되고 있는 설교 내용의 화려함 때문만은 아니었습니다. 오히려 예수 그리스도는 평이한 말로 설교하셨습니다. 그 설교 속에는 사람들이 먹고 입고 생활하고 살아가는 이야기들이 진리를 전달하는 소재가 되고, 들의 풀과 꽃과 새와 맷돌과 곡식과 짐승 같은 것들이 하나님의 사랑과 구원의 방식을 전하는 재료가 되었습니다.

설교자로 고향에 돌아온 예수 그리스도를 보고 놀란 갈릴리 사람들이 충격 받은 것은 예수 그리스도의 설교 속에 깃든 심오한 학문성 때문이 아니었습니다. 그들이 충격 받은 것은 간결하고 명확한 방식으로 전개되는 구약에 대한 새로운 해석 때문이었습니다. 그리고 그들로 하여금 더욱더 놀라지 않을 수 없게 한 것은, 그 해석들을 설교할 때 느껴지는 거역할 수 없는 어떤 영적 권세였습니다.

예수 그리스도의 설교의 이 두 가지 요소를 그들은 '지혜와 능력'이라는 두 단어로 요약하였습니다. "예수께서 이 모든 비유를 마치신 후에 거기를 떠나서 고향으로 돌아가사 저희 회당에서 가르치시니 저희가 놀라 가로되 이 사람의 이 지혜와 이런 능력이 어디서 났느뇨 이는 그 목수의 아들이 아니냐……"(마 13:53-55).

설교의 두 기둥

그렇습니다. 변화된 설교자는 변화된 설교의 조건이며, 변화된 설교는 회중들의 말씀에 대한 태도 변화에 필수적입니다. 그러므로 우리는 설교자와 관련하여 두 가지 문제를 집중적으로 다루어야 합니다.

첫째는 설교자들이 성경 본문의 연구를 통하여 얼마나 기독교의 진리 체계를 깊고 바르게 그리고 풍부하게 이해하는가 하는 문제입니다. 둘째는 그렇게 깨달은 진리의 내용들을 얼마나 능력 있게 회중들에게 전하여 영적인 영향력을 미치는가 하는 문제입니다. 이 두 가지 문제는 설교의 회복을 다룸에 있어서 두 개의 기둥과 같은 것입니다. 두 가지 문제가 함께 변화를 일으키지 않으면 설교의 회복을 통한 교회의 갱신은 기대할 수 없습니다.

우선 하나님의 말씀을 전하도록 부름 받은 설교자들은 하나님의 말씀인 성경을 설교하도록 부름 받은 사람임을 기억하여야 합니다. 그들은 자신의 말로 복음의 내용을 선포하고 기독교의 진리를 반포하기 위하여 부름을 받았지만, 그러나 그들은 성경으로 그것을 설교해야 합니다. 따라서 우선 성경 자체에 대한 연구에 진지하고 열심 있는 설교자가 되어야 합니다.

저를 포함해서 많은 설교자들이 빠지기 쉬운 오류 중 하나는 '성경에 관하여'(about the bible) 연구하는 일에 골몰한 나머지, '성경 자체'(the bible itself)에 관한 연구에 자신을 드리지 못하는 것입니다. 중세 시대에 신학 박사 학위를 받은 사람 가운데 성경을 한 번도 읽지 못한 사람들이 속출하였다고 하는 이야기는 두고 두고 우리에게 교훈이 됩니다. 철학자들의 서적이나 교부들의 사상집이 교과서가 되고 성경은 오히려 부교재가 되는 이상한 일들이 일어났기 때문입니다.

성경을 설교하라

미국 남침례 신학교(Southern Baptist Seminary)에서 약 한 세기 전에 설교사를 가르쳤던 에드윈 찰스 다아간(E. C. Dargan)은 이 점에 대해 정확한 지적을 남겼습니다. 그는 자신의 저서에서 17세기 영국 설교자들의 특징을 잘 묘사하고 있습니다. 설교 역사에 있어서 영국의 17세기는 청교도들의 시대였습니다. 번연(John Bunyan)과 밴크로프트(George Bancroft), 그리고 로오드(William Laud) 등과 같은 설교자들이 활약하던 시대였습니다.

다아간은 그 시대의 설교자들의 특징을 네 가지로 요약하였습니다. 그중 그가 첫 번째로 지적한 것은 바로 설교자들의 하나님의 말씀에 대한 충성이었습니다. 그래서 이 시기의 영국 국교회 목사들 중 한 사람이었던 윌리엄 칠링워드(William Chillingworth)는 "성경, 오직 성경만이 개신교의 신앙이다."라는 유명한 격언을 남겼습니다. 17세기 영국에서 설교를 생명력 있게 한 그 원천은 성경에 대한 바로 이러한 원리였습니다. 그들은 성경 안에 계시된 하나님의 권위에 지성적이면서 영적으로 강력하게 호소하였습니다.

그 설교들은 하나님의 말씀의 능력과 권위를 드러내었습니다.[51]

설교를 통하여 영혼을 구원하고 하나님의 교회를 영적으로 새롭게 하는 일에 쓰임 받았던 모든 설교자들은 자신의 신앙적인 열심을 우선적으로 성경 말씀을 연구하는 일에 바쳤습니다. 그들은 복잡한 방식으로 진리를 설명함으로, 자신의 학식을 드러내거나 설교를 현학적인 것처럼 보이게 하는 데 관심이 없었습니다. 그들의 모든 관심은 하나님의 말씀을 그대로 드러냄으로써 사람들로 하여금 하나님의 말씀 앞에 복종하도록 만드는 것이었습니다. 인간의 사상과 이념들을 전파하기 위한 열심 때문에 설교를 통하여 드러나야 할 진리의 말씀이 혼잡케 되는 일들을 혐오하였습니다.

그들은 하나님의 계시의 말씀을 어떻게 하면 선명하게 전하여 하나님에 대한 분명한 태도를 회중들로부터 얻어 낼 것인가에 관심을 집중하였습니다. 그러나 기독교 역사를 보면 언제나 많은 사람들이 하나님의 말씀을 순전하게 전하지 않고 혼잡케 하는 잘못된 방식으로 강단을 어지럽혔습니다. 이러한 일은 초대 교회 시대에도 있었습니다. 바울이 이 점을 엄중히 경계하며 하나님의 말씀을 전하도록 부름 받은 말씀의 일꾼들에게 주의를 환기시킨 것도 바로 이 때문입니다.

"우리는 수다한 사람과 같이 하나님의 말씀을 혼잡하게 하지 아니하고 곧 순전함으로 하나님께 받은 것같이 하나님 앞에서와 그리스도 안에서 말하노라"(고후 2:17). 분명하게 순전한 복음의 도를 전하는 사람들은 오히려 소수였습니다. 그러나 자기들의 견해에 맞춰서 왜곡된 내용의 말씀을 전함으로 기독교 신앙에 대한 이해를 혼잡하게 하는 무리들은 "수다한 사람"이라고 기록될 정도로 많은 수의 사람들이었습니다.

---

51) E. C. Dargan, *A History of Preaching*, vol. 2, (Grand Rapids: Baker Book House, 1974 reprinting), pp.147-149.

설교사의 교훈

하나님의 말씀을 순전하게 전하지 않는 설교자들의 그릇된 태도는 하나님의 말씀을 향한 회중들의 회의적인 태도를 부채질하였습니다. 이 점에 있어서 18세기 독일의 교회사는 우리에게 말할 수 없이 귀중한 교훈을 줍니다. 아시다시피 이 시기는 합리주의가 팽배하던 시대였습니다. 그러나 이 시기에는 세 개의 경향과 학파가 갈등하고 있었습니다. 경건주의와 합리주의, 그리고 초자연적 명상주의가 그것입니다. 세 번째 경향은 곧 신비주의로 이어졌습니다.

종교개혁 이후 세월이 흐르면서 교회는 복음적 생명력을 서서히 잃어 가고 화석화되어 가며 이성주의가 득세하자 경건주의가 태동하게 되었습니다. 그리고 그 경건주의에 대한 반동으로 합리주의 운동들이 생겨나게 되었습니다. 그리고 이 운동은 철학적인 회의주의와 성경 연구와 강해를 위한 새로운 비평적인 방식의 발흥에 도움을 주었습니다. 그러나 이러한 사상을 추종하는 설교단의 합리주의적인 태도는 설교단을 황폐하게 만들었습니다. 설교 속에서 잘 정의된 설교자 자신의 확신은 찾아볼 수 없고, 단지 비평적인 태도만 만연하였습니다. 종교와 신학 사이의 대화는 탈교리(脫敎理)를 부추기고 교리의 가치를 평가 절하하는 데에 기여하였습니다. 기독교의 핵심을 이루는 위대한 진리들은 거의 다루어지지 않았습니다.

이 같은 경향은 당시 이 방면의 최상의 대표자라고 할 수 있는 쉬팔딩(Johann J. Spalding)이나 졸리코퍼(Georg J. Zollikofer) 같은 사람들에게서도 나타납니다. 하나님의 거룩하심, 성육신하신 그리스도, 대속의 교리, 믿음에 의한 칭의, 종말 등과 같은 기독교의 위대한 교훈들은 제시되지 않았습니다. 그들은 오히려 도덕적인 문제들을 취급하기에 열심을 내었습니다.

사실은 이것이 후기 경건주의적인 설교 경향에 있어서 비평적 합리주의 설교가 우위를 점하게 된 이유입니다. 합리주의 운동은 원기 왕성한 사역을 계속하였고 설교단이 여기에 가세하였습니다. 그리고 설교의 타락이 찾아왔습니다. 그 결과가 어떻게 되었는지 아십니까? 설교단이 망했습니다. 그렇습니다. 이 말처럼 적합한 말이 없습니다. 설교단이 무너져 버렸던 것입니다. 다음 이야기는 이러한 설교의 망조를 보여드리는 데 충분할 것입니다.

"이러한 후기 설교자들 중 한 사람은 우리 주님의 생애를 논함에 있어서 그의 주제를 '예수 그리스도의 추억들'로 잡았다. 그는 다른 모든 문제들 가운데, 왜 예수님이 장가들지 아니하셨을까 하는 것을 소재로 설교하였다! 부활절에 또 다른 설교자는 '생매장되는 것의 위험'이라는 제목으로 설교하였으며, 또 어떤 설교자는 '유령들의 무서움'을 다루었다. 그들은 설교에 있어서 실제 생활에 유용한 논의들을 다루었는데, 이러한 강단꾼들 중 몇 명은 그 설교가 '여행의 장점들', '가축들을 축사에서 먹이는 것보다 방목하면 더 좋음', '감자를 주식으로 하는 문화의 말할 수 없는 축복'과 같은 제목으로까지 수준이 내려갔다. '하나의 음료로서의 커피의 가치'가 설교를 통하여 주장되기도 하였다. '마마를 위한 예방 접종의 중요성'이 자주 강단에서의 설교 주제가 되었다." [52]

통곡하는 사도

그러므로 설교자들은 먼저 하나님의 말씀인 성경을 깨닫고자 사모하고 열망하여야 합니다. 청교도 설교자들이 흔히 성경을 읽을 때 무릎을 꿇고 읽

---

[52] E. C. Dargan, *A History of Preaching*, vol. 2, (Grand Rapids: Baker Book House, 1974 reprinting), p.210.

었다는 이야기는 널리 알려져 있습니다. 심지어 조지 휘트필드(George Whitefield) 같은 설교자는 매튜 헨리(Matthau Henry)의 주석 전권을 네 번 읽었는데, 마지막 네 번째 읽을 때는 무릎을 꿇고 정자세로 앉아서 읽었다고 합니다.

사람이 성경을 풀어 쓴 해석의 결과를 이처럼 경외심 넘치는 태도로 읽었다면, 계시의 원천이자 설교자들의 설교 사역의 근원이 되는 성경을 얼마나 깊은 애착과 사랑으로 탐구해야 하겠습니까? 만약 스스로 설교자로 부름 받았다고 생각하면서도 하나님의 말씀을 탐구하고 거기로부터 진리를 알아가는 일의 즐거움을 모르는 사람이 있다면, 그의 설교자로서의 소명은 거짓일 것입니다.

이 점에 있어서 사도 요한의 말씀 체험은 우리에게 깊은 도전을 줍니다. 그는 보좌에 앉으신 이의 오른손에 들려진 책을 보았습니다. 그 책은 안팎에 계시를 기록하고 있었고 아무나 볼 수 없도록 일곱 개의 인으로 봉함되어 있었습니다. 힘 있는 천사가 요한의 눈앞에서 말하기를 "누가 이 인을 떼어 하나님의 계시를 알리기에 합당한가?"라고 외칠 때에, 불행하게도 이 인봉된 계시의 책을 열어 요한에게 그 내용을 알려 줄 사람이 없었습니다. 그 때에 요한의 태도가 어떠하였습니까? 성경은 말합니다. "하늘 위에나 땅 위에나 땅 아래에 능히 책을 펴거나 보거나 할 이가 없더라 이 책을 펴거나 보거나 하기에 합당한 자가 보이지 않기로 내가 크게 울었더니"(계 5:3-4).

하나님의 계시를 알려 주는 책이 봉인되어 그 계시를 깨달을 수 없게 되었을 때 그는 어떤 태도를 보였습니까? 하나님의 뜻을 이해할 수 없게 된 자신의 무지한 처지를 숙명처럼 받아들였습니까? 그의 태도에 대해 성경은 말합니다. "내가 크게 울었더니"(καὶ ἔκλαιον πολύ). 원어상으로 보면 이 울음은 단지 흐느낌이 아닙니다. 그것은 소리를 내어 엉엉 우는 것입니다. 그것도 많이, 혹은 크게 울었다고 하였습니다. 하나님의 말씀의 뜻을 깨닫지 못하게 된 요한의 울음이 단지 한 번의 부르짖음으로 끝나는 것이 아니라, 오래도록 깊은 통곡으로 이어졌음을 보여주는 것입니다. 깨달을 수 없는 계시의 말씀 앞에서 그는 무엇으로 달래도 그칠 수 없는 통곡으로 울부짖고 있었습니다.

일평생을 그리스도의 복음을 위하여 살아왔던 백발의 노사도가 파도 소리밖에 들리는 것이 없는 외로운 섬에서 피어린 통곡으로 어린아이처럼 목 놓아 울고 있는 모습을 생각해 보십시오. 그는 수적으로 늘어나지 않는 교회를 보며 울고 있는 것이 아니었습니다. 지위에 어울리는 좋은 대접을 받지 못해서 속상해서 흐느끼는 것이 아니었습니다. 그는 지금 자신의 명성을 잃어버리고 사랑하는 가족과 교인들의 곁을 떠난 외로움 때문에 울고 있는 것이 아닙니다.

그가 울고 있는 이유는 단 한 가지였습니다. 계시를 깨달을 수 없다는 사실 때문이었습니다. 그는 진리의 전달자로서 자신의 사명이 무엇인지를 알고 있었습니다. 그의 몸은 비록 복음을 인하여 고난을 받아 외로운 섬에 유배되었으나, 그의 사명은 다하지 아니하였습니다. 그는 여전히 세상과 교회에 하나님의 뜻과 복음의 계시의 풍부함을 말씀으로 전해 주는 사명을 띠고 있었습니다. 지금 그의 사명은 갈 수 없는 사랑하는 교회들을 향하여 그리스도의 계시를 편지로 적어 보내 주는 것이었습니다. 그리하여 당시의 일곱 교회뿐만 아니라, 오늘날의 교회의 영적인 형편에 대해서도 그리스도의 평가를 받게 하고 계시의 말씀을 지켜 다가오는 미래를 준비하게 하는 것이었습니다. 그런데 지금 마땅히 자신에게 알려져야 할 하나님의 계시를 담은 책이 봉함되었고, 이 때문에 그의 말씀 사역이 중요한 장애에 직면하게 되었습니다. 그는 바로 이것 때문에 울고 있었던 것입니다.

설교 사역에 있어서 가장 큰 걸림돌이 무엇이라고 생각합니까? 설교자로 하여금 설교자로서 살아가지 못하게 하는 가장 커다란 악이 무엇이라고 생각합니까?

그것은 바로 말씀에 대한 설교자 자신의 무지입니다. 그렇습니다. 설교 사역을 방해하는 것 가운데 이보다 더 심각한 것은 없습니다. 모든 것이 완비되었다고 하더라도 그가 진리를 알고 소유한 사람이 아니면, 그는 아무 것도 아닙니다. 그가 매주일 검은 옷을 입고 단 위에 오르지만, 그것은 속이는 휘장에 지나지 않습니다. 화려하게 조각된 강단과 휘황찬란한 조명은 회칠한 무덤에 다름이 아닐 것입니다.

설교자의 마음속에 하나님을 알고 성경을 아는 지식이 차고 넘칠 때 그의 설교는 풍성해질 것입니다. 말씀 속에서 하나님과 만나는 영적인 체험이 그의 삶 속에 충만할 때, 그 설교는 신적인 확신에 넘치는 설교가 될 것입니다. 깨달은 말씀을 통하여 성령의 은혜를 흡족히 경험하게 될 때, 설교자의 언어는 천국의 기름으로 부어져 불꽃이 되어 타오를 것입니다.

진정한 권위

설교자의 참된 권위는 자신의 인격에 있는 것이 아니고, 그 인격 안에 담긴 하나님의 말씀에 기초합니다. 설교자들이 하나님의 말씀을 소유하고 그것을 증거할 때에 자신이 하나님께로부터 보냄 받은 사람이라는 사실을 보여줄 수 있었던 시기에는, 그들이 세상에 있는 명예나 형식으로 자신을 치장하는 데 시간을 소비하지 아니하였습니다. 하나님의 교회가 진리를 소유함으로써 이 세상의 기관과 구별됨을 보여주던 시대에는 하나님과의 관계를 중히 여기며 그분의 이름을 위하여 충성하였습니다.

교회의 화려한 건축의 융성사와 교회의 영적 쇠퇴의 역사가 아주 밀접한 관계가 있음을 알고 있습니까? 교회 역사에서 참된 영적 각성과 신앙 부흥이 일어났던 시기에, 우리들은 나무로 만든 그릇에 담긴 금과 같은 설교자를 가지고 있었습니다. 자신의 지식을 뽐내지도 않고, 설교를 현학적으로 하여 사람들의 주목을 끌려고 노력하지도 않고, 말씀을 통하여 오직 설교자 안에 살아계시는 하나님을 보여주었던 사람들이었습니다. 어느 학교에서 공부를 하고 학위를 받았는가 하는 것은 설교자 자신의 관심사도 아니었고 설교를 듣던 청중들의 화젯거리도 아니었습니다.

자신은 죽었지만 지금도 기록된 글들을 통하여 설교하고 있는, 여러분이 익히 알고 있는 영국의 설교자 찰스 스펄전(C. H. Spurgeon)이 어느 대학에서 공부했는지 아시는 분이 이 글을 읽으시는 분 가운데 몇 분이나 되실지 궁금합니다. 그는 고등학교를 나왔을 뿐입니다. 전설적인 설교자 조지 휘트필드가 어느 교단에 속한 목회자였는지, 존 웨슬리(John Wesley)가 박사 학위를 받았는지 안 받았는지 얼마나 많은 사람들이 정확히 알고 있을까요? 무디(D. L. Moody)의 부흥 운동이 하층 서민들을 그리스도께로 인도하고 있을 때, 하버드 대학의 지성인들의 마음을 채플 시간마다 물같이 녹이던 지성적인 설교자 필립 브룩스(P. Brooks)의 가문에 대하여 기억하는 사람들이 얼마나 될까요? 영국이 낳은 위대한 설교자 존 번연이 사실은 목사가 아니었다는 사실을 알고 있는 사람들이 얼마나 될까요?

한번은 제가 강남에 있는 어느 교회에 설교하도록 초청을 받은 적이 있었습니다. 요즘은 헌신예배 한 번 인도하는 데도 회중들에게 소개할 약력을 달라고 하는 시대입니다. 그런데 거기서 한 교역자가 저를 회중들에게 이렇게 소개하였습니다. "여러분, 지금 제가 여러분들에게 설교하기 위해 오신 이분이 어디서 공부를 하였으며, 무슨 경력을 가지고 있는지 말하는 것은 의미가 없는 일일 것입니다. 이분은 하나님께로부터 보내심을 받은 설교자이고 여러분은 오늘 설교를 통하여 하나님이 누구이신지를 더 잘 알게 되실 것입니다."

이것이 회중들이 모인 가운데서 제 자신을 소개받은 것 중에 가장 영광스럽고 감당할 수 없는 소개였습니다. 이 글을 쓰고 있는 이 시간도 그와 같은 소개는 제게 합당치 않으리만치 분에 넘치는 소개였다는 생각이 듭니다. 그렇습니다. 진정한 설교자는 그가 전하는 설교로써 자신이 누구인지를 말해 줍니다.

"브에리의 아들 호세아"로 하여금 하나님의 뜻을 이루기 위하여 어그러지고 거스르는 이스라엘의 세대 가운데 선지자로 서게 한 것은 여호와의 말씀이 그에게 주어졌기 때문입니다. 하나님이 말씀하셔서 하나님의 심정으로 그 시대 앞에 설교하지 않을 수 없도록 부름 받은 사람, 그 사람이 바로 하나님이 보내신 설교자입니다. 그 시대의 아들로, 브에리 집안의 평범한 자식으로서 살다가 사라졌을 호세아로 하여금, 소망 없을 정도로 하나님을 떠나간 패역한 세대를 돌이키는 하나님의 도구가 되도록 만든 것은 무엇보다도 그가 하나님의 말씀을 소유하였기 때문입니다.

맺는 말

그러므로 설교자로 부름 받은 모든 사람들은 항상 그 시대를 향하여 전파하지 않을 수 없는 하나님의 말씀을 소유하고 있어야 합니다. 이 일을 위하여 우리는 성경을 펼칠 때 그 의미를 깨닫게 될 뿐만 아니라, 그 성경 본문을 기록한 성령의 심정에 동참할 수 있는 말씀의 체험이 필요합니다.

그리고 이것이야말로 설교 사역의 중요한 관건 중 하나라는 의식을 가지고 전심으로 하나님의 말씀의 뜻을 깨닫고, 자신의 인격 안에서 그 의미를 풀어서 회중들에게 전달하고자 하는 열망을 가진 사람들이 되어야 합니다. 설교자로 부름 받은 사람들이 성경 말씀 속에서 그 위대한 진리의 깊이와 넓이를 새롭게 인식하고 가슴 벅찬 영적 감격 속에서 매일 매일을 살아갈 때, 그는 날마다 설교하기를 원할 것입니다.

하나님의 진리가 혈관 속에 뜨겁게 흐르고 전파하고자 하는 메시지가 심령 속에서 불타오르고 있는데 어떻게 설교가 그에게 부담이 될 수 있으며 준비하지 못했다는 이유로 설교할 기회를 거절할 수 있겠습니까? 설교자는 진리의 사람이 되지 아니하면 안 됩니다. 모든 사람들이 그를 생각할 때, 진리를 말하는 사람이라고 하는 사실을 제외하고는 그가 누구인지를 알 수 없는 그 사람이 바로 설교자여야 합니다.

단지 일어서서 외치는 일에만 마음을 기울이는 것이 아니라, 하나님의 말씀을 허리 굽혀 연구하고 무릎을 꿇고 드리는 깊은 기도 속에서 문자 이상의 의미를 발견해 내고, 위로부터 부어 주시는 성령으로 말미암아 그 말씀이 설교자 마음속에 새겨져 내면 세계를 정결케 하며, 삶이 하나님께 드려지는 헌신으로 이어지도록 부름 받은 사람이 바로 설교자입니다.

이 모든 논의들로써 "호세아에게 임한 여호와의 말씀이라"(호 1:1)에 대한 설명이 끝난 것은 아닙니다. 그러나 이상의 논의는 바로 호세아서 1장 첫절의 참된 의미 중 일부를 드러낸 것입니다.

설교자, 그는 말씀의 사람입니다.

Be Kindled with Heavenly Fire

예레미야의 소명을 알리는 사건 기사 속에서 연약하리만치 어린 그로 하여금 가장 격동하는 역사 속에서 하나님의 사명을 꿋꿋하게 감당하도록 만든 동인이 무엇인지 살펴본다. 그 시대 속에서 평범하게 태어나 그 시대의 아들이기를 거부하고 신적 계시를 하나님의 백성에게 전하는 일 하나에 매이지 않을 수 없게 만들어 주는 원천이 무엇인지 알아보고, 설교자의 인격 속에 깃들어야 하는 거룩한 정서와 오늘날 왜 냉랭한 설교가 유행하게 되었는지에 대하여 진단한다.

"여호와께서 그 손을 내밀어 내 입에 대시며 내게 이르시되 보라 내가 내 말을 네 입에 두었노라" (렘 1:9).

| 제 5 장 |

하나님이
만지시고
지나간 사람

한 세기 앞서 거목처럼 우뚝 서서 예언하였던 이사야 선지자와 함께, 예레미야는 BC 7세기의 예언자였습니다. 구약 역사에 있어서 그의 사역의 중요성은 그의 예언의 내용을 담은 책의 길이만큼이나 의미가 깊습니다. 그가 보냄을 받았던 시대나, 선포 사역을 위하여 치른 고통스러운 수고 등을 생각할 때에 예레미야는 구약의 모든 선지자들 가운데 가장 힘겨운 사역의 짐을 진 사람이었습니다.[53]

예레미야는 자신의 글에서 몸소 사역했던 시대의 왕들에 대하여 언급하고 있습니다. "아몬의 아들 유다 왕 요시야의 다스린 지 십삼 년에 여호와의 말씀이 예레미야에게 임하였고 요시야의 아들 유다 왕 여호야김 시대부터 요시야의 아들 유다 왕 시드기야의 제 십일 년 말까지 임하니라 이 해 오월에 예루살렘이 사로잡히니라"(렘 1:2-3).

---

53) 예레미야의 선지 사역 가운데 줄곧 견지되었던 선지자 자신의 뛰어난 경건과 정직도, 결국은 그가 선지자로서 타오르는 불길과 같은 하나님의 진노에 대하여 남다른 위기 의식을 느꼈기 때문이다. 이 사실을 통해서 우리는 설교자로 하여금 열정적인 증인으로서 하나님의 열정으로 설교하게 하는 영적인 요소에 대해 새로운 이해를 갖게 된다. Andrew E. Hill & John H. Walton, *A Survey of the Old Testament*, (Grand Rapids: Zondervan Publishing House, 1991), p.327.

시대적 배경

아마 이 선지자는 요시야 왕 13년인 주전 627년경에 하나님께로부터 처음 계시를 받아 이스라엘 백성들이 바벨론으로 포로로 끌려갈 때까지 사역을 계속하였던 것으로 생각됩니다.[54]

우리의 눈길을 끄는 것은, 예레미야 1장 서론 부분에서 언급되지 않고 있는 유다 멸망 이후의 예언 사역에 대한 것입니다. 이 부분에 대해 예레미야 40장부터 44장까지의 기록은 예레미야 선지자의 애굽에서의 선지자 사역을 말해 준다는 점입니다.

유다를 멸망시킨 바벨론은 남아 있는 유다 백성들을 다스리기 위하여 그다랴라는 사람을 총독으로 세웠습니다. 그 때 예루살렘은 이미 황무하게 되었기 때문에 그 총독부를 예루살렘 북방에 있는 미스바에 두었습니다(왕하 25:23).

그러나 반바벨론파(anti-Babylonian)로서 스스로 애굽주의자임을 자처했던 이스마엘과 그 동료들이 그다랴를 죽이고 바벨론의 군사까지도 살해한 후

---

[54] 이에 대하여 클라우스 코흐(Klaus Koch)는 예레미야의 선지 사역의 시기를 네 시기로 구분하였다. 첫 번째 시기는 요시야 시대의 사역으로서, 주전 626-622년에 해당하며 성경 기록시 3인칭 서술을 사용하지 않았다(렘 1-6장). 두 번째 시기는 주전 609-605년 사이의 여호야김의 치세 중에 있었던 사역기이며, 이 때 선지자는 신앙적으로 정치적으로 조정에 대항하였다. 기록에 있어서는 1인칭과 3인칭 서술을 함께 사용하였으며 이방 나라에 대한 신탁도 기록되어 있다(렘 1-26, 46장). 그리고 세 번째 시기는 시드기야 4년부터 예루살렘의 멸망까지이다. 이 때 선지자는 바벨론으로 순순히 포로로 끌려가도록 백성들에게 촉구하였으며, 또한 포로기 이후의 회복에 대하여 예언하였으며 기록은 3인칭 서술로 되어 있다(렘 27-29, 32-34, 37-39장). 그리고 마지막 네 번째 시기는 유다에서 일어난 그다랴 시해 사건이 있고 선지자가 애굽에서 회개를 선포하며 활동하던 시기이다(렘 40-44장). 예레미야는 다른 어느 선지자보다도 정치에 깊이 개입하여 예언하였다. 첫 번째 시기와 두 번째 시기 그리고 세 번째 시기와 네 번째 시기 사이에 약 12년의 공백이 우리의 관심을 끈다. 코흐는 이에 대하여 첫 번째 침묵은 요시야의 종교 개혁과 함께 시작되었다고 본다. 그래서 율법책의 발견과 함께 그에 대한 사람들의 태도가 회개의 한 징조가 된다고 보았기 때문에 침묵 가운데 사태를 관망하였으리라 짐작하는 것이다. 그리고 두 번째 침묵은 선지자를 체포하라는 왕의 명령 때문에 선지자가 숨어 지내야 했기 때문이라고 보기도 한다. 이에 관하여 Klaus Koch, *The Prophets; the Babylonian and Persian Periods*, vol. 2, (Philadelphia: Fortress Press, 1986 reprinting), pp.16-17를 참고할 것.

암몬으로 도망가는 사건이 발생하게 되었습니다. 그다랴가 피살된 이후 이스마엘 일당은 보복을 피하여 암몬으로 도망갔지만 남은 사람들은 애굽으로 갔습니다.

그러나 예레미야 선지자는 그들이 애굽으로 가는 것은 잘못된 것이었다고 지적하였습니다. "너희 유다의 남은 자여 이제 여호와의 말씀을 들으라……너희가 만일 애굽에 들어가서 거기 거하기로 고집하면 너희의 두려워하는 칼이 애굽 땅으로 따라가서 너희에게 미칠 것이요 너희의 두려워하는 기근이 애굽으로 급히 따라가서 너희에게 임하리니 너희가 거기서 죽을 것이라……"(렘 42:15-16).

그러나 선지자는 애굽에서도 예언하였습니다(렘 44:1, 14, 20-23). 백성들은 비록 듣지 아니하였지만, 그는 하나님의 말씀을 증거하였습니다. 예레미야 44장이 바로 그의 애굽에서의 최후 예언을 담고 있습니다. 유언과 같은 이 최후의 예언은 하나님의 심판을 받아 멸망에 이르렀음에도 불구하고, 하나님의 뜻을 헤아리지 못하고 패역한 길을 고집하는 이스라엘 백성들을 향한 피 끓는 외침이었습니다. "만군의 여호와 이스라엘의 하나님이 이같이 말씀하시되 너희와 너희 아내들이 입으로 말하고 손으로 이루려 하여 이르기를 우리가 서원한 대로 반드시 이행하여 하늘 여신에게 분향하고 전제를 드리리라 하였은즉 너희 서원을 성립하며 너희 서원을 이행하라 하시느니라 그러므로……여호와의 말씀을 들으라……내가 나의 큰 이름으로 맹세하였은즉 애굽 온 땅에 거하는 유다 사람들의 입에서 다시는 내 이름을 일컬어서 주 여호와의 사심으로 맹세하노라 하는 자가 없게 되리라……보라 내가 유다 왕 시드기야를 그 원수 곧 그 생명을 찾는 바벨론 왕 느부갓네살의 손에 붙인 것과 같이 애굽 왕 바로 호브라를 그 원수들 곧 그 생명을 찾는 자들의 손에 붙이리라 나 여호와가 이같이 말하였느니라 하시니라"(렘 44:25-30).

예레미야의 소명

예레미야는 에스겔과 같이 제사장의 가문에서 태어난 사람이었습니다. 그는 베냐민 땅 아나돗의 제사장 중 힐기야의 아들이었습니다(렘 1:1). 무엇보다도 예레미야서를 읽으면서 받을 수 있는 인상은 그의 영적인 깊은 성숙도입니다. 이 점에 있어서 예레미야 선지자는 여러 선지자들 가운데 특별히 주목받을 만합니다.

그는 자신의 글 속에서 수준 높은 신학과 하나님을 만난 사람들의 성품 속에만 깃들 수 있는 깊이 있고 뜨거운 정서를 보여줍니다. 그는 상당히 어린 나이에 하나님을 깊이 체험하고 선지자로 부르심을 받게 되고, 그 후 약 사십여 년이 넘는 기간 동안 사역하였습니다. 이러한 사역 기간은 다른 선지자들의 사역 기간보다 훨씬 더 긴 기간이었습니다.[55]

뿐만 아니라, 그는 매우 강직한 사람으로서 자신이 먼저 하나님의 말씀을 지켰고, 자신에게 선포하셨던 그 말씀에 대해 불변하는 확신을 가지고

---

[55] 예레미야가 선지자로 부름을 받은 것은 요시아 왕 13년이었다(렘 1:2, 4). 그런데 그의 소명 기사는 그가 꽤 어린 나이에 하나님의 부름을 받았음을 보여준다. 하나님께서 그를 열방의 선지자로 세웠다고 선언하셨을 때, 예레미야의 반응은 이런 관측들을 가능하게 한다. "내가 가로되 슬프도소이다 주 여호와여 보소서 나는 아이라 말할 줄을 알지 못하나이다" (ויאמר אהה אדני יהוה הנה לא־ידעתי דבר כי־נער אנכי, 렘 1:6). 이것을 원문에서 직역하면, '그리고 내가 말하였다. 슬프도다. 여호와 하나님이여 보십시오. 나는 말할 줄을 모릅니다. 왜냐하면 내가 소년이기 때문이옵나이다.'가 된다. 문제는 개역한글 성경에서 "아이"라고 번역된 히브리어 '나아르'(נער)이다. 이것은 정확한 번역이다. 이 히브리어 단어에 가장 어울리는 영어 번역은 "a youth" (KJV)가 아니라, "a boy"나 "a child" (NIV)이다. 물론 예레미야로 하여금 이 같은 응답을 하지 않을 수 없게 만든 것은 지극히 크고 광대하신 하나님의 영광스러운 임재 앞에 드러난 자신의 초라한 존재에 대한 신적 인식이었다. 우리는 언제나 본문을 보면서 이 점을 잊지 말아야 한다. 그러나 예레미야 1장 6절의 마지막 부분에 나타난 예레미야의 발언은 자신의 자연적인 연령의 어림, 즉 연소함을 강조하는 것으로 보아야 한다. 그래서 교부 제롬(Jerome)은 이 단어를 라틴어로 *puer*로 번역하였다. 이전 시대의 학자들은 따라서 이 때 예레미야의 나이를 18세에서 25세 사이로 보았다. 런드밤(J. R. Lundbom)은 삼상 2:11, 18, 21, 26; 3:1, 8 등의 기록에 나오는 사무엘의 소명 기사를 예로 들면서, 소명시 예레미야의 나이를 12-13세 정도로 보고 그 때 즉시 선지자로서의 사역을 시작했을 것이라고 주장한다. 이 문제에 관한 자세한 논의는 J. R. Lundbom, "Jeremiah" in David N. Freedom ed., *The Anchor Bible Dictionary*, (New York: Doubleday, 1992), pp.688-689; Ludwig Koehler & Walter Baumgartner eds., *Lexicon in Veteris Testamenti Libros*, (Leiden: E. J. Brill, 1958), p.623을 참고할 것.

설교 사역에 헌신했던 사람이었습니다. 감옥에 갇히기도 하고 때로는 무섭고 어두운 구덩이 속에 내던져지기도 하였지만, 그는 결코 자신에게 주신 하나님의 메시지를 개인의 고난 때문에 바꾸려 하지 않았습니다.

그럼에도 불구하고, 동족을 사랑함에 있어서 예레미야는 호세아에 버금가는 연민의 정을 가진 사람이었습니다. 하나님의 말씀 사역에 대한 뛰어난 충성과 하나님을 거스르는 백성들에 대한 목자적인 연민이 이상적으로 조화된 탁월한 설교자의 모습을 예레미야 속에서 읽게 됩니다.56)

"나는 목자의 직분에서 물러가지 아니하고 주를 좇았사오며 재앙의 날도 내가 원치 아니하였음을 주께서 아시는 바라"(렘 17:16).

예레미야서의 첫 번째 장은 선지자의 개인적인 소명뿐만 아니라, 그의 참된 소명과 사역에 대한 풍부한 가르침을 담고 있습니다. 몇 해 전 저는 이 부분을 읽으며 본문의 의미가 끝없는 숲처럼 넓게 펼쳐지는 것 같은 감동을 받았습니다. 이 예언서의 첫 장을 읽을 때마다 우리의 존재가, 선지자와 하나님과의 광대한 만남 앞에서 지극히 왜소해지는 것 같은 인상을 받는 것도 이 때문입니다.

이 장과 다음 장에서는 9절과 10절에 주목하고자 합니다. 그 부분에서는 선지자로 부름 받은 예레미야의 영적 체험의 핵심을 다루고 있으며(9절), 또한 그의 예언 사역의 대치할 수 없는 사명이 무엇인지를 기록하고 있습니

---

56) 선지자는 우선적으로 하나님께 받은 계시를 이스라엘 백성들의 현 상황과 타협하지 않고 전해야 하는 수직적인 사역의 특성을 가지고 있었다. 반면, 제사장들의 사역은 전통과 관습에 기초하여 백성들의 상황에서 말씀을 해석하는 경향을 가진 수평적인 사역이었다. 따라서 구약 역사에서 두 직무가 종종 충돌을 일으키는 것 같은 인상을 받게 된다(삼상 15:22-23, 시 51:16-17, 미 6:6-8, 암 5:21-26). 그러나 이것은 두 제도의 갈등을 반영하는 것이 아니라, 제사의 기능이 그 참된 영적 요소를 잃어버릴 때 하나님의 뜻에 합의할 수 없음을 보여주는 것이다. 따라서 전통과 인습의 편에 서기 쉬운 제사장의 직무는 언제나 불변하는 하나님의 계시에 의존하기보다는 그 시대의 상황에 타협하기 쉬운 약점을 가지고 있었다. 그렇지만 모든 제사 제도와 제사장들에게 이러한 일이 필연적으로 일어나는 것은 아니다. 오히려 깨어 있는 제사장의 정신과 참된 선지자의 정신은 충돌하지 않는다. 우리는 이러한 이상적인 조화를 제사장 가문의 출신으로서 선지자의 소명을 받은 예레미야에게서 본다.

다(10절). 이제 이 두 절의 본문을 두 장에 걸쳐서 다루어 봄으로써 선지자와 같이 말씀 사역을 위하여 부름 받은 우리들이 어떻게 영적으로 준비되어야 할 것인지를 살펴보고자 합니다.

하나님과의 만남

우선 본문은 격동하는 시대에 선지자로 부름 받은 예레미야의 핵심적인 사명을 언급하기에 앞서 이렇게 기록하고 있습니다. "여호와께서 그 손을 내밀어 내 입에 대시며 내게 이르시되 보라 내가 내 말을 네 입에 두었노라"(렘 1:9).

문제가 많은 시대에 힘겨운 사명을 감당하기 위하여 보냄을 받은 선지자가 사역의 개시에 앞서 먼저 체험한 것은 하나님의 인격이었습니다. 그는 우선 자신을 찾아오셔서 개인적으로 말씀하시는 하나님을 깊은 영적 체험 속에서 만났습니다(렘 1:4). 우리는 이 점에 주목하여야 합니다. 선지자로서의 진정한 사역을 시작하기 전에 그는 먼저 영이신 하나님의 인격과 마주하였습니다. 뿐만 아니라, 그 하나님은 예레미야를 영원 전부터 이미 아셨으며 이러한 예언 사역을 위하여 말씀의 종으로 만세 전에 택하여 세우셨다는 사실을 스스로 보여주셨습니다(렘 1:5).

하나님과의 이러한 만남은 예레미야에게 있어서 충격 이상의 사건이었습니다. 비록 예레미야가 경건하고 열심이 있는 신앙을 가진 사람이었다 할지라도, 이러한 만남은 이제까지 경험해 온 일상적인 은혜 체험이 아니었습니다. 분명 그 이상의 경험이었습니다.

거룩하고 완전하신 하나님의 영광스러운 임재와 대면하는 순간에, 인간의 육체와 영혼이 어떤 놀라운 작용을 받는지에 대하여 저는 할 말이 없습니다.[57] 단지 그런 영적 체험을 누렸던 인물과 사건에 관한 기록들을 통하여 알 수 있을 뿐입니다. 그리고 이 점에 있어서는 성경의 예를 찾아보는 것이 가장 믿을 만합니다.

이 위대한 하나님과의 만남과 여기에서 주어진 하나님의 선언은 선지자에게 기쁨이 된 것이 아니라 절망이 되었습니다. "내가 가로되 슬프도소이다 주 여호와여 보소서 나는 아이라 말할 줄을 알지 못하나이다"(렘 1:6). 이렇게 하나님의 임재 앞에서 설교 사역에 적합하지 않은 자신을 발견하며 고백하게 되었을 때, 하나님은 세 가지 명령을 그에게 주셨습니다. "가라……말하라……두려워 말라"(렘 1:7, 8) [58]가 그것이었습니다.

그러나 이처럼 거듭되는 하나님의 명령을 통해서도, 하나님의 임재로 말

---

[57] "성령의 기름 부으심은 간단하게 정의하거나 말로 표현하기 어렵지만 스코틀랜드의 한 유명한 노(老) 설교자는 말하기를 '설교자는 복음을 전할 때에 형언하고 표현할 수도 없고 그것이 무엇인지, 어디로부터 왔는지 표현할 수는 없지만 달콤한 강력함으로 마음과 감정을 찌르는 어떤 것, 주님으로부터 직접적으로 온 어떤 것이 존재했다. 그러나 이는……설교자가 가진 천국의 성향에 의한 것이다.' 라고 하였다. 우리는 이것을 성령의 기름 부으심이라고 칭한다. ……죽은 자들의 모임과 방불한 집회를 뒤흔들고 격동시키며 힘차고 날카롭게 요점을 찌르는 설교를 가능하게 하는 것도 역시 이 성령의 기름 부으심이다. 동일한 진리를 문자 그대로 정확하게 전달하고 인간의 지식과 재주를 기름 삼아 공들여 다듬었지만 성령의 역사하심이 없다면, 이는 생명이 없고, 죄인의 심장이 하나님 말씀에 놀라 뛰도록 만들어 주지 못하였다. 그것은 모두 마치 차디찬 주검이나 무덤에 감도는 적막함과 다름이 없었다." E. M. Bounds, *Power through Prayer*, (Grand Rapids: Zondervan Publishing House, 1990 reprinting), pp.63–64. 이 책은 원래 "Preacher and Prayer: Power through Prayer"라는 제목으로 출판되었다. 비록 작은 책이지만 기도에 관한 깊이 있는 내용들의 핵심을 찌르는 경건 서적으로 백만부 이상 팔린 책이다. 그의 글들은 대체로 사변적이고 학문적이지는 않지만 정곡을 찌르는 영적인 힘과 깊이가 있다. 최근에 그의 생애에 대하여 도셋(L. W. Dorsett)이 쓴 전기가 번역되어 나왔다. Lyle Wesley Dorsett, *E. M. Bounds-Man of Prayer*, (Grand Rapids: Zondervan Publishing House, 1991), 『기도의 사람 이. 엠. 바운즈의 생애』, 정원태 역, (서울: 생명의말씀사, 1993)라는 제목으로 출간되었다.

[58] 엄격히 말하면 네 번의 명령이 나온다. 네 번 나오는 동사의 문법적 형태는 칼형 미완결 2인칭 남성 단수형(Kal.impf.2ms)을 취하고 있으나 의미는 명령이다. "여호와께서 내게 이르시되 너는 아이라 하지 말고 (אַל־תֹּאמַר) 내가 너를 누구에게 보내든지 너는 가며 (תֵּלֵךְ) 내가 네게 무엇을 명하든지 너는 말할지니라 (תְּדַבֵּר) 너는 그들을 인하여 두려워 말라 (אַל־תִּירָא)"(렘 1:7–8상). 처음에 나오는 금지 명령은 선지자가 하나님의 영광스러운 임재 앞에서 자신의 연소함과 죄인 됨과 초라함을 느끼는 자기 인식인데 그 인식은 정직한 것이지만, 그것이 선지 사역에 부름 받은 예레미야로 하여금 하나님의 소명에 순종하지 못할 정도로 기죽게 하여서는 안 된다는 사실을 말해 준다. 하나님이 설교자에게 원하는 자기 인식은 자신의 무가치함과 인생으로서의 연약함과 죄인 됨뿐만 아니라, 그러한 인식 때문에 더욱더 하나님만을 의지하지 않을 수 없게 하는 신앙을 포함한다. 또한 예레미야의 자연적인 연소함도 선지 사역에 있어서 문제가 안 된다는 사실을 인쳐 주시는 말씀이기도 한데, 이는 다른 세 가지 명령에 대하여 총론적인 성격을 갖는다.

미암아 깨닫게 된 엄청난 소명과 거기에 필적할 수 없는 자신의 연소함과 죄인 됨을 인하여 각성한 선지자의 절망감은 극복될 수가 없었습니다. 하나님이 이것을 아시고, 그에게 한 보증을 주시기로 하신 것입니다. 그를 선지자로 부르신 것에 대하여 은총의 표징을 주심으로 그를 소명하시고 능하게 하시는 하나님을 주목하게 하셨습니다.

선지자가 하나님의 명령을 따라가고 분부하신 바대로 설교할 때에 당신께서 그를 지키실 것을 보증해 주시기 위한 것이었습니다. 그리고 이 보증은 하나님의 인격에 대한 선지자의 영적 체험 속에서 이루어지게 되었습니다. 설교자로서 부르심을 받는 일에 있어서 가장 흥미로운 사실이 바로 이 일입니다. 그리고 우리는 이 점을 주목해야 합니다.

구약에서 선지자의 조상이라고 할 수 있는 모세를 기억하실 것입니다.[59] 그는 선지자의 조상이었습니다. 그 사람 이후에도 많은 선지자들이 세워졌지만 카리스마적인(charismatic) 성격이나 영적인 권위에 있어서 모세를 필적하지는 못합니다. 여러분은 그가 지도자의 위치에 두 번 들어섰던 것을 알고 있을 것입니다. 한번은 모세가 장성한 후에 자기 형제들에게 나가서 그 고역함을 보다가, 어떤 애굽 사람이 히브리 사람을 학대하는 것을 보았을 때였습니다(출 2:11).

그는 문제가 많은 상황에 자신이 무엇인가 지도자적인 해결을 보여주어야 한다고 믿었습니다. 그는 그렇게 자부할 만하였습니다. 그는 사십 년 동안 애굽에서 자랐습니다. 더욱이 그는 왕궁에서 공주의 아들로 자라면서 애굽의 모든 문물을 교육받았습니다. 그는 왕족으로서 누릴 수 있는 최상

---

[59] 직임(office)으로서의 선지자의 역사는 사무엘 때부터이다(행 3:24). 그러나 '하나님과 깊이 교통하는 사람'이라는 점에서 사무엘 이전에도 광의에서의 선지자가 있었다. 더욱이 모세는 하나님의 백성의 미래를 예언하면서 이 점을 분명히 하였다. "네 하나님 여호와께서 너의 중 네 형제 중에서 나와 같은 선지자 하나를 너를 위하여 일으키시리니 너희는 그를 들을지니라"(신 18:15).

의 교육을 받았습니다. 학문도 성숙하고 이제는 무엇인가 지도자로서의 역할을 수행해야 할 만한 때가 되었다고 믿었습니다.

뿐만 아니라, 어머니 요게벳을 통해서 전수받았을 신앙도 있었습니다. 그는 애굽의 모든 영화와 부귀보다 하나님의 백성을 더 사랑했습니다. 왕궁에서 평안을 누리기보다 자기 민족과 더불어 고난 받기를 원하였습니다. 그것은 분명히 신앙적인 생각이었습니다. 그래서 그는 동족을 학대하는 애굽 사람을 쳐 죽였고 히브리 동족들이 서로 싸우는 일에 그들을 판단하고 말리는 주재와 법관의 자리에 앉고자 하였습니다. 동기는 순수했고 그의 용기는 희생을 동반한 것이었습니다. 그러나 그것은 하나님께서 세우신 것이 아니었습니다. 순수한 동기와 열정과 희생을 각오하는 헌신도 있었으나 그 결과는 끝없는 실패로 이어졌습니다. 이것이 바로 첫 번째 사건이었습니다.

그러나 두 번째는 좀 더 영광스러운 방식으로 이루어집니다. 성경은 말합니다. "······하나님의 산 호렙에 이르매 여호와의 사자가 떨기나무 불꽃 가운데서 그에게 나타나시니라······모세야 모세야 하시매 그가 가로되 내가 여기 있나이다"(출 3:1-4). 이것이 바로 우리가 익히 알고 있는 모세의 소명 기사입니다. 하나님은 모세를 선지자로, 이스라엘의 입법자로 그리고 해방자로 부르셨습니다. 두 사건 기사의 차이가 어디에 있다고 생각합니까? 그리고 첫 번째 사건을 통해 그가 진정한 이스라엘의 지도자로 세움 받지 못한 궁극적인 원인이 어디에 있다고 생각합니까?

하나님께서 그를 불러 이스라엘의 선지자요 해방자로 세워 주실 때, 모세는 전혀 이러한 일을 원하지 아니하였고 그러한 소명을 기대하지도 않고 있었습니다. 그럼에도 불구하고 하나님이 그를 부르셨습니다. 그가 하나님을 위하여 스스로 지도자의 길을 걸을 수 있다고 생각하던 그 때에는 돌아

| 제5장 | 하나님이 만지시고 지나간 사람   253

보시지 아니하던 하나님이, 이제 모세가 그런 위대한 일을 할 만한 아무런 힘이 자기에게 남아 있지 않다고 믿는 그 때에 나타나셨던 것입니다. 그리고 출애굽기 3장과 4장에서 하나님과 모세 사이에 부르심과 거절의 줄다리기가 벌어집니다. 사실 이것은 모세의 무지한 용기를 반영하는 것입니다.

두 사건 사이의 결정적인 차이점이 어디에 있다고 생각합니까? 스스로 지도자의 길을 걷기 원했던 때와 참으로 하나님이 그를 말씀의 종으로, 민족의 지도자로 부르시던 때에 결정적인 차이점이 무엇이었습니까? 그것은 바로 하나님과의 만남이었습니다. 영광스러운 방식으로 자신을 소명하시는 하나님의 거룩함과 영광의 인격을 체험하는 것이었습니다. 즉 첫 번째 사건에서는 모세의 마음속에 사명감은 역사하고 있었으나, 하나님께서 그를 부르시고 함께 하시리라는 보증은 없었습니다.

그러나 두 번째 소명의 사건에서는 하나님이 그를 소명하시는 보증으로서 떨기나무 사이의 타지 않는 불꽃 가운데 임재하시어 자신을 계시하셨습니다. 하나님께서 그를 불러 주셨고 또 만나 주셨습니다. 그리고는 그가 어디에 가든지 함께 하실 것을 약속해 주셨고, 이에 대한 표징을 주셨습니다. 그래서 그는 단순 노동에 종사하는 늙은 목부(牧夫)에서 선지자와 입법자와 해방자로 세움을 입었던 것입니다.

변호자가 아닌 증언자

제가 강조하고 싶은 것은 이것입니다. 설교자를 부르시는 하나님의 소명은 단순히 인생을 보람 있게 헌신하고 싶다는 우리 마음의 결심, 그 이상이어야 한다는 것입니다. 설교자는 자신을 설교자로 부르시는 거룩하신 하나님의 임재 앞에서 피할 수 없는 그 소명과 마주해 본 사람, 그래서 그 앞에서 자신의 죄인 된 참 모습을 발견하고 경악하며 영광이 주는 두려움으로 떨어 본 사람, 하나님의 격려를 힘입어 성결케 되고, 급기야는 "나를 보내소서"(사 6:8)라고 고백할 때 하나님께로부터 "가라"(사 6:9)는 분부를 들은 사람입니다.

오늘날 많은 사람들이 목회를 하도록 자신을 헌신하였다고 스스로 믿고 있으며 따라서 자신이 설교하지 않으면 안 된다고 믿고 있습니다. 그러나 자신의 헌신된 결심보다 더 중요한 것은 하나님의 진정한 부르심입니다. 진지한 결심과 신중한 헌신도 단지 진지하고 신중하다는 이유 때문에 하나님께로부터 비롯된 소명이라는 보증을 약속받을 수 없습니다.

설교자는 피할 수 없는 부르심을 하나님 앞에서 경험한 사람이어야 합니다. 그는 자기가 증거하고자 하는 '그 빛'(the Light)에 매인 사람입니다.[60]

설교하면서 사는 길이 가장 적성에 맞는다는 이유 때문에 강단에 서는 사람이 설교자가 아닙니다. 설교자의 소명은 결코 그런 식으로 다루어져서는 안 됩니다. 설교자의 소명에 대한 피상적인 이해는 그로 하여금 설교 사역에 대한 피상적인 이해를 갖게끔 합니다. 그리고 설교 사역에 대한 피상적인 이해는 준비되지 못한 설교자들로 하여금 강단을 경박한 교훈으로 이끌고 가서 마침내 교회의 영성을 고사(枯死)시키는 길을 열어 주는 결과를 낳습니다.

이 점에 있어서 프린스턴(Princeton) 신학교에서 교수를 지냈던 제임스 알렉산더(James W. Alexander)의 지적은 오늘날에 더욱 유용한 충고입니다.[61]

---

[60] 설교자의 설교가 증언이 되기 위해서는 결국 설교하고자 하는 내용에 자신이 매이게 되는 내적인 체험이 필수적이다. "빛이신 그리스도가 설교자의 설교 내용의 중심이 되고 말씀 선포에 있어서 핵심이 되어야 한다는 것은 단지 설교자가 그리스도 중심의 설교를 하려는 노력을 의미하는 것이 아니라는 점입니다. 오히려 여기서 강조되는 것은 설교에 있어서 참 빛이신 그리스도만을 말하지 않을 수 없는 설교자의 체험된 내면 세계입니다." 김남준, 『세례요한 I: 설교자와 영적 부흥』(서울: 도서출판 솔로몬, 1994), pp.121-148을 참조할 것.

[61] James W. Alexander, *Thoughts on Preaching*, (Edinburgh: The Banner of Truth Trust, 1988 reprinting), pp.9-10.

"우리 가운데 아무도 설교자의 직무의 가치를 올바르게 깨닫지 못하고 있다는 사실에 염려된다. ……그들은 가장 강력한 열정의 원천을 찾아 인간 감정의 대양 깊은 곳까지 충격을 주어야 하는 사람으로 준비되지 않는다. 설교자의 직무에 대한 이런 식의 판단이 만연한 곳에서는 미숙하게 훈련받은 사람들조차 설교를 하게 된다. ……그러나 설교는 대다수의 사람들에게 영향을 끼치는 가장 중요한 하나님의 방편이 될 것이다."

자신의 설교자로서의 소명에 대하여 진지한 이해를 갖고 있는 사람이야말로 진지하게 설교할 수 있는 사람입니다. 엄밀히 말해서 이 점에 있어서는 단지 우리 자신의 진지한 생각, 그 이상의 무엇이 필요합니다. 그것은 설교자의 길을 걷기 원하는 자신에 대하여 하나님이 무엇이라고 응답하셨는가 하는 사실에 대한 물음입니다. 선지자들의 소명의 기사를 살펴보면, 오늘날 우리가 생각하는 방식에 따라서 소명의 문제를 확인할 수 없습니다. 그들이 선지자로 부름 받은 동기에 대해 그 소명의 선도권(initiative)을 선지자가 가지고 있어서, 자신을 먼저 선지자로 드리고 하나님이 그러한 선지자의 서원을 추인하시는 것 같은 순서를 한 번도 보여주지 않고 있기 때문입니다.

그들은 불현듯 부름을 받았습니다. 물론 아무런 의식도 없이 세속에 젖어 타락의 길을 걷고 있던 그 사람이 아무런 마음의 준비도 없이 갑자기 신비적 방법 하나만으로 선지자로 부름을 받게 되었다고 생각할 수 없습니다. 그들은 때로는 경건한 제사장의 가문에서 하나님의 말씀 선포자로서 적합한 지식과 경건과 말하기들을 배웠을 것입니다. 또 어떤 선지자들은 오랜 세월을 광야에서 보내며 영성을 길러 갔고, 말씀을 통해 역사를 해석하고, 교회를 이해할 수 있는 식견들을 넓혀 갔습니다. 그럼에도 불구하고 그러한 과정들 자체가 그들을 선지자로 만들어 간 것이 아닙니다.

시대의 아들이길 거부함

하나님의 부르심은 어느 날 홀연히 임하였습니다. 누구에게나 흔히 보여주지 아니하시는 그러한 방식으로 그들은 부름을 받았고 선포하여야 할 하나님의 말씀을 위탁받았습니다. 그리고 하나님은 소명을 주시는 상황 속에서 그 시대의 하나님의 백성과 역사를 바라보시는 당신의 열정을 그들에게 이입시키셨습니다. 그리하여 그들은 외쳐야 할 하나님의 말씀과, 또 전하지 않으면 안 될 하나님의 심정을 소유한 사람들이 되었습니다.

그들은 진리의 사람으로, 하나님의 말씀을 통해 역사의 물줄기를 돌려놓도록 설교자로 부름을 받았습니다. 그렇습니다. 언제나 하나님의 계획에는 치밀한 일정이 잡혀 있었지만 선지자로서의 부르심은 항상 불현듯 임하는 것이었습니다. 그리고 그렇게 찾아오신 하나님은 영광과 위엄으로 그를 압도하시고, 그는 소명 사건을 통하여 장엄한 말씀의 세계와 하나님의 거룩하신 성품에 대하여 놀라운 인식을 갖게 되었습니다.

그렇게 됨으로써, 그들의 선포는 상식적인 사람들이 이해하는 천박한 종교심을 뛰어넘는, 보다 높은 인식을 보여주었습니다. 언어는 땅에 속한 것이었지만, 그들의 설교는 하늘을 보여주었습니다. 설교자의 영적 체험을 통한 이러한 놀라운 인식은 그들로 하여금 하나님의 계획과 역사에 대한 이해의 지평을 넓혀 주었고, 하나님의 교회의 영적인 상황을 통찰력 있게 꿰뚫어 볼 수 있는 신령한 시야를 열어 주었습니다.

누구든지 한 시대에 태어나면 모두 그 시대의 아들이 됩니다. 생각과 사고와 삶 자체가 그 시대를 유업으로 받게 되는 것입니다. 그러나 선지자들은 이 같은 장엄한 소명 체험을 통하여, 그 시대가 가르쳐 준 다양한 편견, 그릇된 사상, 하나님의 말씀에 대해 유행하는 오해, 그리고 여호와의 성품에 대한 당대의 천박한 이해로부터 구출받았습니다. 그리고 이러한 체험을 통하여 비롯된 놀라운 인식들은 언제나 설교의 토대가 되었습니다.

사로잡는 소명

이것이 바로 설교자를 소명하시는 하나님의 방식입니다. 하나님께서 한 사람을 설교자로 부르실 때, 그것은 단지 설교자가 되겠다는 그들의 결심을 실행에 옮기도록 내버려두시는 데 그치지 않습니다. 설교자로서 하나님께 부르심을 받았다고 하는 의미는 그렇게 소극적인 의미에 그칠 수 없습니다. 소명이 가지는 보다 적극적인 의미를 생각하여야 합니다. 하나님께서 선지자를 세우시고 사도를 선택하시고, 역사 속에서 신령한 영향을 미쳤던 설교자들을 부르시는 방식을 보십시오. 그들의 부르심에 대한 인식은 보다 적극적인 방식으로 받아들여졌었습니다.

하나님은 헌신된 마음을 가진 그들이 말씀의 사역을 하도록 단지 내버려두신 것이 아니었습니다. 복음을 전하기 위하여 결심한 사람들이 그 결심대로 복음을 전하며 살아가도록 묵인해 주신 것이 아니었습니다. 한 시대를 깨우고 하나님을 떠난 교회로 하여금 그리스도의 품으로 돌아오게 만드는 위대한 일에 헌신하고 싶어하는 사람들의 기를 꺾지 않으려고 그냥 놔두신 것이 아닙니다.

하나님은 그들을 적극적으로 찾아가셨고 또 부르셨습니다. 그들은 자신에게 당신의 말씀을 위탁하신 그리스도를 알았습니다. 이에 대한 사도 바울의 반복되는 고백을 들어 보십시오. "예수 그리스도의 종 바울은 사도로 부르심을 받아 하나님의 복음을 위하여 택정함을 입었으니 이 복음은 하나님이 선지자들로 말미암아 그의 아들에 관하여 성경에 미리 약속하신 것이라"(롬 1:1-2).

그는 자신을 소명하시는 그리스도를 만났고, 소명의 영적 체험은 그로 하여금 "그리스도의 종"(δοῦλος Χριστοῦ)[62)]이 되게 하였습니다. 하나님의 말씀을 전하도록 그를 부르신 분은 하나님 자신이셨으며, 그가 하나님의 말씀을 선포하는 동안 항상 당신 자신이 동행하실 것임을 보증하고 인치셨습니다.

그렇습니다. 하나님의 소명은 이처럼 적극적인 것입니다. 선지자로서 이스라엘 백성들에게 하나님의 말씀을 선포하도록 부르심을 받고 있는 예레미야를 보십시오. 고요하던 하늘이 열리고 하나님의 손이 내려왔습니다. 그리고 그 손은 예레미야의 입술을 만지셨습니다. 하나님의 완전한 시각에서 보면 죄악 되기 그지없고 부정하기 짝이 없었을 그의 입술이었습니다. 신실하신 하나님의 정미한 말씀을 증거하는 도구로 쓰이기에는 너무나 더러웠을 그의 입이었습니다. 그는 비록 제사장의 가문에서 태어나, 제사장의 직무를 감당하며 섬기기 위해 준비하며 살았으나 선지자는 그런 식의 종교적인 구별됨만으로는 선지자의 사역을 감당하기에 충분하지 않았습니다.

그는 자기 시대에 태어났고 그 시대를 숨 쉬어 왔습니다. 그가 비록 어린 나이에 부름을 받았다고 할지라도 이러한 사실은 마찬가지입니다. 누구든지 그 시대에 태어나면 그 시대의 아들이 되기 때문입니다. 그는 그 시대와 함께 선지자직에 대한 신학적 편견과 유다 백성들을 포로로 끌려가게 하신

[62)] 그는 자신의 서신 속에서 자주, 사도로 부름 받은 자신을 "그리스도의 종"으로 지칭하였다(롬 1:1, 갈 1:10, 골 1:7, 딛 1:1 등). 헬라어에서 '둘로스'(δοῦλος)라는 말은 '노예'로 번역되어야 적절할 것이다. 이 말은 사도의 사상과 사역에 있어서의 그리스도의 중심성을 잘 나타내 준다. 그는 다메섹에서 그리스도를 만남으로써 이 같은 변화를 경험하게 되었다. 거기에서의 바울의 소명은 이와 같은 그의 모든 사고와 삶의 전환의 근본이 된다. "바울이 다메섹에서 그리스도를 만났을 때 복음뿐만 아니라 이방인 선교에 대한 소명을 받았다는 것으로 귀결된다. 이 사실만이 바울의 사도적 소명 안에 존재하는 강제적인 요소를 설명할 수 있다. 바울은 자신이 그리스도에게 사로잡혔다는 것과 복음을 선포해야 하는 운명적인 신적 강제력 아래 있다는 것을 느꼈다." Seyoon Kim, *The Origin of Paul's Gospel*, (Tübingen: J. C. B. Mohr Paul Siebeck, 1981), pp.65–66.

하나님의 섭리에 대한 심리적인 오해를 공유하고 있었을 것입니다. 그리고 그 입으로 그러한 편견과 오류에 빠져 살아가는 사람들과 공감하며 대화하고, 그 입술로 어리석게 말하고 사람들을 가르쳤을 것입니다. 어느 모로 보든지 그의 입술은 거룩하신 하나님의 말씀을 증거하는 도구가 되기에는 부적합하였습니다.

그러나 하나님은 그에게 나타나셔서 그의 입에 손을 대셨습니다. 하나님의 거룩한 손이 예레미야의 입에 닿자, 그의 입술은 하나님의 말씀을 전하는 자로서 적합치 않은 '부정(不淨)함'(사 6:5)으로부터 구출되었습니다. 그렇습니다. 하나님께서 선지자의 입에 손을 대신 이 사건은 단순한 은혜 체험이 아닙니다. 이 같은 하나님의 행동의 의미는 이사야 선지자의 소명의 경우를 보더라도 분명합니다. 하나님은 스랍의 손에 핀 숯을 두셨습니다. 그리고 그것을 이사야의 입에 대어 주셨습니다. 그리고 천사로 선언하게 하셨습니다. "……보라 이것이 네 입에 닿았으니 네 악이 제하여졌고 네 죄가 사하여졌느니라……"(사 6:7).[63]

절망해 보았습니까?

모든 선지자의 소명의 기사가 보도될 때 그 초점이 선지자 후보생의 헌

---

[63] 이사야 6장 6절의 원문은 이 같은 사실을 보다 회화적으로 보여준다. ויעף אלי אחד מן־השרפים ובידו רצפה במלקחים לקח מעל המזבח: (사 6:6). 이것을 직역하면, '그리고 나서 그 스랍들 중의 하나가 나에게 날아왔다. 그리고 그의 한 손에 불꽃이 많이 달린 붉은 숯을 그 제단 위에서 취하였다.' 이다. 개역한글 성경에서 번역이 빠진 'במלקחים'은 'מלקח'의 남성 복수형에 전치사(ב)가 붙은 형태인데 'מלקח'는 '집게, 심지 자르는 가위' 등을 의미한다(왕상 7:49, 대하 4:21, 사 6:6, 출 25:38 등). 여기서는 '핀 숯 위에 이글거리는 불꽃'을 묘사하는 말로 사용되었다. 따라서 스랍 중 하나가 취하여 이사야의 입에 댄 숯이 매우 강력한 화력을 가진 물체였음을 알 수 있다. 이것은 또한 하나님의 임재의 체험 앞에서 이사야가 경험해야 했던 영적인 변화의 깊이와 충격을 암시한다. 이 히브리 단어의 어의에 관하여는 Ludwig Koehler & Walter Baumgartner eds., *Lexicon in Veteris Testamenti Libros*, (Leiden: E. J. Brill, 1958), p.533을 참고할 것.

신된 마음이나 하나님을 향한 열정에 맞춰져 있지 아니하고, 오히려 하나님이 그를 부르시는 일에 맞추어져 있는 것을 인하여 하나님께 감사합시다. 하나님은 우리로 하여금 오해할 여지를 봉쇄하셨습니다. 하나님의 부르심은 신적인 것입니다. 그리고 그 부르심은 언제나 뜻밖의 것이었습니다. 그래서 선지자들은 때때로 그 소명 앞에 "아멘." 하기를 주저하였습니다.

하나님께서 예레미야를 향하여 "내가 너를 복중에 짓기 전에 너를 알았고 네가 태에서 나오기 전에 너를 구별하였고 너를 열방의 선지자로 세웠노라"(렘 1:5)고 말씀하셨을 때 선지자가 무엇이라고 대답하였습니까? 이런 영광스러운 부르심 앞에 그의 응답은 무엇이었습니까? "아, 하나님! 사람 하나 바로 보시는군요. 제가 아니면 누가 그러한 부르심에 합당하겠습니까? 이제야 저를 알아보시다니 섭섭하옵나이다."라고 대답하였습니까? 그렇지 않습니다. 오히려 그는 하나님의 이러한 부르심 앞에 크게 절망하였습니다. "내가 가로되 슬프도소이다 주 여호와여 보소서 나는 아이라 내가 말할 줄을 알지 못하나이다"(렘 1:6).

그는 제일 먼저 이런 영광스러운 소명 앞에 직면할 때에 커다란 슬픔을 느꼈습니다. 선지 사역 앞에 도사리고 있을 핍박의 위험이나 고난의 위협 때문이 아니었습니다. 선지자로서 하나님을 섬기는 일이 싫거나 고통스러워서도 아니었습니다. 자신을 소명하시는 거룩한 하나님을 대면하게 되자, 자기가 그 거룩하신 엄위 앞에서 얼마나 비참하리만치 불결한 죄인인지를 알았기 때문입니다. 지극히 거룩하신 하나님과 대면하고 있다는 사실 자체가 그에게 있어서는 두렵고 떨리는 일이었습니다. 하나님의 임재 앞에 서 여지없이 드러난 자신의 비천한 죄인 됨을 인하여 더 이상 거룩하신 하나님의 성품 앞에 서 있을 수조차 없음을 가슴 깊이 느꼈습니다.

그는 자신의 한미한 가문이나 초라한 문벌을 인하여 슬퍼하고 있는 것이 아닙니다. 선지자로서는 자격 미달인 지적인 조건이나 학벌 때문에 서러워하고 있는 것이 아닙니다. 신체적인 조건이나 연령 미달의 컴플렉스(complex) 때문에 낙심하고 있는 것이 아닙니다. 그로 하여금 절망하게 만든 것은 상황이나 미래에 대한 염려가 아니라 현재 자신 앞에 나타난, 크고 위대하신 하나님의 임재 때문이었습니다. 그 임재 앞에서 자기의 전존재 자체가 불결(不潔)과 죄악 덩어리라는 사실을 인식하였기 때문이었습니다.

일찍이 만나 뵌 적이 없고 말씀을 나누어 본 적이 없는 그토록 위대하신 하나님, 감당할 수 없는 광대한 성품과, 자신의 온 영혼을 압도해 오는 여호와의 지고한 영광 앞에서 자신이 얼마나 초라한 존재인지를 발견했기 때문입니다. 자신의 지극히 죄악 되고 하나님의 영광과 대면할 수 없는 무가치함에 대한 인식이 그의 영혼에 엄몰하였기 때문입니다. 하나님과 마주하고 있는 예레미야의 의식 세계는 오직 자신에게 다가오시는 하나님으로 가득했습니다.

지금 예레미야의 눈에는 자기보다도 더 한미한 가문의 동료들이나 자신보다 더 불경건하게 살아가는 무가치한 동역자들이 눈에 들어오지 아니하였습니다. 왜냐하면 그의 모든 영혼의 시야를 하나님의 임재가 가득 채웠기 때문입니다. 세상도 없고 과거의 기억도 없고 미래에 대한 전망도 사라지고 오직 보이는 것은 거룩하신 하나님과 그 영광 앞에 대면한 자신의 초라한 실존, 그것뿐이었습니다. 그리고 그 결과는 무엇으로도 위로받을 수 없는 극도의 절망과, 의로우신 하나님의 임재 앞에 죄인으로 선 두려움, 완전하신 절대자 앞에서 느끼는 자기 부족에 대한 심연과 같은 인식이었습니다. 그리고 그것은 선지자에게 회복될 수 없는 슬픔을 안겨다 주었습니다.

하나님이 보내신 사람

이러한 때에 하나님은 그럼에도 불구하고 그를 선지자로 부르셨다는 보증을 주십니다. 참으로 하나님은 이렇게 역사하시기를 기뻐하십니다. 왜냐하면 그것을 통해서 선지자들이 비로소 자신의 사역에 대해 낙관을 갖게 되기 때문입니다. 그리고 하나님의 말씀을 전하는 동안 이렇게 하나님이 자기를 불러 세우셨다는 약속의 징표를 자신의 영혼 속에 간직하고 말씀을 전하는 가운데 그 표증을 드러냄으로써 전심으로 하나님만 의뢰하며 말씀 사역에 헌신할 수 있게 하시는 것입니다.

그러므로 본문에 들어가기에 앞서서, 우리가 내릴 수 있는 결론은 하나입니다. 설교자는 선지자들이 그러하였던 것처럼 하나님께로부터 보냄을 받았다는 철저한 자기 인식을 필요로 한다는 것입니다. 더욱이 설교자가 하나님의 백성들과 세상 사람들로 하여금 하나님을 향한 관계를 새롭게 하고 그리스도를 향한 삶의 태도를 바꾸도록 부름을 받았음에도 불구하고, 회중들이 가지고 있는 사상과 생각에 장단을 맞추는 일에 설교 시간을 할애하고 있다면, 그것은 바로 그 설교자의 신적 소명의 부재를 드러내는 것입니다.

엄밀히 말해서 선지자는 하나님의 백성들을 바라보면서 설교할 내용이나 방식을 결정한 것이 아니었습니다. 오히려 그는 하나님을 통해, 늘 있어 왔던 사회의 형편을 바라보는 새로운 시각을 얻었고 그들로 하여금 듣게 하지 아니할 수 없는 하나님의 메시지를 받았습니다. 그리고 선지자들은 그렇게 상황 속에서 주어진 하나님의 말씀에 충성하였지, 단지 상황 자체에 충실한 것이 아니었습니다.

성경을 가장 잘 이해할 수 있는 비결이 무엇입니까? 성경의 언어를 연구하고 그 원래의 의미를 탐구하는 것은 매우 가치 있는 일입니다. 그래서 청교도 설교자 가운데 한 사람이었던 존 로빈슨(John Robinson)은 이렇게 말하였습니다. "고난 당하는 그리스도의 머리 위에 있었던 명패에 기록된 글이 히브리어, 헬라어, 라틴어였던 것처럼 성경도 원어이든, 신실한 번역이든 마찬가지이다. 그러나 샘 속에 있는 물이 가장 순수하고 깨끗하듯이 성경도 원어 성경이 가장 기본적이다." 또 윌리엄 거널(William Gurnal)은 "성경을 번역하도록 하신 하나님을 송축하라. 말씀은 우리의 검이다. 번역을 통해 그 검은 칼집에서 빠져나오는 것이다."라고 하였습니다.

하나님의 말씀의 원의가 무엇이고 그것이 어떻게 교회사 속에서 해석되어 왔는지 같은 것들을 연구하기 위하여, 우리는 많은 시간과 노력을 기울입니다. 그리고 이러한 하나님의 말씀에 대한 진지한 탐구와 노력 없이 말씀의 의미를 깨닫기 원하는 것은 요행을 바라는 마음이 아닐 수 없습니다. 우리는 이러한 노력의 가치를 귀하게 생각해야 합니다.

그러나 그 지점에 멈추어 서서 본문을 모두 이해했다고 생각해서는 안 됩니다. 오히려 그 지점이 성경의 참된 의미를 깨닫는 출발점이 되어야 합니다. 성경을 가장 잘 이해하는 첩경은 이러한 노력의 결과를 출발점으로 삼아 성경을 기록했던 사람들과 질적으로 같은 체험을 공유하는 것입니다. 그러므로 예레미야서를 가장 잘 이해하는 길은 예레미야가 만났던 하나님을 만나고, 그 선지자와 같은 마음을 공유하는 것입니다.

예레미야가 아닌 지금 우리 시대의 설교자들이, 그리고 이렇게 구약의 특정한 시기에 부름을 받았던 선지자가 아닌 오늘날의 설교자들이 예레미야가 겪었던 모든 영적인 체험과 소명의 사건을 그대로 반복해서 체험해야지만 비로소 예레미야서를 이해할 수 있다고 하는 주장은 무리일 것입니다. 그러나 성경의 저자들로 하여금 하나님의 말씀을 기록하게 하셨던 성령은 예레미야서를 대하는 설교자들에게 특별히 은혜를 주심으로, 예레미야가 경험했던 하나님과의 만남과 질적으로 유사한 만남을 주실 수 있습니다.

그리고 그렇게 될 때에 예레미야서에 대한 이해의 폭도 넓어지고 깨닫는 정도도 깊어질 것입니다.[64] 따라서 설교를 할 때뿐만 아니라 하나님의 말씀을 준비할 때도 전폭적으로 성령을 의지하지 않으면 안 될 필요성을 발견하게 됩니다. 그렇게 준비된 말씀이 본문을 풀어 그 의미의 광대함을 드러내 보여주는 설교를 가능하게 합니다. 그리고 설교 행위 가운데 성령이 역사하실 때 설교의 그 임무를 다하게 되는 것입니다.

"성령은……드러내 보여준 하나님의 진리를, 역사하게 하고 움직이게 하며 생명을 갖도록 만들어 준다. 이러한 성령의 기름 부으심이 없는 설교는 가볍고, 죽어 있으며 또 죽게 하는 설교이다. ……그것이 화려한 수사법을 가지고 있어도, 그것이 정확한 논리를 가질 수 있어도, ……성령의 기름 부으심이 없으면 그것은 죽어 있고 생명이 없는 것일 뿐이다. …… '우리가 얼마나 오랫동안 지혜를 동원해야 성령께서 기름 부은 설교가 될 수 있을지 나는 모른다. 그러나 설교자가 설교하고자 하는 본문의 실재를 깊이 이해하지 못한다면, 회중들은 즉시 그 설교가 공허하다는 사실을 발견하게 되고야 말 것이다. ……우리는 알고 있으나 남에게 말로 표현할 수 없는, 그것이 이러한 설교를 가능하게 한다.'"[65]

---

[64] 존 오웬(John Owen)은 교인들이 성경을 학습함으로써 성경의 가르침에 대한 바른 이해에 도달할 수 있다고 주장한다. 그러나 이렇게 성경을 배우려는 노력은 우리 안밖에 있는 여러 가지 요인에 의하여 제약을 받는다. 심령 속에 들어 온 악들—교만, 타락한 감정, 나태함, 음침한 생각, 변덕스러운 관습, 악한 합리화 등이 그것이다. 그러므로 오웬은 성경의 바른 이해를 위하여 성경의 언어와 문화적 배경, 그리고 주석과 해석의 역사를 아는 지식이 중요하다고 생각했다. 그리고 이런 노력들에 덧붙여서 성경을 이해하는 데 필요한 신령한 방법들을 다음과 같이 든다. 즉 끊임없이 빛을 구하는 기도, 인식하게 된 진리들이 가진 능력을 경험하려는 열망, 모든 진리를 알자마자 양심적으로 순종을 실천하는 것, 그리고 교회의 예배 생활이다. 결국 오웬의 입장도 발견된 성경 지식을 올바르게 이해하기 위해서는 '자신이 인식한 진리들이 가진 말씀의 능력을 경험 하여야 한다는 것이다. J. I. Packer, *A Quest for Godliness; The Puritan Vision of the Christian Life*, (Wheaton: Crossway Books, 1990), p.93-94.

설교자들이 깊이 성령을 체험하는 일이 단지 설교를 하고 있는 중에만 필요한 것이 아니라 성경의 본문을 대할 때에도 필요하다는 사실을 기억하여야 하는 것도 이 때문입니다. 그래서 스펄전(C. H. Spurgeon)은 이렇게 말했습니다.

"우리에게 성령의 도움이 필요한 곳은 바로 우리의 서재 안에서 바로 우리가 성경을 앞에 놓고 혼자 앉아 있을 때이다. 그분만이 하늘의 보고의 열쇠를 쥐고 있으며, 상상할 수 없을 정도로 우리를 풍요하게 할 수 있다. 제아무리 깊은 교리라도 그분은 모두 풀어 헤쳐 주시며 우리를 진리의 길로 바로 인도하실 수 있다. 그는 철문을 부수는가 하면 철빗장을 동강내시고 캄캄한 곳 깊숙이, 저 은밀한 곳에 감춘 보화를 우리에게 가져다주신다. 여러분이 원어를 연구하고, 주석들을 참고하며, 깊이 묵상한다 하더라도 하나님의 영께 힘차게 소리치는 일을 게을리 한다면, 여러분의 연구가 아무 소용이 없을 것이다. ……그러나 성령을 의지하면서 그분의 단순한 가르침에 의존한다면 하늘의 의미를 상당히 파악하게 될 것이다."[66]

여호와께서 손을 내밀어

감당할 수 없는 커다란 소명 앞에 두려워 떨고 있는 선지자를 향하여 확실한 표증을 주셨습니다. 영혼의 밑바닥부터 흔들어 깨운 이 충격적인 부르심 앞에 어린아이처럼 떨고 있는 예레미야를 향하여, 하나님께서 주신 마지막 약속은 "너를 구원하리라"(렘 1:8)였습니다. 그리고 하나님은 이렇게 구원하겠다고 약속하시는 분이 여호와 자신이심을 상기시키셨습니다.

---

[65] E. M. Bounds, *Power through Prayer*, (Grand Rapids: Zondervan Publishing House, 1990 reprinting), p.61-62.
[66] Charles. H. Spurgeon, 『목회자 후보생들에게』, 이종태 역, (서울: 생명의말씀사, 1988), 제2권, p.14.

하나님은 이제 그가 하나님의 말씀을 전하고 설교하는 동안 그와 동행하시고 구원의 능력을 보이실 것이었습니다. "……내가 너와 함께 하여 너를 구원하리라 나 여호와의 말이니라"(렘 1:8). 하나님은 이러한 약속에 대한 보증으로서 예레미야에게 "그 손을 내밀어"67) 그의 입을 만지셨습니다. 그리고 선언하셨습니다. "보라 내가 내 말을 네 입에 두었노라"(렘 1:9).

실로 이것은 예레미야가 선지자로 부름 받으면서 경험했던 영적 체험의 진수를 가리키는 말입니다. 하나님이 힐기야의 아들 예레미야에게 나타나셨습니다. 그 시대에 잡초처럼 태어나 지푸라기처럼 사라질, 낮고 천한 한 인간에게 당신 자신의 성품을 보이셨던 것입니다. 그리고 그와 마주하여 말씀하셨습니다. 천지를 창조하시고 만물을 다스리시는 위대한 홀을 잡으신 그 하나님의 손을, 천하를 두루 살펴 찾으신 한 사람 예레미야에게 내미셨습니다.

그리고 당신의 말을 증거할 선지자의 입에 대심으로써, 그의 영혼과 인격 안에 지울 수 없는 신적 영향의 표징을 새겨 두셨습니다. 하나님의 백성들의 표로서 몸에 새겼던 할례가 신체 일부분에 새겨졌지만 그것을 통하여

---

67) "여호와께서 손을 내밀어 내 입에 대시며"(וישלח יהוה את־ידו ויגע על־פי)를 원문상으로 보면 여호와께서 예레미야에게 내미신 손은 '한 손'(a hand)이었다. "손"으로 번역된 히브리어 '야드'(יד)는 구약에서 자주 '힘, 권능, 강제력' 등을 가리키는 말로 사용되었다(신 32:36, 출 9:35, 왕하 13:5 등). William L. Holladay, *A Concise Hebrew and Aramaic Lexicon of the Old Testament*, (Leiden: E. J. Brill, 1971), pp.127-128; 'שלח'가 동사로 사용될 때는 대부분의 경우 '손'(יד)이라는 단어를 목적어로 가졌는데(창 3:22, 8:9, 22:10 등), 뒤에 목적어가 없을 때에는 '사람을 보내다'가 된다(출 9:27, 민 21:2 등). Gerhard Lisowsky ed., *Konkordanz zum Hebraischen Alten Testament*, (Stuttgart: Deutsche Bibelgesellschaft, 1993), pp.1438-1439; Abraham Even-Shoshan ed., *A New Concordance of the Bible*, (Jerusalem: Kiryat Sefer Publishing House Ltd., 1989), pp.1149-1153; 또한 그 손을 입술이 아니라 '입에 대셨다'고 한 묘사(ויגע על־פי)로 볼 때에 하나님은 예레미야의 입의 한 부분이 아니라 커다란 한 손으로 입 전체를 덮으셨던 것으로 보인다. 그렇게 함으로써 신적인 영향력을 그의 영혼과 인격 전체에 끼치신 것이라고 할 수 있다. 여호와께서 그의 입에 손을 대신 것은 제유법적으로 이해할 수 있다. 즉 할례가 단지 신체의 일부분에 표를 새기는 행위지만, 그 행위를 통하여 그 지체를 가진 그 사람 전체를 구별시키는 것과 같은 의미이다.

주어진 선택의 효과는 그들의 전존재에 미쳤던 것처럼, 비록 하나님이 만지고 지나가신 것은 예레미야의 입이었으나 그러한 영적 경험을 통한 신적 영향은 그의 전존재에 미쳤습니다. 하나님의 손이 그 일을 하셨습니다.

여러분은 아하수에로 왕이 규례를 어기고 왕 앞에 나아와 어전의 뜰에 선 에스더에게, 자신의 손에 잡았던 금홀을 내밀자 감격했던 사건을 기억하실 것입니다. 에스더 앞에 뻗쳐진 그 호의의 손은 한 나라 왕의 손이었습니다. 그럼에도 불구하고 에스더는 모르드개와 그 수많은 유대인들과 함께 감격할 수 있었습니다. 왜냐하면 그 호의의 손을 통하여 민족을 구원할 수 있을 것이기 때문이었습니다.

그러나 예레미야 선지자에게 내밀어진 이 손은 이 세상의 사람들이 꽃으로 꾸며 만들어 준 왕관을 쓴 왕이 아니었습니다. 예레미야를 선지자로 부르사 그의 입에 대어 주신 하나님의 손은, 유구한 역사 속에서 수많은 열왕들을 세우고 버리실 수 있는 전능하신 하나님의 손이었습니다.

하나님께서 그 손으로 행하신 위대한 일들을 기억해 보십시오. 하나님의 손이 모세를 사로잡으시자 홍해가 갈라졌고, 여호수아와 그 백성들을 붙드시자 여리고가 무너졌으며, 그리스도가 사망의 무덤을 깨치고 부활하셨습니다. 지금도 하나님은 그 손으로, 그 말씀으로 온 세상을 다스리고 치리하시는 것입니다. "하늘이 하나님의 영광을 선포하고 궁창이 그 손으로 하신 일을 나타내는도다"(시 19:1). 하나님은 당신의 손으로 맹세하시는 것을 곧 자신으로 맹세하시는 것과 동일하게 말씀하셨습니다. "여호와께서 그 오른손, 그 능력의 팔로 맹세하시되 내가 다시는 네 곡식을 네 원수들에게 식물로 주지 아니하겠고 너의 수고하여 얻은 포도주를 이방인으로 마시지 않게 할 것인즉"(사 62:8).

이스라엘 백성들이 빽빽한 구름이 산에 있고 나팔소리가 심히 클 때에

벌벌 떨었던(출 19:16) 이유가 무엇이었는지 기억합니까? 그토록 종교적이던 이스라엘 백성이 음성조차 두려워하였던 그 여호와의 손이 지금 한 사람 예레미야의 면전에 다가온 것입니다. 하나님의 말씀을 증거하도록 부름을 받은 선지자에게 구체적으로 무엇을 전하여야 할 것인지는 차후에 주어질 내용들이었습니다. 기이하지 않습니까?

여기에서 선지자 예레미야가 구체적으로 유다의 영적인 상태와 그들을 향한 하나님의 음성을 메시지로서 듣게 되는 일은 예레미야 1장 13절 이후에나 나타납니다.[68] 예레미야 1장 전반부에서 다루고 있는 하나님과 선지자와의 만남은 철저하게 하나님과의 개인적인 체험을 다루고 있습니다. 하나님께서 한 사람을 부르셔서 선지자로 삼기 위해 소명하시는 여호와 앞에, 두려워 떨면서도 순종할 수밖에 없게끔 자신을 복종시키고 있는 한 선지자를 성경은 그려 내고 있는 것입니다.

성경은 말합니다. "여호와께서 그 손을 내밀어 내 입에 대시며 내게 이르시되……"(렘 1:9). 하나님께서 예레미야를 선지자로 부르실 때 하늘이 열렸고 그 갈라진 하늘 사이로 하나님의 손이 위에서 아래로 내려와 선지자의 입에 닿았습니다. 이것이 무엇입니까? 하나님의 말씀 전파를 위하여 부름 받은 선지자에게는 그 말씀을 듣는 모든 회중을 능가하는 하나님의 성품에 대해 인격적이고 영적인, 특별한 체험이 요구되는 것을 보여주는 것입니다.

이처럼 성령으로 말미암는 하나님의 인격에 대한 깊은 체험은 인간의 선천적인 무지를 제거하고 그의 심령의 눈에서 장막을 걷어 냅니다. 뿐만 아니라 신학적인 편견과 심리적인 교만을 깨뜨려 주며 영적 실재들에 대한

---

[68] "여호와의 말씀이 다시 내게 임하니라 이르시되 네가 무엇을 보느냐 대답하되 끓는 가마를 보나이다 그 면이 북에서부터 기울어졌나이다"(렘 1:13).

이해력과 연단된 분별력과 지각(히 5:14)을 가져다줍니다.

따라서 하나님에 대한 바르고 깊이 있는 영적 체험이 없는 피상적인 신학은 하나님과의 이런 풍성한 만남을 추구함에 있어서 잘못 심겨진 구조물이 되기도 합니다.69)

크신 하나님을 체험함

설교자에게 있어서 이 같은 하나님의 인격에 대한 영적 체험은 성경의 이해와 관련하여 강조되어야 합니다. 이러한 체험을 통해서 성경이 조리 있게 보이기 시작하는 것입니다. 이처럼 하나님의 인격을 영적으로 깊이 체험한 사람들에게는 성경이 더 이상 토막난 교훈들의 일관성 없는 집합물이 아닙니다.

저는 지금 이렇게 하나님의 인격을 영적으로 깊이 체험한 사람들의 성경 해석이 다른 성경 연구가들의 도움이 필요 없을 정도로 완전하다거나 완벽에 가깝다는 말씀을 드리고 있는 것이 아닙니다. 그러나 성경의 각 부분이 놀라운 조화를 이루며 성경 전체가 하나의 커다란 흐름으로 다가오는 성경에 대한 인식 지평의 확장은 이 같은 영적인 체험에 보다 큰 기초를 두고 있습니다.

우리는 사도행전을 한 장 한 장 넘기면서 갑자기 장엄해진 구속사의 설교를 듣게 됩니다. 그리고 그 같은 설교의 장엄함과 진지함, 그리고 그리스도를 바라보는 구원사적인 전망의 지평은 그 후의 설교에서도 유지되었습니다. 베드로를 비롯한 사도들은 그리스도가 부활하신 후에도 그가 왜 십

---

69) "보라 내가 오늘날 너를 열방 만국 위에 세우고 너로 뽑으며 파괴하며 파멸하며 넘어뜨리며 건설하며 심게 하였느니라"(렘 1:10). 이 본문에 따르면 선지자는 먼저 열방 만국에 잘못 심겨진 것들을 파괴하고 넘어뜨리도록 부르심을 받고 있다. 선지자의 소명의 부정적(negative)인 면과 긍정적(positive)인 면에 대한 상세한 설명은 본서의 다음 장을 참고할 것.

자가에 죽으셨는지 이해하지 못하고 있었습니다. 그들은 한 때 성령의 능력을 크게 받았던 사람들이었습니다(마 10:1).[70]

그럼에도 불구하고 구약 성경은 그들에게 닫혀져 있었습니다. 그들에게 있어서 구약 성경은 단편적인 신앙의 교훈일 뿐 그 이상은 아무것도 아니었습니다. 그들이 이해하던 그리스도의 생애와 교훈, 십자가에서의 죽으심과 부활도 그러하였습니다. 예수 그리스도가 선한 선생으로, 하나님의 아들로 이 땅에 오셨으나, 그의 초림과 죽으심이 어떻게 연결되는지에 대하여 그들은 아무것도 몰랐습니다. 예수께서 자신을 중심으로 풀어 주시는 구약의 해석이 제자들에게 엄청난 충격이 될 정도로 성경과 구속사에 대하여 무지하였습니다(눅 24:13-35). 그런데 성령이 오셨습니다.

사도행전 2장의 성령 강림 사건을 설교사적인 측면에서 보면, 그것은 하나님께서 설교자를 세우시는 사건이었습니다. 오순절의 성령 강림 사건을 바라봄에 있어서 우리는 성령의 외적인 능력만을 강조하는 경향이 있습니다. 그러나 이 사건에 대한 조망은 두 가지 관점에서 함께 이루어져야 합니다. 즉 선교적인 측면과 설교사적인 측면입니다. 이 두 관점은 결코 독립되어 이해되어서는 안 됩니다.

확실히 오순절 성령 강림 사건은 구속사적인 사건인 동시에 선교적인 사건이었습니다. 그러므로 우리는 오순절 사건이 선교에 준 영향을 관찰하기 전에 먼저 그리스도의 생애에 대한 증인들이 세워지는 일이 있었음을 기억하여야 합니다. 오순절의 성령 강림은 그 사건을 체험한 그리스도인

---

[70] 그들은 "더러운 귀신을 쫓아내며 모든 병과 모든 약한 것을 고치는 권능을" 받았다. 그리고 마태복음 10장 8절의 예수님의 명령, "병든 자를 고치며 죽은 자를 살리며 문둥이를 깨끗하게 하며 귀신을 쫓아내되……"로 미루어 볼 때, 사도들을 세우시며 그들에게 주셨던 능력은 가히 놀라운 것이었다. 그럼에도 불구하고 그들은 그리스도의 대속적 죽음이나, 성경 역사에 있어서 예수 그리스도의 중심성, 하나님 나라의 영적 성격에 대하여 무지하였다(행 1:6).

들에게 커다란 능력으로 임했을 뿐 아니라, 이전에 도무지 인식할 수 없었던 구속사에 대한 인식의 지평을 열어 주었습니다.

이 말은, 오순절의 성령 체험이 초대 교회 그리스도인들에게 구약 성경과 그리스도의 교훈과 삶, 그리고 그분의 죽으심과 부활에 대해 새롭고도 획기적인 인식을 가져왔다는 뜻입니다. 실제로 이 사건을 체험한 사도들은 설교하기 시작했습니다. 그리스도의 죽으심과 부활의 의미에 대한 인식이 분명해지자 구약의 역사 속에서 그리스도가 보이기 시작했습니다. 메시아가 보이자 성경은 장엄한 구속사의 물줄기로 그들에게 다가왔습니다. 그들은 원고도 없었습니다. 구약 성경의 인용도 대부분 기억에 의지한 것이어서 부정확했습니다.[71] 그럼에도 불구하고 그들은 구약의 각 본문이 구속사를 설명함에 있어서 어느 지점에서 인용되어야 하는지에 대한 탁월한 인식을 가지고 있었습니다. 이 같은 인식의 지평은 장기간의 학습에 의하여서가 아니라, 하나님의 인격에 대한 영적 체험에서 비롯되었습니다.

성경이 열려야

이에 대해 저는, 하나님을 크게 체험했던 청교도 신학자인 존 오웬(John Owen)의 동일한 지적을 발견하고 너무나 기뻤습니다. 그는 지금 제가 이 책 전체를 통하여, 설교자가 되는 영적 준비로서 강조하고 있는 '하나님의 인격에 대한 영적 체험'을 '성령의 내적 조명(inward illumination)' 이라는 말로

---

[71] 신약의 저자들은 설교하거나 서신을 쓸 때 당시 그들 사이에서 널리 읽히던 70인역(*Septuagint*)을 옆에 두고 인용할 수가 없었다. 그들의 구약 인용은 다분히 기억에 의존했던 것으로 여겨진다. 예를 들면 히 2:6-8에서 히브리서 저자는 자신이 인용하고 있는 구절이 구약의 어느 책에서 온 것인지 정확하게 말할 수 없었기 때문에 "오직 누가 어디 증거하여 가로되……"(히 2:6)라고 하였다. 그리고 다음 구절인 7, 8절은 인용한 내용이 본문과 약간의 차이가 난다. 이것은 아마 구약을 암송하고 있던 저자들의 습관에서 비롯된 것으로 여겨진다. 박형용, 『신약개관』 (수원: 합동신학교, 1985), pp.23-24.

표현하면서 다음과 같이 말했습니다.

"(성령의 내적 조명으로 말미암는) 이해의 표징은 이제 성경이 일목요연하게 보이는 것이다. 성령에 의하여 조명 받은 사람에게 성경은 더 이상 단절된 항목들의 정신없이 혼란스러운 뒤범벅이 아니다. 이전에는 그에게 성경이 그렇게 보였을지도 모르나 이제 성경의 모든 부분은 이 성령의 내적 조명이 주는 유익 아래서 조화와 일치를 이루고 성경의 모든 진리는 능력과 필연성으로 함께 그리고 전체로서 증거하며 다가온다. 부분과 부분이 조화하며 성경의 각 책들은 서로 맞물리고 성경 전체의 종합적인 의미가 명확해진다. 영적 실재들을 맛보게 하는 내적 경험들은 즉각적으로 일어나는 것이며 말로 형언할 수 없을 정도로 놀라운 것이다."[72]

이와 같은 원리는 하나님께서 설교자들을 세우심에 있어서도 적용됩니다. 그리스도 예수의 영광스러운 복음을 선포하고 그 복음의 빛 아래서 세상과 교회와 역사를 해석하며, 오늘날 어떻게 하나님의 뜻을 성취하며 살아야 할 것인지를 예언자적인 시각으로 조명해야 합니다. 영적으로 무감각한 백성들을 하나님의 마음으로 다가가 말씀으로써 일깨우도록 부름 받은 설교자들은 하나님을 아는 지식이 회중들을 능가해야 합니다. 그리고 그 일은 반드시 하나님의 인격에 대한 이 같은 영적 체험 속에서 이루어집니다.

---

[72] "The mark of this understanding is that Scripture now appears coherent: to the man enlightened by the Spirit, Scripture is no longer a bewildering jumble of isolated items, as it may well have seemed to him before, but 'under the benefit of this assistance all the parts of the Scripture, in their harmony and correspondency, all the truths of it their power and necessity, come in together to give evidence one to another, and all of them to the whole.' Part chimes in with part, Scripture meshes with Scripture, and the unified bearing of the whole Bible becomes apparent. The accompanying experience of the 'taste,' or 'flavour' of spiritual realities is immediate and ineffable." J. I. Packer, *A Quest For Godliness; The Puritan Vision of the Christian Life*, (Wheaton: Crossway Books, 1990), p.92. 오순절 성령 강림 사건이 설교사적인 입장에서 어떤 의미를 가지며, 그것이 선교에 어떤 영향을 주었는지에 대한 논의는 김남준. "사도들의 설교와 성령, 그리고 그 교훈", 『그 말씀』 1994년 8월호 (서울: 두란노서원, 1994), pp.133-148을 참고할 것.

만져 주신 하나님

설교자의 소명은, 어느 날 자신의 인생을 곰곰이 생각해 보며 계산을 한 끝에 말씀을 전하며 사는 것이 좋겠다고 결심한 후 스스로 그 길을 선택해서 받는 것이 아닙니다. 그는 하나님의 말씀을 전하고 진리를 선포하지 않고는 견딜 수 없는 영혼의 내적 동기를 가지고 있어야 합니다. 그리고 이러한 내적 동기는 하나님께서 그를 부르시고 자신의 성품과 인격을 알리셔서 체험하게 하심으로 일어나는 것입니다.

예레미야 당시에도 많은 사람들이 여호와 하나님을 믿고 섬기고 있었습니다. 비록 역사가 멸망을 향하여 치닫는 어두운 때를 지나고 있었습니다만 비교적 경건했던 사람이 한 사람도 없었다고 생각할 수 없습니다. 신앙심이 깊고 도덕적이며 종교적인 열심이 있는 사람들은 어느 시대에나 있었습니다.

마치 "살았다 하는 이름은 가졌으나 죽은 자로다"(계 3:1)라는 그리스도의 평가를 받아야 했던 사데교회에도 그 옷을 더럽히지 아니한 몇 명의 성도가 있었던 것처럼 말입니다(계 3:4). 그들도 역사의 어두운 한 시대를 지나며 하나님께 기도하였을 것이고, 그렇게 섬기는 것이 마음에 하나의 즐거움이 되었을 것입니다.

그러나 기억하십시오. 하나님 자신이 손을 내밀어서 그 거룩한 손길을 입에 닿게 하신 사람은 오직 그 시대의 예레미야 한 사람뿐이었음을 말입니다. 모든 백성들이 이런 영광스러운 영적 체험 속에서 살아갔던 것은 아닙니다. 하나님은 예레미야만을 사랑하신 것은 아닙니다. 어떤 의미에서 예레미야 한 사람을 향한 하나님의 사랑을, 당신이 선택한 온 이스라엘을 향한 사랑과 비교한다는 것은 어리석기 그지없는 일일 것입니다.

그럼에도 불구하고 하나님은 예루살렘을 지나는 모든 이스라엘 백성들의 입을 만지시거나 그 입술에 당신의 손길을 주시지 아니하였습니다. 예레미야는 그 시대에 다른 평범한 백성들이 누릴 수 없는 놀라운 영적 특권을 자신의 영혼 안에 누리게 되었습니다. 그렇습니다. 이것이 바로 요점입니다.

하나님께서 설교자를 세우시는 사건을 이것보다 더 적절하게 설명할 수 있는 말이 없습니다. 설교자, 그 사람은 하나님께서 다른 모든 사람들에게 흔히 허락지 않는 만남을 주신 사람입니다. 하나님께서 만나 주신 사람입니다. 그것도 아주 평범한 방법이 아니라 특이한 방법으로 만나 주신 사람입니다. 그가 결코 평범한 사람일 수 없는 것은 오직 단 하나, 하나님께서 그를 특별히 만나 주셨다는 사실 때문입니다. 그러므로 그에게는 회중들이 알 수 없는 하나님을 아는 지식이 있습니다. 그가 성경을 바라보고 해석하는 바는 결코 평범하고 식상한 신변잡기(身邊雜記) 수준의 이야기일 수 없습니다.

숨길 수 없는 흔적

"하나님께로부터 보냄을 받은 사람들에게는 그분 곁에 있다 온 사람들만 가질 수 있는 독특한 체취와 기운이 배어 있습니다. 그리고 그것은 결코 숨길 수 없습니다. 하나님 곁에 있다가 온 사람의 가장 뚜렷한 표징은 그가 하나님에 관해 증언할 때 드러납니다. 하나님 곁에 있다 온 사람들의 하나님에 관한 증언은 그렇지 못한 사람들의 변론과 뚜렷이 구별됩니다. 하나님 곁에 있다 온 사람들만이 가질 수 있는 독특한 체취와 영적 분위기는, 그가 어느 본문을 설교하든지 숨길 수 없이 배어 나오게끔 되어 있습니다. 그리고 무엇에 관하여 증거하든지 그것이 하나님에 관한 것인 한, 그 사람들에게는 언제나 확증과 신념에 넘치는 언어가 있습니다." [73]

요즘은 하나님께서 설교자를 세우신다는 개념이 서서히 희석되고 이제는 제도에 의하여 설교자들이 양산되는 것처럼 이해되는 교회 시대에 살고 있습니다. 그러나 이것은 기독교 역사상 가장 혐오해야 할 오류 중 하나입니다. 한 사람의 설교자가 세워지는 일은 모든 역사가 주목해야 할 만큼 가치 있는 사건이었습니다. 모든 선지자들의 소명 기사가 그것을 말해 주고 있지 않습니까?[74)]

아무리 예를 들어도 쉽게 다하지 않을 많은 증거들이 성경에 기록되어 있습니다. 한 시대에 거목과 같이 우뚝 서서 이스라엘 백성들의 역사를 예언하고, 나아가서 그리스도의 오심과 수난과 그에 의하여 회복될 왕국을 예언하였던 이사야 선지자를 우리는 기억합니다.

하나님께로부터 소명을 받고 "소는 그 임자를 알고 나귀는 주인의 구유를 알건마는 이스라엘은 알지 못하고 나의 백성은 깨닫지 못하는도다"(사 1:3)라고 개탄하며 예언 사역을 시작하였던 그 사람을 성경이 어떻게 소개하고 있습니까? 성경은 그의 예언 사역의 시작에 대하여 무엇이라고 말합니까? "유다 왕 웃시야와 요담과 아하스와 히스기야 시대에 아모스의 아들

---

73) 그러므로 설교자의 영적 체험은 언어의 문제보다 앞선다. 다시 말해서 원리적으로 볼 때, 다음과 같은 순서가 되어야 한다는 것이다. 즉 설교자가 크신 하나님의 인격을 영적으로 깊이 체험하면 체험할수록, 그는 자신의 내면에 있는 증언들에 대한 정확하고 충분한 묘사를 위하여 언어의 결핍을 느끼게 되고, 이로 말미암아 그는 자신의 마음속에 담긴 하나님에 관한 증언을 더 정확하고 풍성하게 묘사를 위하여 설교 언어에 마음을 기울이지 않을 수 없게 된다는 것이다. 그러므로 오늘날 설교의 변화를 위하여 문학적이고 수사학적인 훈련에만 큰 기대를 걸고 접근하는 것은 설교의 진정한 변화를 위하여 바람직하지 않다. 설교와 하나님의 인격 체험과의 관계에 대한 상세한 논의는 김남준, 『세례요한 I: 설교자와 영적 부흥』(서울: 도서출판 솔로몬, 1994), pp.51-92를 참고할 것.

74) 선지자들의 소명 기사의 대부분이, 시대를 알려 주는 왕들의 계보나 정치적이고 종교적인 지도자들의 이름에 대한 언급이나 혹은 어떤 중요한 사건을 통하여 역사적 상황을 알리는 구절들과 함께 나오고 있는 것은 이 같은 사실을 입증해 준다(사 1:1, 호 1:1, 암 1:1, 렘 1:3, 겔 1:2, 눅 3:1 등). 설교의 이 같은 역사성에 대하여, "설교단은 세상 역사의 뱃머리"라고 한 허먼 멜빌(Herman Melville)의 말은 깊이 새겨 볼 만하다. John R. W. Stott, *Between Two Worlds; The Art of Preaching in the Twentieth Century*, (Grand Rapids: Eerdmans Publishing Company, 1997 reprinting), p.36.

이사야가 유다와 예루살렘에 대하여 본 이상이라"(사 1:1).

이사야는 선지자로 부름 받으며 하나님의 이상(vision)이 자기에게 임하는 것을 목격했습니다. 그리고 그 체험은 하나님의 인격에 대한 영적 체험으로부터 시작되었습니다. 그는 선지자로 세움을 입었습니다. 하나님과의 만남은 개인적이었습니다. 그러나 그의 사명은 공적인 것이었습니다. 이사야가 하나님께로부터 소명을 받고 선지자로 세움을 받는 사건은 결코 개인적인 사건일 수 없었습니다.

모든 유다의 왕들이 그의 소명을 주목하여야 했습니다. 흘러가던 모든 역사가 잠시 숨을 멈추고, 한 사람이 하나님께로부터 부르심을 받고 선지자라고 일컬음을 받게 되는 이 소명의 사건에 주목하여야 했습니다. 왜냐하면 하나님께서 그에게 말씀을 주시고, 그 말씀을 통하여 역사를 움직이실 것이기 때문이었습니다.

그렇습니다. 예레미야도 하나님께서 그 입에 손을 대고 지나가심으로 비로소 예언 사역에 합당한 사람이 되었습니다. 물론 이 한 번의 체험이 그를 인간적인 모든 연약함으로부터 완벽하게 구출해 준 것은 아니었습니다.[75]

그러나 선지자들의 선지 사역 속에서 일관되게 견지되어 온 연단된 꿋꿋함은 모두 이런 분명한 소명 체험에 기초를 두고 있습니다.

예레미야서를 찬찬히 살펴보면, 이 선지자도 모든 설교자들이 흔히 빠질

---

[75] 조나단 에드워즈(Jonathan Edwards)는 단 한 번의 체험을 신자로서의 확신의 영원한 원천으로 이해하는 것이 신약 성경의 지지를 받지 못한다고 생각하였다. 단 한 번의 성령의 증거로서 충분하지 않은 것처럼 회심시 단 한 번의 경험으로 충분치 않다고 주장하였다. 신앙의 확신은 단지 과거의 경험을 즐기는 것만으로는 충분치 않기 때문에, 현재적이고 지속적인 성령의 역사를 필요로 한다고 보았다. 선지자들의 삶과 사역에 대한 확신에 있어서도 이 같은 현재적이고 지속적인 하나님과의 영적 교통이 필요하였을 것임에는 더 말할 필요가 없다. 선지서 속에 반복되는 하나님과의 만남에 대한 일련의 묘사는 이 같은 필요성에 대한 증거가 된다. 그러나 자신을 소명하시는 하나님과의 첫 만남의 체험은 이후 계속되는 만남의 체험과 여러 면에서 구별된 인식과 충격을 선지자에게 가져다주었을 것이다. Iain H. Murray, *Jonathan Edwards; A New Biography*, (Edinburgh: The Banner of Truth Trust, 1988 reprinting), pp.251-267을 참고할 것.

법한 위험과 약점에 자주 노출되었던 것을 알 수 있습니다. 그는 자주 낙심하기도 하였고 하나님의 말씀을 증거하는 자신 앞에 성벽처럼 우뚝 서 있는 그 불퇴의 역경 속에서 다시는 하나님의 이름으로 설교하지 아니하리라고 어리석은 결심을 하던 때도 있었습니다 (렘 20:9).[76]

그러나 선지자에게 있어서 이 같은 소명의 영적 체험은 그를 다른 사람으로 만들어 놓았습니다. 세상 사람들과는 다른 시각으로 역사를 볼 수 있게 하는 안목, 자신의 직무에 대한 신적 부르심의 확신, 그리고 그로 인한 연단된 꿋꿋함과 거룩한 강인함, 하나님이 자신을 부르신 목적에 기꺼이 사로잡힌 바 되는 그 기꺼움, 하나님의 이름이 거룩히 여겨지기를 바라며 불타오르는 불굴의 갈망 같은 것들이 그에게서 볼 수 있는 변화입니다.

하나님께서 선지자의 입에 손을 대고 지나가신 것은 순간의 일이었습니다. 그럼에도 불구하고 그 체험은 영원히 흔들릴 수 없는 그 무엇을 설교자인 예레미야의 심령 속에 각인하여 두었습니다. 마치 바울의 다메섹에서의 소명 체험이 그의 신앙과 신학과 삶과 헌신 등, 그의 새로운 인생을 형성하는 핵이 되었던 것처럼 말입니다. 그리고 그것은 선지자로 하여금 고난과 죽음의 위협 가운데서 줄기차게 하나님의 열정을 가지고 이스라엘 백성들이 처한 위기를 통찰하고 그들에게 하나님의 말씀을 증거함에 결정적인 역할을 하였습니다.

하나님께서 그의 입에 손을 대고 지나가신 것은 잠깐이었으나 그 결과는 영원한 것이었습니다. 그가 하나님의 거룩하시고 위대한 성품을 영적으로

---

[76] '내가 다시는 여호와를 선포하지 (אֶזְכְּרֶנּוּ) 아니하며 그 이름으로 말하지 아니하리라 하면 나의 중심이(בְלִבִּי) 불붙는 것 같아서(כְּאֵשׁ בֹּעֶרֶת) 골수에(בְּעַצְמֹתָי) 사무치니 답답하여 견딜 수 없나이다' (렘 20:9). 이 구절의 정확한 직역은 개역한글 성경과 약간의 차이가 있다. '그리고 내가 그를 기억치 아니하며 혹은 다시는 그의 이름 안에서 말하지 아니할 것이라고 말하면 그 때에 나의 한 마음 안에 내 **뼈**들 안에서 사로잡는 타오르고 있는 한 **불**같이 되어서 참기에 지쳐 버리니 실로 나는 견딜 수가 없다.'

체험하자 그는 하나님께서 자신을 만지고 지나가신 흔적을 자신의 심령과 인격 속에 영원히 간직하지 않을 수 없게 되었습니다. 하나님께서 그 입을 만지고 지나가신 모든 설교자들은 단지 제도로부터 세움을 받은 사람들과 뚜렷이 구별됩니다. 하나님께서 만지고 지나가신 흔적이 그 설교자의 말과 생각과 사상 속에 숨길 수 없이 남아 있기 때문입니다.

아무리 뛰어난 재주를 가지고 있다 할지라도 그가 자신의 설교를 통하여 자기를 만나 주신 하나님과의 체험을 가지고 있는 설교자라는 사실을 숨기는 것은 거의 불가능합니다. 그러므로 모든 설교자들은 설교 사역에 합당한 하나님에 대한 영적 체험을 가진 사람들이 되어야 합니다. 그리고 그것은 체험 자체를 구하는 것을 통하여 이루어지는 것이 아니라 하나님 자신을 구함으로써 이루어지는 것입니다.[77]

예레미야를 향하여 손을 내미시는 분은 하나님 자신이셨습니다. 하나님은 누구의 방해도 받지 않고 당신이 하고 싶은 일을 행하시며, 당신이 원하지 않는 일을 누구의 간섭에도 불구하고 행하시는 법이 없습니다.

결핍을 느끼라

설교자들이 회중으로 하여금, 그가 설교하고자 하는 논지가 무엇인지 어리둥절하게 하는 설교 내용의 혼돈과 초점 없음은 그의 지적인 역량의 부족보다는 증거하고자 하는 본문에 대한 영적 체험의 결핍에서 오는 경우가 많습니다. 그리고 어느 본문을 택하든지 매번 꼭 같은 혼란을 일으켜서 회중을 혼란스럽게 하고 있다면 그는 설교자로서의 자신의 영적인 수준과 하

---

[77] 결국 이 같은 설교자의 한계는 우리로 하여금, 설교의 환경이나 여건의 문제가 아니라 설교자 자신의 영적인 문제로 우리의 눈을 돌리게 한다. 이 점에 대하여는 본서의 결론 부분이라고 할 수 있는 마지막 장을 참고하기 바란다.

나님의 인격에 대한 이해의 수준을 총체적으로 점검해 보아야 합니다.[78]

　설교자의 냉담한 설교나, 본문을 설교함에 있어서 논리의 결핍, 혹은 언어의 궁핍은 대개 설교자의 영적 체험의 결핍에서 비롯됩니다. 이러한 설교자의 영적 준비의 부족함이 학문이나 설교에 대한 기술적인 학습에 의하여 얼마나 채워질 수 있는지에 대하여, 저는 회의적입니다.

　예레미야에게 손을 내미신 분은 하나님 자신이셨습니다. 우리는 왜 그 많은 사람 가운데 하필이면 예레미야를 부르셨는지 알 수 없습니다. 하나님이 만나 주신 예레미야 자신도 왜 하필이면 그 많은 이스라엘 백성들 가운데 자기가 고난의 가시밭길을 걸어갈 선지자로 뽑혀야 했는지 말할 수 없었습니다. 그러나 그것은 중요한 것이 아니었습니다. 다만 그가 아는 것은 하나님께서 자기를 부르셨다는 사실과 그리고 자신이 하나님을 만나서 선지자로 세움을 받았다는 사실뿐이었습니다. 모든 것은 하나님의 주권에 속한 것이었습니다.

　우리도 마찬가지입니다. 왜 하필이면 그 수많은 사람들 가운데 우리를 만나시고, 그리하여 우리를 이 조국 교회에서 하나님의 말씀으로 당신을 섬기는 설교자로 삼으셨는지 우리는 그 이유를 알 수 없습니다. 그리고 우리는 그 물음에 대해서 답을 찾아야 할 필요도 발견하지 못합니다.

　다만 우리가 아는 것은 하나님이 우리를 설교하도록 부르셨다는 사실입니다. 그리고 우리는 언제나 이 거룩한 사명 앞에서 그 직무에 필적할 수 없으리만치 부족한 자신을 발견하기에, 진리를 전하는 도구로 세워 주신 하나님의 놀라운 은혜를 찬양할 뿐입니다.

---

78) 이런 작업을 위해서는 경건한 인물들의 전기나 일기, 개인적인 서신 같은 것을 읽음으로써 역사 기록에서 잘 다뤄지지 않은 설교자의 내면 세계에 대한 새로운 인식을 갖는 것이 좋다. 그것을 통하여 자신의 영적인 수준과 삶을 돌아볼 수 있기 때문이다.

따라서 설교자들은 먼저 자신의 설교를 고치기 전에, 설교하는 자신 안에 있는 영적인 가난함을 직시할 수 있어야 합니다. 그리고 하나님이, 자신의 설교에 귀기울이는 모든 회중들을 능가하는 은혜 가운데서 말씀 사역을 위해 부름 받은 자신과 대면하여 말씀해 주시기를 사모하여야 합니다. 설교자는 전심으로 하나님을 찾고 그의 영광을 추구하고 더 깊이 하나님 자신의 거룩한 성품을 알기 원하는 갈망에 불타는 사람이 되어야 합니다. 이것이 바로 설교자에게 요구되는 내면 세계입니다. 예레미야 1:9을 열면서 받는 첫 번째 도전이 바로 이것입니다.

입에 대시며

이어서 성경은 이처럼 기이하게 뻗쳐진 하나님의 손이 선지자의 입술에 닿았다고 기록하고 있습니다. 왜 하필이면 그 수많은 신체 부위 가운데 입이었을까요?[79] 이것이 의미하는 바가 무엇이었습니까? 이것은 바로 설교 사역에 있어서 말의 중요성을 의미하는 것입니다.

호렙산 떨기나무 사이에서 자신을 소명하시는 하나님 앞에서 마지막 순간까지 "아멘." 하기를 주저하였던 모세의 고민이 무엇이었습니까? 모세 자신의 고백을 들어 보십시오. "모세가 여호와께 고하되 주여 나는 본래 말에 능치 못한 자라 주께서 주의 종에게 명하신 후에도 그러하니 나는 입이 뻣뻣하고 혀가 둔한 자니이다"(출 4:10).

하나님께서 모세를 소명하셨을 때 그의 가장 커다란 고민은 자신이 언변에 뛰어나지 않다는 것이었습니다. 그리고 이 같은 확신은 하나님께서 "내

---

[79] 하나님께서 선지자의 신체의 일부분인 입에 손을 대심으로써 보여주고 싶으셨던 것은 세 가지이다. 첫째로는 선지자로 하여금 하나님의 인격을 체험하게 하여 그분의 성품에 대한 깊은 이해를 갖게 하시기 위함이었고, 둘째로는 입에 손을 대심으로 그의 말씀 사역을 능하게 하시기 위함이었으며, 셋째로는 선지자를 구별하시기 위함이었다. 이에 대한 자세한 논의는 각주 67번을 참고할 것.

백성을 애굽에서 구원하라."는 명령을 주신 이후에도 흔들리지 않을 만큼 견고하였습니다. 그는 자신 앞에서 지팡이와 손을 통하여 이적을 행하시는 하나님의 능력을 보았습니다. 그럼에도 불구하고 그에게 가장 절박한 문제는 말을 잘하지 못한다는 것이었습니다. 입이 뻣뻣하고 혀가 둔하여 말을 잘하지 못한다는 사실이 이 하나님의 소명 앞에 그로 하여금 주저하지 않을 수 없게 만들었습니다.[80]

사도 바울이 그 놀라운 선교의 역사를 이룩하면서도 설교자로서 끝까지 고민하지 않을 수 없었던 자신의 부족이 무엇이었는지 아십니까? 그는 위대한 능력을 소유하고 있는 사도였고 지식에 있어서도 결코 남에게 뒤지지 않는 사람이었습니다. 그러나 말에 능하지 못하다는 사실이 그를 겸비하게 하였습니다. "내가 비록 말에는 졸하나 지식에는 그렇지 아니하니 이것을 우리가 모든 사람 가운데서 모든 일로 너희에게 나타내었노라"(고후 11:6).

오순절에 성령 강림 사건이 있은 후, 표면적으로 드러난 가장 뚜렷한 변화의 표지는 역시 말이었습니다. 그들은 즉시 방언하기 시작하였습니다. "불의 혀같이 갈라지는 것이 저희에게 보여 각 사람 위에 임하여 있더니 저희가 다 성령의 충만함을 받고 성령이 말하게 하심을 따라 다른 방언으로 말하기를 시작하니라"(행 2:3-4).

이것은 바벨탑 사건에서 내린 혀의 저주가 풀린 사건이자, 말을 통하여 복음이 세계적으로 확산되어 구원이 성취될 것을 보여준 사건이었습니다. 사도들이 성령을 체험하고 이스라엘 백성들에게로 나아갔을 때 가장 놀라운 변화는 그들의 말에서 나타났습니다. 그 말은 예전과 다르게 권위가 있었고, 무감각하던 사람들의 마음을 찔러 거룩한 고민과 경건한 슬픔을 불

---

[80] 이에 대하여 사도행전은 다른 보도를 하고 있다. "모세가 애굽 사람의 학술을 다 배워 그 말과 행사가 능하더라"(행 7:22). 그렇다면 출애굽기에 나오는 모세 자신의 진술은 아마도 미디안 광야에서 40년을 지낸 뒤 그 배운 지식을 거의 잊어 버렸다는 강박 관념에서 비롯된 발언일 것이다.

러 일으켰습니다(행 2:37).

설교를 믿으라

선교의 판도를 변화시키는 역사 뒤에는 반드시 설교의 변화가 있었고, 설교의 변화 뒤에는 설교자의 변화가 있었으며, 설교자의 변화 이면에는 역사하시는 하나님이 계셨습니다. 하나님께서 손을 내미셔서 조금도 망설이지 아니하고, 마치 하늘로부터 손을 내미실 때에 미리 어디를 만져 주실 것인지를 결정하신 것처럼 선지자의 입에 손을 대셨습니다. 이 같은 기록은 성경에 풍부하게 나타납니다.

이사야 선지자가 웃시야가 죽던 해에 성전에서 하나님의 거룩한 임재 앞에 마주하는 기이한 영적 체험을 갖게 됩니다. 그 때의 상황에 대하여 성경은 이렇게 말합니다. "서로 창화하여 가로되 거룩하다 거룩하다 거룩하다 만군의 여호와여 그 영광이 온 땅에 충만하도다 이같이 창화하는 자의 소리로 인하여 문지방의 터가 요동하며 집에 연기가 충만한지라"(사 6:3-4).

이사야 선지자가 이러한 놀라운 영광을 체험했습니다만, 하나님 자신의 음성은 아직 들리지 않았습니다. 하나님의 임재 앞에 드러난 것은 그의 몸의 일부가 아니라 전부였습니다. 그는 틀림없이 거룩하신 하나님의 엄위하신 임재 앞에 엎드려졌을 것입니다. 그럼에도 불구하고 그가 제일 먼저 즉각적으로 자신으로 하여금 그 거룩하신 하나님 앞에 서기에 합당치 않다고 생각해야 했던 신체 중 일부분이 어디였는지 기억합니까?

그는 말합니다. "그 때에 내가 말하되 화로다 나여 망하게 되었도다 나는 입술이 부정한 사람이요 입술이 부정한 백성 중에 거하면서 만군의 여호와이신 왕을 뵈었음이로다"(사 6:5). 그가 고민했던 것은 자신의 입술이었습니다.

거룩하신 하나님 앞에 드러난 죄인의 신체 중 어느 부분이 의롭고 어느 것이 더 죄악 될 수 있겠습니까? 그런 구분은 가능하지도 않거니와 의미도 없는 것입니다. 그럼에도 불구하고 그는 선지자로 부름 받은 자신의 처지를 알고 있었기 때문에 가장 먼저 입술을 가지고 고민하지 않을 수 없었습니다. 그는 하나님의 백성들에게 진리의 말씀을 전해주도록 부름 받은 사람이었습니다.

선지자들이 하나님께로부터 받은 진리를 세상에 전하는 가장 지배적인 방식이 무엇이었습니까? 물론 그들은 하나님의 말씀을 기록하여 보존하였습니다. 그리고 그것을 기록된 채로 사람들에게 읽게 하기도 하였습니다. 그러나 선지자로 부름 받은 이들에게 있어서 가장 압도적인 방식은 말하는 것이었습니다. 자신의 말로 진리를 설교하는 것이었습니다.

하나님은 당신의 백성들에게 자신의 계시를 알리는 데 다양한 방법을 사용하십니다. 때로는 우림(Urim)과 둠밈(Thummim)으로 당신의 뜻을 알리기도 하셨고, 당신의 말씀을 기록하여 후세 사람들에게 읽게 하기도 하셨습니다. 때로는 당신께서 친히 하나님의 백성들 가운데 현현하기도 하셨고, 꿈이나 이적들을 통하여 혹은 기적적인 자연 현상을 통하여 당신의 계획을 보여주기도 하셨습니다.

그러나 그것은 언제나 일시적이고 예외적인 방편이었습니다. 성경의 역사를 보십시오. 하나님께로부터 부름 받은 선지자들이 그 말씀을 기록한 것은 잠시 동안의 일이었습니다. 그들은 기록되지 아니한 수많은 내용들을 설교하는 일에 자신을 바쳤습니다. 그리고 그렇게 설교한 내용 중 일부는 오늘날까지 기록으로 남아서 그 때의 설교의 위대한 감격을 전해 주고 있습니다.

교회의 역사를 살펴보아도 역시 마찬가지입니다. 위대한 신앙의 부흥과 영적인 각성이 있었던 시대에는 언제나 강력한 언어로, 하늘의 신령한 은혜로 불붙은 말로써 하나님의 백성들에게 다가오던 '말하는 설교자'가 있었습니다. 만약에 우리가 하나님이 교회의 역사를 전개해 감에 있어서 말을 사용해 오신 그 모든 이유가, 단지 그 때에는 의사 전달의 수단이 미개하였기 때문이라고 단언한다면, 우리는 대단히 담대하게 무모한 결론을 내리는 셈이 됩니다. 하나님의 교회가 영적인 쇠퇴에 접어들 때 하나님의 말씀에 대한 회중들의 불순종하는 반응은 말의 가치에 대한 평가절하나 무관심으로 나타났습니다.

예배의 타락

여러분들은 중세 교회의 가톨릭에서 어떤 식으로 예배를 드렸는지 기억하고 있을 것입니다. 그들은 말의 가치를 무시하는 대신 성직자들의 복장이나 예배 의식, 건축물들에 대해 가치를 부여했습니다. 말의 가치를 무시하는 것이 먼저 시작된 것이 아니라, 기록된 하나님의 성경에 대한 가치를 인정하지 않는 불신앙이 먼저 있었습니다.

하나님의 말씀 선포를 통한 참된 교회의 확장보다는 복잡한 예배 의식의 제정과 제도 수립에 열심을 내었습니다. 성직자들이 설교에 대한 관심을 잃어버리자 성경 본문도 읽지 않는 훈화 형식의 설교가 참된 말씀 선포를 대신하였고, 심지어 주후 7세기경에는 교부들의 설교를 라틴어로 대독해 주는 것으로 설교를 대신하였습니다. 누가 그 라틴어를 알아들을 수 있었겠습니까? 그러나 그 말의 의미를 알아듣고 못 알아듣고는 그들에게 별 문제가 되지 않았습니다. 하나님의 교회에서 말의 가치가 평가절하되자 예배에 있어서 '진리를 깨닫는 요소'가 무시되기 시작했습니다.

이 같은 그릇된 경향은 오늘날의 교회에서도 마찬가지입니다. 균형 잡힌 예배라는 미명 아래 행해지고 있는 예배의 새로운 시도들은 대부분 말에 대한 반감을 가지고 있습니다. 다시 말해서 한 사람을 통하여 하나님의 말씀이 풀려 해석되고 진리가 전달됨으로써 회중들을 깨닫게 하는 설교의 가치에 회의를 느끼고 있다는 말입니다.

자연히 교회 안에는 '깨닫게 하는 요소'들이 사라지고 대신 '느끼게 하는 요소'들이 중시되었습니다. 찬양과 기도 같은 것을 일방적으로 강조함으로 이런 일들을 수행해 나가고 있습니다. 예배 속에서 설교를 통하여 깨닫는 요소에 대한 가치가 무시되기 시작하자 예배는 더욱더 타락한 형태를 드러내게 되었습니다. 그것은 예배 속에 '즐기는 요소'들을 도입하는 것입니다.

이미 이 같은 시도들은 미국을 중심으로 활발하게 시험되어 왔습니다. 어쩌면 이제 시험 단계를 지나 실용의 단계로 나아가고 있는지도 모릅니다. 클라이드 라이드(Clyde Reid)는 주장하기를, 설교는 이미 시대에 뒤떨어진 낡은 것이라며 이제까지 설교가 너무 강조된 것이 오늘날의 기독교의 몰락을 가져왔다고 하였습니다. 그는 또 말하기를, "전통적으로 설교는 기독교의 메시지를 불신자들에게 전파하는 최소한의 방법 중 하나에 지나지 않는다."고 하였습니다. 그러면서 이런 발언을 하기도 했습니다.

"요즘 복음을 전하는 데 아주 신선하고 새로운 방법들을 제시하는 사람들이 많이 있는데, 이제는 더 이상 설교에 너무 의존하지 말아야 한다고 그들은 말한다. 그래서 요즈음 교회 생활에 있어서 소그룹에 대한 강조를 많이 하게 되는데 이것은 도시 목회를 하는 목사들, 야간 목회, 혹은 커피 하우스 목회 등을 하는 목사들에 의하여 이루어지는 실험적인 목회로서, 설교 없는 목회 형식으로 현대인과 커뮤니케이션을 이루려고 노력하는 방법이다."[81]

교회의 예배가 의식에 집착하고, 말씀의 선포보다 음악에 치중하는 경향 등은 대체로 설교에 대한 최근의 회의주의를 반영하는 것입니다. 웨스트민스터(Westminster) 신학교의 실천신학 교수인 아담스(Jay E. Adams)는 신학교가 설교학 시간에 말하지 않는 설교, 슬라이드를 통한 영상 설교, 드라마 설교들의 도입을 시도하고 있다고 주장하면서 설교에 대한 이 같은 회의주의적인 경향은 이미 보수적인 신학교에서도 수긍되는 추세를 보이고 있다고 지적하였습니다.[82]

저도 이미 서울에 있는 교회 중 몇몇 교회가 이러한 방식의, 설교 없는 예배에 대한 실험적인 도입을 시도하고 있다는 소식을 언젠가 들은 적이 있습니다. 그러나 이러한 풍조들은 그리 놀라운 소식이 아닙니다. 인간들이 하나님의 말씀 앞에 홀로 서는 일을 회피하는 방법은 무궁무진하였습니다. 그러나 인간의 풍조는 변하고 세상의 역사는 흘러가도 불변하는 신앙의 원리가 있습니다. 그것은 하나님께서 말씀으로 우리에게 다가오기를 기뻐하신다는 사실입니다. 그리고 이렇게 당신 자신을 보이기 위하여 하나님은 설교자들을 사용하셔서 그가 성경과 체험을 통해 알고 있는 하나님에 관한 지식을 말하게 하신다는 것입니다.

설교자의 무기, 설교

따라서 하나님을 아는 참된 지식으로 유창하게 설교하는 일은 설교자의 영적인 변화와 깊은 관계를 갖고 있습니다. '학문이 없는 범인'으로 알려졌던 베드로와 요한이 기탄없이 그리스도의 복음을 유대인들 앞에서 선포

---

[81] Helmut Thielicke, *The Trouble with Church*, trans. by J. W. Doberstein (New York: Harper & Row, 1965), pp.1-2.; C. Reid, 『설교의 위기』, 정장복 역, (서울: 대한기독교출판사, 1982), p.18.
[82] J. E. Adams, "No More Sermons?" *The Banner*, December 19, 1969를 참고할 것.

하였던 그 유창한 설교의 힘은 오순절에 체험한 하나님과 그리스도와 성령의 능력 때문이었다는 사실을 의심할 수 없습니다(행 4:13). 하나님께서 선지자의 입을 만져 주신 것은 바로 이러한 이유 때문이었습니다. 그는 하나님을 거스르고 패역한 세대를 향하여 도전장을 내놓을 사람이었습니다. 그는 그 모든 일을 수행하는 데 동역자도 없고 자신을 호위해 줄 경호원도 없었습니다. 그가 가지고 있는 단 하나의 무기가 있다면 그것은 하나님의 말씀을 말하는 것이었습니다. 그리고 그가 하나님의 진리를 언어를 통하여 증거하고 말이라는 수단을 통하여 설교할 때에, 때가 이르면 그것은 천군만마와 같은 무력을 능가하는 힘으로 선지자를 지켜줄 수도 있었습니다.

그는 온갖 위험에 노출되어 있습니다. 그것은 이미 하나님께서 그를 부르실 때에도 예견된 것이었습니다. 하나님은 예레미야가 말씀을 대언하기 위하여 선택받은 백성의 역사 한 가운데 설 때에 "그 온 땅과 유다 왕들과 그 족장들과 그 제사장들과 그 땅 백성"(렘 1:18)들이 한결같이 예레미야의 대적이 되어 그를 칠 것이라고 예고하셨습니다.

그럼에도 불구하고 하나님은 단검 한 자루도 그의 손에 들려 주지 않으셨습니다. 그의 온 몸은 모든 대적들의 도전과 원수의 위협 앞에 노출되어 있었습니다. 그리고 선지자는 하나님의 말씀을 말할 수 있다는 특권 이외에 아무것도 자신을 보호할 방비책들이 없었습니다. 이 때문에 하나님은 선지자에게 "내가 너와 함께하여 너를 구원하리라"(렘 1:8)는 약속에 대하여 보증을 주실 때 손에 입을 대셨던 것입니다.

여호와께서 한 손을 내미셨습니다. 그러자 유한한 한 인간의 입술이 무한하신 하나님의 신적인 능력과 접촉하였습니다. 지푸라기와 같이 보잘것없는 인간의 신체 한 부분이 지극히 영광스럽고 거룩하신 하나님의 영적인 한 손에 접촉하였습니다. 그 순간 그의 입술은 정화되었으며 그의 내면은 놀랍도록 새롭게 변화되었습니다. 이러한 영적 체험을 통하여 선지자는 그 시대에 유행하던 많은 시대사조들과 결별할 수 있었습니다. 그리고 어리석은 사람들의 사상의 무가치함을 깊이 인식하게 되었습니다.

말씀 주시는 손

하나님의 교회와 역사를 해석하고 백성들에게 나아갈 길을 밝히 보임에 있어 더 이상 이러한 것들을 전적으로 의존하여 판단하지 아니하기로 결심할 수 있었을 것입니다. 그 증거가 바로 본문 안에 나타납니다. "보라 내가 내 말을 네 입에 두었노라"(렘 1:9). "두었노라"(נתתי), 여기서 쓰인 히브리어 동사는 완료형[83]입니다.

이 얼마나 신기한 일입니까? 그는 아직 설교 사역을 시작하지도 않았습니다. 아직 한 번도 예언하지 않았습니다. 그를 기다리고 있는 설교 사역은 미래에 속한 일인데 하나님께서 설교자 입에 말씀을 두신 것은 완료형입니다. 얼마나 놀랍습니까?

하나님의 말씀을 전하도록 부름 받은 설교자들은 강단에 올라가서야 무엇을 설교할 것인가 생각하도록 부름 받은 사람이 아닙니다. 하나님이 선지자를 만나 주시자 이미 그가 전할 하나님의 말씀이 그의 입술에 담겨졌습니다. 선지자에게 나타나셔서 말씀하시는 하나님에 대한 체험은 이번 한 번이 아니었습니다. 예레미야가 자신의 선지 사역을 마감하는 날까지 하나님은 수시로 그에게 말씀으로 임하셨습니다. 그럼에도 불구하고 본문은 하나님께서 선지자 입에 말씀을 두신 것을 완료형으로 기록하고 있습니다. 우리는 이 점에 주목하여야 합니다.

---

[83] 본문에 쓰인 동사 '나타티'(נתתי)는 '두다, 놓다'의 의미를 가진 동사 '나탄'(נתן)의 완료형 3인칭 남성 단수 (Kal. pf. 3ms)이다.

불타는 설교자

이 문제와 관련하여 꼭 짚고 넘어가지 않으면 안 되는 문제가 하나 있습니다. 그것은 설교자의 정서 문제입니다. 결론부터 말씀드리면 하나님의 인격에 대한 신령한 체험은 설교자로 하여금 풍부한 정서를 갖도록 만들어 준다는 것입니다. 설교자가 냉담하게 설교하는 것은 거짓된 감정을 조장하는 것만큼이나 잘못된 것입니다. 그러나 반짝이는 모든 것이 금이 아니듯, 신자의 내면에 있는 모든 정서가 하나님이 불러일으키신 정서는 아닙니다.

그런 의미에서 설교자의 정서도 두 가지로 나뉩니다. 하나는 생래적이며 일반적이고 감각적인 정서이고, 또 하나는 거룩하신 하나님의 인격에 대한 영적 체험에서 비롯된 정서입니다. 제가 예레미야의 소명 사건을 다루면서 살펴보려고 하는 것은 후자입니다. 우리는 지금 설교자의 선천적인 문학성이나 예술성, 서정성에 대하여 말하고자 하는 것이 아닙니다. 선천적으로 예민한 감수성과 풍부한 감정 변화의 능력 같은 것을 주목하고자 하는 것이 아닙니다. 그것은 그렇게 중요하게 다루어야 할 문제가 아닙니다.

선지자들이나, 영적인 각성과 부흥의 시대에 특별히 하나님께 쓰임 받았던 설교자들은 흔하지 않은 열정에 사로잡혔던 사람들입니다. 하나님의 인격을 영적으로 깊이 체험한 사람들에게는 이같이 특별한 정서(emotion)가 있었습니다. 이러한 정서는 신적인 기원을 가지고 있습니다.

다시 말해서 그 설교자의 선천적인 감정 능력이나 정서에서 비롯된 것이 아니라,[84] 거룩하신 하나님의 성품에 대한 인격적이고 영적인 체험을 통하여 생기게 된 정서라고 하는 말입니다. 그런 의미에서 저는 이것을 신적

---

[84] 물론 이렇게 하나님을 만남으로 말미암아 생겨난 종교적인 정서와 일반적이고 생래적인 정서가 전적으로 무관하지는 않을 것입니다. 그러나 하나님의 열정으로 가득 찬 선지자들의 설교 세계에 대해 성경은 그들의 생래적인 정서보다는 하나님의 인격에 대한 체험을 강조하고 있다(사 6:5, 18:1; 렘 1:6, 4:10 등).

정서(divine emotion), 혹은 거룩한 열정(holy pathos)[85]이라고 부르기를 좋아합니다. 선지자들은 각기 활동하던 시대도 달랐고, 출신도 같지 않았으며 메시지도 조금씩 달랐습니다. 그들이 살던 시대가 동일하지 않았기 때문입니다. 그러나 공통점이 있었습니다. 그들은 모두 심령 속에 '불'(火)을 가진 사람들이었습니다. 이 점에 있어서는 신약의 사도들도 마찬가지였고 교회 역사상 위대한 설교자들도 같은 특징을 보여주었습니다.

우리 시대의 조국 교회는 너무나 차갑습니다. 그렇지 않으면 진리가 아닌 쓸데없는 일로 사람들을 뜨겁게 만들려고 애를 씁니다. 너무 차갑거나 쓸데없이 뜨겁습니다. 이 같은 현상은 교파를 불문하고 공통된 현상이 되어 버렸습니다. 이 점에 있어서는 소위 정통적인 교리를 신봉한다고 자처하는 사람들도 마찬가지입니다.

그러나 이런 일은 언제나 있는 일이었습니다. 교회가 하나님의 은혜로부터 멀어지고 커다란 영적인 각성을 필요로 할 만큼 잠들어 있을 때는 언제나 차가웠습니다. 세속적이고 육신의 즐거움을 위한 일에는 지나치게 분주하거나 열정적이고, 신령한 일에 있어서는 이상하리만치 무감각하고 냉담합니다. 그래서 무디(D. L. Moody)는 당시 사람들에게 이렇게 말했습니다. "얼음보다 더 차가운 것을 원하십니까? 장로교 신자들이 예배드리는 곳으로 가 보십시오."

감격과 뜨거움을 모른 채 신앙생활을 하고 있는 사람들이 너무나 많습니다. 그리고 그 수가 교회 안에 압도적으로 많아서 그들의 그런 냉담함이 신

---

[85] '열정'(pathos)은 '정염'(情炎)이라고도 불리는데 희랍어 'πάθος'에서 온 말이다. 이 단어는 고전 희랍어에서 '견디는 것, 참는 것' 등을 의미하였다. 성경 외 문헌에서는 '(그리스도의) 수난'을 가리키는 말로 쓰이기도 하였고 '(주님의) 열심'을 의미하는 말로 사용되기도 하였다. 분노와 관련된 '격정'을 의미하기도 하였고, 때로는 육체의 격한 정욕을 나타내는 말로도 쓰였다(골 3:5). William F. Arndt & F. Wilbur Gingrich, *A Greek-English Lexicon of the New Testament and Other Early Christian Literature*, (Chicago: The University Press of Chicago, 1979), pp.602-603.

양적인 기류를 형성해 가고 있습니다. 이것도 알고 보면 교회사 속에 흔히 나타나는 진자(振子) 운동 같은 것입니다. 지난 세대의 불건전한 부흥 운동[86]에 대한 극단적인 거부감 때문에 사람들은 체험을 천시하게 되었습니다. 왜냐하면 그릇된 종교 체험 속에 깃든 잘못된 열광과 거짓 기쁨들을 발견했기 때문입니다. 사람들은 신앙에 있어서 체험적인 요소를 하찮게 여기고 이지적인 요소를 중시하게 되었습니다. 더 나아가서 그들은 감정적이 되는 것 자체에 대하여 극도의 거부감을 가지게 되었고, 이로 말미암아 성령을 소멸하는 데로 나아갈 수 있는 길을 열어 주었습니다.

다시 말하자면, 잘못된 체험에 대한 극단적인 혐오감이 신앙에 있어서 가치 있는 체험의 요소까지 모두 배격해 버리는 오류를 범하게 만들어 버렸다는 것입니다. 이에 따라 교회는 영적이고 체험적인 요소와 이지적인 요소를 나누는 실수를 범하게 되었습니다. 개인의 인격에 호소하여 그로 하여금 하나님 앞에 서도록 만들어 주는 대신에 두루뭉술하고 일반적인 이야기들로 설교 내용이 대치되고, 사람들은 신앙생활에 있어서 영적인 성장과 지식 축적을 혼돈하게 되었습니다.

그렇게 되자 이번에는 그리스도인들의 그러한 잘못된 신앙 지식들이 하나님의 인격에 대한 깊은 체험을 갈망하지 못하도록 가로막는 방해물들이

---

[86] 엄격한 의미에서 신앙 부흥(revival in religion)은 운동이라는 말과 함께 쓰일 수 없다. 참된 부흥은 인간에 의해 일어나는 것이 아니라 하나님의 주권적인 부으심으로 일어나는 것이기 때문이다. 참된 부흥은 죽음에 가까운 빈사 상태의 교회가 하나님의 갑작스런 각성과 생명 주심으로 그 생명력 있는 모습을 삶의 표면과 교회의 현장에 드러내는 것이다. 그런 의미에서 이것을 운동과 연결시켜서 성취될 수 있다고 생각하는 것은 옳지 않다. 로이드 존스(D. M. Lloyd-Jones)도 이 점을 분명히 하고 있다. "Now this is a most important point, because this definition helps us to differentiate, once and for all, between a revival and an evangelistic campaign. To confuse these two things leads to much harm. There is nothing which is quite so foolish as people announcing that they are going to hold a revival. They mean an evangelistic campaign. Alas, this confusion was really introduced by Finney and it has persisted ever since. But it is a gross misunderstanding, it is a confusion of purpose" D. M. Lloyd-Jones, *Revival; Can We Make It Happen?*, (Basingstoke: Marshall Pickering, 1986), p.99.

되었습니다. 무지에 혼돈을 더하고, 어두움에 거짓을 더한 것입니다. 그러나 이 같이 그릇된 지성주의는 또 다른 반동을 불러일으켰습니다. 요즘 유행하고 있는 소위 '성령 운동'이나 '은사 운동의 성격을 띤 열정주의' 같은 것입니다. 생명을 잃어 가는 교회 속에서는 회복하려는 몸부림이 이런 식으로 일어나기 쉽습니다.

이러한 열정주의는 각성과 신앙 부흥의 특징이 되는 하나님의 열정이나 선지자들의 내면 세계 속에서 볼 수 있는 신적 정서와는 구별되는 것입니다. 교회와 그리스도인들이 하나님의 시각으로 보는 것을 통해 그분의 마음을 전달받지 못한 열정은 기질적인 흥분에 그치기 쉽습니다. 하나님의 인격에 대한 체험을 통해 거룩한 신적 정서가 우리에게 부어질 때 우리는 우리의 선천적인 기질과는 상관없이 열정적이 됩니다.

거룩한 정서

이 같은 사실은 교회의 역사에서도 입증됩니다. 지난 세기의 전도자 찰스 피니(Charles G. Finney)는 신학적으로 펠라기우스주의자였습니다. 그는 인간의 원죄나 전적 타락을 부인하였습니다. 오히려 인간은 자신의 의지로 하나님을 향한 태도를 고침으로써 하나님과의 깨어진 관계가 치유될 수 있다고 믿었습니다. 그러나 그는 인간이 죄인이라는 사실과 갈보리 십자가에서 이루신 구속의 사실을 받아들여야 한다는 점을 설교에서 계속 강조했습니다. 그래서 그는 자주 '죄인의 유일한 희망은 하나님 앞에서 유죄 판결을 받는 것'이라고 하였습니다.

한번은 그가 출근 시간에 맨해튼(Manhattan) 거리에 나와서 복음을 전하다가 땅바닥에 주저앉아 어린아이처럼 엉엉 울어 버렸습니다. 그러면서 되뇌었습니다. "저 영혼들이 지옥으로 가고 있는데……."[87] 그러한 정서는

| 제5장 | 하나님이 만지시고 지나간 사람   293

분명 생래적인 것은 아닙니다.

또 하나의 재미있는 실례는 조나단 에드워즈(Jonathan Edwards)에게서 볼 수 있습니다. 그는 18세기 뉴잉글랜드를 휩쓴 대각성과 신앙 부흥을 위하여 쓰임 받았던 설교자입니다. 그는 학문도 뛰어났지만 기질적으로 차가운 사람이었습니다. 청교도 역사상 이 사람처럼 냉정한 사람도 흔하지 않을 것입니다. 그가 노샘프턴(Northampton)에서 목회할 때 한번은 교회 종 줄이 끊어지면서 커다란 쇠종이 땅으로 떨어졌습니다. 그 때 교인들은 종 줄이 끊어진 것이 에드워즈 목사가 그 줄을 오래도록 쳐다보았기 때문이라고 말할 정도였습니다.

1740년은 뉴잉글랜드 교회사에서 길이 남을 만한 해였습니다. 영적 대각성이 다시 한번 절정에 달하여 1734-1735년 사이에 부흥을 경험하였던 메사추세츠 노샘프턴을 또 다시 영적 각성과 부흥의 중심지가 되게 하였기 때문입니다. 그 부흥의 도화선은 엔필즈(Enfields)라는 마을에서 있었던 집회였습니다. 그가 거기서 "진노하시는 하나님의 손안에 있는 죄인"이라는 제목의 그 유명한 설교를 할 때 폭탄이 터지는 것과 같은 성령의 역사가 나타났습니다.[88] 그가 설교하는 도중 사람들이 데굴데굴 구르며 회개하는 역사가 나타났습니다. 지독한 근시여서 원고를 얼굴 앞에 바짝 대고 호롱불을 든 채 설교하던 그는 그 놀라운 광경이 벌어질 때 오히려 설교를 계속할 수 있도록 조용히 좀 해달라고 할 정도였습니다.

---

87) 하나님의 선택과 언약보다는 인간의 회심을 일방적으로 강조한 그의 설교 내용이나 신학적인 견해는 상당 부분 개인의 영적 체험에 기초하고 있다. 부흥에 관한 견해에 있어서 로이드 존스는 찰스 피니를 비난하였다. 이는 찰스 피니의 신학이 하나님의 주권(sovereignty of God)을 강조하고 있는 칼빈주의와는 거리가 멀었으며 신학적으로 불완전하였기 때문이다. 부흥에 관한 로이드 존스와의 견해 차이에 대해서는 본 장의 각주 87번을 참고할 것. Keith J. Hardman, *Spiritual Awakeners; American Revivalists from Solomon Stoddard to D. L. Moody*, (Chicago: Moody Press, 1983), pp.172-173.

88) Williston Walker, *A History of the Christian Church*, (New York: Charles Scribner's Sons, 1970), pp.461-468; Tim Dowley ed., *A Lion Handbook; The History of Christianity*, (Surry Hills: Anzea Books, 1978 reprinting), pp.436-438.

그가 얼마나 냉정한 사람이었는지를 보여주는 한 가지 일화가 더 있습니다. 그의 딸이 가족을 떠나 대학 기숙사에 있을 때였습니다. 에드워즈는 그의 딸이 병들어 누웠다는 소식을 듣고 이렇게 편지를 보냈습니다. "내가 이렇게 네게 편지를 쓰는 것은 너의 육신을 향한 염려보다도, 네가 몸이 불편하다는 것을 핑계 삼아 영적 생활에 게으름을 피울지도 모른다는 염려 때문이란다."[89]

그의 그러한 개인적인 기록들을 보면 그가 그리스도의 인격을 깊이깊이 느끼는 영적 체험 이후에 얼마나 풍부한 신앙적인 정서(affection) 속에서 살았는지 알 수 있습니다.

"때때로 나는 단 한 마디 말만 해도 내 안에 있는 마음이 불타오르곤 하였다. '그리스도' 라고 기록된 글자나 하나님의 속성들 중 하나에 대한 기록만 보아도 마음이 타오르는 것 같았다. 내가 경험한 이런 달콤한 즐거움과 환희는 선하게 살아가는 나의 삶의 상태에 대한 희망에서 비롯된 것이 아니었다. 그것은 오히려 내가 복음의 거룩한 것들을 직관할 때에 나타났다. ……그리스도의 인격이 탁월하게 드러났다. 그것은 나의 모든 사상과 관념들을 삼켜 버리기에 충분하리만치 압도적이었다. 그래서 나는 오랫동안 눈물을 비 오듯 쏟으며 소리 내어 엉엉 울었다. ……내 자신이 티끌 속에 누워 있는 것 같고 그리스도 홀로 온 땅에 가득하심을 느꼈다."[90]

---

[89] Jonathan Edwards, "Letters," in *The Works of Jonathan Edwards*, vol.16, ed. by George S. Claghorn, (New Haven: Yale University Press, 1998), p.96.

[90] 특별히 인용문의 후반부는 그로 하여금 설교자가 되게 하였던 결정적인 영적 체험을 술회하고 있는 것이다. "Once, as I rode out into the woods for my health, in 1737, having alighted from my horse in a retired place, as my manner commonly has been, to walk for divine contemplation and prayer, I had a view, that for me was extraordinary, of the glory of the Son of God, as mediator between God and man……which kept me the greater part of the time in a flood of tears, weeping aloud. I felt an ardency of soul to be, what I know not how otherwise to express, emptied and annihilated; to lie in the dust, and to be full of Christ alone; to love him with a holy and pure

이런 것은 결코 기질적인 정서가 아닙니다. 하나님께로 말미암지 않는 기질적인 열정이나 흥분의 정서는 영적 각성과 하나님의 인격을 영적으로 깊이 체험하는 데서 오는 신적인 열정(divine pathos)과는 뚜렷이 구별됩니다. 인간의 기질적인 흥분은 오늘날 영적 수면 상태에서 비롯된 신앙의 냉담함을 깨우는 대안이 될 수 없습니다. 그런 것들을 통하여 설교를 듣는 회중들에게 어떤 종교적인 정서를 불러일으킬 수 있다 할지라도 그것으로 하나님의 거룩한 성품을 체험하게 만들어 줄 수는 없습니다.

하나님과의 인격적인 만남을 통한 지식이 그들을 사로잡은 것이 아니므로 그렇게 촉발된 정서는 그들의 생활에 거의 영향을 끼치지 못합니다. 교회당 가득한 기도소리가 앞산 계곡을 돌아올지라도 하나님의 보좌 앞에는 적막이 감돕니다. 외치는 설교는 회중을 졸음에서 깨울 수 있어도, 심령에 잠드는 적막을 깨고 거룩한 슬픔과 경건한 기쁨으로 흐느끼게 만들 수는 없습니다.[91]

말씀드리고자 하는 요지는 이것입니다. 하나님의 인격에 대한 영적 체험은 설교자를 신적인 정서로 뜨겁게 만들어 준다는 것입니다. 설교자가 냉담하게 설교하는 것은 거짓된 방식으로 회중들의 감정을 충동하려고 속이는 것과 마찬가지로 나쁜 것입니다.

그렇습니다. 설교자는 차갑고 냉담할 수 없는 사람입니다. 하나님이 그를 부르시고, 성령이 그의 내면 세계를 뒤흔들어, 잃어버린 영혼에 대한 열망으로 설교단에 서서 하나님의 말씀을 선포하도록 만드셨는데, 그가 어

---

love. ……I have several other times had views very much of the same nature, and which have had the same effects." Joseph Tracy, *The Great Awakening; A History of the Revival of Religion in the Time of Edwards & Whitefield*, (Edinburgh: The Banner of Truth Trust, 1976, 3rd edition), pp.214-215.

[91] 영적 각성과 부흥의 체험과 신적 정서에 관한 논의는 김남준, 『창세기의 신앙 부흥』(서울: 도서출판 솔로몬, 1995), pp.114-118을 참고할 것.

떻게 냉담하게 남의 말 하듯 설교할 수 있습니까? 그것은 불가능합니다. 그렇지 않다면, 설교하는 그의 동기에 결함이 있는 것입니다. [92]

느끼지 못하는 설교

강해 설교라고 하는 방식 안에서 성경을 충실히 설교하려고 하는 사람들의 의식 속에 이러한 함정이 있습니다. 단지 성경적인 내용을 설교하고 있다는 사실 때문에 이러한 신적 정서 없이 설교하고 있는 자신에 대하여 반성하리만치 가난한 마음이 되지 못하기 쉽다는 말씀입니다. 설교 가운데 회중을 향하여 일하시는 성령의 역사가 그 도구가 되는 설교자 자신의 내면에 아무런 감동을 주지 않고 일어난다면, 그는 참으로 불행한 사람입니다.

설교자는 설교하는 바를 느끼며 설교해야 합니다. 설교를 통하여 풀어 나가는 성경 본문에 내재하는 신적 정서가 그 설교자를 사로잡아야 합니다. 본문 안에 깃들어 있는 정서와 설교자의 정서가 유통하고 있을 때, 그 본문은 보다 풍부한 내용과 적용을 드러낼 것입니다.

우리가 기억하여야 할 것은 바로 이것입니다. 말씀에 대한 설교자의 신령한 영적 체험은 반드시 은혜로운 신적 정서를 가져다준다는 사실입니다. 그리스도의 고난에 대한 깊은 체험이 없는 설교자가 어떻게 십자가를 설교하면서 영혼 깊은 곳에서 우러나오는 눈물을 흘릴 수 있겠습니까?

냉담한 태도로 단지 성경 본문을 가지고 논쟁에 답하듯이 지적인 전달만 해주는 것은 이 시대의 바리새적인 설교자의 표상입니다. 진정한 의미에서 그것은 설교가 아닙니다. 대각성과 부흥의 시기에 설교자들에게 경건한 눈물과 거룩한 분노가 설교 속에 뚜렷이 드러났던 이유도 이 때문입니다.

---

92) 그러므로 설교자를 단지 교사적인 기능을 가지고 성경을 설명해 주는 단순한 해설자 정도로 생각하는 것은 성경에 의하여 지지받지 못한다.

설교단에서의 설교자의 정서는 강단에 오르기 전 그의 영적인 삶이 어떠한지에 대한 증거가 됩니다. 설교단 아래서 계속되어 온 기도와 묵상 속에서 신적인 정서로 충만해 있던 사람이 설교 시간에는 본문에 흐르는 정서를 느끼지도 못한 채 냉담하게 설교할 수 있다는 것은 거짓말입니다. 그것은 불가능한 일입니다.

그리스도를 깊이 체험한 신령한 설교자들 속에서는 이런 풍부한 신적 정서를 볼 수 있습니다. 그들의 설교가 회중들로 하여금 신령한 체험을 통하여 은혜로운 신적 정서를 경험할 수 있게 하였던 것은 무엇보다도 설교단에서 설교할 때의 내면 세계가 하나님 앞에 무릎 꿇고 기도할 때 누렸던 하나님과의 영적 교제의 상태와 다르지 않았기 때문입니다.

그들은 하나의 영 안에서 설교하고 하나의 정서 안에서 설교하였습니다. 기도할 때 마음을 지배하던 그 정서로 설교하였고, 설교할 때 사로잡혔던 그 정서로 기도하였습니다. 그리고 그것을 주신 이는 하나님이셨습니다. 그러한 신적 정서는 하나님의 인격에 대한 깊은 영적 체험에서 비롯되었습니다.[93]

신적 정서의 기원

따라서 하나님께서 "그 손을 내밀어" 선지자로 부름을 받는 예레미야의 입에 대신 이 사건은 그가 이후 선지 사역 속에서 일관되게 보여준 신적인 정서의 기원이 됩니다. 하나님의 손은 당신의 뜻을 이루시기 위하여 일하시고 역사하시는 도구입니다. 선지자의 입에 손을 대신 사건은 실제적으

---

[93] "참으로 설교가 성경을 설교하는 것이 되기 위해서는 설교자가 성경 본문을 붙잡고 설교하는 것이 아니라 성경 본문(정확히 말해서 그 안에 흐르고 있는 신적 정서와 함께 깨닫게 된 성경 본문)이 설교자를 붙잡고 설교하는 데까지 나아가야 합니다. ……성경 본문이 있고 그 위에 설교자가 서 있다고 칩시다. 설교자가 설교 행위에 있어서 앞서 말씀 드린 상태가 되기 위해서는 자신이, 마치 양초가 녹아 흐른 촛물이 자신의 형태를 잃어버리고 그 지면(紙面)에 번져 퍼지듯이 설교자의 마음이 그렇게 본문 앞에서 녹아야 한다는 것입니다." 김남준, 『세례 요한 I: 설교자와 영적 부흥』(서울: 도서출판 솔로몬, 1994), pp.136-137, 143.

로 있었던 영적 체험입니다. 그리고 이 같은 체험은 그에게 신적인 정서, 거룩한 열정을 가져다주었습니다.

하나님께서 그를 찾아 오셔서 "너를 열방의 선지자로 세웠노라"(렘 1:5)고 말씀하실 때 그는 대답했습니다. "슬프도소이다"(렘 1:6). 그는 단지 선지자로 일할 생각을 하면서 기막혀 하는 것이 아닙니다. 자신에게 다가오신 하나님의 거룩한 임재가 가져다준 신적 정서 안에서 슬퍼하고 있는 것입니다.[94]

그의 신적 정서를 보여주는 증거는 그의 설교와 기록 속에 수없이 많이 흩어져 있어서, 그의 모든 사역이 이러한 거룩한 열정에 의하여 지배받고 있었음을 단언하지 않을 수 없을 정도입니다. "예루살렘아 네 마음의 악을 씻어 버리라……이는 너의 악함이라 그 고통이 네 마음에까지 미치느니라 슬프고 아프다 내 마음속이 아프고 내 마음이 답답하여 잠잠할 수 없으니……" (렘 4:14, 18-19).

"내가 다시는 여호와를 선포하지 아니하며 그 이름으로 말하지 아니하리라 하면 나의 중심이 불붙는 것 같아서 골수에 사무치니 답답하여 견딜 수 없나이다"(렘 20:9). "내 중심이 상하며 내 모든 뼈가 떨리며 내가 취한 사람 같으며 포도주에 잡힌 사람 같으니 이는 여호와와 그 거룩한 말씀을 인함이라"(렘 23:9).

"무릇 지나가는 자여 너희에게는 관계가 없는가 내게 임한 근심 같은 근심이 있는가 볼지어다 여호와께서 진노하신 날에 나를 괴롭게 하신 것이로다 위에서부터 나의 골수에 불을 보내어 이기게 하시고……이를 인하여 내가 우니 내 눈에 눈물이 물같이 흐름이여 나를 위로하여 내 영을 소성시

---

94) 구약주석가 카일(C. F. Keil)은 예레미야의 이 영적 체험을 성경의 영감 문제와 관련하여 생각하였다. 즉 그는 "예언은 언제든지 사람의 뜻으로 낸 것이 아니요 오직 성령의 감동하심을 입은 사람들이 하나님께 받아 말한 것임이니라"(벧후 1:21)를 증거 본문으로 들면서 이러한 영적 체험을 통하여 하나님은 그를 영감했고, 그 일을 통하여 그의 설교나 기록이 영감된 하나님의 말씀이 되게 하셨다고 보았다. C. F. Keil, *Commentary on the Old Testament; Jeremiah and Lamentations*, vol. 8, (Grand Rapids: Eerdmans Publishing Company, 1982 reprinting), p.41.

킬 자가 멀리 떠났음이로다."[95]

그러므로 설교자는 설교할 때마다 자신의 내면에 이러한 신적 정서가 자신을 붙잡고 있는지 점검해 보아야 합니다. 자신도 느끼지 못하는 내용들을 회중들에게 느끼라고 강요하는 것은 합당하지 않습니다.

사도들의 설교를 보십시오. 그들의 내면에 깃든 신적 정서는 그들의 설교를 쏟아지는 폭포수와 같이 만들었습니다. 본문을 풀어 갈 때마다 그들은 본문에 흐르고 있는 정서에 붙잡힌 채 성경을 해석해 나갔습니다. 그들이 성경을 해석하고 있는지, 성경이 그들을 도구 삼아 자신을 스스로 풀어 우리에게 보여주고 있는지 구별되지 않을 정도로 엄청난 양의 해석과 풍부한 적용을 회중들에게 쏟아 부었습니다. 그리고 언어는 항상 확신에 넘쳤고 영력으로 가득 찼습니다. 설교 속에는 탁월한 자유함이 깃들었습니다. 우리의 설교 속에 이러한 신적 정서가 충분히 깃들어 있습니까? 하나님을 깊이 체험하도록 전심으로 그분을 추구하십시오.

이 놀라운 사건을 보도하기 위하여 도입된 첫 번째 말은 "보라"입니다. 이렇게 번역된 이 단어는 히브리어 본문의 '힌네'(הִנֵּה)[96]입니다. 이것은 무

---

[95] 애 1:12-13, 16. 특히 이 구절의 앞 단어는 선지자 속에 깃들어 있던 이러한 정서의 신적 기원을 분명하게 보여준다. "위에서부터 나의 골수에 불을 보내서……"(애 1:13). 이 같은 신적 정서는 시인에게서도 나타난다. "주의 얼굴로 주의 종에게 비취시고 주의 율례로 나를 가르치소서 저희가 주의 법을 지키지 아니하므로 내 눈물이 시냇물같이 흐르나이다"(시 119:135-136). 사도 바울에게서도 이러한 정서는 격하게 나타난다. "내가 그리스도 안에서 참말을 하고 거짓말을 아니하노라 내게 큰 근심이 있는 것과 마음에 그치지 않는 고통이 있는 것을 내 양심이 성령 안에서 나로 더불어 증거하노니 나의 형제 곧 골육의 친척을 위하여 내 자신이 저주를 받아 그리스도에게서 끊어질지라도 원하는 바로다"(롬 9:1-3). 하나님의 인격을 깊이 체험한 사람의 설교나 사상 안에 이 같은 신적 정서가 있어서 그들의 섬김의 한 동기가 되고 있다는 사실은 너무나 분명하기 때문에 더 이상 긴 설명을 하고 싶지 않다.

[96] 여기서 "보라"라고 번역된 히브리어 '힌네'(הִנֵּה)는 서술적 감탄사(demonstr. interj.)이다. 이 단어는 뒤이어 오는 단어를 주목하도록 강조하거나 언급하려고 할 때, 혹은 전체 구절을 강조하려고 할 때 쓰이는데, 번역이 쉽지 않다. KJV "behold!", "lo!" 등으로 번역하고 있으나 적절하지 않다. 문맥상 'there!', 'see here!' 같은 감탄사로 번역되어야 할 것이다. 70인역(*Septuagint*)에서는 이 말을 신약 성경에서 청중이나 독자의 주의를 환기시키는 데 자주 사용되었던 'ἰδού'로 번역하였다. "ἰδοὺ δέδωκα τοὺς λόγους μου εἰς τὸ στόμα σου." Lancelot C. L. Brenton, *The Septuagint Version; Greek and English*, (Grand Rapids: Regency Reference Library, 1988 reprinting), p.902.

언가 괄목할 만한 사건을 영적인 안목으로 주목하도록 청중들을 부르는 명령어입니다. 보십시오. 하나님이 손을 내밀어 선지자의 입에 대신 것은 단지 그 입을 의식적으로 정결케 하시기 위함이 아니었습니다. 그것은 그 이상의 목적을 가지고 있었습니다. 즉 하나님께서 당신 자신의 말을 선지자의 입에 두어, 언제든지 선지자로 하여금 하나님의 마음으로 하나님께서 그 시대를 향하여 전하고자 하시는 말씀들을 들려주시기 위함이었습니다.

맺는 말

그러므로 우리는 하늘의 능력으로 유화된 입술을 가진 신령한 설교자가 되기를 사모하여야 합니다. 세상 풍조나 지식의 가르침에 따라 단지 문자에 충실하게 설교하는 자가 되지 아니하기 위해서 우리 모두가 하나님의 신령한 은혜로 정결케 된 그 입술로 설교단에 오르기를 사모하여야 합니다.

하나님께서 그의 존전 앞에 두려워 떨며 부정한 입술을 인하여 임박한 재난을 예감하며 철저하게 절망하는 선지자 이사야에게 스랍 중 하나를 보내셔서 화저로 단에서 취한 바 된 핀 숯을 손에 가지고 입술에 대신 것과 같은 은혜를 갈망하여야 합니다. "그것을 내 입에 대며 가로되 보라 이것이 네 입에 닿았으니 네 악이 제하여졌고 네 죄가 사하여졌느니라 하더라"(사 6:7). 이 때 비로소 선지자는 "내가 누구를 보내며 누가 우리를 위하여 갈꼬" 하는 하나님의 탄식 앞에 "내가 여기 있나이다 나를 보내소서"(사 6:8) 할 수 있었던 것입니다.

설교자로 부름을 받은 모든 사람들은 이처럼 단지 세상의 지식으로 치장된 입술 이상의 그 무엇을 가진 사람이 되어야 합니다. 이것이 바로 설교자로 부름 받은 우리를 향한 또 하나의 도전입니다.

Be Kindled with Heavenly Fire

예레미야가 소명을 받을 때 하나님께서 그가 선지 사역을 통하여 성취할 사명에 대하여 주신 두 가지 명령을 설교의 목표 및 기능과 관련해서 생각해 본다. 즉 설교의 파괴적인 기능과 건설적인 기능이 그것이다. 이 같은 논의를 통하여 왜 오늘날 설교에 대한 이론과 연구가 많아도, 왜 지난 시대처럼 커다란 영적 각성과 부흥을 일으키는 도구가 되지 못하고 있는지 규명하고, 설교의 새로운 지향점을 성경을 통해 찾아본다.

"보라 내가 오늘날 너를 열방 만국 위에 세우고 너로 뽑으며 파괴하며 파멸하며 넘어뜨리며 건설하며 심게 하였느니라"(렘 1:10).

| 제6장 |

뽑고 파멸하는 사람

장엄한 소명 속에서 예레미야를 부르신 하나님은, 드디어 그가 어떤 방식으로 선지자로서의 사명을 감당하여야 할지를 말씀해 주십니다. "보라 내가 오늘날 너를 열방 만국 위에 세우고 너로 뽑으며 파괴하며 파멸하며 넘어뜨리며 건설하며 심게 하였느니라"(렘 1:10).[97]

우리는 이 본문에 주의할 필요가 있습니다. 왜냐하면 이 본문은 흔히 오해되기 쉬운 설교의 본질적인 요소를 명백하게 말해 주고 있기 때문입니다. 이 장에서는 본문을 통해 우리들에게 그릇 이해되고 있는 설교자의 사

---

97) 본 절의 히브리 원문은 이렇다. ראה הפקדתיך היום הזה על־הגוים ועל־הממלכות לנתוש ולנתוץ ולהאביד ולהרוס לבנות ולנטוע: 그의 선지 사역을 통하여 하나님께서 당신의 권능을 두 방향으로 드러내시기를 원하셨다. 하나는 파괴하는 것과 또 하나는 건설하는 것이었다. 우선 선지자의 파괴적인 사역이 네 번이나 언급되고 이어서 건설적인 사역이 두 번 언급되고 있는데, 이는 그의 말씀 사역의 성격을 보여준다. 카일(C. F. Keil)은 이것을 예레미야가 전포하는 열방을 향한 심판의 메시지와 연관 지어서 생각했다. "The destroying is not set down as a mere preliminary, but is expressed by means of four different words, whereas the building is given only in two words, and these standing after the four; in order, doubtless, to indicate that the labours of Jeremiah should consist, in the first place and for the most part, in proclaiming judgement upon the nations." C. F. Keil, *Commentary on the Old Testament; Jeremiah & Lamentation*, vol. 8, (Grand Rapids; Eerdmans publishing Company, 1982 reprinting), p.42.

명과 설교의 방향을 재점검하고자 합니다.

먼저 우리는 이 부분이 선지자의 사명을 가리키는 부분이었다는 사실에 주목하여야 합니다. 그리고 선지자의 사명에 대하여 이같이 명확한 언어로써 그 본질을 알려 주신 분은 예레미야를 보내신 하나님 자신이었습니다.98) 그러므로 우리는 예레미야서 첫 장 10절이 정위(定位)하고 있는 설교자의 위치와 그 사명을, 일단 선언적인 것으로 받아들일 준비가 되어 있어야 합니다. 왜냐하면 그것은 하나님 자신이 정하신 바이기 때문입니다.

본문은 설교자와 설교 사역에 대하여 세 가지 인식을 열어 줍니다. 첫째는 설교자를 통한 영적인 영향력의 우주적 성격입니다(렘 1:10상). 그리고 둘째는 설교 사역에 있어서 부정적인(negative), 혹은 파괴적인 역할의 요소입니다(렘 1:10중). 마지막 셋째로 설교 사역에 있어서 긍정적인(positive), 혹은 건설적인 역할의 요소를 거론하고 있습니다(렘 1:10하). 이제 이 문제들을 하나씩 다루어 보기로 하겠습니다.

만국 위에 세우고

하나님께서 예레미야에게 선지자의 사명을 구체적으로 말씀하시기에 앞서 그를 선지자로 세우신 것이 역사에 어떤 의미가 있는지를 보여주십니다. "보라 내가 오늘날 너를 열방 만국 위에 세우고······"(렘 1:10).99)

---

98) 개역한글 성경에서 "세우고"라고 번역된 말은 원문에서 '힙키드'(הפקיד)인데 이는 '파카드'(פקד) 동사의 히필형(Hiphil, p5.1cs) 동사이다. 구약에서 매우 다양한 의미로 쓰였다. Ludwig Koehler & Walter Baumgartner eds., *Lexicon in Veteris Testamenti Libros*, (Leiden: E. J. Brill, 1958), p.773 참조. 여기서는 '권위 있는 직책에 임명하거나 높은 자리에 앉히다'의 의미로 사용되었다. 여기서 나온 카틸(qatil)형 피동 명사 '파키드'(פקיד)라는 말이 예레미야나 느헤미야서 등에서 여러 번 쓰였는데 이는 '유사장, 감독' 등을 뜻하는 말이다(렘 20:1, 29:26, 52:25). 예레미야서에서 선지자가 자주 '감독'(פקיד)으로 지칭되는데 이는 그를 사역자로 삼으신 하나님, 곧 선지자의 소명의 신적 기원을 잘 나타내 준다. Gerhard Lisowsky ed., *Konkordanz zum Hebraischen Alten Testament*, (Sttutgart: Deutsche Bibelgesellschaft, 1993), pp.1182-1183.

먼저 하나님은 이 선지자의 사명이 이스라엘에게 국한된 것이 아님을 보여주고 있습니다. 그는 단지 하나님의 백성들에게만 설교하도록 부르심을 받은 사람이 아니었습니다. 물론 선지자들의 일차적인 직무는 하나님의 백성들에게 하나님의 뜻을 알리는 것이었습니다. 그리고 그들로 하여금 하나님께 순종하도록 설교하는 것이었습니다. 그러나 선지자들의 예언 사역은 단지 이스라엘의 울타리에 머무르지 않았습니다.

우리는 구약 성경을 통해서 이스라엘 백성들 외에 이방을 위하여 설교했던 많은 선지자들을 봅니다. 이사야 선지자 같은 사람은 바벨론, 앗수르, 블레셋, 모압, 다메섹, 구스, 애굽, 에돔, 아라비아, 두로와 같은 나라에 예언하였습니다. 선지자들이 비록 그 예언을 들어야 하는 나라에 직접 찾아가지 못한 적도 있지만, 그러나 어디서 선포되었든지 그 말씀은 열방들이 귀기울여야 하는 하나님의 말씀이었습니다.

우리가 관찰하고 있는 예레미야와 같은 경우도 마찬가지입니다. 그는 한 걸음 더 나아가 애굽에서 하나님의 말씀을 증거하며 활동하였습니다. 그리고 예레미야 46장 이하에서는 애굽, 블레셋, 모압, 암몬, 에돔, 다메섹, 아라비아, 엘람, 바벨론과 같은 나라들에 대한 예언이 51장까지 이어지고 있습니다. 이와 같은 경우는 요나서에서 더욱 분명해집니다.[100] 그는 아예 앗수르의 중심부인 니느웨로 보냄을 받았습니다. 그리고 하나님의 심판을

---

[99] 여기서 "보라"라고 번역된 히브리어의 원형 '라아'(ראה)는 '통찰력을 가지고 직시하다'라는 의미가 있다. 그런데 개역한글 성경에 나타난 "보라"는 대체로 서술적 감탄사(demonstr.interj.)로서 'הן'이나 'הנה'를 번역한 것이다. 이 단어는 뒤이어 오는 단어를 주목하도록 강조하거나 언급하려고 할 때, 혹은 전체 구절을 강조할 때 쓰이는 것인데, 예레미야 1:9에서는 감탄사가 아니라 '바라보다', '통찰하다'라는 의미를 가진 정상 동사(ראה)의 명령형이 사용되었다. 따라서 본문의 "보라"는 단순한 감탄사가 아니라, '실제로 통찰을 가지고 직시해 보라'는 의미이다.

[100] 요나는 하나님의 은혜의 보편성을 보여준 대표적인 선지자였다. 이방에 대한 하나님의 간섭은 열방에 대한 하나님의 주권과 이스라엘의 선교적 책임을 보여준다. 그렇지만 우리가 어떻게 보든지 요나는 높이 평가될 수 없다. George L. Robinson, *The Twelve Minor Prophets*, (Grand Rapids: Baker Book House, 1984), p.73.

직접 외치도록 파송받았습니다. 이와 같은 예는 일일이 거론할 필요가 없을 정도로 선지서에서 일반적으로 나타나는 경향입니다. 본문에서 "열방 만국"이라고 번역된 히브리어는 '나라들'과 '왕국들'이라는 말을 한꺼번에 번역해서 붙여 놓은 것입니다.[101]

보십시오. 선지자가 그 위에 세움을 입었던 열방 만국은 비어 있는 나라가 아니었습니다. 이미 왕들이 다스리고 통치하며 제도에 의하여 국권의 수호를 받는 나라들 위에 뽑고 파멸하는 선지자로 부름을 받고 있는 것입니다. 따라서 하나님께서 예레미야를 열방 만국 위에 세운다고 하신 이 말씀은 예레미야에게 있어서나 또 예레미야서를 읽는 우리들에게 있어서나 전혀 새로운 사실은 아니지만, 그의 사명의 무게는 가히 충격적인 것입니다.

우리는 이 단순한 사실을 쉽게 잊어버리거나 놓치고 있습니다. 우리는 이 같은 선지자들의 사역을 통하여 하나님의 주권이 결코 이스라엘에게 국한된 것이 아님을 발견하게 됩니다. 그렇습니다. 하나님은 이스라엘만의 하나님이 아니었습니다. 하나님의 이름은 온 세계 위에 알려져야 하고 그의 영광은 모든 열방 위에 인정되어야 했습니다. 그리고 이스라엘은 바로 이와 같은 일들을 위하여 존재하는 선택된 백성이었습니다.

---

[101] '열방'(הגוים)과 '만국'(הממלכות)이라는 두 단어를 한꺼번에 옮긴 것이다. 이 두 단어는 '고임'(גוים)이라는 단어와 '마므라코트'(ממלכות)라는 말에 정관사를 붙인 형태이다. '고임'(גוים)은 '나라'의 개념이고, 구약 성경에서 '백성'이라는 말로 자주 번역된 히브리어 '암'(עם)은 민족적인 개념이다. 구약에서 '마므라코트'(ממלכות)라는 말은 보통 '왕국들'로 번역된다. 때로는 '왕들'(kings)을 의미할 수도 있다(삼상 10:18 참조). J. A. Thompson, 『반즈성경주석: 예레미야(상)』 최우성 역, (서울: 크리스챤서적, 1992), p.207. 톰슨(Thompson)은 모음 없는 *mmlkt* 라는 단어가 페니키아어와 히브리어에서 실제로 '왕들'(kings)이라는 뜻으로 통용되었다고 주장한다. Z. S. Harris, *A Grammar of the Phoenician Language*, (New Haven: American Oriental Society, 1936), p.118, W. F. Albright, "A Catalogue of Early Hebrew Lyric Poems: Psalm LXVIII," *Hebrew Union College Annual* 23, (Cincinnati: Hebrew Union College, 1950/51), p.34에서 재인용.

구약의 역사

성경을 대하면서 우리가 범할 수 있는 오류 중 하나가 편견으로부터 비롯된다는 사실을 기억하여야 합니다. 구약을 읽을 때 우리가 가지는 일반적인 편견 중의 하나는 구약 성경 자체가 오직 이스라엘의 역사에만 관심을 갖고 있다는 생각입니다. 물론 구약 성경의 대부분은 이스라엘의 역사를 설명하는 데 할애되고 있습니다. 확실히 이스라엘의 역사는 하나님이 택하신 백성들의 역사로서, 구약 속에서 일하시는 하나님을 보여주는 가장 중요한 계시 전달의 매개체가 되고 있습니다. 그것은 누구나 인정할 수 있는 사실입니다. 그렇지만 구약의 역사가 단지 이스라엘의 역사 기록일 뿐이라고 생각하는 것은 순전히 우리의 편견입니다.

하나님은 이스라엘 백성들의 죄악뿐만이 아니라 다른 열방의 죄에 대해서도 깊은 관심을 가지고 계십니다. 여러분은 이스라엘 백성이 왜 애굽을 떠나서 가나안에 들어가 살도록 허락을 받았는지 알고 있습니까? 성경의 진술에 따르면 그들이 의로운 백성이라서가 아니라 가나안에서 살아가고 있는 원주민들의 죄악이 관영하여 하나님의 심판이 필요했기 때문입니다.[102] 그리고 하나님이 이스라엘을 그 심판의 도구로 사용하셔서 그 땅을 정결케 하기 위해 가나안 땅으로 정복하며 들어가게 하셨던 것입니다.

따라서 선지서 속에서 선지자들의 메시지를 통하여 열방 만국에 대한 하나님의 관심이 드러나는 것은 자연스러운 것입니다. 그렇습니다. 이와 같은 일은 "너희는 온 천하에 다니며 만민에게 복음을 전파하라"(막 16:15)고

---

[102] 하나님은 이스라엘이 후일 이러한 자긍심에 빠져서 불신앙으로 흐를 것을 염려하사 이 사실을 분명히 하심으로 이스라엘의 가나안 정착이 순전히 하나님의 은혜였음을 밝히셨습니다. "네 하나님 여호와께서 그들을 네 앞에서 쫓아내신 후에 네가 심중에 이르기를 나의 의로움을 인하여 여호와께서 나를 이 땅으로 인도하여 들여서 그것을 얻게 하셨다 하지 말라 실상은 이 민족들이 악함을 인하여 여호와께서 그들을 네 앞에서 쫓아내심이니라"(신 9:4).

명령하신 신약의 시대에만 일어난 것이 아닙니다.

우주적 소명

하나님께로부터 소명을 받을 때에 예레미야 선지자가 절망하고 있는 지엽적인 이유 중 하나가 바로 이러한 것이었을 것입니다. 그는 하나님의 말씀을 전파하는 설교자로 자신을 부르시는 소명 앞에서 하나님의 음성에 귀 기울이지 아니하는 유다의 완고함을 알았습니다. 그리고 그들이 하나님을 향하여 얼마나 끈질긴 불순종으로 자신을 대할 것인지를 예감할 수 있었습니다. 현재의 불순종이 그 같은 미래를 이미 예상하게 해주고 있었기 때문입니다.

그렇지만 선지자의 사명은 거기에서 멈추지 않았습니다. 하나님은 그를 열방 만국 위에 세우셨습니다. 그는 자기의 힘을 믿고 오만한 애굽을 향하여도 예언해야 했습니다. 강포한 민족 블레셋을 향하여도 설교하여야 했습니다. 하나님을 알지 아니하는 모압과 암몬과 에돔을 향하여도 말씀을 전파하여야 했습니다. 수시로 이스라엘 백성을 침략하여 괴롭히던 다메섹과 강대국 바벨론을 향하여도 증거하여야 했습니다.

그런데 그는 말할 줄도 모르는 어린아이와 같이 연약한 한 사람이었습니다. 어떻게 그가 이 거룩한 소명 앞에 자신의 부족함을 발견하지 않을 수 있겠습니까? 어떻게 그가 감히 이러한 하나님의 소명 앞에 자신이 적격자라고 자부할 수 있겠습니까? 그것은 불가능한 일입니다. 따라서 그는 절망하고 있습니다. 이것이 바로 본문의 정황입니다.

하나님은 선지자를 이처럼 열방 만국 위에 세우시는 사건을 말씀하시면서 그의 사명의 두 국면을 말씀해 주셨습니다. 그것은 "뽑으며, 파괴하며, 파멸하며, 넘어뜨리며"라는 말로 계속되는 파괴적인 사역과 "건설하며, 심게 하였느니라"라는 건설적인 사역의 두 국면이었습니다. 이 부분을 도입하기 전에 먼저 성경은 "보라"(הֵאה)라는 명령어로 시작합니다. 이것은 무엇인가 장엄한 사건이 일어날 것을 주목하라는 뜻입니다. 그렇습니다. 선지자와 세상의 모든 역사는 이 광경에 주목하여야 했습니다. 하나님께서 "베냐민 땅 아나돗의 제사장 중 힐기야의 아들 예레미야"를 선지자로 세우시는 이 광경을 말입니다.

하나님께서 설교자를 부르셔서 그에게 소명을 주시는 것은 어떤 의미에서 우주적인 사건입니다. 그것은 결코 개인적인 문제일 수 없습니다. 그는 하나님의 말씀을 선포함으로 우주적인 영향을 끼치도록 부름을 받은 사람입니다. 그는 단지 교회 속에서 성도들의 신앙생활 중 예배라는 형식의 한 부분을 채워 주기 위하여 부름 받은 사람이 아닙니다. 그는 하나님의 말씀을 선포함으로써 하나님의 백성들에게 신령한 영향을 끼치고, 그들을 통하여 하나님이 없다고 믿는 이 세상에 영적인 각성을 주기 위하여 세움을 받은 사람입니다.

때때로 그는 선지자들이 그러했던 것처럼 전혀 하나님을 믿지 아니하는 사람들에게로 핍박과 고난을 무릅쓰고 나아가 하나님이 살아계신 것과 그분께 순종하고 영광을 돌리며 살아야 할 인간의 본분을 설교를 통해 가르쳐 주도록 세움 받은 사람입니다. 그렇습니다. 그는 어떤 방식으로든 하나님의 말씀을 통해 열방 만국에 영적인 영향을 끼쳐 하나님과의 관계에 변화를 가져오도록 소명된 사람입니다.

세상을 위한 설교자

하나님께서 교회에 기이한 부흥을 주시고 당신의 백성들 가운데 위대한 영적 각성을 주실 때에 이런 원리는 모든 사람들이 알 수 있도록 잘 드러났습니다.

위대한 영적인 부흥이 있었던 18세기의 뉴잉글랜드에서 노상 설교가 유행했던 것을 여러분은 기억할 것입니다. 당시에는 단지 하나님을 잘 믿고 말씀을 듣기 위하여 준비된 교인들에게만 설교했던 것이 아니라, 술주정뱅이와 노름꾼들과 방탕한 자들을 위하여도 설교하였습니다. 그리고 그들의 설교에는 놀라운 회심이 뒤따랐습니다.

설교자 휘트필드가 뉴잉글랜드에서 설교하기 전인 1727년에 커다란 지진이 일어났습니다. 그리고 사람들은 그 지진을 하나님의 심판으로 생각했습니다. 이 큰 충격으로 인하여 잠시 사람들이 교회로 몰려들었지만, 그 후 몇 년이 지나자 그들은 이러한 하나님의 심판을 곧 잊어버렸고 사람들은 다시 옛 생활로 돌아갔습니다. 그래서 보스턴의 한 설교자는 후일 이렇게 술회하였습니다.

"아, 슬프도다. 번쩍이는 번개와 우뢰가 그치고 나면 잠잠해지는 것처럼, 그 끔찍한 지진이 잠시 우리를 깨웠지만 우리는 다시 마치 죽어 있는 것과 같은 깊은 잠 속에 들어가게 되었다." [103] 세상은 이처럼 잠시 잠에서 깨어나는 듯하다가도 즉시 죽음보다 깊은 수면으로 떨어집니다. [104]

교회도 마찬가지입니다. 설교자들은 이러한 세상을 깨우고 교회를 각성

---

[103] Tim Dowley ed., *A Lion Handbook; The History of Christianity*, (Surry Hills: Anzea Books, 1978 reprinting), pp.436-437.

[104] 이 점에 있어서 18세기 스코틀랜드의 복음 전도 운동의 지도자였으며, 휘트필드(George Whitefield)의 친구이자 그의 전기를 쓴 존 길리즈(J. Gilles)가 편집한 신앙 부흥의 기록들의 서문에 나오는 호라티우스 보나르(H. Bonar)의 말은 인상적이다. "세상은 여전히 잠을 자고 있다. 그것은 수많은 세대에 걸쳐서 지속된 잠이다. 때로는 깊이 잠들기도 하고 때로는 살짝 잠들기도 하지만 세상은 여전히 무덤과 같은 잠을 자고 있다. 마치 마지막 나팔이 울리기까지는 그냥 잠자고 있도록 운명지어진 것처럼……. 하지만 하나님은 세상이 아무런 경고도 받지 못한 채 계속 잠만 자도록 내버려 두시진 않으셨다. 그분은 가장 어두운 자의 귀에도 들릴 수 있고 가장 얼어붙은 마음도 깨어날 수 있는 음성으로 말씀해 오셨다. ……그러나 세상은 그분의 음성 듣기를 거부한다. 마치 죽음이 바로 본질적인 행복이라도 되는 것처럼……. 그러나 어떤 의미에서는 세상 사람들이 예외 없이 모두 자고 있던 시대는 결코 없었다." J. Gilles, *Historical Collections of Accounts of Revival*, (Edinburgh: The Banner of Truth Trust, 1981 reprinting), p.v.

시키는 하나님의 도구로 부름 받은 사람들입니다. 그들의 부름은 단지 교회 안에만 한정된 것이 아닙니다. 그들은 교회 밖에서도 설교하도록 부름 받은 사람들입니다.

한 세기 전의 설교자였던 찰스 스펄전(Charles H. Spurgeon)의 목회학 강의를 보더라도 이런 사실은 자명합니다. 그는 자주 목회자가 되기를 지망하는 후보생들에게 아주 자연스럽게 노상 설교를 하는 방법을 가르쳐 주었습니다. 그는 사람들이 많이 모이는 시장 사거리나 술집과 공회당 골목이 설교하기에 적합한 장소라고 지적하면서 술통을 엎어 놓아 즉석에서 설교단을 만드는 방법까지 상세하게 가르쳐 주었습니다.[105]

물론 노상에서 설교를 한다고 해서 그것이 꼭 열방 만국에 하나님의 말씀을 전파하는 것을 실천한다고 말할 수는 없습니다. 그것 말고도 얼마든지 다른 방법이 있기 때문입니다. 요즘은 많은 교회가 선교에 힘을 기울이고 있습니다. 좋은 자질을 갖춘 선교사들을 자신들이 가지 못하는 나라로 파송하기도 합니다. 하나님의 말씀을 열방 만국에 전하기 위해서입니다.

그러나 지금 제가 지적하고자 하는 것은 그런 실질적인 실천의 문제가 아니라 설교자들의 의식 문제입니다. 설교자들이 자신을 누구라고 정위하고 있는가 하는 것입니다. 제 생각에는 선교사들도 우선 뛰어난 설교자가 되어야 합니다. 그 곳이 이 세상 어디든지 하나님께서 어두움 가운데 있는 백성들을 일깨워 당신께로 돌아오게 하는 원리는 동일합니다. 그들은 궁극적으로 하나님의 말씀을 들어야 합니다. 그리고 심령이 변화를 받아 복음 앞에 회개하고 거듭나는 역사를 경험하여야 합니다.

---

[105] 스펄전(C. H. Spurgeon)의 설교학 교과서는 아예 한 장(chapter)을 '야외 설교' 라는 제목으로 할애하고 있다. "이와 같은 들판이나 사람들이 모여 드는 장소에서의 대집회는 굉장한 것으로서 웨슬리나 휘트필드가……긴 세월을 통하여 죽 행해졌다. ……야외 설교의 위대한 이익은 다른 두 수단으로는 절대로 귀를 기울이게 할 수 없는 많은 불신자들에게 복음을 듣게 할 수 있다는 데에 있다." C. H. Spurgeon,『스펄전의 설교학』, 김병로 역, (서울: 생명의말씀사, 1989), pp.287-288.

상황에 따라 방법은 다를 수도 있지만 궁극적으로 그들은 선포되는 복음을 들어야 하고 그 선포를 통하여 자신이 누구이며 하나님이 누구이신지 깨달아야 합니다. 그런 점에서 볼 때 선교를 지망하는 사람들은 자국에서 설교하는 사람들을 능가하는 설교자로서의 준비가 필요합니다. 왜냐하면 영적인 준비 이외에 언어적인 준비도 요구되기 때문입니다.

요지는 이것입니다. 하나님이 세우신 설교자들은 이스라엘을 위한 설교자인 동시에 열방 만국을 위한 복음 선포자입니다. 성경을 보십시오. "보라 내가 오늘날 너를 열방 만국 위에 세우고……"(렘 1:10). 하나님은 선지자 예레미야를 열방 만국 위에 세우셨습니다. 하나님의 이름이 그들 가운데 높이 들려지기 전에 먼저 설교자 예레미야의 이름이 알려져야 했습니다. 하나님을 아는 지식이 그들 가운데 편만해지기 전에 먼저 예레미야의 설교가 그 땅 거민들 가운데 알려져야 했습니다. 그리고 하나님은 선지자의 이 같은 말씀 선포를 통하여 그들을 고치실 것이었습니다.

사도적 케리그마의 회복

그러면 왜 하나님의 교회가 이러한 원리를 굳게 붙잡고 세상을 향하여 담대하게 복음을 선포함으로써 하나님을 믿지 않는 세상에 신앙적인 영향을 주는 일에 그토록 약하게 되는 것입니까? 무엇 때문에 하나님께서 주신 약속들을 따라서 세상을 변화시키는 진리의 역사에 이처럼 적은 영향력 밖에 미치지 못하는 것입니까?

그것은 교회가 비기독교 세계에 대한 '케리그마'(kerygma)를 잃어 가고 있기 때문입니다. 복음에 대한 신뢰를 상실하고 기독교 진리의 절대성에 대한 확신을 침식당하고 있기 때문입니다. 그러므로 교회는 시급히 비기독교 세계에 대한 교회의 '케리그마'를 회복하여야 합니다. 세상은 언제나 교회의 권위적인 선포를 싫어했습니다. 소위 대화를 통한 복음 전파의 길을 모색하면서 설교에 귀기울이지 아니하는 현대 교회의 움직임은 이 같은 시대 정신을 좇아간 것입니다.[106]

　설교자들의 가슴 속에 이러한 복음의 '케리그마'들이 역동할 때에 비로소 교회는 비기독교 세계를 향하여 선포함으로써 복음의 영향을 끼칠 수 있게 되는 것입니다. 사도행전을 중심으로 나타난 초대 교회의 비기독교 세계를 향한 '케리그마'는 사도들이 복음의 내용을 단지 이해한 결과가 아니라, 그들의 가슴 속에 이 복음의 내용들이 살아서 역동치고 있었기 때문에 설교되었던 것입니다.[107]

　오순절 성령 강림 사건과 함께 이 모든 복음의 내용들은 그들로 하여금 신앙의 지평을 열어 주는 요인이 되었습니다. 그들이 핍박과 고난에도 불구하고 그리스도와 그의 복음에 관하여 외치지 않을 수 없는 것은 단지 성령의 능력이 아니라 성령께서 그들의 마음을 이 '케리그마'의 제목들로 역동케 하셨기 때문입니다.

---

[106] 교회가 커다란 각성과 부흥의 필요 아래 놓여 있던 시기마다 교회와 그리스도인들이 복음으로부터 멀어져 갔다. 복음에 대한 피상적인 이해는 그리스도인의 삶에 대한 이해를 뒤틀리게 만들고, 이러한 뒤틀림은 성경 해석에까지도 나쁜 영향을 준다. 그래서 영적인 각성과 부흥의 때는 제일 먼저 복음에 대한 이해에 커다란 변화가 오게 된다. 십자가와 부활, 천국과 지옥, 종말과 구원과 같은 복음의 내용들에 대한 이해가 개인적으로 다 가오게 되고, 체험을 통해 실제적으로 삶을 지배하는 원리가 된다. 로이드 존스(Lloyd-Jones)도 이 문제를 부흥의 시기에 쉽게 찾아볼 수 있는 십자가 사건에 대한 개인의 체험을 중심으로 말하고 있다. "Suddenly it all becomes real to them and they are given to know that the Son of God has loved them and has given himself for them. It becomes an individual and personal matter: 'He died for me, even my sins are forgiven,' and peace comes into their hearts; joy enters into them and they are lost in love and in a sense of praise of God the Father, God the Son and God the Holy Spirit" D. M. Lloyd-Jones, *Revival; Can We Make It Happen?*, (Basingstoke: Marshall Pickering, 1986), p.102.

[107] "교회의 개혁은 항상 설교가 수위성(首位性)을 회복하는 일이 중심이 되어 왔다. ……모든 개혁은 설교의 수위성을 확신하는 대설교가들의 개혁된 강단으로 말미암아 이루어졌다. 왈도파, 프란시스파, 도미니크파, 롤라드파, 보헤미안 형제들, 루터파, 스코틀랜드 장로교파, 그리고 메서디스트들……그들은 모두 복음의 능력을 확신하고 하나님의 선포된 약속인 복음의 본질을 다시 붙잡으려고 설교에 관심을 가졌던 사람들이다." 김남준, 『교회의 갱신과 설교의 회복』(서울: 도서출판 솔로몬, 1993), pp.40-41.

그들은 단지 희생적인 복음 전파 사역을 위한 인간적인 헌신, 그 이상의 무엇에 의하여 움직이고 있었습니다. 그들은 단지 진리를 깨달은 사람이 아니라 진리 자체에 사로잡혀 있었던 사람들입니다. 결국은 도저히 불가능하리라고 생각되는 일들을 해내었습니다. 한 사람의 죄수를 못박은 저주의 표징인 십자가를 구원의 상징으로 인식시키는 데 성공하였습니다. 그들로 하여금 죄인들이 하나님 앞에 이를 수 있는 유일한 길이 십자가임을 알게 할 뿐 아니라 그 구원의 진리 앞에 자신의 인생을 결단하도록 만들어 주었습니다.

교회가 단지 차가운 의문(儀文)의 진리만을 가지고 있을 때에는 항상 세상에 대한 교회의 게토(ghetto)화가 이루어졌습니다. 설교자들이 단지 냉랭한 교리만을 신봉하고 있을 때에는 세상과 교회가 뚜렷하게 담을 쌓았습니다. 그리고 그렇게 담을 쌓았음에도 불구하고 이상하게도 교회는 쉽게 세상의 풍조에 물들어 갔습니다.

설교자가 세상에 영향을 미치는 정도는 교회에 영향을 미치는 정도와 비례한다고 말할 수 있습니다. 그 반대도 성립합니다. 설교자가 영적으로 교회에 영향을 미치는 것만큼 세상은 교회를 통하여 영향을 받게 됩니다.

세상과 교회를 그렇게 쉽게 나눌 수 있을까요? 구분해서 생각하는 것은 가능하지만 나누는 것은 쉽지 않습니다. 하나님 앞에 나아와 예배를 드리며 경건하게 설교를 듣는 그 사람들이 그렇지 않은 사람들과 함께 섞여 살아가는 그 곳이 바로 세상이기 때문입니다. 하나님의 백성들이 신적인 능력으로 충만해지고 영원을 향한 긴박감을 가지고 살아갈 때에는 이러한 현실이 바로 하나님의 백성들로 하여금 세상에 영적인 영향을 끼치게 하는 훌륭한 장이 됩니다. 그러나 하나님의 교회가 하나님과의 관계를 벗어나 그분께로부터 신령한 영향을 받는 일에 실패하고 있다면 속된 세상으로부터 불신앙적인 영향을 받게 되는 비극적인 장이 됩니다. 어떤 식으로든지 하나님의 백성과 세상의 백성들은 구분될 수 있지만 나누어질 수는 없습니다. 세상의 변혁을 위하여 교회의 영적인 상태가 중요한 것도 바로 이 때문입니다.

예루살렘의 부흥

설교자, 그 사람은 궁극적으로 단지 교회를 변화시키는 것이 아니라 변화된 교회를 통하여 세상을 변화시키도록 부름 받은 사람입니다.[108]

그는 하나님의 백성들의 영적인 상태에 대하여 끊임없이 고뇌하며 그 변화를 위하여 하나님의 말씀을 설교하지만, 그러나 그의 궁극적인 꿈이 단지 하나님의 교회가 은혜롭게 되는 데에 있는 것은 아닙니다. 그가 전심으로 하나님의 교회에서 설교하는 것은 그렇게 함으로써 교회의 영적인 상태가 변화되리라고 믿기 때문이며, 그렇게 변화된 교회를 통해서만 세상을 정복하는 일이 가능하다고 믿기 때문입니다.

구약의 선지자들이 그 많은 나라들 중 이스라엘에 대하여 특별한 애착을 가졌던 이유는 단지 그 곳이 자신의 조국이었기 때문만은 아닙니다. 그들이 이스라엘의 모든 도시들 가운데 예루살렘에 대하여 특별한 관심을 가졌던 것은 단지 예루살렘이 조국의 수도였기 때문만도 아닙니다.

예루살렘과 시온을 향한 이사야 선지자의 열망을 보십시오. 그는 말하니

---

[108] 설교가 일반 역사에 미친 영향에 대한 자세한 논의에 대해서는 찰스 다아간(E. C. Dargan)의 다음 책을 참고하라. 찰스 다아간은 설교가 민족 생존과 국가의 발흥과 멸망뿐 아니라, 관습과 도덕, 예술과 과학, 인류 문화의 발전, 철학, 과학, 언어, 문학, 교육 등에 커다란 영향을 끼친 사실들을 상술하고 있다. 다아간 교수 역시 설교의 이 같은 영향은 설교자가 전한 복음 때문이었다고 단정한다. "The spread of Christianity, both geographically and numerically, has been largely the work of preaching. The preacher as a missionary has always been the advance herald of the gospel. From apostolic days, through the long Middle Ages, and even down to present times this has been true." Edwin C. Dargan, A History of Preaching, vol.1, (Grand Rapids: Baker Book House, 1974 reprinting), p.12.

다. "나는 시온의 공의가 빛같이, 예루살렘의 구원이 횃불같이 나타나도록 그 시온을 위하여 잠잠하지 아니하며 예루살렘을 위하여 쉬지 아니할 것인즉 열방이 네 공의를, 열왕이 다 네 영광을 볼 것이요……"(사 62:1-2).

이사야가 이스라엘 백성의 어두운 앞날을 예언하면서 마음이 뜨거워지지 아니하고는 선포할 수 없었던 대목 중 하나가 바로 여기였습니다.[109]

그는 유다와 열방에 예언하도록 세우심을 받았으나 마치 시온을 위하여 온 사람처럼 외쳤으며 마치 예루살렘을 위하여 온 사람처럼 예언하였습니다. 선지자들이 절망한 것은 이방의 죄악 때문이 아니라, 여호와의 백성들의 범죄함 때문이었습니다(사 1:3, 렘 2:19).

그들은 예루살렘의 형편에 모든 기대와 관심을 두었습니다. 예루살렘의 영적 상태에 말입니다. 하나님과의 만남의 약속이 깃든 예루살렘이 하나님의 임재로 충만해지지 않고는 불의한 세상이 하나님께로 돌아오는 일들이 불가능하며, 헛된 일들을 도모하기 위하여 지친 민족들을 여호와께로 돌아오게 하는 일들도 불가능하다고 믿었기 때문입니다.

---

[109] 이 절은 화자(話者)가 누군지에 대해 논란이 제기되어 온 부분인데, 원문은 다음과 같다(사 62:1). "למען ציון לא אחשה ולמען ירושלם לא אשקוט עד־יצא כנגה צדקה וישועתה כלפיד יבער:"에서 힛치그(Hitzig)는 본 절에 와우 접속사(waw-copulative)가 없다는 이유로 이사야 62장 1절의 화자와 바로 앞 절인 이사야 61장 11절의 화자가 다르다고 본다. 즉 만약에 1절이 선지자의 말이라면 와우 접속사(waw-copulative)로 이어지는 뒤의 2절과 3절은 선지자의 말이 될 수 없다는 것이다. 킴히(Kimchi)는 1절이 앞에 언급된 교회의 감사 찬송에 대한 여호와의 응답으로 보는 탈굼(Targum Yerushalmi)의 부연 설명을 따르고 있다. 그로티우스(Grotius) 같은 경우도 1절을 여호와 하나님의 약속으로 보았다. 그런가 하면 코케이우스(Cocceius)나 핸더슨(Henderson)은 1절의 화자를 메시아, 혹은 구속주(Redeemer)로 보았다. 구속주가 스스로 시온의 번영에 대하여 관심을 가지고 개입하는 것으로 보았다. 아이호른(Eichorn)은 이 구절을 후대의 삽입으로 보았다. 즉 이스라엘 백성의 포로 귀환에 대한 고레스의 칙령이 내려진 소식을 들으면서 자신의 결심을 기록한 어떤 유대인이 1절의 화자라고 본 것이다. 그러나 가장 만족스러운 설명은 역시 1절의 화자를 이사야 선지자 자신으로 보는 것이다. "Perhaps the most satisfactory conclusion is, that if the Prophet here speaks of himself, he also speaks by implication of his associates and successors in the officer, not excluding Christ as the last and greatest of the series……" Joseph A. Alexander, *Commentary on Isaiah*, (Grand Rapids: Kregel Publication, 2004 reprinting) p.406.

왜냐하면 예루살렘의 상태를 통해서 하나님과 선택된 이스라엘 백성들과의 영적인 관계를 보기 때문입니다. "피로 읍을 건설하며 불의로 성을 건축하는 자에게 화 있을진저 민족들이 불탈 것으로 수고하는 것과 열국이 헛된 일로 곤비하게 되는 것이 만군의 여호와께로서 말미암음이 아니냐 대저 물이 바다를 덮음같이 여호와의 영광을 인정하는 것이 세상에 가득하리라"(합 2:12-14).

교회는 세상을 향하여 선교적으로 기대하고 있는 그 이상의 영적인 삶을 살아야 합니다. 세상이 이 놀라운 구원의 복음 때문에 즐거워하고 기뻐하기를 원한다면 교회는 그 이상의 기쁨을 이 복음 안에서 이미 누리고 있어야 합니다. 만약 교회가 이 세상이 하나님을 두려워하는 겸비한 마음을 갖기를 원한다면 교회는 먼저 하나님을 두려워하는 삶이 무엇인지를 보여줄 수 있어야 한다는 말입니다.

한 시대를 깨우는 위대한 각성과 영적인 부흥이 언제나 교회 안에서부터 시작되었다는 사실은 시사하는 바가 매우 큽니다. 하나님께서 그 세대를 일깨워 편만한 복음의 능력으로 영향 받게 하시기 전에 먼저 하나님의 자녀들로 하여금 기이한 은혜를 받게 하시는 것은 어떻게 보면 필연적인 과정을 따른 일입니다. 그래서 선지자들은 늘 시온과 예루살렘의 영적인 상태에 대하여 노심초사하였던 것입니다.

선지자 이사야는 포로 이후의 이스라엘 백성들의 회복에 관하여 말하면서 이렇게 예언합니다. "예루살렘을 사랑하는 자여 다 그와 함께 기뻐하라 다 그와 함께 즐거워하라 그를 위하여 슬퍼하는 자여 다 그의 기쁨을 인하여 그와 함께 기뻐하라"(사 66:10). "시온이여 깰지어다 깰지어다 네 힘을 입을지어다 거룩한 성 예루살렘이여 네 아름다운 옷을 입을지어다 이제부터 할례 받지 않은 자와 부정한 자가 다시는 네게로 들어옴이 없을 것임이니라 너는 티끌을 떨어버릴지어다 예루살렘이여 일어나 보좌에 앉을지어다……"(사 52:1-2). 시인의 관심사도 예루살렘이었습니다. "예루살렘을 위하여 평안을 구하라 예루살렘을 사랑하는 자는 형통하리로다"(시 122:6).

그렇기 때문에 설교자들은 하나님의 교회가 먼저 하나님이 약속하신 놀라운 은총을 누리고 그 자녀들이 하나님을 기뻐하도록 심혈을 기울여야 합니다. 설교자는 예루살렘의 변화뿐만 아니라, 열방이 하나님께로 돌아오는 일을 위하여 설교하도록 부름 받은 사람입니다. 교회의 변혁뿐만 아니라, 세상의 변혁을 위하여 설교하도록 부름 받은 사람입니다. 그러기 위해서는 먼저 하나님의 백성들의 영적인 변화가 선행되어야 합니다.

변화된 세상 한가운데는 변화된 교회가 있습니다. 그리고 변화된 교회 한가운데는 하나님의 손에 붙들린 말씀의 사람이 있습니다. 온 세상이 하나님의 통치를 받는 것이 바로 설교자들이 설교하는 영원한 이유가 되어야 합니다. 설교자, 그의 소명은 교회만이 아니라 세상을 위한 것입니다. 이것이 첫 번째 도전입니다.

뽑고 파멸하며

이어서 우리는 하나님께서 예레미야 선지자에게 주신 사명의 핵심부를 살펴볼 시점에 이르렀습니다. 그 사명은 크게 두 종류로 나누어짐을 앞에서 살펴보았습니다. 그의 말씀 사역은 파괴와 건설을 위한 것이었습니다. 하나님께서 우선적으로 그에게 주신 사명은 하나님의 말씀을 증거함으로 "뽑으며 파괴하며 파멸하며 넘어뜨리게" 하는 것이었습니다.

히브리어 본문에서 "뽑으며, 파괴하며, 파멸하며, 넘어뜨리며, 건설하며, 심게" 한다는 표현으로 기록된 여섯 개의 동사는 문법상 모두 부정사로서 "너를……세우고"(הִפְקַדְתִּיךָ)라는 말에 동시적으로 걸립니다.[110]

다시 말씀드려서 10절은 이렇게 직역될 수 있다는 것입니다. '보아라 이 날에 나라들과 그리고 왕국들 위에서 너로 하여금, 뿌리 뽑게 하기 위하여 또 뜯어 넘어뜨리게 하기 위하여 또 파괴시켜 버리기 위하여 또 집어 던져 버리게 하기 위하여 또 세우게 하기 위하여 또 심게 하기 위하여 내가 너를 임명하였다.' 하나님께서 예레미야를 찾아오신 것은 그를 선지자로 세우시기 위함이었고, 그를 선지자로 세우신 것은 이렇게 뽑고 파괴하며 또 한편으로 심고 세우게 하기 위함이셨습니다. 본문은 어법상 이 일들의 발생 순서를 엄격하게 지시하고 있지는 않습니다. 그럼에도 불구하고 선지자의 우선적인 사명은 파괴적인 것이었습니다. 그는 먼저 잘못 심겨진 것들을 뽑고, 뽑히지 않는 것들은 파괴하고 파멸하며, 잘못 서 있는 것들은 넘어뜨리는 일을 하여야 했습니다.

회중은 강하다

로이드 존스 목사의 표현을 빌리자면, '모든 사람은 사상의 집을 짓고 살아가는 철학가입니다.' 사람들은 모두, 엉성하지만 무엇인가 나름대로 견해를 가지고 살아갑니다. 그리고 그것은 생각보다 견고합니다. 비록 신앙

---

110) "뽑으며 파괴하고 파멸하며 넘어뜨리며 건설하며 심게"라고 번역된 히브리어 본문은 다음과 같다. "לנתוש ולנתוץ ולהאביד ולהרוס לבנות ולנטוע": 선지자의 사역 중 파괴적인 사역 네 가지와 건설적인 사역 두 가지가 원문에서도 나누어진다. 'ולהרוס'에 있는 분리 구둣점(distinctive accent)에 의하여 앞의 네 단어가 세 개의 접속사 'ו'로 연결되었고, 또 다시 뒤의 두 단어가 두 개의 접속사 'ו'로 연결되어 있다. 문학적으로 두 개의 유음 동사(assonant verb–두 단어의 모음은 같으나 뒤의 자음이 각각 다른 동사), 'נתש'와 'נתץ'가 그 의미를 고조시키고 있으며, 같은 이유로 'להרום'이 'האבתד'에 추가되었으며, 반대의 의미를 가진 'לנטוע'가 'לבנות'와 같이 쓰임으로 의미를 반복 강조하였다. 그러나 70인역(Septuagint)에서는 'הרום'에 해당하는 번역이 빠졌다. 그래서 힛치그(Hitzig) 같은 학자는 본문의 이 히브리 단어가 후대의 첨가나 본문 오염(corrupt)의 결과라고 보았다. C. F. Keil, *Commentary on the Old Testament; Jeremiah and Lamentations*, vol. 8, (Grand Rapids: Eerdmans Publishing Company, 1982 reprinting), p.42; E. Kautzsch ed., *Gesenius' Hebrew Grammar*, (Oxford: Clarendon Press, 1978 reprinting), p.59, 61.

생활한 지 얼마 안 되는 사람이라 할지라도 하나님이 누구이시고, 교회는 무엇이며, 그리스도인들이 어떻게 살아야 하는가에 대한 고집을 가지고 있습니다.

따라서 이들이 가지고 있는 견해를 정확히 말하자면 사실 하나님이 누구시고 교회가 무엇이며 그리스도인들이 어떤 삶을 살아야 하는가 하는 것이 아니라, 오히려 하나님은 누구여야 하며 교회는 무엇이어야 하며 그리스도인들의 삶은 어떤 것이라고 이해되어야 하는가입니다. 즉 그들의 견해는 다분히 자기가 생각하는 주장을 강요하여 신앙의 틀에 집어넣은 결과입니다. 심지어 하나님의 존재를 믿지 아니하는 사람들조차도 신앙이 무엇이어야 하는가에 대한 확고한 견해를 가지고 있습니다. 어떤 사람들은 신앙이 필요 없다고 단언합니다. 그것보다 더 확실한 신앙에 대한 견해가 어디에 있겠습니까? 사람들은 하나님이 안 계신다고 생각합니다. 그것보다 더 확고한 신관이 어디에 있겠습니까? 그 자체는 이미 신앙입니다. 불신앙이라는 이름의 신앙인 셈입니다.

이처럼 사람들은 나름대로 모두 철학가입니다. 왜 근거도 분명치 않은 사실에 대하여 검토도 없이 쉽게 확신하고 그것을 붙들려고 할까요? 검증되지도 않은 견해를 그렇게 쉽게 받아들이고 고수하려 하는 이유가 도대체 무엇일까요? 바로 이런 이유 때문입니다. 사람은 수없이 많이 생각하고 판단하며 살아갑니다. 그리고 그 판단을 따라 행동합니다. 인간 그 자체가 수많은 행동을 옮기기 전에 그러한 생각과 행위를 산출해 내도록 명령하고 통제하는 거대한 기능입니다. 살아가기 위해서는 무엇인가 그것에 의존하지 않으면 안 되는 생각의 틀이 필요하고 행동에 옮기기 위한 통제 기구가 필요합니다. 그리고 이 같은 필요성은 시급합니다.

때때로 우리들은 무엇이 옳고 그른지에 대한 인식이 흐려지고 자신의 삶을 의탁할 수 있는 가치를 올바른 곳에 정위하지 못할 때가 있습니다. 그 때가 바로 방황기인 것입니다. 이 때 그 사람의 행동은 논리가 없고 판단도 제대로 되지 않습니다. 그리고 그와 같은 비논리와 무판단한 행동에 대하여 추궁을 받을 때, 그들은 "나도 뭐가 뭔지 모르겠어."라는 말로 얼버무리고 맙니다. 그러나 대부분의 사람들은 이런 식으로 살아가는 것이 얼마나 고통스러운지 알고 있습니다. 그래서 그들은 뭔가 자신의 삶을 의탁할 수 있는 가치 체계 속에 살아가야지만 비로소 안전함을 느끼게 됩니다. 그 가치 체계에 보편타당한 가치가 있느냐 없느냐는 나중 문제입니다. 그것이 성경이 인정해 주는 것인가 아닌가는 더욱 문제가 되지 않습니다.

얼마나 흥미롭습니까? 육 척밖에 안 되는 이 작은 인간은 그야말로 불가해한 존재입니다. 우리가 우리 자신을 모두 알고 있다고 단언하는 순간 그것은 곧 우리는 더 이상 하나님에 대하여 배울 것이 없다고 말하는 것입니다. 양파 껍질처럼 벗겨도 벗겨도 끝없이 감추어진 인간 내면의 교묘함과 생각의 교활함은 우리를 경탄케 하기에 충분합니다. 너무나 많은 사람들이 다른 사람에 의해서 속는 것이 아니라 자신에게 속고 있는 것도 바로 이 때문입니다.

인간의 생각과 사상 갈피갈피에 숨겨져서 하나님 앞에 직면하기를 거부하는 교묘한 생각과 교활한, 논리 아닌 논리들이 우리의 판단을 흐리게 합니다. 그러므로 신앙은 자신에 대한 불신으로부터 출발하는 것입니다. 거룩하신 하나님을 알고 그 하나님 앞에 선 자신이 얼마나 믿을 수 없는 존재인지를 깨닫는 것으로부터 아버지에 대한 전적인 의존의 필요성을 절감하게 됩니다. 하나님께서 필요하다고 느끼시는 것을 우리는 전혀 느끼지 못합니다. 그리스도께서 잘못되었다고 판단하시는 것을 우리는 잘못되었다고 생각하지 않습니다. 이러한 모순은 하나님을 믿는 자녀들 가운데서도 발견됩니다. 왜 이러한 불일치가 생겨나는 것일까요? 어떻게 해서 하나님을 믿고 그리스도를 기쁘게 하기 위하여 살아가기로 결심한 하나님의 자녀들 속에 이런 커다란 불일치가 존재하는 것일까요? 그것은 단지 무지 때문만은 아닙니다. 물론 무지는 우리의 판단을 흐리게 하고 진리에 대한 오해를 촉진시키기는 합니다.

그릇된 구조물

그러나 방금 언급한 이러한 불일치는 대부분 무지에서 비롯되는 것이 아니라 잘못된 신념에서 오는 경우가 많습니다. 하나님의 말씀으로 판단된 사실이 우리의 마음에 용납되어 우리의 생각을 고쳐 주기에는 이미 너무나 커다란 확신으로 우리의 판단에 절대적인 가치를 부여하기 때문입니다. 이러한 편견은 개인에게만 나타나는 것이 아니라 교회에도 나타납니다.

그러니 세상은 오죽하겠습니까? 하나님의 자녀이든 세상의 자녀이든 그들은 모두 자신이 아무것도 모른다는 사실을 고백하려 들지 않습니다. 그들은 모든 것을 다 판단하고 생각할 수 있다고 믿습니다. 그리고 그런 불완전한 판단을 따라 살아가는 일에 익숙해져 있습니다.

보십시오. 예레미야 선지자가 세움을 받고 있는 열방 만국은 이미 왕에 의하여 다스림을 받고 오랫동안 일정한 제도에 의하여 수호되어 온 나라였습니다. 그가 예언해야 했던 애굽과 블레셋과 모압과 암몬과 에돔과 다메섹과 아라비아와 엘람과 바벨론에 대하여 생각해 보십시오.[111]

---

[111] 주석가 카일(C. F. Keil)은 말씀의 이러한 파괴적 측면에 대한 예언들을 열방에 대한 선지자의 심판의 메시지와 관련하여 생각하였다. 하나님의 말씀은 그 자체 안에 이미 이 같은 파괴적인 성격을 가지고 있음이 이스라엘 백성들 가운데서도 경험되었다(사 55:10절 이하, 렘 31:28 등). C. F. Keil, *Commentary on the Old Testament; Jeremiah and Lamentations*, vol. 8, (Grand Rapids: Eerdmans Publishing Company, 1982 reprinting), pp.41-42.

그 나라는 비어 있는 나라가 아니었습니다. 선지자의 설교를 들어야 하는 그 나라의 백성들은 스스로 누군가로부터 깨우침을 받아야 비로소 살아갈 수 있다고 믿는 그러한 사람들이 아니었습니다. 그들은 나름대로 견고한 세계관과 관습을 지니고 있었습니다. 그리고 오랫동안 내려오는 제도 속에서 그 틀에 맞는 삶을 영위하고 있었습니다. 그들 나름대로의 도덕률을 가지고 있었고 가치에 대한 견해를 붙들고 있었습니다. 그리고 그것에 따라 판단하고 행동했습니다.

무엇보다도 그 모든 사상의 중심부에는 하나님이 추방되고 이방의 우상이 자리잡고 있었습니다. 보십시오. 그들 가운데 어디 선지자의 견해가 들어갈 만한 자리가 있습니까? 도대체 어느 곳에 선지자의 가르침을 세울 만한 빈 공간이 있습니까? 혹시 빈 공간이 있다면 그 곳은 이미 허무주의라는 또 다른 임자가 자리를 차지하고 있습니다. 아무 데도 선지자의 가르침이 자리를 잡을 만한 빈 공간이 없었습니다.

이것은 오늘날에도 정확하게 사실입니다. 설교를 들으러 나오는 모든 사람들의 마음이 이와 같을 경우가 많다는 것입니다. 하나님의 말씀을 통해 무엇인가 새롭게 세움을 입고 그것에 자신의 삶을 의탁할 수 있게끔 자신을 비우고 말씀 앞으로 나아오는 사람이 얼마나 될까요? 더욱 커다란 은혜와 영적인 부흥을 원할 경우에는 그러한 회중들의 마음의 준비는 한심할 정도로 불만족스럽습니다. 오히려 많은 사람들은 설교를 듣기 전에 이미 자기 나름대로의 답을 가지고 있습니다.

파괴는 싫다

그들이 원하는 것은 설교를 통하여 자기의 삶 속에 심겨진 잘못된 습관과 마음속에 그릇 세워진 사상들이 말씀의 공격을 받아 무너뜨려지는 것이 아니라, 설교를 통하여 자신이 가지고 있는 신앙과 삶에 대한 견해들을 추인받는 것입니다. 그들이 원하는 바는 바로 그런 것입니다. 설교를 통하여 자기가 가지고 있는 생각과 삶이 옳다는 사실을 확인받고 싶은 것입니다.

자신의 삶과 생각이 하나님의 말씀에 비추어 도저히 옳다고 판단받을 자신이 없을 때조차도 그들은 설교를 통해 주어지는 말씀으로 자신의 그릇된 견해들이 충격 받는 것을 원하지 않습니다. 최악의 경우에라도 그들은 피하고 싶어합니다. 이것이 바로 많은 사람들이 수없이 설교를 들었음에도 불구하고 영적으로 변화되지 않는, 회중 편에서의 이유입니다.

그러므로 설교자로 부름 받은 사람들은 사람들을 말씀 위에 세우는 데 뛰어난 사람이 되기 전에, 먼저 말씀 위에 서 있지 않은 사람들에게 그 같은 사실을 검증시키고 그래서 말씀 위에 서 있지 않은 그들을 넘어뜨리는 일에 뛰어난 사람들이 되어야 합니다. 이것은 설교 내용에 있어서도 하나의 원리가 될 수 있는 빛을 던져 줍니다.

다시 말해서 우리는 이 같은 사실을 통해 설교가 'not……but'의 구조를 가져야 할 필요를 느끼게 됩니다. 분명합니다. 설교는 이러한 구조를 가져야 합니다. 즉 옳지 않은 것들을 드러내는 것과 올바른 것들을 제시하는 것이 하나의 설교 안에서 이루어져야 합니다.

올바른 것을 사람들에게 심어 주기 위하여 우리는 하나님의 능력을 필요로 합니다. 그러나 잘못 심겨진 것들을 뽑고 파멸하는 일들을 위해서는 죄인의 상태에 대한 보다 예리한 분석과 판단이 필요하고, 그것을 넘어뜨리기 위해서는 더욱더 커다란 하늘의 능력을 필요로 합니다. 오늘날 뚜렷한 회심을 교회 안에서 보기 힘든 이유 가운데 하나가 무엇인지에 대해 여러분들은 이미 해답을 얻고 있을 것입니다.

재건축의 현장

우리는 종종 재건축이 이루어지고 있는 철거 현장을 볼 때가 있습니다. 보기도 아름답지 않은 수많은 판잣집들이 서 있습니다. 일정한 규격도 없고 형식도 통일되어 있지 않은 엉성한 집들이 지저분한 몰골로 좁은 골목을 사이에 둔 채 빽빽하게 늘어서 있습니다. 어떤 집은 기와가 반쯤 삭아 없어져서 비닐이나 루핑으로 덮고 그 위에 듬성듬성 돌멩이들을 얹어 놓기도 하고, 또 어떤 집들은 굴뚝이 삭아서 그 굴뚝을 함석으로 감싸서 잘라진 토막을 보충하기도 하였습니다. 골목 여기저기 내다 버린 쓰레기와 흉물스러운 쓰레기통들이 우리의 눈살을 찌푸리게 합니다. 그런 동네일수록 한 치의 공간도 여유가 없습니다. 꼭 필요한 방범 초소 하나 세울 만한 공간이 여의치 않기가 일쑤입니다.

그런데 세월이 얼마 지나 그 곳에 가 보면 예전의 흉하던 집들이 모두 사라지고 보기 좋은 빌라나 깨끗한 아파트가 그 사이에 널찍널찍한 포장도로를 낀 채 우뚝 서 있습니다. 동네가 이처럼 변화를 맞이하기 전에 어떤 일들이 먼저 일어났습니까? 먼저 불도저와 굴착기를 동원하여 집을 헐어 버리는 일이 있었습니다. 많은 사람들이 그 곳을 떠나고 기계의 굉음이 들리며 집들이 힘없이 허물어져 버리는 파괴의 현장이 먼저 있었습니다.

예전에는 보상 문제 같은 것을 둘러싸고 이러한 공사가, 자신이 사는 집이 철거되지 않게 하려 하는 수많은 주민들의 거센 반발에 부딪치곤 하였습니다. 때로는 그 항의가 너무나 거세서 주민들이 집을 밀고 들어오는 불도저 밑에 드러눕기도 하고 철거반원들과 몸싸움을 하다가 부상을 당하거나 심하면 생명을 잃게 되는 일도 있었습니다. 그러나 새로운 집이 서기 위해서는 이전에 서 있던 집들이 무너지는 과정이 있어야 했습니다.

최근에는 많은 제도들이 개선되어서 많이 나아졌습니다. 그러나 아직도 철거민의 보상을 둘러싸고 갈등이 재현되곤 합니다. 저는 지금 철거를 통해 재개발을 하는 주체와 보상을 받는 원 주민들 중 누가 옳고 그른가를 말하는 것이 아닙니다. 다만 새로운 개발이 이루어지기 위해서는 이전에 있던 건물들이 파괴되는 과정이 필요하다는 것을 말씀드리는 것입니다.

한 번의 설교로, 인생이 뒤바뀌는 것과 같은 무너짐을 경험하고 그리스도를 주인으로 모시는 일들은 결코 쉽게 일어나는 것이 아닙니다. 인간의 죄성에 깃든 완악함 때문입니다. 그렇기 때문에 설교자들은 거룩하고 강인한 사람이 되어야 합니다.

그렇습니다. 만약 설교자로 부름 받은 사람이 강한 사람이 아니라면 그는 아무것도 할 수 없습니다. 자신의 자연적인 성품 때문에 강하여진 사람이 아니라 하나님의 거룩한 말씀에 의해 두드려지고 그 은혜의 불길로 연단됨으로써 진리 안에서 강하게 된 사람, 그 사람이 바로 완고한 세상을 향하여 도전할 수 있는 설교자입니다. 설교를 통하여 이처럼 완악하고 자신의 가치 체계 속에서 고집스럽게 살아가기를 결심하는 이들을 하나님의 말씀으로 감화시키고, 그리하여 그들로 하여금 하나님 앞에 무너지게 하기 위해서는 그는 강한 사람이 되지 않으면 안 됩니다.

위대한 부흥

그는 결코 틀에 박힌 교회의 일상적인 직무만을 이행해서는 안 되는 사람입니다. 이런 일들만을 위하여 사는 데는 용기도 필요 없고, 그리 강할 필요도 없을 것입니다. 세상에 속한 사람들은, 그리고 형식적인 신앙생활 속에서 입술로만 믿음을 고백하는 세속적인 그리스도인들은 그런 식의 부지런함을 칭찬해 줄지 모릅니다. 그러나 하나님 앞에 충성스러운 설교자들은 그것만 가지고 설교자라고 할 수 없습니다.

이처럼 잘못 심겨진 것들을 설교를 통하여 뽑고자 할 때에 때로 그들은 많은 대적들을 만날 수 있습니다. 때로는 자신의 포도원의 양떼들이 대적으로 변할 수 있고 교회가 그 설교자 앞에 난관과 반대의 함정을 팔 수도 있습니다. 참된 각성과 위대한 신앙의 부흥이 일어날 때 하나님을 만난 진리의 설교자들이 세상이 아니라 제일 먼저 교회로부터 핍박을 당했던 이유도 바로 이 때문입니다.

뉴잉글랜드에서 일차 대각성 운동이 일어났을 때 커다란 각성과 함께 말씀의 능력을 회복하였던 설교자들이 오히려 동역자들 사이에서 설교할 기회를 박탈당하고 친구들로부터 비난을 받았던 것도 바로 이와 같은 문제 때문이었습니다.

조나단 에드워즈(Jonathan Edwards) 자신이 1740년에서 1742년에 일어났던 신앙 부흥에 대해 평가하는 가운데 그 문제점들을 거론한 적이 있었습니다. 그는 자신의 글 속에서 여섯 가지 정도를 지적하였는데, 그 중 제일 먼저 지적된 것은 위대한 부흥을 다룰 만한 영적인 역량이 없는 무지한 목회자들에 관한 것이고, 마지막 것은 이로 말미암는 영적 부흥에 대한 그리스도인들의 증오심이었습니다.112)

그러므로 하나님의 말씀을 선포함으로 잘못 심겨진 생각과 사상을 파괴하여 신앙이 그들 가운데 심겨질 자리를 찾기 원하는 모든 설교자들은, 먼저 회중들의 마음과 삶 속에 잘못 심겨진 것들을 무너뜨리고 파괴시키기

---

112) 그 여섯 가지 지적은 1742년 이후에 나타난 부흥 이후의 문제점이다. 1742년은 두 번째 영적 각성과 부흥이 절정에 달한 때이기도 하다. 그가 지적한 여섯 가지는 대체로 목사들의 무지, 질서에 대한 성경적 가르침을 따르지 아니함, 휘트필드(George Whitefield)를 모방한 무분별한 평신도들의 거리 설교, 자기들의 주장에 동조치 아니하는 자들에 대한 비판, 영적으로 미숙한 목회자를 내쫓음, 이로 말미암는 참된 영적 각성과 신앙 부흥에 대한 극단적인 증오심의 유발 등이다. 그리고 이 점에 대해서 에드워즈는 휘트필드에게 상당 부분 책임이 있음을 밝히고 있다. Jonathan Edwards, "Some Thoughts Concerning the Revival," in *The Works of Jonathan Edwards*, vol.4, ed. by C. C. Goen, (New Haven: Yale University Press, 1972), pp.289-530.

위하여 담대함과 결단의 사람들이 되어야 합니다. 이 점에 대하여 19세기 영국의 설교자였던 호라티우스 보나르(Horatius Bonar)는 18세기 영적 부흥의 때에 거룩한 강인함으로 강단을 지켰던 믿음의 선배들을 추억하면서 다음과 같은 말을 남겼습니다.

"적들이 시비를 걸며 반대하고 소심한 친구들은 주저할지라도 그들은 앞으로 돌진하였으며 난관과 반대를 결코 두려워하지 않았다. 소심함이 유익한 많은 문을 닫으며 고귀한 기회들을 잃어버리게 한다는 사실을 알았다. ……담대함으로는 잃는 것이 전혀 없지만 두려움으로는 얻는 것이 하나도 없다. 자연적인 용기와 결단도 많은 것을 이룰진대, 하물며 믿음과 기도에 의하여 생겨나고 유지되는 용기는 얼마나 많은 것을 성취할 것인가. ……큰 도시 가운데 불경건하고 방탕하게 살아가는 그 밀집한 대중들에 대하여 그 대열이 너무 무섭고 우리가 성공할 가능성이 너무 희박하다는 이유 때문에 소심하게 움츠러들거나 태만하게 팔짱만 끼고 있다면 우리가 과연 무엇을 해낼 수 있겠는가? 설사 일만 대 일의 싸움이라 할지라도 우리는 단지 싸울 준비를 하자. ……이 고통스럽고 불경스런 시대에 충성된 사람, 곧 다수의 비난과 찬사에 의하여 조금도 동요되지 않는 사람이 되기 위하여 의를 위해 당당히 외톨이가 되고 믿음의 선한 싸움을 위해서라면 단신으로 나서는 것도 불사하는 자들이 되기 위하여 우리는 위로부터 오는 능력이 필요하다. 냉소와 조롱, 오만하리만치 격렬한 비웃음과 차가운 지지, 충정에서 나온 담대함과 소심한 우정, 노골적인 적대감……. 이 모든 것들이 웬만한 설교자들의 기를 죽이기에는 안성맞춤이기 때문에 이런 것들에 대항하기 위해서는 하나님의 은혜가 절대적으로 필요하다. 아마 악이 지금보다 더 담대한 태도와 자세로 우리 앞에 버티고 있던 시대는 없었을 것이다. 그 때문에 지금보다 더 큰 용기가 요구되던 때도 없었다. ……"[113]

아집의 신앙화?

몇 해 전에 젊은이들을 위한 어느 겨울 집회를 인도했던 생각이 납니다. 그 집회는 이상하게도, 제가 말씀을 준비할 때부터 무엇인가 하나님께서 집회를 통하여 큰일을 하시리라는 확신이 들었습니다. 그래서 아주 기쁘고 즐거운 마음으로 집회 장소에 도착하였습니다. 그 집회는 우리나라에서 사회 개혁을 위한 노력으로 널리 알려진 교회의 젊은이들을 위한 겨울 집회였습니다. 방학을 맞이하여 잠시 한적한 기도원에 와서 깨끗한 공기도 마시며 말씀을 듣는 그런 수련회였습니다.

제가 가지고 있는 설교 계획으로는 처음 도착하는 그 날 저녁, 십자가를 설교하기로 되어 있었습니다. 설교할 본문은 누가복음 23:44-46[114])이었습니다. 설교가 시작된 지 불과 20분도 지나지 않아서, 저는 그들이 저의 십자가 설교를 전혀 기뻐하지 않는다는 사실을 직감할 수 있었습니다. 시간이 좀 더 흐르면서 설교에 대한 회중들의 무관심은 보이지 않는 반감으로 변해 가고 있었습니다. 한 시간 정도 설교하고 설교단을 내려올 수밖에 없었는데 그것은 그 날 저녁 제가 설교하려고 했던 분량의 삼 분의 일 정도에 불과했습니다.

형언할 수 없는 관심의 불일치와 설교에 대한 저항이 회중들 사이에 가득하였습니다. 제게는 매우 뜻밖의 분위기였습니다. 그 날 저녁 저는 숙소

---

113) "Minister and private Christians do require more than ever to be 'strong and of good courage,' to be 'steadfast and immovable, always abounding in the work of the Lord,' This has ever been one of the great secrets of ministerial success, Them that honour God, God has never failed to honour and to bless." J. Gilles, *Historical Collections of Accounts of Revival*, (Edinburgh: Banner of Truth Trust, 1981 reprinting), p.ix.

114) "때가 제 육 시쯤 되어 해가 빛을 잃고 온 땅에 어두움이 임하여 제 구 시까지 계속하며 성소의 휘장이 한가운데가 찢어지더라 예수께서 큰 소리로 불러 가라사대 아버지여 내 영혼을 아버지 손에 부탁하나이다 하고 이 말씀을 하신 후 운명하시다"(눅 23:44-46).

로 돌아와 기도하며 곰곰이 생각하였습니다. 그리고는 생각을 정리하였습니다. 그 때에 제가 깊이 깨달았던 바는 그들의 신앙이 그리스도라는 반석 위에 서 있지 않다는 사실이었습니다.

그들은 스스로 의식 있는 그리스도인이라는 자부심으로 마음이 부요하여 있었습니다. 자신들이 이 조국과 역사를 위하여 그리스도인으로서 무엇인가 기여하고 있다는 사실이 자기 의(義)가 되고 있었습니다. 저는 이런 그들의 신앙생활의 실상을 잘 모른 채, 그리스도를 반석으로 삼지 않는 신앙의 허무함과 인간의 자기 의의 무가치성에 대하여 진지하게 설교하였습니다. 그러나 결과는 너무나 비관적이었습니다. 마치 목석 앞에서 설교하고 있는 것 같았습니다.

이튿날 아침 성경 강해 시간도 마찬가지로 벽에 부딪혔습니다. 하나님과 바른 관계를 가지고 하나님의 생명으로 충만해지는 그리스도인들의 내적 생명에 대한 강론이었습니다. 하나님의 은혜와 그분과의 바른 관계, 그리고 생명이신 그리스도가 교회 안에서 실제적으로 말할 수 없는 사랑과 감격을 주시는 영적 상황이 교회가 교회되기 위하여 필수적이라는 내용의 강론이었습니다. 그러나 여전히 그 전날 저녁과 같은 강한 거부감과 반대에 직면하고 있었습니다. 그들은 이미 자신들이 듣고 싶은 설교를 정해 놓고 온 것 같았습니다. 자신들이 하고 있는 모든 활동들을 기독교 신앙의 중심 자리에 놓아 주기를 원하고 그것을 인정하고 격려해 주기 원하는 그런 마음이었던 것 같았습니다.

설교단과 회중 사이에 팽팽한 긴장감이 감돌고 있었습니다. 강론은 한 가지 초점을 향하여 부드러우면서도 이따금 재미있는 내용으로 진행되었지만 그 내용이 깊어지면 깊어질수록 회중의 마음은 설교로부터 멀어져 가고 있었습니다. 대다수 젊은이들은 계속해서 설교를 듣는 것을 못 견딜 정도로 괴로워하는 모습들이 얼굴에 역력히 드러났습니다. 그러나 그 날 저는 그러한 그들의 태도에 개의치 아니하고 계속해서 설교에 충실하였습니다.

그런데 어제와는 다른 일이 일어나고 있었습니다. 그것은 몇몇 사람들이 지난밤과는 전혀 다른 태도로 말씀 앞으로 나아오게 된 것이었습니다. 그들은 점점 설교 속으로 빨려 들어오고 있었습니다. 강한 반발과 함께 다른 한쪽에서는 성경을 강론하는 가운데 끊임없이 손수건으로 흐르는 눈물을 닦으며 차마 얼굴을 들지도 못한 채 흐느끼면서 말씀에 귀기울이는 소수의 무리들이 있었습니다. 그리고 이런 상황은 집회 기간 중 계속되었습니다.

드디어 마지막 날, 마지막 시간이었습니다. 저는 하나님의 도우심을 의지하며 담대한 마음으로 성령께서 설교를 그치게 하실 때까지 계속 전하리라는 각오를 가지고 설교단에 올랐습니다. 그리고 말했습니다.

"저는 설교를 통하여 지푸라기와 같은 인간의 사상과 의의 허무함을 말하였습니다. 그리고 그리스도와 십자가를 드러내고자 힘썼습니다. 그런데 여러분들은 왜 고뇌하고 있습니까? 왜 설교자인 나를 미워하는 데까지 나아가고 있습니까? 여러분이 서 있는 반석이 그리스도라면 저의 설교를 들을수록 더욱 여러분의 믿음이 견고해지는 것을 느끼며 하나님을 찬양하지 않을 수 없었을 것입니다. 그러나 그 사소한 인간의 의와 우리 신앙의 기초가 될 수 없는 사람의 선함과 도덕을 흔들었다고 해서 여러분들이 고통하고 있는 것은, 여러분이 서 있는 반석이 과연 그리스도인지를 되묻지 않을 수 없게 하고 있습니다."

말씀을 강론하는 가운데 조국 교회의 미래와 젊은이들의 신앙에 대하여 언급할 때 하나님은 설교하는 제 마음을 물같이 녹이셨습니다. 설교는 끊어지지 아니하였지만, 한없는 눈물을 흘리게 하셨습니다. 마지막 날 저녁에 집회에 참석한 사람이 오십여 명 정도였는데 그 마지막 설교가 끝났을 즈음에 놀라운 일이 일어났습니다. 그리고 그것은 제게도 뜻밖의 충격이었습니다.

견고한 확신 가운데 헌신되었다고 자부하던, 그 시대의 양심처럼 살아가고 있다고 스스로 생각하던 사람들 가운데 열여섯 명이 그리스도를 영접한 적이 없다고 눈물로 고백하며 일어서는 것이었습니다. 그릇된 것을 신앙의 반석으로 삼는 오해와 편견, 잘못된 사고의 구조물이 무너지는 일이 있고 나서야 그리스도가 자신들의 반석이 되어 주시기를 갈망하기 시작했던 것입니다.

파괴하는 설교자

그러므로 설교자들의 일차적인 직무는 설득을 통해서든지, 선포를 통해서든지, 논리를 통해서든지, 아니면 이 세 가지를 적당히 조화해서 설교함으로써든지 무엇을 통해서든 회중들의 마음속에 잘못 심겨진 사상과 그릇된 사고의 건축물들을 허물어 버리는 것입니다. 이것이야말로 선지자 예레미야가 하나님께로부터 부여받았던 가장 시급한 사명이었습니다.

그는 허물어 버리고 뽑기 위해서 세움을 받은 사람이었습니다. 파멸하며 넘어뜨리는 일을 위하여 헌신하도록 부름 받은 사람이었습니다. 이스라엘 백성들의 마음 가운데 자신들을 신으로 여기며 살아가는 열방 만국 백성들 가운데 하나님께서 임하실 자리는 이렇게 뽑고 파괴하고 파멸하며 넘어뜨림으로써 마련되는 것입니다.

따라서 설교자들은 회중들 마음속에 깃들어 있는 교묘한 생각과 그릇된 사고의 건축물들의 구조를 정확히 파악할 수 있는 통찰을 지녀야 합니다. 그래서 도날드 디머레이(Dornald Demaray)는 지난 시대의 위대한 설교자들의 생애를 말하면서 "그들은 세 가지 책에 능통한 사람들이었다. 하나는 계시의 책인 성경이며, 또 하나는 자연의 책이며, 마지막 하나는 죄인들의 마음이라는 책이었다."고 하였습니다.[115] 그렇습니다. 설교자가 하나님의 말씀을 증거함으로 회중들의 마음과 삶 속에 잘못 심겨진 불신앙의 건축물들을 파괴하는 사역을 감당해 나가기 위해서는 어떻게 그런 그릇된 구조물들이 그들의 삶과 마음 가운데 건축될 수 있었는지 그리고 그렇게 건축된 구조물들의 결점과 약점이 무엇인지를 예리하게 헤아릴 수 있어야 합니다. 그리고 어느 부분을 말씀으로 강타할 때 구조물들이 쉽게 무너질 수밖에 없는지에 대해서도 탁월한 이해를 가지고 있어야 합니다.

죄인을 알라

설교자는 하나님을 이해하는 것만큼 사람에 대한 깊은 이해를 가져야 합니다. 물론 설교를 통하여 이러한 파괴적인 사역을 감당해 나가기 위해서는 하늘로부터 부어지는 거룩한 성령의 능력이 절대적으로 필요합니다.

그러나 그가 만약 그 위에 죄의 마음과 불신앙의 경향에 대한 예리한 이해를 가지고 있다면, 성령으로 충만한 그의 설교가 마치 예리하면서도 시뻘겋게 이글거리도록 연단된 송곳과 같이 되어 죄인의 마음을 꿰뚫고 그들의 마비된 양심을 회복시키며 강철 같은 굳은 심령 속에서 뜨거운 회개의 유혈을 받아 내고야 말 것입니다.

그러므로 설교자들은 거룩한 교회당에 나아와 앉아 경건하게 예배드리는 회중들에게만 익숙해서는 안 됩니다. 예배를 드리기 한 주 전에, 심지어

---

[115] "끝으로, 강단의 거성들은 고도로 민감한 사람들이다. 그들은 깊이 느끼고, 다른 사람들이 아파할 때 아파하고, 다른 사람들이 감지하지 못하는 것을 감지한다. 이렇게 고조된 민감함은 감정이입(感情移入)을 이룬다." D. Demaray, 『講壇의 트로들』, 나용화 역, (서울: 생명의말씀사, 1989), p.219.

는 몇 시간 전에 그들이 자리하고 있던 죄악 된 삶의 자리와 그러한 하나님을 떠나 살아가는 사람들이 모여 있는 그 곳에서, 죄인은 무엇을 생각하고 마음에 어떤 소원을 품으며 스스로 속고 있는지에 대해서 예리한 통찰을 가져야 합니다.

하나님의 마음을 생각해 보십시오. 그분은 죄인을 향하여 뜨거운 연민을 가지신 사랑으로 오늘도 다가오십니다. 그분의 마음에 타오르고 있는 소망 없는 죄인들을 향한 사랑의 불길은, 국경을 넘고 환경을 초월하며 여건을 개의치 아니하고 심지어는 죄인들의 죄질을 개의치 아니하고 다가오십니다. 하나님을 마음에 두기 싫어하는 사람들조차도 찾아나서시는 하나님의 놀라운 사랑은 바로 그분의 마음의 표현입니다.

그럼에도 불구하고 하나님은 우리가 우리 자신에 대하여 아는 것보다 뛰어난 인식으로 우리의 마음을 감찰하십니다. 언제나 죄인들의 모든 마음과 삶이 하나님 앞에서는 감출 수 없이 드러납니다. 설교자들은 바로 이런 사실들을 기억하며 하나님을 본받아야 하는 것입니다. 하나님께서 인간 스스로도 속으며 살아갈 수밖에 없을 정도로 교묘하고 교활한, 죄인의 마음의 끝없는 궁리와 허무한 자기 변명을 그릇된 것으로 드러내시는 가장 훌륭한 도구가 무엇입니까?

하나님은 당신의 말씀을 통해서 이와 같은 일을 하시기를 기뻐하십니다. 하나님의 말씀이 비추는 그 곳에 드러나지 않을 것이 없습니다. "하나님의 말씀은 살았고 운동력이 있어 좌우에 날선 어떤 검보다도 예리하여 혼과 영과 및 관절과 골수를 찔러 쪼개기까지 하며 또 마음의 생각과 뜻을 감찰하나니 지으신 것이 하나라도 그 앞에 나타나지 않음이 없고 오직 만물이 우리를 상관하시는 자의 눈앞에 벌거벗은 것같이 드러나느니라"(히 4:12-13).

그렇습니다. 회중들은 자신의 삶과 사고 속에 임의대로 건축한 그릇된 건축물들을 결코 쉽게 허물어 버리지 않습니다. 이것을 기억해야 합니다. 그들은 거기서 살아왔고 거기서 자라왔습니다. 그리고 그 속에서 거할 때 가장 큰 안식을 누렸습니다. 사람들이 그들의 생각과 사고의 구조물에 대하여 무엇이라고 비난하든지 그들은 그것과 함께 인생을 살아왔습니다. 지금도 무슨 일을 만날 때마다 그 구조물 속에서 생각하고 판단하며 결정합니다. 심지어는 그 구조물을 통하여 성경까지도 판단하고 이해합니다. 기독교의 가르침도 그 구조물에 비추어서 어떤 것들은 받아들이고 어떤 것들은 거부하며, 또 어떤 것들은 왜곡합니다.

따라서 이런 것들을 허물어 버리라고 하는 것은 곧 생명을 달라는 요구와 같습니다. 이렇게 의지하며 살아오던 자신의 삶과 사고의 구조물을 내버리고 어디로 가라는 말입니까? 그들이 이제껏 살아온 자기의 건축물들을 포기하고 나면 그들은 당장 무엇을 의지하여 생각하며 무엇을 믿으며 어디에 기대고 어디에서 쉼을 누리며 살아갑니까?

그들은 마치 더듬이가 잘려 버린 귀뚜라미와 같은 신세가 되고 말 것입니다. 날개를 잃어버린 새처럼 거리를 방황할 것입니다. 그렇기 때문에 그들은 집요하리만치 자신의 생각과 사상의 건축물들을 붙들고 있는 것입니다. 그리고 다른 사람들이 그들의 사상이나 편견을 가지고 자신의 건축물들을 허물어 버리고자 할 때, 그들은 그 속에서 자신의 인격을 파괴시키기 위하여 도전하는 대적들을 마주하는 것 같은 극도의 반감과 혐오감을 스스로 불러일으키는 것입니다.

판잣집을 사수하라?

어린 시절에 저는, 오래도록 살아 정들었던 집이 철거되는 광경을 지켜보아야 했던 경험이 있습니다. 두 번씩이나 말입니다. 어느 때엔가 철거반원들에 의하여 철거가 강제 집행될 때, 움막 같은 집에서 끝까지 집 입구를 가로막고 철거하지 못하도록 끝까지 항거하던 어느 할머니가 생각납니다. 할머니는 강제로 자기 가정의 집기를 밖으로 끌어 내는 철거반원들의 팔을 붙들며 매달렸습니다. 그러나 결국 모든 집기들이 밖으로 끌어 내지고 커다란 해머를 손에 든 건장한 철거반원들이 벽을 부수고 마지막에 큰 나무 기둥으로 지붕을 밀어서 쓰러뜨릴 때 그 할머니는 실신하였습니다.

분명히 구청에서 철거를 알리는 계고장이 나갔고 헐린 집을 대신하여 서울 변두리 어느 곳에 대토(代土)도 주었습니다. 그러나 그 할머니는 실신하여 쓰러졌고 사람들은 할머니를 업고 갔습니다. 비록 이미 통보된 바였고 대신 받은 땅으로 이사 가서 새로운 움막이라도 지을 수밖에 없다는 사실을 알았지만, 그는 자신의 거처를 잃어버리는 것을 견딜 수 없었던 것입니다.

여섯 평이나 될까 말까 한 움막 같은 그 집이 그렇게 생명을 걸고 사수할 만한 가치가 있느냐고 묻는 것은 그 할머니에게 있어서 어리석은 질문입니다. 중요한 것은 그 움막의 재산상으로서의 가치가 아니라 그 곳에서 그가 오래도록 손자들과 함께 정을 붙이며 살았고, 비가 오면 빗줄기를 피하고 눈이 오면 추위를 피하며 살고 있다는 현실적인 문제였습니다.

저는 예레미야서의 이 부분을 강해할 적마다 이십여 년이 지난 그 때의 광경이 생생하게 떠오릅니다. 그렇습니다. 하나님의 말씀 앞에 무너지기를 거부하는 죄인의 몸부림은, 성격은 다르지만 그 정도에 있어서는 이렇게 자신의 집을 지키고자 하는 몸부림처럼 진지하고 집요합니다. 파괴되지 아니하려고 하는 몸짓은 정말 설교자들의 인내를 요합니다.

더 강한 설교자

그러므로 설교자들은 예리하고 강한 사람이어야 합니다. 하나님의 순전한 말씀을 건축 자재로 삼지 않는 인간이 가진 그 모든 사고의 허무한 구조물의 약점이 무엇인지를 꿰뚫어 볼 수 있어야 하며 그런 구조물들을 무너뜨리는 데 필요한 탁월한 힘을 소유한 영적인 사람이어야 합니다. 이러한 설교의 능력에 관하여 이 엠 바운즈(E. M. Bounds)는 이렇게 노래했습니다.

> 하늘의 성품으로 예리하게 된
> 좌우에 날선 검
> 그가 낸 상처는 감절이라
> 그가 어디를 스쳐 지나갔는가
> 그것은 죄를 위한 죽임이며
> 슬픈 자를 위한 생명이라네
> 그 전쟁과 평화가 공존하도다

이는 설교자에 있어서 성령의 능력을 잘 묘사한 글입니다. 이어서 그는 말했습니다. "……죄를 책망하고, 듣는 자로 하여금 죄를 깨닫게 하여 성도 되게 하며, 어린아이처럼 흐느껴 울게 하며, 힘 잃은 자들로 거인과 같이 강한 자가 되게 하기도 한다. 그는 마음을 열게 하여 듣는 이의 가슴의 고동을 격동시키며……죄의 사슬을 풀고 하나님에 대하여 생소하고 패역한 마음을 무너뜨리며, 불법을 폐하고, 교회를 일으켜 다시 성결하고 능력 있는 옛날의 교회로 돌이켜 놓을 수 있게 한다."[116]

설교자가 회중들에게 하나님의 말씀을 대언하는 것은 회중들로 하여금 작품을 감상하게 하는 그런 수준의 것일 수 없습니다. 그가 설교단에 선 목표는 뽑고 파멸하기 위해서입니다. 그리하여 하나님이 세우시지 않은 것

---

116) E. M. Bounds, *Power through Prayer*, (Grand Rapids: Zondervan Publishing House, 1990 reprinting), pp. 65-69.

들이 무너지고 그 터 위에 새롭게 그리스도께서 주시는 거룩한 믿음과 신앙의 건축물들이 자리잡는 것이 바로 주님이 원하시는 바입니다.

하나님이 그 입술에 손을 대고 지나가 말씀을 그 입에 두신 사람의 설교는 파멸시키는 힘이 있습니다. 무너뜨리는 능력이 있습니다. 이리저리 피해 다니며 하나님 앞에 서기를 거절하던 죄인을 안절부절못하게 만들고 하나님을 멀리 떠나 있던 사람들의 마음에 거룩한 고민과 경건한 슬픔을 불러일으킵니다.[117]

그러나 설교자의 직무는 여기에서 그치지 않습니다. 안절부절못하는 것과 고민과 슬픔을 체험하는 것에 그치지 아니하고, 견고했던 확신을 흔들리게 하고 드디어 무너뜨려서 이제는 하룻밤 지낼 거처조차 없어 그 폐허 위에 무릎을 꿇고 "주여, 나를 도우소서!"라고 고백할 수밖에 없는 회중들로 만들어야 하는 것입니다. 이렇게 고백하는 사람들이 바로 심령이 가난한 사람들입니다.

그러므로 하나님의 말씀 앞에 나아오는 모든 회중들의 설교에 대한 가장 옳은 태도는 하나님의 말씀 앞에 무너지기를 각오하며 그렇게 되기를 그리워하며 나아오는 것입니다. "하나님, 말씀을 통하여 저를 무너뜨려 주시옵소서. 이 집에서는 도저히 살 수가 없사옵나이다. 이 그릇된 삶과 사고의 건축물들이 더 이상 저를 주장하지 못하도록 무너뜨려 주시옵소서. 순전

---

[117] 성령의 직임과 사역에 관하여 제임스 부캐넌(James Buchanan)의 책은 높이 추천할 만하다. 그의 성령론은 청교도적인 성령에 관한 견해를 잘 대변해 주고 있다. 특별히 성령과 부흥(revival)에 관하여 그의 책 9장에서 상세히 다루고 있으니 참고하기 바란다. 말씀과 성령에 관한 다음 언급은 모든 설교자들이 되새겨 볼 만하다. "The Word of God is the instrument, the Spirit of God is the agent, in this great work of illumination. The Bible is the text-book, but the Spirit is himself the teacher. He is not only the author of that book but the interpreter of it also, who guides us into a knowledge of its truths. …… The Word is a sword—a sharp two-edged sword; but its efficacy depends on this—that it is the sword of the Spirit." James Buchanan, *The Office and Work of the Holy Spirit*, (Edinburgh: The Banner of Truth Trust, 1984 reprinting), pp.50, 220-236.

한 하나님의 말씀을 주셔서 천국의 건축 자재로 하나님의 백성인 제가 살 만한 집을 지으시옵소서."

따라서 설교를 통하여 영적인 변화를 기대하는 모든 사람들은 마땅히 설교자의 음성에 마음을 다하여 귀기울여 들어야 합니다. 예배를 드릴 때 가장 평안하고 건강한 육체와 맑은 정신으로 준비된 마음으로 나아올 수 있도록 하여야 하는 것도 바로 회중들의 의무입니다. 말씀을 들을 때 마음과 몸을 가지런히 하고 하나님이 무엇을 말씀하시든지 그 말씀을 따라 살기를 원하는 내적 순복이 선행되어야 합니다.

하나님이 손을 그 입에 대고 지나가신 선지자가 이렇게 준비된 회중과 만나고 성령이 그들을 축복하실 때, 위대한 말씀의 역사가 일어나는 것입니다.

어두운 시대에 외치는 자 많건마는 생명수는 말라서 많은 백성들이 예수 그리스도를 떠납니다. 그로 말미암아 고통하고 유리하며 고난을 받으며 하나님을 알지 못하는 무지에서 비롯된 인생의 모든 괴로움을 숙명처럼 감수하며 캄캄한 어두움의 긴 터널을 지나며, 사람들을 원망하고 세상을 미워하는, 목자 잃은 양과 같은 수많은 백성들을 누가 건져 낼 것입니까? 그들을 그곳으로부터 해방시켜, 좋으신 하나님과 우리를 사랑하셔서 십자가에 못박히시사 물과 피를 흘려 주신 구속의 그리스도 앞으로 그들을 이끌고 가서 가슴 벅찬 생명과 복락을 유업으로 누릴 수 있게 하는 그 위대한 일들이 무엇을 통하여 일어납니까?

우리는 예수 그리스도께서 나사렛에 이르러 처음 설교하시던 광경을 기억하지 않을 수 없습니다. 광야에서 혹독한 시험을 이기신 후 성령의 권능으로 충만해져서 갈릴리로 돌아오신 예수께서 당신의 위대한 설교 사역의 첫 발을 내딛으실 때 그 첫 설교 본문이 무엇이었는지 여러분들은 기억하실 것입니다. "주의 성령이 내게 임하셨으니 이는 가난한 자에게 복음을 전하게 하시려고 내게 기름을 부으시고 나를 보내사 포로 된 자에게 자유를, 눈 먼 자에게 다시 보게 함을 전파하며 눌린 자를 자유케 하고 주의 은혜의 해를 전파하게 하려 하심이라"(눅 4:18-19).

예수 그리스도의 설교 사역은 이렇게 시작되었습니다. 성령은 그리스도를 설교자로 만드셨고 예수 그리스도는 가난한 자를 부요케 하고 포로 된 자에게 해방을, 눈먼 자에게 다시 보게 함을, 눌린 자를 자유케 하실 수 있는 복음을 소유하고 계셨습니다. 진리와 성령이 이 위대한 일을 감당하게 하였던 것입니다.

골짜기에 생기를

우리는 이 시대의 하나님의 백성들을 다시 한번 새롭게 살릴 수 있는 교회를 필요로 하고 있습니다. 그러므로 모든 설교자들은 자신의 설교 사역에 대한 그릇된 만족감으로부터 깨어나야 합니다. 성령과 함께 이런 복음 전파의 능력을 잃어버린 교회와 그리스도인들의 생기 없음을 인하여 애통하여야 합니다. 설교자로서 온 마음과 영혼과 시선을 오직 위로부터 내리시는 하나님의 은혜를 향하여 고정하고, 진정한 변혁을 향한 타오르는 열망으로 세상을 고칠 수 있는 진리와 능력을 강단에 부어 주시도록 애끓는 탄원으로 하나님 앞에 나아가야 하는 것입니다.

그리하여 에스골 골짜기의 마른 뼈와 같은 이 시대의 형식적인 그리스도인들이, 사망의 음습함이 지배하는 영적 무기력으로부터 깨어 나와 하나님을 찬양하며 이 세상에서 실패를 운명처럼 여기며 살아가는 수많은 영혼들을 그리스도 앞에 세워 칠흑같이 어두운 땅에 타오르는 불꽃으로 살아가게 할 수 있도록, 설교자는 하나님의 말씀과 능력으로 무장되어야 합니다.

이 일을 위하여 설교자는 세상 끝 날까지 죄인들의 마음속에 그릇 세워진 거짓된 구조물과 그로 말미암아 이 세상에 거대하게 건축되고 있는 열방들의 불신앙의 세태와 더불어 싸워야 하는 것입니다.

무너지기를 거절하는 회중들을 위하여 세워지기를 기대하는 것은 그리 큰 유익이 없습니다. 예수 그리스도께서 결례를 받으시기 위하여 부모의 품에 안기어 예루살렘으로 올라가셨을 때 시므온이 빌었던 축복을 기억해 보십시오. 그는 말하였습니다. "……보라 이 아이는 이스라엘 중 많은 사람의 패하고 흥함을 위하며 비방을 받는 표적 되기 위하여 세움을 입었고"(눅 2:34).

그렇습니다. 그리스도는 먼저 구원을 사모하는 모든 사람들에게 패배를 안겨 주기로 되어 있습니다. 그 후에야 흥왕하는 일들이 있도록 그 표적으로서 보냄을 받으신 것입니다. 그러므로 그리스도를 전파하는 설교자들은 이 같은 예언을 계속해서 성취해 가는 그리스도의 도구들이 되어야 합니다.

지금도 무너질 줄 모르고 살아가는 수많은 불행한 인생들을 하나님 앞에 세워 주는 최상의 방편은 그들이 그리스도의 십자가 앞에서 패하고, 드러난 하나님의 말씀 앞에서 절망하는 것입니다. 그리하여 하나님 없이 살 수 없음을 전심으로 고백하며 그분 앞으로 나아와야 하는 것입니다. 이것이 바로 하나님께서 설교자를 세우신 우선적인 목적입니다.

무너져 보았습니까?

따라서 하나님의 말씀을 읽고 설교를 들을 때마다 무너지는 사람들은 복이 있다고 말할 수 있습니다. 그들은 천국에 있는 모든 것을 소유할 수 있는 사람들이며, 하나님이 주실 수 있는 모든 것을 손에 넣은 사람들이고, 주님이 하실 수 있는 모든 일을 할 수 있는 사람들입니다.

그러나 사람들은 말씀 앞에 자신이 무너지도록 허락하는 것이 얼마나 어려운지 알고 있습니다. 자기가 가지고 있는 무지와 편견이 무너질 수밖에 없는 상황에 이르게 되었을 때, 그들은 차라리 한 쪽 팔이 잘라지는 것이 낫다고 생각합니다. 자기의 마음과 삶 속에 깊이 뿌리박힌 편견과 불신앙의 건축물들이 파괴될 때에 고통이 없다는 것은 거짓말입니다. 문제는 인간의 고집을 능가하는 하나님의 말씀의 능력이 그를 사로잡느냐 하는 것입니다.

우리는 하나님께로부터 부여된 거룩한 선교의 사명을 받아 열방의 땅 니느웨로 파송되었던 요나 선지자를 기억합니다. 그는 하나님께로부터 말씀이 임하는 특별한 은혜를 경험한 사람이었습니다. 그리고 하나님은 그토록 놀라운 은혜를 받은 요나 선지자에게 말씀 선포의 사명을 주셨습니다. 불순종 끝에 다시 니느웨로 돌아가서 하나님의 말씀을 외쳤을 때 그가 전혀 기대하지도 않고 바라지도 않던 일이 일어났습니다. 니느웨 백성이 하나님을 믿고 금식하며 회개하는 놀라운 무너짐의 역사가 일어났던 것입니다.

하나님은 드디어 그들에게 내리기로 하신 재앙을 거두셨습니다. 그 때 선지자의 반응이 무엇이었는지 기억합니까? "요나가 심히 싫어하고 노하여……재앙을 내리지 아니하시는 하나님이신 줄 내가 알았음이니이다 여호와여 원컨대 이제 내 생명을 취하소서 사는 것보다 죽는 것이 내게 나음이니이다"(욘 4:1-3).[118]

모든 설교자들이 간절히 갈망하는 위대한 회개와 각성의 역사가 회오리 바람처럼 니느웨 땅을 강타하였을 때, 오히려 소외감을 느끼며 그 부흥 현

---

[118] "요나가 심히 싫어하고"(וירע אל-יונה)라고 번역된 1절의 원문상 의미는 '그것이 요나에게는 악한 것이었다 (it was evil for Jona)'이다. 이 같은 요나의 불평은 엘리야의 불평 어린 낙심의 기도를 생각나게 한다(왕상 19:4). 그러나 두 선지자의 불평은 차이가 있다. 엘리야는 만군의 하나님 여호와를 위하여 열심을 다했을 때 기대하였던 결과가 역사 속에서 그대로 성취되지 않아서 내적으로 갈등을 겪은 것이고, 요나는 니느웨를 향하여 심판을 행하시지 않았기 때문에 고통하고 있는 것이다. 선지자임에도 불구하고 그의 마음속에 하나님의 말씀 이상으로 강하게 남아 있던 그의 선입견과 잘못된 사역관이 그를 얼마나 악한 불순종으로 몰고 가는지에 대하여 생각하게 한다. C. F. Keil, *Commentary on the Old Testament; Minor Prophets*, vol. 10, (Grand Rapids: Eerdmans Publishing Company, 1982 reprinting), pp.410-411.

장을 혐오하고, 하나님을 향하여 노하며 차라리 죽어 버리고 싶다고 고백하게 만들었던 요나의 내면에는 도대체 무엇이 있었습니까? 무엇이 그로 하여금 가장 사모하는 위대한 일 앞에 오히려 좌절감을 느끼게 했습니까? 하나님을 만나고 열방이 무너지는 이 엄청난 영적인 설교의 역사 앞에서, 정작 이 모든 일을 일으키시는 하나님의 도구로 쓰인 자기 자신은 오히려 니느웨 백성이 받았던 은혜로부터 멀어지게 되는 불행한 일이 무엇 때문에 생겼습니까?

그것은 선지자의 사고와 마음속에 무너지지 않고 건축되어 있던 오해와 편견 때문이었습니다. 하나님의 성품에 대한 오해와 편견에서 비롯된 것입니다. 그가 생명을 걸고 견지하고 있던 폭 좁은 국수주의는 하나님의 계시의 말씀이 가르쳐 준 바가 아니었습니다. 여호와께서 심어 주신 것이 아니었습니다. 오히려 그것은 열방에 대한 선지자의 교묘한 편견과 그 시대의 사조가 그의 마음과 사고 속에 심어 놓은 그릇된 건축물이었습니다.

그는 비록 하나님에 의하여 쓰임을 받았지만 이것은 끝까지 무너지지 않았습니다. 그리고 그가 보여준 것은 하나님이 요나 없이도 일하실 수 있다는 역설적인 진리뿐이었습니다. 보십시오. 만약에 설교자가 그 마음과 사고와 삶 속에 이처럼 그릇된 건축물들을 붙들고 살아가고 있다면, 그것은 회중과 교회를 위하여 재앙이 아닐 수 없습니다. 더욱이 그가 수많은 청중들에게 반응을 불러일으키는 설교 사역을 하고 있다면 그야말로 큰 문제가 아닐 수 없습니다.

그러므로 설교자는 반드시 하나님의 거룩한 말씀 앞에 자신이 무너지는 신령한 말씀의 체험을 영혼 속에 간직한 사람이어야 합니다. 하나님의 말씀의 위대함과 그 말씀의 위대한 능력 앞에 자신의 삶과 사고가 무너지는 그 놀라운 일들이 무슨 의미인지 깊이 경험한 사람이어야 합니다. 그는 단지 하나님의 말씀이 놀랍다는 주입된 신념을 붙들고 있는 것으로써 설교의 기초를 삼아서는 안 됩니다.

이와 같이 말씀에 대해 충분히 체험하지 못하고 제대로 이해하지 못하면 그의 설교는 반드시 피상적인 언어들로 채워지기 마련입니다. 따라서 설교자는 언제나 설교하기 위하여 성경을 펴는 사람들이 아니라 자신 안에 있는 바르지 못한 것들이 무너지기를 대망하며 말씀을 펴는 사람들이 되어야 합니다. 자신의 설교를 통하여 성도들이 경험하게 되기를 바라는 그 이상의 무너짐을 하나님의 말씀 앞에서 늘 경험하는 영적 삶이 선행되어야 하는 것입니다.

건설하며 심으며

이어서 성경 본문은 하나님께서 예레미야 선지자에게 주신 두 번째 사명을 이렇게 기록하고 있습니다. "보라 내가 오늘날 너를 열방 만국 위에 세우고······건설하며(לבנות) 심게(לנטוע) 하였느니라"(렘 1:10).[119]

"건설하며 심게 하였느니라"는 이 말씀은 구약 성경에서 대단히 폭 넓은 의미의 배경을 가지고 있는 술어입니다. 선지자는 옳지 않은 것이 무엇인지를 밝힘으로써 사람들 속에 그릇 세워진 잘못된 사상과 삶의 건축물을 무너뜨리도록 부름 받았을 뿐 아니라, 그렇게 모든 것을 무너뜨린 후에 새롭게 세우도록 부름 받은 사람입니다. 그렇습니다. 그가 그릇된 모든 것을 그토록 허물기 위하여 혼신의 힘을 다하여 회중들을 설득하고 선포하는 이

---

[119] 본문에 나오는 두 개의 동사 "건설하며"(לבנות)와 "심게"(לנטוע)는, 두 단어 모두 문법상 부정사 연계형(infinitive constructive)이다. 목적을 위한 전치사 'ל'와 결합하여 쓰였다. 앞의 단어의 원형은 '세우다'라는 의미를 가진 '바나'(בנה) 동사인데 이 말은 구약 성경에서 대부분 (도시나 성, 집, 제단, 탑 따위를)건축하다 혹은 '재건하다'라는 뜻이다(창 4:17, 8:20, 11:4; 수 6:26). 그리고 뒤에 나오는 단어는 '심다'라는 의미를 가진 '나타'(נטע) 동사인데 이 말은 구약 성경에서 '(식물 따위를)심다' 혹은 '(백성, 거민 등을)두다, 거주시키다' 등의 의미로(창 2:8, 렘 1:10, 시 80:15, 출 15:17 등) 주로 사용되었다.

유는 바른 것을 심기 위함입니다.

　회중들이 설교자의 선포 앞에 자신이 무너지는 것을 경험하게 될 때 비로소 참된 하나님의 도(道)가 마음에 심겨지게 됩니다. 뿐만 아니라 그렇게 심겨진 도는 더욱더 견고한 건축물이 됩니다. 그리하여 이제는 이전에 의지하던 그릇된 사상과 가치의 체계를 모두 버리고, 신령한 은혜와 성경이 가르치는 가치의 체계 속에서 그것과 함께, 그것을 의지하며, 그것에 의하여 판단하며, 그 속에서 하나님과의 만남을 경험하며, 그 속에서 어두운 세상을 살아갈 수 있는 힘과 확신을 공급받으며 하나님을 섬기게 되는 것입니다.

　이렇게 될 때 그 회중들의 인생은 필연적으로 변화를 경험하지 않을 수 없습니다. 이전에 느낄 수 없던 하나님의 자녀다운 신령한 영적인 생활과 주님의 말씀을 두려움과 감사함으로 받으며, 떨리는 마음으로 하나님을 섬기는 변화된 삶을 스스로 드러낼 수밖에 없는 것입니다.

　그렇습니다. 새로운 가치의 체계가 세워지고 이전에 없었던 말씀에 의하여 새롭게 지어진 건축물들이 그의 삶을 주관하게 될 때, 그는 이전에 그릇된 사고와 편견의 구조물 속에서 수없이 하나님 없는 삶을 살아왔던 것처럼 이제는 하나님과 동행하는 하나님의 백성으로서의 구별된 삶을 모든 사람들과 교회 앞에 드러내지 않을 수 없게 됩니다.

　이전에 사람이 세운 구조물들과 이 세상의 헛된 편견들이 지어 놓았던 그릇된 건축물들이 그토록 견고하게 그의 인생을 주장하였다면, 살아 있고 운동력이 있으며 정미하고 거룩한 하나님의 말씀이 지어 놓은 신령한 집은 얼마나 견고하고 단단하게, 그의 삶과 사고 속에 자리 잡으며 그의 인생을 하나님이 기뻐하시는 바대로 이어지도록 인도하겠습니까?

　하나님을 깊이 체험한 사람이, 그 진리를 아는 지식이 요구하는 삶을 떠나서 안일하게 사는데도 만족을 느낀다는 것은 불가능합니다. 이전에 하나님의 말씀의 깊이와 넓이를 깨닫고, 자신을 주관하던 모든 어리석은 사상과 헛된 구조물들이 여지없이 무너지고, 거룩한 하나님의 말씀에 의하여 모든 인생의 가치가 재편되고, 삶을 바라보는 시각이 하나님 편으로 돌아가는 커다란 영적인 변화를 경험하였던 말씀의 사람이 그 모든 것을 잃어버리고 진리를 아는 지식을 떠나 세상과 더불어 살아가는 데서 만족감을 누린다는 것은 제 생각에는 불가능할 듯합니다.

하나님을 만나고 그 만남에 의하여 자신이 무너지는 것을 경험하고 새로운 차원의 신앙으로 발돋움하는 영적인 변화의 역사가 있었던 사람들도 때때로 성령으로 충만한 상태를 잠시 상실하는 경우는 있습니다. 그러나 그 신앙의 인식을 모두 상실하고 다시 무지하게 되며 그러면서도 그 속에서 충분한 만족을 누리게 되는 이율배반적인 삶은 가능하지 않습니다.

은혜 받은 신자가 다시 타락할 수 없다고 말하는 것이 아닙니다. 한번 심겨진 하나님을 향한 인식이 그의 영혼 속에서 쉽게 지워지지 않는다는 말씀을 드리고 있는 것입니다. 비록 그가 잠시 믿음이 식어지고 불순종하는 삶을 산다고 할지라도, 그는 언제나 이전에 만났던 그 광대하신 하나님에 대한 인식을 기억합니다. 그리고 참된 하나님을 아는 지식이 어떠한 위대한 힘으로 우리의 인생 가운데 다가와서 우리의 삶을 하나님이 원하시는 뜻대로 새롭게 정위시킬 수 있는지에 대하여 열린 이해를 가지고 있는 사람입니다.

하나님이 이 선지자에게 주신 두 번째 사명을 설명해 주는 마지막 동사는 '심는다'는 말입니다. 하나님의 말씀에 의하여 뽑고 파멸되는 경험을 했던 사람이 하나님의 말씀에 의하여 심겨지는 경험을 하게 될 때 그것은 한 번의 일로 끝나지 않습니다. 심은 대로 성장하게 됩니다.

소나무를 심으면 그것이 비록 묘목이더라도 다시 뽑히고 죽지 아니하는 한 성장할 것이고 결국 장성한 소나무가 될 것입니다. 그것이 비록 성냥개비만한 싹이었다고 할지라도 만약 그것이 포도나무라면 언젠가 포도열매를 맺는 포도나무가 될 것입니다. 이처럼 하나님의 말씀에 의하여 올바르게 심겨진 사고와 가치의 체계는 발전과 성숙을 거듭하게 됩니다. 물론 이 모든 일들도 하나님의 은혜와 말씀을 통하여 이루어집니다.

맺는 말

설교자들은, 이처럼 하나님의 이름을 높이고 그분을 영화롭게 하기 위하여 살아가는 것을 삶의 보람과 가치로 여기게 만들어 주는 성경적인 사상과 신앙의 기초를 든든히 세워 주는 일에 매진하여야 합니다. 회중들의 겉모습을 바꾸고 고치는 일에 열중하는 대신, 무엇보다도 본질을 고치고 근원을 새롭게 하며 하나님과의 관계를 새롭게 하는 본질적인 사역에 매진하지 않으면 안 됩니다.

그러기 위하여 그는 무엇보다도 신령한 사람이 되어야 합니다. 그리고 인간에 대한 깊고 통찰력 있는 이해를 소유하여야 합니다. 나아가서 그렇게 그릇된 구조물 속에서 죄 가운데 살아갈 수밖에 없는 사람들을 한없이 긍휼히 여길 수 있어야 합니다.

이러한 고통이 세상에서 계속되고 있는 한, 여전히 자신의 헌신과 노고가 필요하며 나아가서는 순교에 이르기까지 자신을 보내신 하나님의 사명에 충실하여야 할 이유를 발견하는 사람, 그리고 그 이유에 자신이 회피할 수 없도록 부름 받았다고 고백하지 않을 수 없는 사람, 그가 바로 설교자입니다.

Be Kindled with Heavenly Fire

선지자 에스겔의 소명 체험을 통하여 설교자의 소명 체험을 살펴본다. 설교자는 결코 단순한 훈련이나 교육으로 만들어지는 것이 아니라 하나님의 인격을 깊이 체험함으로써 태어난다는 사실을 보여주고, 오늘날 설교가 회중들에게 신령한 영향을 미치지 못하는 원인을 생각해 본다. 에스겔의 소명 체험에서 그로 하여금 선지 사역에 능하게 하였던 세 가지 영적 준비를 생각한 후 오늘날 설교자들에게 적용해 본다.

"하나님이여 사슴이 시냇물을 찾기에 갈급함같이 내 영혼이 주를 찾기에 갈급하니이다 내 영혼이 하나님 곧 생존하시는 하나님을 갈망하나니……"(시 42:1-2).

| 제7장 |

하나님을 추구하라

우리는 이제 소쩍새 우는 사연을 거쳐서 선지자들의 위대한 소명의 세계를 돌아보며 여기까지 왔습니다. 설교자로 세움을 받은 우리 자신의 모습과는 거리가 먼 선지자들의 불타는 소명과 확신에 찬 설교 사역을 바라보며 우리는 이런 질문을 하지 않을 수 없습니다. "그러면 우리는 무엇을 해야 하는가?", "어떻게 살아야 하는가?", "자신의 힘으로, 행위로 극복할 수 없는 이 커다란 한계 앞에서 무엇을 해야 하는가?" 이것이 바로 이 책의 마지막 장에서 다루어야 할 문제들입니다.

들어가는 말

많은 분들이 저의 의견에 공감하실 것입니다. 국화꽃 피우는 기술을 익히기보다 소쩍새 우는 사연을 배우고, 설교를 바꾸기보다는 설교하는 자신이 변화되기를 추구해야 한다는 저의 일관된 논지에 대하여 이의를 제기하실 분은 거의 없을 것입니다. 그럼에도 불구하고 우리는 금방 한계에 부딪히게 됩니다. 어쩌면 여기까지 읽어 내려온 여러분의 노력이, 여러분이 지금 하고 있는 설교 사역에 당장 아무런 도움을 주지 못할지도 모릅니다. 틀림없이 그럴 수 있습니다.

왜냐하면 이 책에서는 시종일관, 변화된 설교를 가능하게 하는 설교자의 내면 세계의 변화를 다루었기 때문입니다. 이 책을 읽으면서 여러분 자신이 변하였다면 이 책을 내려놓는 순간부터 여러분의 설교도 변할 것입니다. 무엇보다도 설교하는 마음 자세가 커다란 변화를 경험하게 될 것입니다. 그렇지만 그것으로 모든 것이 끝난 것도 아니고 변화가 성취된 것도 아닙니다. 그것은 단지 시작일 뿐입니다.

가슴에 피멍이 들도록

이 시대에는 '도전받는다' 라는 말이 유행하고 있습니다. 슬쩍 마음을 스치고 지나가는 모든 좋은 이야기들에 대해서 우리는 서슴없이 '도전받는다' 는 표현을 사용합니다. 이 말이 처음 사용되었을 때에는 그야말로 그 말 자체가 도전이 되었습니다. 그러나 이제는 '도전받는다' 는 말이 단지 '감동받았다' 라는 의미를 대신하고 있을 뿐이라는 사실을 저는 알기 때문에, 우리가 단지 이 책에 나오는 내용들로 말미암아 도전을 받은 것으로 만족할 수 없습니다. 정말 그렇습니다.

왜냐하면 대부분의 도전이라는 것이 자고 나면 희미해지고 다시 목회 현장으로 돌아가면 잊히는 것이기 때문입니다. 그러므로 우리에게 설교자 자신이 변해야 한다는 이 평범한 진리는 너무나 뜨겁고 날카롭게 다가와서 가슴에 피멍이 들게 하는 도전이 되어야 합니다. 세월이 지나가도 그 피멍이 지워지지 않고 그 문제를 생각할 적마다 멍든 상처를 누르는 것같이 거룩한 고통과 경건한 아픔을 불러일으켜 하나님 앞에 겸비하며 매달리지 않을 수 없는 그런 도전들이 되어야 합니다.

이 때 비로소 우리는 들로 나아가 소쩍새 우는 사연을 배우기로 결단할 수 있게 되는 것입니다. 이것은 하루아침에 완성되는 것이 아닙니다. 한 송이 국화꽃을 피우기 위하여 울었던 소쩍새도 그 울음을 세 계절 동안 계속하였습니다. 오류로부터 벗어나고 진리를 깨닫게 되며 그 진리에 자신의 모든 사상과 삶이 담금질되어 새로운 설교자로 다시 태어나는 일이 어떻게 하루만에 이루어질 수 있단 말입니까?

설교의 변화는 설교자의 변화에 달렸습니다. 그리고 그 설교자의 변화는 오랜 시간 자신을 하나님의 말씀 앞에 세우고 그 진리 앞에 자신을 깎고 다듬으며 하나님을 추구하는 고통스러운 아픔을 가진 채 살아갈 것을 요구하기 때문입니다.

사슴이 시냇물을 찾기에

그런 의미에서 본문은 자신의 부족을 느끼게 된 설교자들이 무엇을 할 수 있는지에 대해 힘겹기는 하지만 생생한 교훈을 주고 있습니다. "하나님이여 사슴이 시냇물을 찾기에 갈급함같이 내 영혼이 주를 찾기에 갈급하니이다"(시 42:1).

이 시를 지은 고라의 자손은 다윗을 섬기던 사람으로 생각됩니다. 아마 압살롬의 반역을 받아서 요단강 건너편으로 망명길에 올랐던 군주와 동행한 시인이 두고 온 성소를 그리워하며 지은 시가 아닌가 합니다. 그는 무너진 왕국과 빼앗긴 왕권, 두고 온 법궤를 그리워하고 있는 것이 아니라 하나님과의 만남을 그리워하고 있었습니다.

제사드릴 수 없도록 이방으로 추방되었고 하나님을 만날 수 있는 유일한 장소인 성소는 악한 자들의 수중에 떨어졌습니다. 그에게는 얼마나 많은 기도 제목이 있었을까요? 잃어버린 자신의 직책을 되찾는 것도 시급한 일이었고 망명길에 오른 군주가 속히 왕권을 되찾게 되는 것도 화급을 다투는 기도 제목이었습니다. 가족과 헤어진 망명의 무리들이 다시 돌아가 가족과 친지를 만나 상봉하는 것도 빼놓을 수 없는 기도 제목이었을 것입니다.

그럼에도 불구하고 시인은 특별한 목마름으로 하나님 앞에 호소하고 있습니다. "하나님이여 사슴이 시냇물을 찾기에 갈급함같이 내 영혼이 주를 찾기에 갈급하니이다." 그 많은 기도 제목이 있음에도 불구하고 소원을 간구하기 전에 자신의 영혼 속에서 일어나고 있는 현상에 대하여 하나님 앞에 고백합니다. 그리고 그 고백은 진실로 뼈마디 사이에서 우러나오는 고백이었습니다.

그는 지금 아름다운 한 편의 시를 쓰고 있는 것이 아닙니다. 절대로 그렇지 않습니다. 그는 지금 읽는 사람들을 감동시키기 위하여 좋은 말들을 고르며, 알리고자 하는 내용을 부풀리고 있는 것이 아닙니다. 그는 단순한 언어로 정직하게 자신의 내면을 하나님 앞에 고백하고 있습니다. 그리고 그 고백은 조용하지만 힘 있고, 가냘프지만 치열한 불꽃과 같이 다른 모든 요소들을 삼켜 버리는 능력이 있습니다. 그 고백은 이런 것이었습니다. "내가 하나님을 간절히 찾습니다."

목마른 사슴

이 시는 배경을 가지고 있습니다. 팔레스타인에서는 가을이 되면 사슴들이 짝을 짓습니다. 그 때 암수가 만나서 사랑을 하게 되는데 많은 수사슴들이 짝을 찾아서 나섭니다. 이 때 사슴들의 몸에 변화가 오는데 타는 듯한 목마름이 바로 그것입니다. 사랑할 짝을 찾아다니다가 이 목마름이 온 몸을 엄습하게 되자 이제 사슴들은 오직 물을 찾아서 달음박질합니다. 아시

다시피 중동지방은 물이 귀합니다. 물을 찾아 달려가던 사슴들은 심한 목마름으로 기력이 다하고 나중에는 헛것이 보이기 시작합니다. 마구 달리다가 헛것이 보여서 찾아가 보면 거기에는 아무것도 없습니다.

결국은 뜨거운 태양볕 아래 거꾸러지고 나중에는 입에 거품을 물고 죽어갑니다. 이 때 사슴들은 본능적으로 앞발로 땅을 파다가는 견디다 못해 눈을 부릅뜨고 죽어간다고 합니다. 그렇게 죽어가는 사슴들에게 있어서 이 한 모금의 물은 곧 생명이었습니다.

여기서 시인이 이야기하는 이 "시냇물"은 요한복음 4장에 나오는 "생수"가 의미하는 것과 꼭 같은 의미를 지니고 있습니다. 이것은 '하나님과의 생생한 영적 교통'을 의미합니다. 시인은 들판을 다니면서 물 한 모금을 얻지 못해서 비참하게 죽어 있는 수많은 사슴들을 실제로 목격했습니다. 맹수에게 물린 것도 아니요 병든 것도 아닌데 그토록 건장한 사슴들이 상처 하나 없이 광야에서 쓰러져 죽어가는 모습을 보면서 그는 이 물 한 잔의 소중함을 알았던 것입니다.

영적 삶을 점검하라

이것은 설교자의 영적인 삶에 대하여 생생한 교훈을 주고 있습니다. 설교자가 살아계신 하나님을 설교 속에서 드러내 보여주기 위해서는, 설교자 자신이 영적인 삶 속에서 살아계신 하나님을 뵈옵는 특별한 교통을 누리고 있어야 합니다. 그가 설교 속에서 늘 거룩하신 하나님을 느끼며 설교하기 위해서는 그의 영적인 삶이 거룩하신 하나님의 실재를 항상 느끼는 임재 속에 있어야 합니다.

시간이 되어서 예배를 인도하고, 스케줄에 따라서 집회를 하고, 당회를 소집해서 교회 일을 의논하고, 환자들을 심방하고 동역자들과 교제하는 이런 일상적인 일은 하나님을 갈망하는 것과 별로 관계가 없습니다. 즉 이런 일상적인 일을 충실히 수행하고 있다고 해서 그 설교자가 영혼 깊은 곳에서 살아계신 하나님을 갈망하는 것은 아니라는 사실입니다. 하나님께서 온 땅을 감찰하시는 가운데 사방을 두루 보아도 당신을 찾는 자를 발견하실 수 없었던 것도 바로 이와 같은 맥락입니다.

열심히 주어진 일을 위하여 살고 매일 매일의 의무들을 과오 없이 수행해 나가는 것이 곧 하나님을 향한 설교자의 갈망을 뜻하지 않는다는 것입니다. 설교에 있어서 긴박함이 사라져 가고 있는 것도 바로 이런 이유 때문입니다. 살아계신 하나님을 향한 갈망, 자신을 향하여 말씀하시는 현존하시는 하나님께 대한 살아 있는 응답은 하나님으로 말미암아 부름 받은 참된 설교자의 진정한 표징입니다.

그가 비록 유능할지라도 자신의 내면 세계 속에 이러한 살아계신 하나님을 향한 갈망이 거의 없다면, 그는 하나님께로부터 보냄을 받은 사람이 아닙니다. 제도가 그를 세웠을 수는 있으나, 하나님이 그 내면을 만지고 지나가신 그런 설교자는 아닙니다. 그의 설교는 진정한 의미에서 뜨거울 수 없습니다. 보다 더 분명히 말해서 그는 자신의 설교를 통하여 살아계신 하나님을 보여주겠다는 거룩한 갈망을 설교를 통하여 드러내지 못합니다.

애곡하지 않는 세대

오늘날 교인들의 삶을 보십시오. 형식은 있으나 하나님께로 온전히 마음을 기울이지 못하고 살아가는 허(虛)한 신앙생활이 만연하고 있습니다. 많은 사람들이 교회에 모여도 예배에는 냉랭함이 감돌고 있습니다. 예배도 참석하고 헌금도 드리고 봉사도 하지만, 이 모든 것들을 움직이는 동기는 하나님을 향한 간절한 갈망이 아닙니다.

지금은 예수 그리스도께서 한탄하시던 세대와 같은 시대입니다. 피리를 불어도 춤추지 않고 애곡하여도 가슴을 치지 않는 시대가 되었습니다. 이것이 바로 오늘날 교인들의 일반적인 신앙생활의 모습입니다. 이 모든 것은 교회 안에 무엇인가 결핍되어 있음을 보여줍니다. 그것은 하나님을 향한 갈망입니다. 도대체 여러분들이 설교하고 있는 교회의 온 교인들이 살아계신 하나님을 그리워하는 갈망을 가지고 흐느끼며 간절히 기도한 것이 언제의 일입니까? 살아계신 하나님을 향한 간절한 목마름, 거룩한 하나님이 모임 가운데 임하여 그 임재를 체험하도록 해주시기를 사모하는 갈급함이 없는데 무슨 신앙의 감격이 있겠습니까?

설교자가 이러한 문제 있는 신앙생활의 모습을 따라가고 있다면 그가 어떻게 타는 듯한 영적인 긴박감을 가지고 성도들 앞에 나아갈 수 있겠습니까? 그가 자기의 회중들을 바라볼 때 타는 듯한 안타까움을 무엇으로 느낄 수 있겠습니까? 만약에 설교자의 내면 세계 속에 이 같은 하나님을 향한 목마름조차 없다면, 그가 어떻게 살았다 하는 이름은 가졌으나 죽은 자를 방불케 하는 잠든 교회를 깨우며, 깊은 수면 상태에서 깨어날 줄 모르는 회중들을 일으킬 수 있겠습니까? 무엇으로 말미암아 그가 불타는 설교자가 될 수 있겠습니까?

수가 문제가 아니라

중요한 것은 우리의 설교를 듣는 사람들이 얼마나 모이느냐가 아닙니다. 정말 그것은 문제가 아닙니다. 보다 중요한 것은 하나님의 말씀을 듣고 있는 회중들 속에 그 말씀으로 말미암아 무슨 변화가 일어나고 있느냐 하는 것입니다. 교회사를 보십시오. 하나님이 사용하신 위대한 설교자들임에도 불구하고 그 이름에 걸맞지 않게 소수가 모인 집회를 오래도록 인도한 사람들이 여럿 있었습니다.

　조나단 에드워즈(Jonathan Edwards)는 주일마다 교회에 모이는 일반 회중들과 부흥 집회에 참석하기 위해 모인 수다한 군중들에게 설교하였습니다. 그러나 그는 같은 메시지를 가지고 오랜 세월 시골 교회에서 소수의 회중들에게 설교하던 시절이 있었습니다. 채드윅(Chadwick)은 대학의 정규적인 경건회에서 복음을 선포하기도 했지만 때로는 경찰이 경비를 서지 않으면 안 될 만큼 엄청난 군중들이 모인 집회에서도 설교했습니다. 에스베리(Asberry)는 조그마한 가정 집회에서 설교하기도 했고 커다란 집회에서 말씀을 전하기도 했습니다.

　참된 설교의 효과는 모인 사람들의 숫자가 아니라 설교자 안에서 설교자를 통하여 설교와 함께 역사하시는 하나님께서 결정하시는 것입니다.

　우리는 우리의 설교를 듣기 위하여 모이는 회중들이 적은 것을 가지고 고민할 필요가 없습니다. 하나님은 우리에게 그러한 고민의 짐을 지워 주지 않으셨습니다. 오히려 우리는 다른 것을 고민해야 합니다. 모인 숫자가 소수이든 다수이든 그것과는 상관없이 오늘 설교자인 자신을 통하여 선포되는 하나님의 말씀이 그 사람들의 영혼 속에 파고들어, 잘못 심겨진 사상과 그릇 세워진 이론들을 파하며 거짓된 가치관을 무너뜨리고 참된 진리를 심지 못하는 것을 인하여 심각하게 고민하여야 하는 것입니다.

　그들이 얼마가 모였든 그들의 영혼 속에 하나님의 말씀을 대언하는 설교자의 말씀 사역으로 말미암아 현격한 변화가 일어나지 않고 있는 것을 인하여 진지하게 고민하여야 합니다. 그리고 피리를 불어도 춤추지 아니하고 가슴을 쳐도 애곡하지 아니하는 세대를 욕하기 전에, 정말 충실하게 혼신의 힘을 다하여 하나님을 향한 갈망이 동기가 되어 피리를 불었는지, 참으로 살아계신 하나님을 만나게 해주어야겠다는 절박한 열망이 동기가 되어 진심으로 가슴을 쳤는지 설교 속에서 반성해야 하는 것입니다.

설교를 듣고 심령이 움직이는 소수 회중의 질적인 변화는 양의 변화를 보증합니다. 그러나 양적인 팽창 자체가 회중들의 질적인 변화를 보장하지는 못합니다.

탁월한 삶

설교자는 영적인 삶에 있어서 설교를 듣는 회중들에게 기대하는 그 이상의 삶을 살아가고 있어야 합니다. 설교자가 어떻게 하나님의 풍성한 은혜를 누리지 못하는 회중들을 바라보며 마음 깊이 뜨거운 눈물을 흘릴 수 있을까요? 하나님의 말씀을 전하는 일꾼이 어떻게 하나님을 아는 참된 지식을 잃어버린 채 형식적인 신앙 속에 자족하는 안일한 신자들을 보며 안타까워할 수 있을까요? 무엇을 통하여 말씀 선포자로 부름 받은 선지자의 후예들이 하나님의 공의를 저버리고 자신의 욕심을 따라 흘러가는 이 혼탁한 세상의 물결을 인하여 선지자와 같이 흐느끼며 이 타락한 도시 한복판을 지나갈 수 있을까요?

이 모든 일에 대한 대답은 이러합니다. 그가 먼저 하나님의 은혜를 체험하고 있을 때에야 은혜 없이 살아가는 형식적인 신자들을 보고 안타까워할 수 있습니다. 자신이 하나님을 아는 참된 지식의 강물 속에서 그의 부요하심을 인하여 가슴 벅찬 감격을 누리고 있을 때에야 하나님 없이 살아가는 회중들을 인하여 눈물 흘릴 수 있습니다.

자신의 심령 속에 공법이 물같이, 정의가 하수같이 흐르는 선지자가 비로소 모두들 평안하다고 생각하는 번영한 도시 한복판에서 하나님의 임박한 심판의 진노를 홀로 지각하며 흐느낄 수 있는 것입니다. 이것이 바로 하나님의 말씀을 전하는 설교자들의 선배였던 선지자와 사도들의 가슴 속에 흐르고 있던 그 무엇입니다.

그럼에도 불구하고 우리는 대부분의 사람들이 하나님의 말씀을 전하는 설교자임에도 불구하고, 이 같은 특별한 수준의 영적인 삶을 누리고 있지 못한 것을 인정하지 않을 수 없습니다. 무엇인가 결핍된 것입니다. 설교자 자신의 영적인 변화를 위하여 가장 해로운 독이 되는 것은 근거 없는 '자기 위로'입니다.

변화를 위하여 필요한 것은 스스로 자기를 위로하는 합리화나 세상을 돌아보며 스스로 만족해 하는 자기 도취가 아닙니다. 이렇게 시인의 고백을 대면하면서 혹은 선지자들의 소명 체험을 마주하면서 자신 안에 무엇인가 심각하게 결핍되어 있음을 인식하는 것입니다.

인식이 느낌을 가져오고 느낌이 실체를 다가오게 하고 그리하여 그 문제가 한없이 커 보이고 그런 문제를 직시하지 아니하고도 능히 설교할 수 있었던 자기 자신이 한없이 왜소해져 가는 것을 느끼는 것입니다. 그리하여 절망에 이르는 것입니다. 왜냐하면 거기서 비로소 설교자로서 자신을 충족하게 하는 유일한 근원이신 하나님을 갈망하게 되기 때문입니다. "그러나 네가 거기서 네 하나님 여호와를 구하게 되리니 만일 마음을 다하고 성품을 다하여 그를 구하면 만나리라"(신 4:29).

"너희는 예루살렘 거리로 빨리 왕래하며 그 넓은 거리에서 찾아보고 알라 너희가 만일 공의를 행하며 진리를 구하는 자를 한 사람이라도 찾으면 내가 이 성을 사하리라"(렘 5:1). 설교자는 예레미야 선지자가 말하고 있는 그 "한 사람"이 되어야 합니다.

그는 교인들과 함께 잠들어 있을 수 없는 사람입니다. 그는 신랑이 오시는 시간에 자고 있던 미련한 다섯 처녀일 수 없습니다. 그런 그가 어떻게 다른 사람들을 인도할 수 있겠습니까? 그러나 설교자는 등불을 준비하고 신랑을 기다리던 지혜로운 다섯 처녀가 되는 것으로 만족해서도 안 됩니다. 왜냐하면 성경은 그 지혜로운 다섯 처녀도 "다 졸며 잤다"(마 25:5)라고 기록하고 있기 때문입니다.

설교자는 오히려 미련한 자와 지혜로운 자를 넘어서는 외치는 자의 소리여야 합니다. 신랑이 왔다고 외치던 그 "밤중의 소리"(마 25:6)이어야 합니다. 그는 반드시 그러해야 합니다.

하나님을 추구하라

시간이 되면 설교하고 절기가 되면 행사를 기획하면서 일상적으로 반복되는 교회 일을 돌아보는 것만으로 설교자가 자신의 일을 다한 것은 아닙니다.

더욱이 그렇게 변화 없이 되풀이되는 섬김 속에서 늘어가고 있는 회중들로 인하여 스스로를 대견해 하고 있다면 그것은 그가 설교자(preacher)가 되기를 포기하고 강단군(pulpiteer)이 되는 지름길로 들어선 것입니다. 그런 사람들은 잠들어 있는 회중과 함께 여호와를 찾는 사람으로 불리지 않습니다. 그런 설교자들은 하나님이 보내신 설교자로 분류될 수 없습니다.

세상의 기준을 버리십시오. 하나님께로부터 보냄 받은 설교자들은 이미 회중들에게 기대하는 그 광대하고 위대하신 하나님에 대한 인식에 붙잡힌 영적인 세계를 가지고 있는 사람입니다. 하나님께서 자신의 영혼을 만져 주심으로 설교 이전에 자신의 내면을 변화시켜 주시기를 갈망하는 설교자는 세상의 기준으로 자신을 생각지 아니합니다. 거짓 된 위로보다는 진실한 책망을, 위장된 평화보다는 참된 고통을 택하는 사람입니다.

그러므로 자신의 설교가 바뀌기를 바라는 모든 사람들은 먼저 마음과 성품과 뜻을 다하여 전심으로 하나님 자신을 구하여야 합니다. 사슴이 시냇물을 찾기에 목마른 것같이, 한 모금의 물을 발견하는 것이 곧 생명을 다시 찾는 것이며 그 물을 마시지 못할 때 그것은 곧 죽음을 의미합니다. 그런 것처럼 진실한 설교자는 설교 사역에 합당한 하나님과의 대면, 거룩한 하나님과의 임재 속에서 그분과 영적으로 교통하고 그 생명과 은혜를 힘입어 이 어두운 세상을 불꽃처럼 살지 못하는 자신의 모습을 인하여 고통하는 사람입니다.

자신도 억제할 수 없는 신적인 강제력이 마음속에 불이 되어 그렇게 하나님과 대면하기를 원하는 목마른 욕망을 가지고 유일한 소망이신 자신의 파송자, 하나님 앞에 엎드릴 수밖에 없는 사람, 그분 앞에 자신의 영적인 한계를 인하여 그 사실을 생각할 적마다 목메지 않을 수 없는 사람, 그래서 수많은 사람과 제도가 주는 위로를 거절하고 보이지 않는 하나님의 손길로 자신의 입을 만져 주시기를 갈망하지 않을 수 없는 사람, 그 사람이 바로 하나님을 추구하는 설교자입니다.

심령이 가난한 자

예수 그리스도께서 산에 오르셔서 팔복을 말씀하실 때 첫 번째로 말씀하신 복이 바로 이것이었습니다. "심령이 가난한 자는 복이 있나니 천국이 저희 것임이요"(마 5:3). 그리스도께서는 세상에서 무엇을 얼마나 가진 사람이 복이 있다고 말씀하지 않으셨습니다. 하나님의 나라에서는 모든 것을 버리고 그리스도 하나만을 얻기 위하여 갈망하는 심령을 가진 비참한 사람들이 오히려 복이 있는 사람들입니다.

그 사람을 가리켜서 헬라어 성경은 '프토코스'(πτωχός)라고 합니다. 문자적으로 '파산하여 가난하게 된 사람'이라는 뜻입니다. 하나님이 설교자에게 원하시는 것은 바로 이런 마음으로 설교자 자신이 하나님을 찾는 것입니다.

하나님이 제일 싫어하시는 일 가운데 하나는 자기 혼자 씩씩하게 살아가는 것입니다. 하나님 없이도 혼자 잘 설교할 수 있다고 생각하는 것입니다. 자신이 설교해 온 경력과 지적인 능력을 믿고 설교하는 것보다 성령을 슬프게 하는 것은 없습니다. 힘을 다하여 설교를 준비하여 그 원고가 완성되었다고 하더라도 설교자는 전혀 그것을 의지하지 말아야 합니다.

오직 가난한 심령으로 설교를 능하게 하시는 하나님 한 분만을 갈망하여야 하는 것입니다. 토레이(R. A. Torrey) 목사님이 모든 설교자들에게 설교 시작하기 한 시간 전에 강단에 올라 설교를 위해 기도하도록 권고하였던 것도 바로 이러한 이유 때문입니다.

가장 절박한 기도 제목

이 시인에게 절박한 문제로 다가오고 있는 것은 무너진 왕권이나 잃어버린 나라가 아니었습니다. 혁명으로 말미암아 헤어진 이산 가족의 문제가 아니었습니다. 시인의 절박한 문제는 하나님과 만나기를 원하나 그분이 와 주실 수 있는 성소를 잃어버렸고 하나님을 경배하고 교통하기를 원하나 그렇게 교제할 장소를 잃어버리고 특권을 빼앗겼다는 사실이었습니다. 시인의 이 같은 슬픔은 신적인 것이었습니다. 무엇으로도 시인의 흐르는 눈물을 씻어 줄 수 없고 찢어지는 그의 마음을 달랠 수 없었습니다.

이방에서의 아름다운 음식과 감미로운 노래 가락도 시인의 마음속에서 메아리 치고 있는, 하나님을 갈망하는 마음의 불을 끌 수도 막을 수도 없었습니다. 이것이 바로 살아 있는 설교자의 영적인 삶의 진수라고 할 수 있습니다.

설교자는 하나님을 갈망하며 그 하나님으로부터 말씀 듣기를 원하는 사람입니다. 그는 설교자이기 이전에 하나님 앞에 하나님 자신을 갈망하는 한 사람의 회중이 되는 것을 더 즐거워하는 사람입니다. 그는 항상 하나님 곁에 있고 싶어하는 사람입니다. 그분과의 사귐이 있다면 초막도 그에게는 궁궐이며 그분과의 교통함이 있다면 그 어디나 하늘나라입니다.

하나님은 언제나 그에게 찾아오셔서 말씀하기를 즐거워하시고 그는 한없이 풍요로운 영적 교통 속에서 하나님의 음성 듣기를 사모하는 사람입니다. 그렇지만 죄 많은 이 세상에서 때때로 하나님과의 교통이 방해받는 위험을 무릅쓰며 하나님을 위해서 보냄 받은 사람입니다.

> 밤 깊도록 동산 안에
> 주와 함께 있으려 하나
> 괴론 세상에 할 일 많아서
> 날 가라 명하신다
> 주가 나와 동행을 하면서
> 나를 친구 삼으셨네
> 우리 서로 받은 그 기쁨은
> 알 사람이 없도다

그렇습니다. 그는 설교의 비밀을 갖기 전에 먼저 설교하지 않을 수 없는 비밀을 가진 사람입니다. 누가 하나님과 설교자로 부름 받은 자신 사이에 있었던 그 은밀하고 깊은 교통과 사랑의 사연을 알 수 있겠습니까? 그는 지금도 성난 사자와 같이 하나님의 말씀을 외치다가도 강단을 내려오면 상처 입은 한 마리 어린 양과 같이 하나님과의 만남을 갈망하며 영혼의 유일한 목자이신 그리스도의 품을 그리워하는 사람입니다. 이것이 바로 하나님의 말씀을 증거하는 설교자의 살아 있는 내면 세계입니다.

정직한 욕망

우리가 누구인지를 보여주는 숨길 수 없는 증거가 무엇인지 아십니까? 우리가 무슨 말을 하든지 또 무슨 일을 하고 있든지 그것이 우리가 누구인지를 정직하게 말해 주지 않습니다. 우리가 누구인지를 가장 정직하게 말해 주는 것은 우리 안에 솟아나고 있는 욕망입니다. 설교자의 가슴 깊은 곳에서 솟아나는 욕망이야말로 그가 누구인지를 말해 주는 것입니다.

그가 거룩한 사람이면 하나님의 거룩하심에 대한 갈망을 느끼지 않을 수 없습니다. 그가 세속적이고 경박한 설교자라면 그의 마음속에는 언제나 속되고 경박한 욕망이 지배하고 있습니다. 시인에게는 주체할 수 없는 욕망이 있었습니다. 그것은 하나님을 만나기를 원하는 갈망이었습니다. 그 갈망이 너무나 크기 때문에 다른 모든 욕망은 무시되어 버렸습니다. 먹고 마시는 것에 대한 원초적인 욕망의 불을 꺼 버릴 정도로 그 갈망은 치열했습니다.

많은 설교자들이 사람으로 교회를 가득 채우는 일에 골몰하고 있습니다. 그러나 모인 그 사람들이 하나님으로 충만해지지 않는다면 그것이 무슨 의미가 있겠습니까? 마른 뼈들이 아무리 많이 모인들 그 덜거덕거리는 소리가 공동묘지를 꽃피고 새 우는 아름다운 동산으로 바꿀 수는 없을 것입니다. 하나님의 교회는 먼저 하나님 자신으로 충만해져야 합니다. 그리고 위대한 부흥의 시기마다 이 같은 일들은 현실로 나타났습니다.

하나님 자신으로 충만해진 사람들로 말미암아 교회는 잃어버린 영혼들로 가득 차게 되는 부흥의 새벽을 맞이하게 됩니다. 그 사람들이 자신 안에 충만하신 하나님으로 충만하지 못한 교회의 영적인 모습을 보며 안타까워하고, 교회가 거룩한 하나님과 신적인 능력으로 가득 차기를 그리워하며 비상한 기도 속에서 하나님의 역사하시는 은혜와 탁월한 영적 교통을 갈망하였습니다. 그런 처절한 울부짖음의 기도가 있고 나서 하나님의 기쁨이 교회에 충만하게 되었습니다. 슬픈 사람들의 기도가 있고 나서 노래하는 사람들이 생긴 것입니다.

설교자가 아니면 누가?

교회가 생명을 잃어 가고 있는 증거는 어디에든지 충만합니다. 하나님을 향하여 타오르는 열망을 가진 백성들로 살아가도록 회중들을 하나님 앞에 세우기 위하여 부름 받은 사람, 그가 바로 설교자입니다. 하나님을 향한 갈망이 없는 그 황폐한 교인들의 마음 밭에서 무슨 영적인 열매를 풍성하게 거둘 수 있겠습니까? 하나님과의 영적인 관계가 초토화된 사람들이 어떻게 불꽃처럼 찬란하게 타오르며 이 어두운 세상을 살아갈 수 있겠습니까? 하나님을 향한 갈망을 경험한 설교자가 아니면 누가 그들 속에 있는 무감각의 위기를 지적할 수 있겠습니까? 하나님과의 영적인 교통 속에서 생명과 은혜의 부요함을 경험한 사람이 아니라면 누가 열심히 교회 다니는 회중들의 생명 없음을 인하여 신적인 정서로 하나님을 대신하여 슬퍼할 수 있겠습니까?

그러면 우리는 매우 중요한 질문 하나를 하지 않을 수 없습니다. 대부분의 설교자들이 자신의 설교에 대하여 불만족하면서도 자신의 영적인 상태에 대하여 같은 크기로 염려하지 못하는 것은 무엇 때문일까 하는 문제입니다. 우리들의 마음 가운데 시인이 교통하기를 원했던, 살아계신 하나님과의 만남 없이도 그런 심각한 영적인 결핍을 능히 견디고 있는 이유가 무엇 때문일까요?

시인은 잠시 동안 성소로부터 격리되었음에도 불구하고 "……내 눈물이 주야로 내 음식이 되었도다……이제 이 일을 기억하고 내 마음이 상하는

도다"(시 42:3-4)라고 고백할 수밖에 없었습니다. 그런데 왜 우리 중 대다수는 이런 현존하시는 하나님의 거룩한 임재에 대한 갈망 없이도 넉넉히 설교할 수 있는 것처럼 살아가고 있을까요?

영적 무감각의 원인

한 때 젊은이들의 우상으로서 한 시대를 풍미하였던 미국의 가수 한 사람이 있었습니다. 엘비스 프레슬리(Elvis Presley)라는 사람입니다. 그는 대단한 인기를 누렸습니다. 가히 젊은이들의 우상이라고 불릴 만한 사람이었습니다. 그럼에도 불구하고 그는 매우 불행한 인생을 보냈습니다.

말년에 그의 활동을 취재하기 위하여 갑자기 자신을 방문한 기자들과 마주할 기회가 있었습니다. 그 때 방에서는 무엇인가 누릿하게 타는 냄새가 가득하였습니다. 사람들은 서로 쳐다보며 그 냄새가 어디서 나는지 물어보았습니다. 누구도 그 원인을 찾지 못했습니다. 그러던 중 한 사람이 소스라치게 놀랐습니다. 바로 그 냄새는 프레슬리의 손가락 사이에 있는 담배가 타 들어가면서 그의 살을 태우는 냄새였기 때문입니다. 그는 심한 마약 중독자였습니다. 마약에 온 몸이 중독되자 살이 타들어 가는 고통조차 느낄 줄 모르는 무감각 상태가 되었던 것입니다.

죄는 우리를 영적으로 무감각하게 만듭니다. 하나님을 향한 갈망을 앗아가 버리고 하나님과의 사귐이 없이도 넉넉히 자신의 경험을 의지하며 설교할 수 있게 만드는 것도 바로 죄로 말미암는 무감각입니다.

이 점에 있어서 찰스 피니(Charles Finney)의 설교 세계는 우리에게 많은 것을 가르쳐 줍니다. 그는 19세기의 미국을 움직인 전도 설교자였음에도 불구하고 때때로 집회 가운데 설교의 영이 마르고 말씀 증거가 공허해지는 것을 느낄 때가 있었습니다. 그 때마다 그는 식사를 거르며 한적한 곳으로 나아가 대여섯 시간씩 기도하며, 자신의 설교하는 동기와 설교 속에 성령으로 역사하지 못하게 하는 은밀한 죄가 자신에게 있는지를 점검하며 하나님의 은혜를 갈망하였습니다. 이것이 바로 하나님을 위하여 소명받은 설교자가 설교하는 모습입니다.

설교자가 단지 사람을 모으는 일을 위하여 부름 받았다면, 그는 하나님과 동행하지 않고도 어느 정도 그 일을 수행할 수 있습니다. 왜냐하면 사람을 모으는 것은 사람이 세운 제도나 기구의 일반적인 기능으로도 상당 부분 가능하기 때문입니다. 그러나 그렇게 모인 사람들의 심령이 깨뜨려지고 하나님과의 새로운 영적 교통을 누리게 되는 영적 변화는 오직 그 설교자의 설교를 사용하는 하나님만이 하실 수 있는 일입니다.

죄는 우리로 하여금 하나님을 갈망하지 않고 살아가는 데 익숙해지게 만듭니다. 하나님의 은혜보다는 자신의 재능과 경험을 의지하게 하고, 살아계신 하나님의 임재하심 앞에 성도들을 세워 줌으로써 거룩한 삶을 갈망하게 만들기보다는 예배 자체를 하나의 일상적인 프로그램으로 여기며 사역하게 만드는 것도 바로 죄의 영향입니다.

하나님을 깊이 체험하고 그분이 우리의 설교를 사용하실 때 얼마나 크고 위대한 일들을 이루실 수 있는지를 인식한 설교자는 단지 논리정연하게 자신의 입으로부터 흘러나오는 익숙한 설교 하나 가지고는 만족할 수 없습니다. 그는 그것보다 더 필요한 하늘로부터 오는 그 무엇이 자신의 설교 속에 깃들어야 함을 통절하게 절감합니다.

설교 듣기를 갈망하는 설교자

그러므로 설교자들은 하나님을 향한 갈망으로 충만한 삶을 살지 못하는 자신의 영적 생활에 대하여 깊이 고민하여야 합니다. 이것은 크고 위대하신 하나님을 결정적으로 만나는 체험과는 또 다른 문제입니다. 하나님을 향한 목마른 갈망 없이 살아가는 것이 얼마나 잘못된 생활이며, 그렇게 하나님과의 풍성한 교통 속에서 성령을 따라 살지 못하는 것이 우리의 설교를 얼마나 불만족스럽게 만들고 있는지에 대하여 깊이 각성하여야 합니다.

하나님의 말씀을 듣고 그 진리를 통하여 하나님의 인격을 체험한 사람, 그래서 하나님의 이름이 영광을 받고 오직 하나님의 은혜로 말미암아 살아가는 사람들이라고 고백하기를 즐겨 하며 자신들과 같이 풍성한 삶을 살아가지 못하는 이 현실 속의 많은 형식적인 그리스도인들에 대해서 안타까운 마음을 가지고 있는 사람들, 그러한 갈망으로 오직 은혜 주실 한 분 하나님 앞에 나오는 사람들, 하나님께서 자신들 가운데 오셔야지만 그 예배가 만족스러운 예배가 된다는 사실을 절감하며 모인 사람들이 드리는 예배가 바로 살아 있는 예배입니다.

설교자는 회중들 앞에서 하나님의 말씀을 가르치는 자가 되기에 앞서, 말씀하시는 하나님 앞에서 그 진리의 말씀에 귀기울이는 일을 즐겁게 여겨야 합니다. 하나님 앞에서 가장 훌륭한 학생이 최고의 선생입니다. 하나님 앞에서 훌륭한 그리스도인이 되는 것이야말로 좋은 선생이 되는 지름길입니다. 설교자가 성령과 동행하고 하나님의 말씀을 어린아이와 같이 사모하며 그 속에서 생명의 능력을 얻으며 하나님의 이름을 높이고 오직 그분의 영광을 위해서 살기 원하는 치열한 갈망에 붙잡혀 있을 때 그의 손에 들린 설교 원고는 의미가 있는 것입니다.

생존하시는 하나님

그런데 시인은 말합니다. "내 영혼이 하나님 곧 생존하시는 하나님을 갈망하나니……"(시 42:2). 시인은 자신이 하나님을 갈망하는 것이 얼마나 절박한지 다시 한번 풀어서 설명하고 있습니다. 입술로 하나님을 원하는 사람들이 많이 있습니다. 말로만 하나님을 의지한다고 기도하는 사람들도 더러 있습니다. 단지 하나님 없이 살 수 없다고 지식적으로 생각하는 사람들도 없지 않습니다.

그러나 시인은 영혼으로 하나님을 갈망했습니다. 말이나 글이나 머리로만이 아니라 그의 인격 중심부에 자리를 잡고 그의 모든 삶을 다스리고 있는 영혼으로써 하나님을 갈망하였습니다. 하나님을 향한 간절한 갈망, 하나님과 신령한 영적인 교통 속에서 대면하고자 하는 끓어오르는 열망은 그 무엇으로도 끌 수 없었습니다.

마치 기름에 붙은 불이 치열하게 타오를 때 거기에 뿌린 소량의 물이 오히려 그 불길을 더 맹렬하게 하듯이, 환경이나 여건이 가로막으면 가로막을수록 시인 내면에 타오르는 하나님을 향한 갈망은 불꽃과 같이 타올랐습니다. 비록 자신이 있는 곳이 이방의 땅이고 요단 건너 예루살렘으로부터 멀리 떨어져서 조만간 성소로 돌아갈 수 있는 정치적인 희망조차 보이지 아니함에도 불구하고 시인 속에 있는 하나님을 향한 갈망은 도무지 끌 수가 없었습니다.

하나님께서 택한 백성들에게 생명의 기운을 불어넣으시고 당신이 기뻐하는 자들과 함께하심으로 당신의 살아계심을 열방 가운데 드러낼 때의 그 놀라운 영적인 축복과 가슴 벅찬 신앙의 환희를 회상하면 회상할수록, 오늘 하나님을 뵈옵지 못하는 여건 속에서 하나님을 향해 타오르는 갈망은 골수에 사무치는 불이 되어 버렸습니다.

살아계신 하나님

그가 갈망했던 하나님은 교리 속의 하나님이나 관념 속에 있는 여호와가 아니었습니다. 시인이 갈망했던 하나님은 역사 속에서 당신의 살아계심을 보여주신 하나님이었습니다. 생존하시는 하나님, 그 살아계신 하나님이 자신을 위해 역사하면서 동행해 주시는 삶을 그리워하였던 것입니다. 시인이 갈망한 하나님은 살아서 역사하시고 자신과 하나님의 백성을 위하여 위대한 일들을 행하시던 하나님이었습니다.

이스라엘 백성들을 위해 홍해의 물을 가르시고 거대한 여리고 성을 허물어 버리며 아모리 사람들의 왕 시혼과 바산 왕 옥을 꺾으시고 반석을 터트려 물을 내시며 요단강 물을 말리심으로 가나안 족속들의 마음을 두려움으로 물같이 녹여 버리시던 위대한 하나님, 권능의 하나님이었습니다.

설교자가 그리워해야 할 하나님이 바로 이런 하나님이십니다. 우리는 회중들이 단지 우리의 설교를 듣고 하나님이 살아계시다는 사실을 지적으로 동의하는 것만으로 설교의 목적을 달성했다고 말할 수 없습니다. 하나님의 살아계심이 그들에게 현존으로 받아들여지고 그 하나님 앞에서 살아가는 존재임을 삶으로 고백하는 항복과 찬송을 받아 내야 합니다.

살아계신 하나님이 교회와 동행할 때 그 교회는 매주 죄인들이 눈물을 흘리며 회개하고 형식적인 신자들이 자신의 사악함을 뉘우치는 역사가 일어납니다. 살아계신 하나님의 손 안에 붙들린 설교자, 그는 하나님이 하실 수 있는 모든 것을 설교를 통하여 다 할 수 있는 사람입니다. 살아계신 하나님의 손 안에 붙들린 설교자만이 살아계신 하나님의 손에 붙잡히지 못한 채 살아가는 그리스도인들의 비참함을 생생하게 보여줄 수 있습니다. 설교자로 부름 받은 사람들은 살아계신 하나님과 동행하는 것과 바꿀 수 있는 것이 아무것도 없음을 기억하여야 합니다. 이것은 설교자로서 가장 귀하게 여겨야 할 최상의 가치입니다.

응답하시는 하나님

보십시오. 이렇게 이방의 땅에서 모든 즐거움을 잃어버린 가운데 오직 하나님 자신을 향한 갈망 하나로 쓰러질 듯이 여호와를 갈망하던 시인이 결국 하나님께 은혜를 받았습니다. 그는 다시 하나님의 성소로 돌아가게 되었고 거기서 살아계신 하나님은 다시 이 시인을 만나 주셨습니다. 그리고 그 성소에서 그 시인이 올리는 경배와 찬양을 받으셨습니다. 다시금 "성일을 지키는 무리와 동행하여 기쁨과 찬송의 소리를 발하며 저희를 하나님의 집으로 인도하게"(시 42:4) 되었습니다.

살아계신 하나님이 당신 자신의 모습을 다시금 시인에게 드러내 보여주셨을 것입니다. 사슴이 시냇물을 찾기에 갈급함같이 오직 하나님과의 만남 하나에 모든 소망을 걸고 당신을 찾아 목마른 설교자들을 하나님은 오늘도 동일한 목마름으로 찾으십니다. 이 메마른 땅에 위대한 각성과 부흥을 주시는 도구로 세우시기 위해서……

그 사람이 바로 이 책의 마지막 장을 덮는 당신일 수도 있습니다.

사명선언문

너희가 흠이 없고 순전하여……세상에서 그들 가운데 빛들로
나타내며 생명의 말씀을 밝혀 _ 빌 2:15-16

1. 생명을 담겠습니다
만드는 책에 주님 주신 생명을 담겠습니다.
그 책으로 복음을 선포하겠습니다.

2. 말씀을 밝히겠습니다
생명의 근본은 말씀입니다.
말씀을 밝혀 성도와 교회의 성장을 돕겠습니다.

3. 빛이 되겠습니다
시대와 영혼의 어두움을 밝혀 주님 앞으로 이끄는
빛이 되는 책을 만들겠습니다.

4. 순전히 행하겠습니다
책을 만들고 전하는 일과 경영하는 일에 부끄러움이 없는
정직함으로 행하겠습니다.

5. 끝까지 전파하겠습니다
모든 사람에게, 땅 끝까지, 주님 오시는 그날까지
복음을 전하는 사명을 다하겠습니다.

서점 안내

광화문점 서울시 종로구 새문안로 69 구세군회관 1층
02)737-2288(T) 02)737-4623(F)

강남점 서울시 서초구 신반포로 177 반포쇼핑타운 3동 2층
02)595-1211(T) 02)595-3549(F)

구로점 서울시 구로구 시흥대로 577 3층
02)858-8744(T) 02)838-0653(F)

노원점 서울시 노원구 동일로 1366 삼봉빌딩 지하 1층
02)938-7979(T) 02)3391-6169(F)

분당점 경기도 성남시 분당구 황새울로 315 대현빌딩 3층
031)707-5566(T) 031)707-4999(F)

일산점 경기도 고양시 일산서구 중앙로 1391 레이크타운 지하 1층
031)916-8787(T) 031)916-8788(F)

의정부점 경기도 의정부시 청사로47번길 12 성산타워 3층
031)845-0600(T) 031) 852-6930(F)

인터넷서점 www.lifebook.co.kr